청년 연가

한국 라브리 이야기
청년 연가

지은이 | 박경옥, 성인경
펴낸이 | 원성삼
책임편집 | 김지혜
본문 및 표지디자인 | 강민주
펴낸곳 | 예영커뮤니케이션
초판 1쇄 발행 | 2017년 12월 27일
등록일 | 1992년 3월 1일 제2-1349호
주소 | 04018 서울시 마포구 동교로 55 2층(망원동, 남양빌딩)
전화 | (02)766-8931
팩스 | (02)766-8934
홈페이지 | www.jeyoung.com
ISBN 978-89-8350-980-2 (03230)

본 저작물은 저작권법에 의하여 한국 내에서 보호를 받는 저작물이므로
무단 전재와 무단 복제를 금합니다.

값 24,000원

이 도서의 국립중앙도서관 출판예정도서목록(CIP)은 서지정보유통지원시스템 홈페이지
(http://seoji.nl.go.kr)와 국가자료공동목록시스템(http://www.nl.go.kr/kolis-net)에서 이용하실 수 있습니다.(CIP제어번호: CIP2017033894)

모든 인간은 하나님의 형상을 닮은 존귀한 존재입니다. 사람은 인종, 민족, 피부색, 문화, 언어에 관계없이 모두 다 존귀합니다. 예영커뮤니케이션은 이러한 정신에 근거해 모든 인간이 존귀한 삶을 사는 데 필요한 지식과 문화를 예수 그리스도의 사랑으로 보급함으로써 우리가 속한 사회에 기여하고자 합니다.

한국 라브리 이야기

청년 연가

A Love Song for Young Truth-Seekers:
The Story of Korean L'Abri

박경옥, 성인경 지음

헌정

이 책을
기도와 출판으로
라브리 공동체를 도와주신
예영커뮤니케이션의 고 김승태 장로님과
원성삼 권사님께 바칩니다.

무명의 저자인 저희들에게
글을 쓰도록 격려하시고는,
그것을 잘 다듬어 크고 작은 예쁜 책으로 만들어 주셨기에
다시 책으로 감사를 올리고 싶습니다.

누구보다 책을 사랑하시고
청년들을 사랑하신 가족이기에
책 읽는 청년들과 함께 살아온
저희 부부의 라브리 인생을 담았습니다.
감사합니다.

눈 내리는 날
한국 라브리

수고하고 무거운 짐 진 자들아 다 내게로 오라
내가 너희를 쉬게 하리라 나는 마음이 온유하고 겸손하니
나의 멍에를 메고 내게 배우라
그리하면 너희 마음이 쉼을 얻으리니
이는 내 멍에는 쉽고 내 짐은 가벼움이라 하시니라.
_마태복음 11장 28-30절

조각가 윤성진 장로 작품
주님의십자가교회 기증

세상에는 여러 가지 선물이 있다.
그 중에 최고 선물은 하나님이 주신 예수이고,
그가 지신 십자가이다.
왜냐하면 예수의 십자가는
도덕적인 문제에 대한
해결책이 전혀 없는 인간에게
토탈 솔루션을 제공했기 때문이다.

너희는 그 은혜에 의하여
믿음으로 말미암아 구원을 받았으니
이것은 너희에게서 난 것이 아니요
하나님의 선물이라.
_에베소서 2장 8절

목차

1장 청년 난민들
절에 들렀다가 온 미국 청년 _016
아들을 데리러 미국에서 온 아버지 _020
시대정신에 열광하는 청년들 _023
지금 청년들에게 필요한 것: "몸과 마음이 쉴 수 있는 공간" _034
시: 아버지의 마음 _042

2장 라브리에서 사랑과 학교를 꿈꾼 사람들
046_ 라브리에서 과학기술대학교 꿈을 꾼 청년 김진경
052_ 한국에 쉐퍼 사상을 소개한 홍치모 교수
058_ 라브리 전도사 김북경, 신디아
063_ 쉐퍼를 읽은 청년 지도자들

3장 한국 라브리의 시작
엉겁결에 시작한 라브리수양회 _072
한국 라브리자료센터 시작 _084
우리 집에서 라브리를 시작하시게 _094
홈베이스 미션 실험 _099

4장 처음 라브리를 찾아온 손님들
저지대를 택한 최고 엘리트들 _108
도둑 결혼을 부탁한 청년 _112
외국 청년들의 위로 _119
성경을 믿지 못하던 목사의 아들 _125

5장 '연구소'와 '공동체' 사이에서
개인 지도 _135
깁스를 하고 나타난 청년 _137
그룹 스터디 _144
금요학당: 공개강좌 _150

6장 서울에서 학숙이라니

162_ 서울에서 학숙을 실험하다
167_ 그러면 우리는 무엇을 할 것인가?
172_ 외국인 지도자들이 들르다
177_ 학숙 사역의 고충을 절감하다

7장 개인 상담과 공개 강연

독대의 장·단점 _184
동성애 상담 _189
신촌 ESF 강의 초청 _198
강사의 보람과 한계 _202
시: 거대한 손가락 하나에 _205

8장 후암동 집에서 쫓겨날 위기

208_ 1995년에 예견된 위기
216_ 후암동의 기적
220_ 라브리의 재정 철학
225_ 감사 음악회

9장 집단 지성 실험

230_ 협동간사팀: Helpers' Team
236_ 청년 오피니언 리더 발굴
241_ 해외 싱크 탱크 초빙: 라브리수양회
248_ 라브리의 핵심 가치: "라브리 선언문" 번역

10장 서울의 추억

음악회, 사진전, 고궁 답사, 가정 유치원 _252
후암교회 청년들과의 우정 _256
동성애자들과의 버스 투어 _259
열쇠 세 개를 맡겨 주신 목사님 _263

11장 술집을 기도의 집으로 만들어 주세요
"닭장"에서 공부하는 청년들 _268
양양에 사는 수필가로부터 온 편지 _273
수필가 사모의 간증 _281
13년간의 서울 라브리를 마감하고 _287

12장 고라니와 맷돼지가 우는 곳으로
쥐, 쥐, 쥐들이 침대 밑에 들어왔어 _292
화장실에서 성탄절 파티를 하면서 _300
내 마음은 딱딱한 조개였소 _307
비키니 아가씨 _312

13장 산속 작은 도서관에서 일어난 일
책을 읽지 않는 이유 _321
먼저 짧은 글을 읽히라 _324
성경 읽다가 예수 믿는 청년 _330
정직한 세 구도자들 _336
시: L' Abri _345

14장 먹인다는 말의 의미
350_ "공동체의 중심은 부엌이다"라는 말의 대가
361_ 식탁 대화와 토론
366_ 예수님의 식탁
372_ 밥보다 중요한 것

15장 양양의 3대 재난을 겪으며
태풍이 준 교훈 _377
친구를 위해 목숨을 버릴 수 있는 사람 _388
폭설: 1.5미터나 오다 _392
화재: 라브리를 태울 뻔하다 _398

16장 양양 집에서 쫓겨날 위기

10억 원이 얼마나 큰돈인지 아니? _409
라브리를 위한 긴급기도모임 _417
마지막 한 달의 영적 전쟁 _417
한 신사를 위한 부흥회 _425
청년들의 복음화를 위해 이 집을 잘 사용해 주세요 _430

17장 십 년을 하루같이

문고리가 닳을 정도로 찾아온 방문자들 _444
10대에서 50대가 함께 어울리고 _453
시: 그곳에 계셨습니까? _461
50개국 청년들이 한 상에 어울리다 _462
유급휴가를 얻어온 월급쟁이들 _474

18장 라브리의 팀워크, 협동사역

485_ 국제위원회와 이사회
489_ 기도 가족
497_ 협동간사와 라브리의 다른 가족들
499_ 김북경 유언장
502_ 모래 떡 사건

19장 새벽이슬 같은 청년들

말총머리와 친구들 _508
영화배우처럼 잘생긴 놈 _516
시: 방문객 _522
새 사람이 되는데 넘어야 하는 두 가지 장애물 _526
청년 리더 모임, "커피의 정치학" _530

20장 전임 간사

538_ 한 사람을 위해 목숨을 건 사람들
550_ 팬티 사건
553_ 외상 후 스트레스 장애 극복법
561_ 시: 주여, 미끄러운 곳에서 우리의 발을 붙드소서
562_ 오진율을 줄여라

21장 눈 내리는 산속에서

570_ 221년 전에 열린 산중 학술대회
579_ 루이스의 『순전한 기독교』 읽기
588_ 기독교세계관학교
597_ 서울에서 모인 기독교세계관학교

22장 청년들에게 정말 필요한 것: "아모르 데우스"

현실을 있는 그대로 받아들이시기 바랍니다 _609
당신이 다 고치려고 하지도 마세요 _611
당신의 현재 본분에 충실하시기 바랍니다 _614
대박보다는 소소한 일상을 마음껏 즐기세요 _616
지혜의 능력을 시험해 보고 체험해 보세요 _619

1장 청년 난민들

단풍도 아름다운 어느 날 오후, 저희 부부는 손님과 함께 오색에서 저녁을 먹고 있었습니다. 양양은 사철이 아름답지만 그래도 가을이 가장 아름다운데, 아마 오색 주전골의 설악산 단풍과 "6·25도 몰랐다."고 하는 미천골의 단풍이 천하 절경이기 때문이 아닐까 생각합니다. 막내아들이 급한 목소리로 전화를 했습니다.

절에 들렀다가 온 미국 청년

아들 : 아빠, 미국에서 왔다고 하는 한 청년이 방을 달라고 하는 데 어떻게 할까요?

아빠 : 방을 내주는 것은 문제가 없는데, 그 사람이 무엇 때문에 왔는지 물어 봤니?

아들 : 아직요. 등록 학생이 아닌가요?

아빠 : 아빠는 이번 주에 외국 학생이 더 온다는 이야기를 들은 기억이 없는데. 아무튼 샤워할 수 있도록 목욕 수건을 하나 드리고 좀 쉬게 해 드

리려무나. 아빠가 곧 내려가마.

아들 : 그런데 아빠, 이 사람은 완전히 거지예요. 배낭도 더럽고, 머리카락은 지저분하고 옷도 거지같아요. 그런 사람이 라브리에는 왜 왔을까요?

아빠 : 아마 미국 청년이 여행하다가 돈이 떨어졌는가 보다.

아들 : 알았어요.

집에 돌아와 보니 키도 크고 인물이 멀끔하게 잘생긴 청년이 커피 한 잔을 하고 앉아 있었습니다. 막내아들도 "샤워하고 나니 딴 사람처럼 보인다."며 조금 전 거지같은 모습과는 너무나 다르게 보인다고 머쓱해 했습니다. 경옥이 급하게 만들어 준 샌드위치를 단숨에 먹어 치운 후에야, 그는 자기소개와 함께 라브리를 찾아온 이유를 자세히 말해 주었습니다. 그리고 일주일간 라브리에 머물기로 하고 가방을 풀었습니다.

그는 미국 중부 미주리 주에 있는 세인트루이스대학교에 다니는 대학생이었습니다. 약 한 달 전에 무작정 서울에 있는 어느 사찰로 수행차 왔다고 합니다. 사찰에 온 이유는 학교에서 만난 어느 스님의 "참 진리를 알고 싶거든 서울로 오라."는 말을 듣고 불경을 공부하러 왔답니다. 그는 한 달 이상 열심히 강의를 들었으나 자기가 기대했던 진리를 찾지 못했습니다.

그러던 어느 날 '집으로 돌아가야겠다.'고 생각하던 차에, "한국에 가거든 꼭 라브리에 들렀다 오라."는 친구의 말이 생각나서, 한국 라브리에 왔다는 것입니다.

당시에 라브리에는 이미 원어민 교사들도 몇 사람 머물고 있었고, 안양대학교 신약학 교수인 한제호 목사와 외국 유학을 다녀온 그의 아들도 머물고 있었기 때문에, 영어가 가능한 사람들과 많은 이야기를 나눌 수도 있었습니다. 담당 간사로부터는 '진리가 무엇인가?', '신은 존재하는가?'와 같은 토론을 하며 일주일을 보냈습니다.

일요일이 되어 가까운 교회에 같이 갔습니다. 같이 간 청년 하나가 통역을 해 주었습니다. 한창 설교를 듣는 중에, 그가 간사에게 조그만 쪽지를 하나 전달했고, 간사도 그 뒤에 답글을 남겼습니다.

- I think I found the truth in Jesus that I have been looking for(오늘 예수님 안에서 내가 찾던 진리를 찾은 것 같아요).
- Congratulations, But we'd better talk about what kind of truth you have found back at L'Abri this afternoon(축하해. 그러나 네가 무슨 진리를 찾았는지 오후에 라브리에 돌아가서 이야기해 보자).

그날 설교자는 은철 간사였습니다. 은철 간사는 상해한인교회와 상해코스타 등에서 청년 사역을 하다가 온 분이었습니다. 은철 간사는 아래에 있는 로마서 1장에 있는 말씀을 중심으로 '복음이란 누구나 예수를 믿으면 구원을 얻는다는 것이며, 이것은 체험적으로나 지성적으로나 부끄럽지 않은 진리이다.'라는 요지로 설교를 했습니다.

> 내가 복음을 부끄러워하지 아니하노니 이 복음은 모든 믿는 자에게 구원을 주시는 하나님의 능력이 됨이라 먼저는 유대인에게요 그리고 헬라인에게로다 복음에는 하나님의 의가 나타나서 믿음으로 믿음에 이르게 하나니 기록된 바 오직 의인은 믿음으로 말미암아 살리라 함과 같으니라(로마서 1:16-17).

오후에 집에 와서 이야기를 나누어 보니, 그가 기독교는 체험적이면서도 동시에 합리적인 진리라는 것을 깨달은 것이 분명했습니다. 그리고 예수님은 인격적이시고 무한하신 하나님이라는 것도 깨달은 것이 확실했습니다. 그리고 예수님 외에는 자신의 죄를 해결할 수 없다는 것도 인정했습니다.

한 편의 설교에서 그것을 모두 깨달았다기보다는 지난 일주일간 여러 사람들과 이야기하고 공부한 것이 설교 중에 매듭이 풀린 것이었습니다. 심각하게 꼬인 것 같았지만, '참 진리는 신비적이고 동시에 합리적이다.'라는 중요한 매듭이 하나 풀리기 시작하니, 복잡했다고 생각했던 문제들이 마치 실타래처럼 술술 풀어진 것입니다.

그날 밤에 저희는 조촐한 파티를 열었습니다. 저희가 사는 라브리에서는 파티가 많습니다. 생일을 맞이한 사람이나, 진리를 발견했다고 말하거나, 사귀기로 결정하거나 결혼 발표를 하면 축하 파티를 열기 때문입니다. '파티'라고 해 봐야 케이크를 하나 자르고 마실 것을 한 잔씩 나누어 마시며 주로 사연을 듣는 시간입니다. 여러 사람들이 미국 청년이 어떻게 한국에 오게 되었고 예수님을 믿게 되었는지에 대해 듣고 감격적인 시간을 가졌습니다. 식사를 마칠 무렵에 그 청년이 잔뜩 들뜬 기분으로 이런 질문을 했습니다.

- 오늘 오후에 집으로 전화를 했더니, 아버지가 나를 데리러 오신다고 하는데 그래도 괜찮을까요?

우리는 모두 "네 아버지가 서울에 사시냐?" "네가 아버지 손을 잡고 집으로 돌아가야 할 정도로 어린애냐?" "비행기 표가 없느냐?" 등등 농담을 했습니다. 그는 여러 사람들의 농담에 매우 쑥스러워하며 자러 갔습니다.

그런데 정말 24시간이 지나지 않아, 그의 아버지가 라브리에 들이닥쳤습니다. 그것도 모두가 씻고 잘 준비를 하고 있던 11시 경에, 옛날 서부 영화에서 보았던 존 웨인처럼 키도 크고 덩치도 크고 카우보이처럼 큰 모자를 쓰고, 마치 빼앗긴 자기 아들을 내 놓으라는 듯이 신발도 벗지 않은 채 집 안으로 성큼 들어왔습니다.

아들을 데리러 미국에서 온 아버지

그 아버지는 서울에서 온 것이 아니라, 미국 중부 미주리 주에서 양양으로 단숨에 날아온 것입니다. 약 두 달 전에 "한국에 간다."며 집을 나간 아들이 소식이 없어 애를 태우던 중에, "아버지, 내가 라브리에서 예수님을 믿게 되었어요."라는 전화를 받자마자 곧바로 달려 온 것입니다.

미주리 주 세인트루이스에서 시애틀로, 시애틀에서 서울로, 서울에서 양양까지 한 걸음에 말입니다. 아마 많은 아버지들은 집 나간 아들이 전화를 했다면, "당장 집으로 돌아오너라."라고 야단을 치든지, "예수를 믿으러 한국까지 갔냐?"라고 호통을 치고 말았을지도 모릅니다.

그런데 그 아버지는 많은 돈과 시간을 들여 아들을 찾으러 미국 중부에서 멀리 양양까지 달려왔습니다. 아래층 홍석홀 기둥 옆에서 둘이 얼싸안고 울고 웃기를 약 10분을 넘겼을까요? 대뜸 그 아버지가 홀이 떠나갈 것 같은 우렁찬 목소리로 이야기했습니다.

> 아버지 : 아들아, 이제 집으로 돌아가자. 여러분에게도 우리 애를 지켜 주셔서 감사하다는 말씀을 드리고 싶군요.
>
> 간사 : 아버님, 지금은 밤도 깊었으니 하룻밤 자고 내일 아침에 가시지요?
>
> 아버지 : 아니요. 아들을 찾았으니 바로 가겠습니다. 애 엄마도 기다리고 있고요.
>
> 간사 : 네. 당신 아들을 데리고 속히 집으로 돌아가세요. 그러나 미국에서 온 다른 애들을 한 번 보고 가시는 것이 어떻겠습니까? 여기에 당신 아들과 같이 집 나온 미국 청년들이 여러 명 앉아 있는 것이 보이지 않

습니까?

아버지 : 내 아들 말고 미국에서 온 놈들이 또 있단 말입니까? 그렇군요. 너는 왜 한국에 왔니? 영어 가르치고 돈은 얼마나 벌었느냐? 그 돈으로 마약을 하거나 한국 여자들을 건드리지 말고 빨리 집으로 돌아가거라.

청년 : 우리는 걱정 마시고 당신 아들이나 걱정하시지요. 당신은 당신 아들이 왜 집을 떠났는지 아시오?

아버지 : 놀러간다고 나갔지. 인생의 의미와 진리가 무엇인지 궁금하다는 말을 자주 했지만, 공부하기 싫어서 하는 말인 줄 알았지.

아들 : 아마 아버지는 제가 왜 한국에 왔는지 잘 모르실 거예요. 저는 대학에 들어가자마자 한 스님을 통해 불교를 알게 되었고, 줄곧 불경을 공부하는 모임에 참석해 왔어요. 그러다가 제대로 수행을 좀 하려고 휴학을 하고 한국에 왔는데, 제가 기대한 것과는 달랐던 것입니다. 다행히 제가 라브리에서 인생의 의미와 진리를 찾았으니 아버지가 몰라도 상관없어요.

청년 : 아들이 한두 살 먹은 것도 아니고, 비행기 티켓이 없는 것도 아닌데, 곧장 집으로 돌아오라고 하면 되는데, 왜 이 멀리까지 데리러 왔습니까? 무슨 특별한 이유라도 있습니까?

아버지 : 아무것도 없어. 애가 보고 싶어서 데리러 온 것 밖에 없어. 애가 집을 나간 지 두 달이 다 되었는데도 연락이 없다가, 여기에서 예수님을 믿게 되었다는 말을 듣고 너무 반가워서 아들을 보러 왔을 뿐이야. 애가 예수님을 믿는 날이 오도록 오랫동안 기도했지만, 한국에 와서 예수를 믿게 될 줄은 꿈에라도 생각해 본 적이 없거든. 제 아들을 도와

주신 여러분 모두에게 진심으로 감사드립니다.

간사 : 평소에 아드님과 이야기를 잘 안 하시죠?

아버지 : 네, 아들 녀석이 하는 짓거리가 마음에 안 들어서 지난 몇 년 동안은 아무 말도 나누지 않았습니다. 그런데 왜 그걸 물어보시는지요?

간사 : 만약 평소에 아드님과 이야기가 잘 통했더라면, 아드님이 한국까지 올 필요도 없었고, 영어가 서툰 저희들보다 훨씬 더 잘 도와주셨을 거예요. 아드님이 고민하던 질문들은 대부분 아버님도 충분히 대답하실 수 있는 것들이었어요.

아버지 : 우리 아이가 무슨 질문을 가지고 있었죠?

간사 : 그건 비행기 안에서 아들로부터 직접 들어보시죠.

결국 아버지는 하룻밤을 라브리에서 자고 가기로 했습니다. 오랜만에 아들 옆에서 잠을 청했습니다. 밤새 뒤척였는지, 부스스한 얼굴로 아침 식탁에 앉았습니다. 그러나 무엇이 그리 좋은지 웃음소리에 집이 흔들릴 정도였습니다. 식사를 마치자마자 두 분을 양양 터미널에 모셔다 드렸습니다. 100달러짜리 지폐를 건네주며, "아들을 살려 줘서 고맙습니다."라는 인사를 남기고 곧 바로 고속버스에 올랐습니다.

시대정신에 열광하는 청년들

어른들은 청년들의 고민을 모릅니다. 청년들의 고민을 알려면 그들을 잘 알아야 하지만, 청년들의 말이나 욕이나 그들이 열광하는 것이 무엇인지도 모르니까 그들의 고민을 알 수도 없습니다. 청년들을 알기 위해서는 때로는 그들이 보는 영화, 그들이 읽는 책, 그들이 입고 다니는 옷이나 스마트폰 종류, 특이한 행동도 관찰해야 합니다. 청년들은 언어보다 비언어적인 도구들을 통해 소통을 많이 하기 때문입니다.

그중에 하나가 돈을 사랑하는 것입니다. "호모 이코노미쿠스(Homo Economicus)"라는 소리를 들을 정도로, 기성세대가 돈의 노예가 되었다고는 하지만, 젊은 세대도 돈과의 사랑에 깊이 빠져 있기는 마찬가지입니다. "이웃보다 돈에 더 민감한 세대가 10대"라는 말도 들리고, "'열정 페이를 드립니다.'라는 스타트업 광고에 속지 말라."는 말도 들리는 것을 보면, "밑바닥에서 개고생 하느니 차라리 굶는 것이 낫다."는 생각을 하는 것 같습니다.

유행에 민감한 청년들이 시대정신에 열광하는 것은 어쩌면 당연한 것인지 모르겠지만, "아버지여 재산 중에서 내게 돌아올 분깃을 내게 주소서."라고 말하던 탕자처럼(누가복음 15:12), 너무 일찍 "돈 맛"을 알아 버린 것은 아닌지 안타깝습니다. 돈은 중요합니다. 그러나 돈과 사랑에 빠지면 청춘도 병이 들고 교회도 병이 듭니다. 청년 교사의 분석입니다.

> 현대 사회는 자본주의 사회입니다. 자본주의에서 최고의 가치는 단연 돈입니다. 돈이 선과 악을 결정합니다. 돈이 하나의

계급이 되어 버렸습니다. 인간이기에 동일하게 귀한 것이 아니라 얼마만큼의 돈을 갖고 있느냐에 따라 대우가 달라집니다. 문제는 자본주의적 사고방식이 은연중에 교회에도 침투한다는 사실입니다. 차분히 교회를 들여다보면 교회 안에도 계급이 있습니다. 신자가 돈이 많거나 사회적 지위가 높은 경우 사람들이 몰려옵니다. 하지만 가난하거나 약자의 지위에 있는 사람들은 철저하게 소외됩니다. 고아와 과부를 돌아보아야 할 교회가 헌금을 많이 하고 영향력이 큰 사람들에게 집중하게 됩니다. 인간으로서의 존재 가치를 세상과 똑같이 물질에서 찾게 됩니다.*

돈 맛에 빠진 것보다 더 무서운 것은 청년들의 '관태감(관계와 권태의 합성어)', '피로감', '열등감', '좌절감' 등입니다. 김동욱, 김수연 기자가 조사한 바에 따르면, "소셜네트워크서비스(SNS)에서 경쟁적으로 인간관계를 늘리고 있지만, 오프라인에서는 인간관계의 피로감을 호소하며 '관태감'을 겪는 것으로 나타났다."고 합니다. "인맥 부자"라는 소리를 듣는 사람들도 "SNS 상에는 친구가 수백 명이지만 깊은 대화를 나누는 친구는 5명도 안된다."고 합니다. 사실 5명도 많은 숫자입니다. "비정규직으로 일하고 있는 이 모 씨(28)는 관태를 느껴 친구들과

---

* 장윤석, 시대정신과 기독교 세계관(라브리기독교 세계관포럼 발표 원고, 2017년 8월 3일).

거리를 두며 '잠수'를 탔지만, 오히려 우울감만 커졌다."고 말했습니다.*

그중에서 더욱 심각한 것은 다수의 청년들이 열등감과 좌절감에 시달리고 있다는 것입니다. 물론 열등감이나 좌절감은 우리 시대의 특징만 아니라 청년들의 오래된 습관 중에 하나입니다.

> 이에 스스로 돌이켜 이르되 내 아버지에게는 양식이 풍족한 품꾼이 얼마나 많은가 나는 여기서 주려 죽는구나…지금부터는 아버지의 아들이라 일컬음을 감당하지 못하겠나이다 나를 품꾼의 하나로 보소서 하리라 하고(누가복음 15:17,19).

자기 정체성이 깨진 한 아들의 탄식이 들리지 않습니까? 김민하 기자가 그의 『냉소사회』라는 리포트에서 청년들의 열등감과 좌절감을 잘 분석했습니다.

> 어떤 사람은 나보다 잘생겼고 어떤 사람은 나보다 날씬하며 또 어떤 사람은 나보다 많은 돈을 번다. 우리는 우리 자신을 끝없이 남들과 비교하며 그들보다 내가 나은 점을 찾느라 여념이 없다. 아무리 찾아도 내가 그보다 나은 점을 발견할 수

---

* 김동욱, 김수연, 인간관계 피로감 관태기에 빠진 청년들(「동아일보」, 2017년 4월 4일).

없을 때, 우리는 그 상대를 '재수 없다.'고 생각한다. 상대의 모든 것을 꼬투리 잡아서 그게 얼마나 나쁜 종류의 것인지를 반복해서 논하는 일을 우리는 매일 같이 하고 있다. 이러한 일련의 행위를 이르는 말이 바로 '열등감 폭발'인 것이다.**

'열폭'에서 한 걸음 더 나간 청년들은 '헬 조선(hell+朝鮮)'에 열광합니다. 경제적 불평등, 금수저들과 흙수저들 간의 넘을 수 없는 간격, 청년실업 문제, 신자유주의적인 초경쟁 사회, 아무리 노력해도 좀처럼 벗어나기 힘든 가난 등 엄연한 현실의 장벽 등을 볼 때 우리나라는 마치 '지옥(hell)'과 같다는 말입니다. 아마 한나 아렌트가 '하인리히 재판'에서 잘 지적한 것과 같이, 지독할 정도로 동물적이고 사악한 인간들이 보여 주는 "악의 평범성"을 보다 못해, 누워서 침 뱉기와 같은 심정으로 자기 나라라도 욕하고 싶은 사람들의 사회풍자적인 말이라고 생각합니다.

어떤 사람들은 "헬 조선"이란 말 자체가 반애국주의적이고 패배주의적인 말이라고 비난을 하지만, 청년들의 가슴에 좌절감이 깊어지다 보면 하나님도 욕하는 마당에 나라를 욕하지 못할 이유가 없으니, 너무 과민반응을 하지 않으면 좋겠습니다. 좌절감이 깊어지면 욕을 쏟아낼 수도 있습니다. 욕설을 무조건 나쁘다고만 할 것이 아니라, 때로는 욕설이 청년들이 보

** 김민하, 『냉소사회』, 현암사, 23.

내는 구조 신호(SOS) 혹은 우리 사회의 병리 현상에 대한 경고라고 생각하면 좋겠습니다. 장강명 작가가 『한국이 싫어서』(민음사)라는 소설에서, 이민을 떠나기로 결정한 한 20대 청년의 입을 빌려서 피를 토하듯이 한 말도 들어보시기 바랍니다.

> 한국에서는 딱히 비전이 없으니까.*

그런 의미에서 배낭여행은 청년들의 분노 탈출구입니다. 세계에서 제일 큰 도시에도 한국 청년들이 있고, 세계에서 제일 구석진 곳에도 한국 청년들이 돌아다니고 있습니다. 누가 잘 말한 대로, "훌쩍 이민을 떠나 버리기에는 조국이 멱살을 잡고 있고, 그냥 죽치고 우리나라에 눌러 앉아 있자니 답답해서 죽을 것 같기 때문에 배낭을 멘 것입니다." 아마 세인트루이스에서 배낭 하나만 달랑 메고 한국으로 온 그 청년도 미국의 부조리에 깊이 좌절했거나 아이 평범화된 "헬 미국"을 보았기 때문인지 모릅니다.

요즘 "아모르 파티(Amor Fati)"에 열광하는 것도 청년들의 고민을 잘 보여 줍니다. "아모르 파티"는 서울대학교 김난도 교수가 "유인나의 볼륨을 높여요"에 출연해서 한 말이라 유명하게 된 말인데,** 우리말로 '네 운명을 사랑하라.'는 라틴어이며,

---

* 장강명, 『한국이 싫어서』, 민음사, 44.
** 김난도, 『천 번은 흔들려야 어른이 된다』, 61-66.

본래 니체(Friedrich Wilhelm Nietzsche, 1844-1900)의 『짜라투스트라는 이렇게 말했다』에 나오는 말이라고 합니다. 일부만 옮겨 봅니다.

> 내가 노력을 했음에도
> 노력한 만큼 이루어지지 않을 때가 있다.
> 자기자신의 실존의 중심을 잡고
> 의미를 부여하려고 노력하는
> 그 태도가 바로 아모르 파티이다.
> 허무주의 시대에
> 신이 죽은 시대에
> 우리가 이 삶을 견뎌 내고
> 살아갈 수 있는 방법.
> 네 운명을 사랑하라.
> 아모르 파티
> Amor Fati.

19-20세기 독일 청년들처럼, 우리나라 청년들이 "아모르 파티"에 열광하는 이유가 무엇일까요? 니체가 생각한 것처럼 자기가 처한 환경과 필연적인 운명을 긍정하고 단지 그것을 감수할 뿐만 아니라 오히려 사랑하는 것이 초인이 되는 길이라는 것을, 우리나라 청년들이 이해했기 때문은 아닐 것입니다. 아마 개꼬리처럼 흔들리는 자기자신이 혼자가 아니라는

것과 많이 흔들리기는 했지만 아직 1,000번까지는 흔들리지 않았다는 데서 약간의 위안을 받았기 때문이 아닐까요?

그리고 아무리 노력해도 해결할 수 없는 암담한 모든 현실을 사회 구조 탓으로 돌리는 것이 쉽기도 하고, 노력했지만 결과가 좋지 않을 때 자기자신을 정당화하기 쉽기 때문에 열광한 것은 아닐까요? 약간은 우수에 젖은 외로운 천재였던 니체처럼 보일 수 있고, 자기자신도 모든 것을 운명적으로 받아들일 수 있는 용기를 가진 '초인(超人, superman)'이 될 수 있기 때문에 더 열광한 것은 아닐까요? 최근에는 대학생 청년들이 동아리 이름을 짓거나 축배사로 외치는 것에 더하여, 가수 김연자까지 "아모르 파티"를 대중화하고 있어서 걱정입니다.

정말 자기 운명의 필연성을 찬양하고 싶습니까? 그 전에, 제발 자기의 운명을 긍정하는 것과 자기의 존재 자체를 사랑하는 것은 다르다는 것과, 자기 운명의 필연성을 인정하는 것과 현실의 부조리를 타협하지 않는 것은 전혀 다르다는 것을 생각해 보았으면 좋겠습니다. "운명론이 연애를 망치는 3가지 이유"라는 글을 쓴 라라윈이라는 서른 살의 여자 철학자의 말을 좀 들어보시기 바랍니다.

> 운명론을 신봉하면 눈이 어마어마하게 높아진다. 눈이 높아지면 어느 누구도 마음에 들기 어렵다. 왕자나 공주급이 아니면 안된다. 그리고 현실을 운명에 끼워 맞추기 쉽다. 처음에는 '알고 보니 잘 맞는다.'고 생각했다가 나중에는 '알고 보니 잘

안 맞는다.'고 생각한다. 또한 운명론은 치열하게 싸우고 맞추려고 노력할 필요도 없이 날로 먹으려 한다. 모태 솔로일 운명, 나쁜 남자를 만날 운명, 좋은 여자를 만날 운명 등, 내가 써놓은 각본대로 언젠가 걸작 영화가 만들어지기만을 꿈꾸다가는 연애를 다 망친다.*

한동안 "아모르 파티"에 열광하던 청년들이 요즘에는 '알파고'에 열광하고 있습니다. 구글이 만든 '알파고'가 세계적인 바둑 천재인 이세돌 9단을 4:1로 물리쳤고, 중국 바둑 1위인 커제에게 완승을 거두어 60연승을 이어가자, '알파고'에게 신에게나 돌릴 법한 온갖 찬사와 경배를 바치기 시작했습니다. '알파고'가 세계적인 바둑 기사들과 대결할 때만 해도, 최악의 경우에도 큰 손실이 발생하지 않도록 대비하는 "미니맥스(minimax)라는 알고리즘" 혹은 "가치망(value network)이라는 최소한의 도덕적 장치"가 있었지만 이제는 그런 한계를 벗어나고 있습니다. 성기진의 지적입니다.

> 트랜스휴머니즘(transhumanism, 초인간주의)을 신봉하는 실리콘 밸리의 오피니언 리더들 가운데는 장차 인공지능이 자기보다 더 나은 인공지능을 스스로 설계할 수 있게 될 것이

---

* cf. 라라윈, 『연애/연애질에 관한 고찰』, https://ko-kr.facebook.com/lalawin30s, 라라윈, 우라질 연애질, (RHK, 2012).

고, 따라서 사람이 설계할 때와는 비교할 수도 없는 폭발적인 성장이 일어나는 "기술적 특이점(technological singularity)"이 멀지 않았다는 주장이다. 트랜스휴머니스트들에게 기술적 특이점은 메시아의 재림에 필적하는 중요한 사건으로, 심지어 이것이 몇 년 안에 일어날 거라고 믿는 사람도 있다. 이때가 되면 사람의 연약한 판단력은 내려놓고 인공지능의 우수한 판단에 세상을 맡기거나, 인공지능을 사람의 두뇌에 접목하여 사람의 판단력을 향상시켜야 한다고 할 것이다. 인공지능을 신격화하는 트랜스휴머니즘은 하나의 종교와도 같다. 기술적 특이점이 메시아의 도래와 같다면 그 후 인공지능의 막강한 지능으로 인간 사회의 거의 모든 문제를 해결할 수 있을 것이라는 신념은 일종의 구원관에 해당하며, 심지어 자신의 의식을 컴퓨터에 업로드하거나 건강한 신체로 옮겨서 영생을 누릴 수 있을 거라고 진지하게 믿는 사람도 있을 것이다.*

'알파고'의 열광에 더 불을 붙인 사람은 유발 노아 하라리(Yuval Noah Harari)입니다. 그는 『호모 데우스』(*Homo Deus*, 신이 된 인간)란 책에서 니체가 죽인 하나님을 '인간 초인'이 아니라 '인공 지능' 혹은 '데이터 종교'가 대체하게 되었다고 분석하고 있습니다. 하라리가 전작 『사피엔스』에서는 지난 십 억년

---

* 성기진, 인공지능 시대의 기독교 윤리(기독교윤리실천학교, 2016. 10. 6) cf. 인공지능 논의에서 드러나는 세계관 문제(개혁신앙 23호, 2017년 3, 4월).

동안의 기아, 질병, 결혼, 전쟁과 같은 지엽적인 문제를 다루었다면, 『호모 데우스』(*Homo Deus*)에서는 현대 과학이 '불멸', '행복', '신성', '영생'과 같은 그동안 '신의 영역'이라고 생각했던 것들에 도전하게 되었다는 것입니다.

결국 인간이 신이 되도록 만들어 주는 것은 '인공지능(artificial intelligence)'입니다. '인공 지능'은 데이터 알고리즘에서 온 것입니다. 하라리는 인간과 인간의 미래를 결정하는 것이 "데이터"라는 의미에서 "『호모 데우스』는 데이터교(Dataism)" 혹은 "데이터 종교(The Data Religion)라 할 수 있다."고 진단했습니다. 조지 오웰이 『1984』에서 예고한 "빅 브라더(Big Brother)"가 "빅 데이터(Big Data)"로 돌아온 것입니다. 성의진의 말을 들어보겠습니다.

> 하라리의 주장은 우리에게 다음과 같은 시사점을 준다. 첫째 역사의 흐름을 세계관이 주도한다고 본다는 점에서 역사를 현상이 아닌 본질로 파악하는 통찰력 있는 시각을 제공했다. 둘째 인본주의를 비롯한 허구적 신념들의 나약함을 드러내고 모든 사상은 종교적 이념이라는 신선한 관점을 제시했다. 셋째 데이터주의를 소개하면서 맹목적인 기술발달의 위험성을 경고해주었다. 반면 『호모 데우스』가 갖는 한계는 다음과 같다. 첫째 모든 개념을 허구로 정의함으로써 자신의 주장마저 허구로 만들어버리는 논리적인 모순을 범했다. 둘째 성경과 인본주의를 비판하면서 적절한 근거를 제시하지 못했다. 셋째

데이터주의를 경계하면서도 문제는 인간성의 추락이라는 본질을 놓쳤다. 넷째 대안이 제한적이고 무책임했다.*

요즘 청년 대학생들은 퓨전 음식을 삼키듯이 사상의 시장에 나오는 온갖 세계관을 삼킵니다. 그 속에 무슨 내용이 들어 있는지 확인하지도 않은 채 모양만 보고 말입니다. '데이터교' 혹은 '트렌스휴머니즘(transhumanism, 초인간주의)'도 그중에 하나입니다. 닥치는 대로 먹고 마시다가는 아우구스티누스처럼 자기의 영혼이 죽어도 죽는 줄을 모르게 될지 모릅니다.

나는 어릴 때 그리스 신화를 읽으며 종종 눈물을 흘렸다. 그러나 가련하고 불쌍한 내 영혼에 대해서는 눈물 한 방울 흘리지 않았다. 배우면 배울수록 내 영혼은 점점 하나님과 멀어져 갔고 죽어 갔다.

지금 청년들에게 필요한 것: "몸과 마음이 쉴 수 있는 공간"

아우구스티누스만 아니라 많은 대학생들이 졸업장 하나 받

---

* 성의진, "유발 하라리의 『호모 데우스』 바로 읽기", (라브리자료실, 2017)

기 위해 자기 영혼이 죽어 가고 있는 줄도 모르고 아무 공부나 합니다. 다수의 청년들은 자기 몸과 마음만 아니라 영혼까지도 팔아가며 시대정신에 열광하고 있습니다. 저희가 만난 청년들은 자신들이 얼마나 피곤한지도 잘 몰랐고 자기들의 영혼이 죽어 가고 있는지도 몰랐지만, 자기가 필요한 것부터 이야기할 줄은 알았습니다. "배가 고픕니다. 먹을 것 좀 주세요." 하나 더 있습니다.

- 좀 쉬고 싶습니다. 나도 힐링(healing)이 필요한가 봐요.

청년들 사이에서 "힐링이 필요하다."란 말은 '공부나 직장을 그만 두고 몸과 마음을 편안하게 쉬게 하고 싶다.'는 말로 통합니다. 그렇다고 무작정 놀거나 아무 생각 없이 빈둥거리는 것이 힐링이 아니라는 것쯤은 다 압니다. 그리고 삶의 의미를 찾고, 세상을 사는 지혜를 얻고, 진리가 무엇인지 아는 것이 최고의 힐링이라는 것도 아닙니다. 미국에서 온 그 청년도 삶의 의미를 찾기 위해서는 잠시 공부를 쉬는 것이 힐링이라는 것을 알았습니다.

특히 개인적으로나 국가적으로 악몽 같은 세월을 보낸 청년들이라면 힐링은 본질적입니다. 만약 하루에도 몇 번씩 '멘붕'을 경험할 정도로 부조리한 조직에서 쓴맛을 본 청년들이라면 힐링은 필수적입니다. 만약 최근에 열등감과 좌절감에 깊이 시달린 청년이라면 힐링은 절대적입니다.

손봉호 교수도 "우리가 필요한 휴식은 돈, 권력, 명예와 같이 다른 사람과 심각하게 경쟁해야 하는 것을 하지 않고 쉬는 것이다."라고 말한 적이 있다고 하는데, 한국 청년들에게 가장 절실한 안식이 무엇인지 꿰뚫어 본 지적이라고 할 수 있습니다. 지금 한국 청년들에게 필요한 것은 모든 걱정과 불안과 경쟁으로부터 벗어나 안식하는 것입니다.

중요한 것은 이런 안식은 누가 만들 수가 있는 것도 아니고 저절로 생기는 것도 아니고 도망간다고 이루어지는 것도 아니고 싸워서 쟁취할 수 있는 것이 아니라, 오직 선물로 얻을 수 있는 것이라는 것입니다. 본래 세상에서 가장 값진 것들은 돈으로 살 수 있는 것이 아닙니다. 가장 비싼 것들은 공짜로 주어지는 선물입니다. 우리의 생명이 그렇고, 가족이 그렇고, 구원이 그렇고, 평화가 그렇고, 안식이 그렇고, 생일 선물이 그렇습니다. 그런 의미에서 선물에는 제공자나 출처가 분명히 있습니다.

진정한 평화와 안식은 언제나 관계의 회복에서 주어지는 선물입니다. 예를 들어 영적이고 종교적인 평화는 하나님과의 교제에서 오는 것이며, 국가 혹은 국제간의 평화도 나라 간 관계 회복에서 오는 것입니다. "선물 중의 선물"이라고 할 수 있는 진정한 평화와 안식은 예수님께 나아오는 사람들에게 주어지는 선물입니다.

수고하고 무거운 짐 진 자들아 다 내게로 오라 내가 너희를 쉬게 하리라 나는 마음이 온유하고 겸손하니 나의 멍에를 메고 내게 배우라 그리하면 너희 마음이 쉼을 얻으리니 이는 내 멍에는 쉽고 내 짐은 가벼움이라 하시니라(마태복음 11:28-30).

그리고 평화와 안식을 얻는 데는 언제나 그것을 소개하고 전달해 주는 메신저가 있습니다. 솔로몬 왕의 평화는 모세와 다윗의 손을 거쳐 이루어졌고, 엘리야의 휴식은 까마귀의 부리나 로뎀나무 그늘을 빌려 이루어졌습니다. 하나님은 손이 없으시기 때문에 주로 인간들의 손발을 빌리십니다. "나그네 사랑", "손 대접", "영접", "친절", "환대", "호스피스", "호스피탈리티(hospitality)"는 이름만 다르지, 모두 하나님의 왼손입니다. 크리스틴 폴은 '환대'의 뜻을 다음과 같이 설명했습니다.

> 환대 혹은 손대접이란 말은 그리스어로 필로세니아(philoxenia)라고 하며, 영어로는 호스피탈리티(hospitality)라 한다. 어원적으로는 필레오(phileo)라는 사랑을 의미하는 말과 세노스(xenos)라는 '나그네', '낯선 사람', '손님'을 의미인데, 두 말이 합하여서 '낯선 사람을 사랑한다.'는 말이다."*

"기독교 신앙의 아버지" 혹은 "믿음의 조상"이라고 불리는 아브라함과 그의 부인 사라도 갑자기 찾아온 세 명의 방문객

---

* 크리스틴 폴(Christine D. Pohl), 『손대접』(복있는사람, 2002), p.49.

들을 대접한 적이 있는데, 그 후로부터 환대는 아브라함의 믿음을 본받는 모든 후손의 의무가 되었습니다. 바울도 로마 황제로부터 최종 재판을 받기 전에 가택연금 상태에 있을 때에, 셋집으로 찾아오는 사람들을 "영접"한 적이 있는데, 그것도 알고 보면 하나님의 원손이 된 것이었습니다.

> 바울이 온 이태(2년)를 자기 셋집에 머물면서 자기에게 오는 사람을 다 영접하고 하나님의 나라를 전파하며 주 예수 그리스도에 관한 모든 것을 담대하게 거침없이 가르치더라(사도행전 28:30-31).

여기에 "영접하고"라는 말은 그리스어로 "아포데코마이(apodcomai)"라는 말인데, '환영하다', '기쁘게 받아들이다' '인정하다', '감사를 표하다'란 뜻이며, '지극정성으로 대접하다'라는 말이라고 합니다. 지금 청년들에게 정말 필요한 것도 바로 그런 따뜻한 손길입니다. 청년들의 가슴 속에 불타고 있는 냉소, 도피, 분노, 실패감, 열등감, 체념 등을 힐링할 수 있는 최선의 길이기 때문입니다. 아직까지 저희들은 김종철 변호사보다 더 시의적절한 환대를 해석하는 말을 찾지 못했습니다. 김종철 변호사는 저희와 같이 라브리에서 일하다가 지금은 수많은 국내외 인권 사각지대에 있는 사람들을 돕고 있는 "공익법센터 어필"을 설립한 사람입니다.

> 환대란 우리 안에 다른 사람들이 머물 수 있는 공간을 내어주고 거기서 그들이 번성하도록 도와주는 것이다.*

 라브리가 그 미국 청년에게 준 것은 무슨 특별한 훈련 프로그램이 아니라 환대였습니다. 우리가 매일 사는 일상적인 공간에 그를 초대한 것뿐입니다. 아침에 일어나면 실내 청소를 하거나 마당 일을 같이 했습니다. 그가 왔을 때는 가을이라 감도 땄고, 여름용 평상을 철거했습니다. 나머지 시간에는 혼자 생각하는 시간을 갖도록 간섭하지 않았습니다.

 우리는 한국어를 모르는 청년이 왔다고 해서 일주일에 한 번 밖에 없는 성경 읽기 시간이나 영화 보는 것을 포기하지 않았습니다. 그리고 간사와 1:1로 만나 공부하는 시간을 생략하거나, 낮잠을 자는 시간을 없애거나, 조용히 책 읽는 시간도 방해하지도 않았습니다. 단지 고요하고 안정된 가운데 노동, 토론, 공부, 휴식, 예배 등 공동체의 일상생활을 마음껏 즐기도록 도와주었을 뿐입니다.

 만약 그가 모기에게 물렸다고 엄살을 부렸으면 눈길도 주지 않았겠지만, 말벌에 쏘였다고 했을 때는 '호랑이 크림(tiger's cream)'을 발라 주었습니다. 그가 일하다가 목이 좀 마르다고 했으면 "물마시고 오라."라고 했겠지만, 목이 아프다고 했을

---

 * 김종철, 불편한 나그네에 대한 기독교세계관학교 강연(www.labri.kr)과 "공익법센터 어필" 안내문을 참고하세요.(www.apil.co.kr).

때는 '용각산(dragon's horn powder)'을 입에 부어 주었습니다.

만약 그가 침대나 화장실이 불편하다며 집으로 돌아가고 싶다고 말했거나 밥맛이 없다고 했다면 당장 집으로 돌아가라고 말했겠지만, 정직한 질문을 털어놓았을 때에는 밤을 새서라도 대답을 해 주었습니다. 만약 그가 낡은 '무신론'이나 오래된 '불가지론'의 프레임에 빠져서 자기주장을 너무 강하게 했으면 아마 시간이 더 필요했겠지만, 스스로 새로운 프레임이 필요하다는 것을 알고 이미 한국에 찾아 왔기 때문에 진리를 받아들이는 데에 그리 많은 시간이 걸리지 않았습니다.

감사하게도 그는 자기 골방에 혼자 앉아 세상을 호령하려는 "방구석 여포"가 아니었습니다. 다행히도 그는 캠퍼스 화장실에 들어가서 혼자 도시락을 까먹는 "찌질이"도 아니었습니다. 그는 방구석과 캠퍼스를 박차고 나와서 인생의 의미와 진리를 찾는 순례 길에 올랐던 용감한 청년이었습니다. 그도 한국 청년들처럼 배낭 하나에 스마트폰과 신용 카드 한 장만 주머니에 있으면 어디든지 갈 수 있는 열린 청년이었습니다.

그러나 그는 영화 속의 한 대사처럼, "모히또에 가서 몰디브를 한 잔 하자."고 할 정도로 무모하지도 않았고, 그 정도까지는 낭만적이거나 환락적인 쾌락을 찾지도 않았고, 네팔이나 델리, 둔황, 앙코르와트 등에 가서 금욕적이고 염세적인 영성을 찾을 정도로 미치지도 않았습니다. 특히 그는 일부 정신 나간 청년들처럼 돈과 시간과 청춘을 죽이기 위해, 무작정 온 세상을 떠돌아다니지도 않았습니다.

이 세상에는 정직한 청년 순례자들을 환영하는 곳이 많습니다. 스페인의 "까미노 데 산티아고(Camino de Santiago)"는 청년 순례자들이 900km를 걸으며 하나님을 만나게 도와줍니다. 종교개혁 500주년을 기념하는 "루터의 도시" 비텐베르크나 "비텐베르크의 새벽별"로 불린 카타리나 여사가 돼지도 키우고 맥주도 만들던 루터의 집도 가 볼 만한 곳입니다.

만약 같은 또래의 청년들을 만나 보고 싶은 기독 청년들은 노동과 찬양이 어우러진 영국의 부르더호프 공동체나, 프랑스 떼제 공동체나 좀 더 조용한 곳을 원하면 중세 수도원들이나, 자동차 대신에 말을 타고 전등 대신에 호롱불을 켜고 사는 미국이나 캐나다의 아미쉬 마을도 좋을 것입니다.

저희가 사는 라브리 공동체를 한 번 찾아와도 좋습니다. 라브리는 1955년에 프란시스와 이디스 쉐퍼(Francis & Edith Schaeffer) 부부가 스위스에 있던 자기 집을 열고 세계 구석구석에서 찾아오는 청년 대학생들에게 마음의 공간을 내어준 것이 그 시작입니다. 이 책은 아시아에 하나 밖에 없는 라브리에 찾아온 청년들의 이야기입니다. 여러분보다 단지 한 걸음 앞서 걸어갔던 청년 순례자들의 길을 같이 한 번 따라 걸어 보시겠습니까?

아버지의 마음 (문규, 2007년 1월)

아버지는 가슴으로 사랑을 하신다.
늘 언제나 우리를 활화산 같은 가슴으로
따뜻하게 안아 주신다.

아버지는 눈으로 사랑을 하신다.
밤이나 낮이나 불꽃같은 눈동자로 늘 지켜 보신다.

아버지는 코로 사랑을 하신다.
내가 드리는 예물을 향기로운 제사로 기뻐 흠향하신다.

아버지는 입으로 사랑을 하신다.
부드러운 음성으로 이름을 부르시며 사랑한다고 속삭이신다.

아버지는 귀로 사랑을 하신다.
우리의 작은 속삭임도 귀 기울여 들어주시고 응답해 주신다.

아버지는 손으로 사랑을 하신다.
나의 이름을 손바닥에 새기시고 기억하시며
기쁨을 이기지 못하신다.

아버지는 발로 사랑을 하신다.

내가 어디에 가든지 어디에 있든지 나를 보호하시며
나와 함께 동행하신다.

아버지는 나를 사랑한다. 나도 아버지를 사랑한다.
아빠, 사랑해요.

2장 라브리에서 사랑과 학교를 꿈꾼 사람들

청년들이 라브리에 오면 낮에는 개인 공부와 상담 그리고 시설 유지를 위해 일을 같이 하고, 저녁에는 전체 모임이나 휴식 시간을 갖습니다. 일주일에 하루 쉬는 날이 있으며, 그날은 가까운 곳으로 나들이를 가거나 집에서 쉴 수도 있습니다. 일요일에는 라브리 채플에 참석하거나 지역 교회에서 예배를 드립니다. 취미 생활을 위한 악기나 화구, 운동 기구, 스마트폰 등은 얼마든지 허락됩니다. 그러나 다른 손님들에게 방해가 되지 않아야 합니다.

라브리에서 과학기술대학 꿈을 꾼 청년 김진경

'라브리(L'Abri)'라는 말은 프랑스어로 '피난처', '대피소', '쉼터'라는 말인데, 시편 90-91편에서 "여호와는 나의 피난처시요."라는 말에서 유래합니다. 하나님이 '쉼터', '피난처'라는 말입니다. 현재 국제라브리는 스위스, 영국, 화란, 미국 2곳, 호주,

한국, 캐나다, 브라질, 남아프리카공화국 등에 10개 지부가 있습니다.

한국 라브리는 1988년에 첫 번째 라브리수양회를 한 후에, 1990년에 라브리자료센터로 공식적으로 시작되었습니다. 한국에 라브리가 세워지기 한참 전부터 라브리를 한국에 소개한 사람들이 많았습니다. 1960년대 초부터 스위스와 영국, 네덜란드 라브리를 다녀온 사람들이나 프란시스 쉐퍼의 책을 읽은 사람들이 바로 그들입니다. 일찍이 한국에서도 스위스 라브리를 다녀온 사람들이 많았겠지만, 그중에 몇 사람만 소개하겠습니다.

1960년경에 숭실대학교를 졸업한 26살 김진경은 영락교회 한경직 목사가 준 장학금 10만 환을 들고 영국으로 공부하러 갈 작정이었습니다. 그런데 김진경의 친구인 이근삼이 네덜란드에서 공부하고 있었는데, 김진경에게 영국에 가서 공부하기 전에 먼저 라브리를 방문해서 쉐퍼를 만나 현대 사상을 비판적으로 보는 눈을 배울 것을 권면했습니다.*

이근삼은 커버넌트신학교에서 공부할 때 쉐퍼에 대해 들었

---

* 이근삼(1923-2007)은 고신대학교를 졸업한 후에 미국 커버넌트신학교 등에서 4년간 신학 공부를 마치고, 당시는 네덜란드 자유대학교에서 신학박사 과정을 공부하던 때였습니다. 이근삼 박사는 약 30여 년간 고신대학교에서 교수, 총장으로 일하셨으며, 개혁주의 신학을 한국에 뿌리내리게 한 신학자 중의 한 분으로 알려져 있습니다. 노년에는 미국 이반겔리아신학교 총장으로 섬겼습니다.

든지, 네덜란드에서 공부하는 중에 스위스 라브리를 다녀왔거나 네덜란드를 방문한 쉐퍼를 만난 적이 있었던 것 같습니다. 그러나 친구의 '강추'에도 김진경은 스위스를 방문할 만한 돈이 없다는 답장을 보냈습니다. 돈이 없어서 라브리를 방문하기 어렵다는 친구의 편지를 받자마자, 이근삼은 직접 쉐퍼에게 김진경을 도와줄 길을 좀 찾아 달라는 편지를 썼습니다.

요즘은 10시간이면 도착할 길을, 인천에서 배를 탄 후에 약 65일간이나 걸려, 김진경은 프랑스 마르세이유항에 도착했습니다. 주머니에는 한경직 목사가 준 돈으로 뱃삯을 내고 나니 달랑 20불 밖에 남지 않았습니다. 그런데 마르세이유항에는 쉐퍼가 보내 준 초대장과 라브리를 찾아올 수 있는 지도 한 장 그리고 왕복 기차표 값 '100프랑'이 기다리고 있었습니다.

김진경은 하루가 걸려 라브리에 도착했고 전 세계에서 온 청년들과 함께 어울렸습니다. 아마 그도 처음에는 토론 문화에 익숙하지 않았을 것입니다. 적극적으로 자기 의견을 내세웠다기보다는, 많은 한국 청년들이 라브리에서 겪는 것처럼, 다른 사람들의 이야기를 묵묵히 듣는 것으로 만족했거나 아니면 겨우 몇 마디 정도 끼어들었을 것이 뻔합니다.

그러나 시간이 지나면서 "머리가 명석하고 믿음이 좋은 청년"이라는 소리를 들을 정도로 토론을 주도했고, 나중에는 "한국에서 온 김 교수(Professor Kim from Korea)"로 불릴 정도로 유명하게 되었습니다. 김진경의 스위스 라브리 체험기를 직접 들어보겠습니다.

― 당시 쉐퍼 박사는 대학자이면서도 학문에 매어 있는 사람이 아니었습니다. 학문을 기독교 세계관으로 적용하는 분이었습니다. 라브리는 유럽의 모든 기독 지성인을 불러 모으는 센터 역할을 했습니다. 그렇게 모인 지성인들이 밤새워 토론하는 곳이었지요. 저녁 식사를 마친 후 식탁을 치우지도 않은 채 쉐퍼 박사가 좌장이 되어 밤새도록 토론하며 지성을 갈고 다듬는 곳이었습니다. 그렇게 토론한 결정체가 프랜시스 쉐퍼 전집 5권(기독교 철학 및 문화관, 기독교 성경관, 기독교 영성관, 기독교 교회관, 기독교 사회관 등의 제목)으로 발행되었으며 한국어로 번역되어 있습니다.

좋은 지도자 뒤에는 반드시 좋은 선생님이 있다는 것은 누구나 아는 사실이지만, 청년 철학도 김진경은 당대 최고의 영적 아비로부터 지적 도전을 받고는 앞으로 자기가 세우고 싶은 학교에 대한 그림을 그리기 시작했습니다. 김진경의 간증을 조금 더 들어보겠습니다.

― 나는 거기에서 (장래에 내가 하고자 하는) 일에 대한 비전과 근간(기초)을 확립했으며, 신앙인의 윤리적, 실천적 삶, 제자의 삶을 배웠습니다. 쉐퍼 박사도 훌륭한 분이지만, 사모님은 더 훌륭한 분이었습니다. 완전히 가정을 개방하신 분이었습니다. 침실까지 공개하실 정도였으니까요. 그야말로 온 가족이 함께 사역한 거룩한 아카데미였습니다.

아마 그때 김진경은 쉐퍼 부부의 침실에서 상담을 받았던 것으로 개인 지도 시간을 가졌던 것으로 보입니다. '침실'이라고 하니 이상합니까? 이상하게 생각할 필요가 없는 것은, 쉐퍼 박사는 평생 자기 연구실이 따로 없었기 때문입니다. 그의 침실이 그의 공부방이었고, 상담실이었고, 21권의 책을 쓴 저술실이었기 때문입니다. 물론 "마스터 베드룸"이라는 큼직한 침실이었기 때문에, 책상과 소파 하나 정도를 놓을 수 있는 여유가 있는 방이었습니다.

김진경은 비록 잠시 머물렀지만, 라브리에서 가정이면서 학교인 '패밀리 아카데미(family academy)'의 이상을 보았습니다. '패밀리 아카데미'란 말은 16세기 종교개혁가 마틴 루터가 "가정은 영성을 배우는 최고 학교"라는 말에서 시작한 것인데, 6명의 자기 자식들과 수도원에서 도망 나온 신부, 수녀, 신학생 등 20-30여 명의 확대된 가족이 한 집에서 살면서 정치, 경제, 종교, 예술에 대해 토론하며 공부한 것을, 20세기에 라브리에서 다시 발전시킨 것입니다. 쉐퍼는 "라브리가 나의 상아탑이 되었다."고 여러 번 고백한 적이 있습니다.

나중에 김진경 박사는, 중국 연변에 과학기술대학교를 세우고 난 후에, 교수 한 명당 학생 10-20여 명을 맡겨서 지식과 정보만 아니라 신앙과 지혜를 같이 전수하는 '인격적 도제 교육'을 실험했습니다. 그리고 학교 모토를 '진리, 평화 그리고 사랑'이라 짓고는 가족적인 학문의 전당을 세웠습니다. 라브리를 방문할 때는 미혼의 총각이었지만, 쉐퍼 박사의 부부 관계와 가정 분위기에도 매료되었던 것 같습니다. 특히 쉐퍼 여사가 자기의 사적인 공간을 공개할 정도로 헌신적인 삶을 사는 것을 매우 존경했던 것이 아닌가 생각합니다.

청년 김진경은 스위스 라브리에서 공부만 한 것은 아니었습니다. 라브리에서 영국에서 온 한 의대생을 만났는데, 그에게 "한국에 와서 일해 달라."고 초청을 했으니까요. 패티슨(Peter Pattison, 한국어 이름은 배도선)이라는 의사가 바로 그 사람입니다.*
사연은 다음과 같습니다.

김진경이 스위스 라브리를 방문하던 기간에, 옥스포드대학교 의대 본과 1학년생이었던 패티슨도 거기에 있었습니다. 아마 둘은 한 방을 쓰면서, 이런 저런 이야기를 하는 중에, "네가 의사가 되면 한국에 와서 어린이 결핵 환자들을 도와주라."고 이야기를 했을 것이고, 그 이야기를 들은 패티슨이 "내가 의대를 졸업하면 한국에 가겠다."고 약속을 한 것으로 보입니다.

패티슨 박사가 한국에 도착한 때는 1966년, 그의 나이 28세였습니다. 6년 전의 약속을 지킨 것입니다. 나중에 한국 이름을 "배도선"이라고 얻은 그는, 경남 마산 가포에 있는 아동결핵병원에서 16년간 일하며 수많은 사람들을 도와주었습니다. 그는 결핵 환자들의 영적 아버지가 되었고 '한국 누가들'의 좋

---

* 패티슨(Peter Pattison, 한국어 이름은 배도선)에 대해서는 한국누가회 웹사이트 자료실, 2005.1.15. "배도선 선교사님 잘 도착하셨습니다."를 참고하세요. 그리고 김진경 총장과 프란시스 쉐퍼의 만남에 대한 이야기는 "중국은 우리의 땅 끝입니다."라는 글에서 인용한 것인데, 출처는 알 수가 없습니다. 이 이야기는 「월드뷰」 2013년 1월호에 성인경이 "쉐퍼의 서양문명 비평"이란 글에서 다시 소개한 바 있습니다.

은 롤모델이 되었습니다.

한국에 쉐퍼 사상을 소개한 홍치모 교수

패티슨 박사가 마산 아동결핵병원에서 일하고 있을 때에, 부산 고신대학교에서 교회사 강의를 하던 홍치모 교수가 하루는 그를 만나러 갔습니다. 패티슨은 홍치모 교수를 만나자마자, 두 가지를 제안했습니다. 하나는 자기가 1년간 성경을 공부한 적이 있는 영국 글라스고대학교로 공부하러 갈 것을 추천한 것이고, 다른 하나는 영국을 가는 길에 혹은 영국에서 공부하는 중에, 스위스 라브리에 가서 쉐퍼를 만나 보라고 권면한 것입니다.

홍치모 교수는 말보다 행동이 빠른 분이라, 영국 글라스고대학교로 바로 공부를 떠났습니다. 도서관에서 프란시스 쉐퍼의 대표작인 *The God Who Is There*를 읽고는 당장 쉐퍼를 만나야 되겠다고 생각을 했습니다. 바로 그 다음 여름방학 때에 스위스 라브리를 찾아갔습니다.

1970년 여름, 스위스 라브리에서 만나 본 쉐퍼가 여러 가지 면에서 자기와 비슷한 점이 많은 분이라는 것을 알고는 매우 기분이 좋았습니다. 키도 자기와 비슷하고, 급한 성격도 비슷하고, 카랑카랑한 목소리도 비슷하고, 무엇보다 신학적 입장이 마음에 들었습니다.

그러나 그 모든 것보다 홍치모의 어려운 점을 금방 알아차리고 매우 인간적인 대접을 해 주어서 마음에 들었습니다. 하루는 기도회 시간에 순서가 되어 영어로 더듬거리며 작은 목소리로 기도를 시작했습니다. 그도 대다수 한국인들과 마찬가지로 영어로 책 읽고 연구하는 것은 아무 문제가 없었으나, 영어로 기도하는 것은 언제나 어려웠습니다. 그때 그의 고민을 눈치 챈 사람이 바로 쉐퍼였습니다.

- 홍치모 씨, 편안하게 한국어로 기도하시는 것이 어떠세요?

쉐퍼의 말을 듣고는 우렁찬 목소리로 한국어로 기도를 시원하게 했다더군요. 라브리에 올 때마다, 몇 번이고 그때 일을 추억담으로 이야기하신 것으로 보아, 매우 인상적인 사건이었던 것으로 보입니다. 단지 영어 기도의 고역에서 구해 준 쉐퍼의 센스 하나를 보고도 그의 전도 능력만 아니라 타문화에 대한 존중과 이해까지 긍정적으로 평가하는 것을 보고 놀랐습니다.

- 역시 쉐퍼 박사는 국제적인 전도 사업을 할 만한 도량이 넓은 사람이었어.

그때 홍치모는 라브리에서 쉐퍼만 만나지 않았습니다. 평생 친구가 되는 여성을 한 분 만나게 되었습니다. 하도 여러 번 들어서 저희 부부가 거의 외우는 이야기입니다.

홍치모는 라브리에 도착하자마자 가방을 방에 내려놓고는 곧장 바깥으로 나왔습니다. 라브리 앞에 펼쳐진 장대한 알프스의 론 계곡을 마음껏 감상하고 싶었기 때문입니다. 그때 한 여성이 그에게 말을 걸어왔습니다.

신디아 : 한국에서 오신 분이세요?

홍치모 : 그렇소이다.

신디아 : 한국에서 오셨다니 혹시 김 씨(Mr. Kim)를 아십니까?

홍치모 : 나도 지금 스코틀랜드에서 공부하고 있소만, 한국에서 김 씨를 찾는 것은 스코틀랜드에서 맥도날드 씨를 찾는 것과 같습니다. 그러나 저러나 도대체 김 씨라는 사람에 대해서는 왜 물으시오?

신디아 : 나는 김 씨(Mr. Kim)와 약혼한 사이입니다.

홍치모 : 아 네. 스위스 라브리 여자 간사님이 한국에서 온 김 씨와 결혼하신다는 말씀이군요. 축하합니다. 그러나 한국에 어디 김 씨가 한둘인 줄 아시오? '김 씨'라는 성은 한국에서 1/4이나 되는 제일 많은 성(family name)인데, 내가 그 많은 '김 씨' 중에 당신 약혼자 '김 씨'를 어떻게 알겠소?

신디아 : 우리가 결혼하면 런던에서 살려고 하는데, 스코틀랜드에서 공부하시다가 방학 때에 저희 집에 오시면 제 남편을 소개해 드리겠습니다.

신디아는 영국에서 미대를 졸업하고 친구들과 여행을 하다가 라브리에서 인생이 달라진 분이었습니다. 라브리에 오기 전에는, "미술은 아무런 영적인 가치가 없다."고 생각했던 사람이었습니다. 그런데 라브리에서 미술의 의미만 아니라 인생의 의미를 새삼스럽게 깨닫고는 아예 라브리에 눌러 앉아 이디스 쉐퍼 여사의 비서 겸 간사로 일하고 있었습니다.

홍치모는 쉐퍼와 신디아를 만나고 스코틀랜드로 돌아와서 공부하는 중에 틈틈이 시간을 내어 쉐퍼의 『기독교와 현대사상: 살아 계시는 하나님』(*The God Who Is There*, 성광문화사)을 번역했습니다.

홍치모 교수가 라브리를 도운 것은 크게 세 가지입니다. 첫째는 총신대학교에서 종교개혁사를 가르치면서 프랜시스 쉐퍼에 대한 여러 편의 논문을 발표한 것입니다. 둘째는 쉐퍼의 『기독교와 현대사상』을 번역한 것입니다. 그 책에서 얼마나 많은 한국 청년 대학생들과 기독 지성인들이 기독교가 가르치는 영성의 초월성과 진리의 합리성에 감탄했는지 모릅니다. 인경도 그 책 마지막 장을 읽다가, "문화를 접촉점으로 하는 전도와 변증을 할 사람이 필요하다."는 말에 도전을 받아 라브리에 가게 되었으니까요. 셋째는 한국 라브리가 시작될 때 많이 도와준 것입니다.

쉐퍼의 다른 책들도 그렇게 번역되어 나왔습니다. 『진정한 영적 생활』(*True Spirituality*, 생명의말씀사, 1974)과 『이성에서의 도피』(*Escape from Reason*, 성광문화사, 1970)는 김영재 교수에 의해, 『창세기의 시공간성』(*Genesis in space and time*, 생명의말씀사, 1974)은 권혁봉 교수에 의해 번역되었습니다.

나중에 프란시스 쉐퍼의 전집은 두 출판사, 생명의말씀사(1994년)와 크리스찬다이제스트(1995년)에서 나왔습니다. 생명의말씀사에서는 수십 년에 걸쳐 여러 사람들이 번역한 것을 모아 책을 출간했고, 크리스찬다이제스트에서 문석호, 박문재 등 전문 번역가들의 번역으로 책을 출간했습니다.

책이 번역되었다는 말은 매우 중요한데, '라브리 공동체'보다 '라브리 사상'이 먼저 한국에 소개되었다는 말입니다. 그것은 마치 선교사들이 한국에 도착하기 전에 이미 우리말로 성경이 번역되어 있었던 것과 같습니다. '라브리'라는 물리적 공간이나 행정적인 조직보다 라브리의 사상과 세계관이 먼저 소개되었기 때문입니다.

이처럼 라브리의 핵심 신학과 사상이 담긴 프란시스 쉐퍼의 책이 번역되고 난 후에, 이디스 쉐퍼 여사의 『라브리』(*L'Abri*, 홍성사, 1985)가 박정관 목사에 의해 번역되어 많은 사람들에게

---

* 1885년 4월 5일 부활절 아침에 미국 감리교 선교사 아펜젤러(Henry Gerhard Appenzeller, 1858-1902)와 북장로교 선교사인 언더우드(Horace Grant Underwood, 1859-1916)가 입국하기 3년 전인 1982년에 이미 만주에서 한국의 최초의 우리말 성경 『예수성교 누가복음젼셔』가 스코틀랜드 연합장로교회 선교사였던 존 로스와 존 매킨타이어 그리고 조선인 이응찬, 백홍준, 서상륜, 이성하 등에 의해 번역 출판되었습니다. 그들은 누가복음에서 시작하여 1887년까지 신약 27권을 완성했습니다. 그리고 일본에서는 1884년에 이수정에 의해, 미국성서공회의 자금 지원 아래, 한문 성경에 한국어 토를 단 『현토한한신약전서』(懸吐韓漢新約全書)이 발행되었으며, 1885년에는 그가 번역한 한국어 번역본 『신약전서마가복음언해』가 출판되었습니다. 아펜젤러와 언더우드 선교사가 입국할 때 들고 들어온 성경이 바로 이 책이었습니다..

읽혔습니다. 후암동에서 라브리 일을 시작한지 얼마 안되었을 때, 홍성사의 정애주 사모께서 찾아오셔서 들려주신 말씀이 아직도 귀에 쟁쟁합니다.

— 이미 쉐퍼 여사의 『라브리』란 책이 홍성사의 "믿음의 글들" 시리즈 중에 하나로 번역되어 약 16,000명 이상이 읽었습니다.

그 말씀은 라브리가 시작되기도 전에 이미 라브리에 관심을 갖고 있거나, 라브리 사역이 시작되는 날을 위해 기도의 씨를 뿌린 사람들이 많이 있었다는 말입니다. 그것은 대단히 기쁜 소식이었습니다. 라브리가 세워지자 쉐퍼의 독자들이 격려도 보내오기도 하였고, 『라브리』를 읽은 사람들은 공동체의 현장을 보러 찾아오기도 하였습니다.

나중에는 예영커뮤니케이션의 김승태 사장이 인경의 『대답은 있다』, 『프란시스 쉐퍼 읽기』, 『진리는 살아 있다』, 『라브리 소책자 시리즈』 등을 만들어 주었습니다. 일지각의 장창규 편집인이 라브리수양회에서 나온 자료를 모아서 『혼돈시대 속의 확실성을 찾아서』, 『기독 신앙의 실체와 매력을 찾아서』, 『신앙와 지성』을 편집해 주기도 했습니다. 이렇게 여러 사람들이 라브리 책들을 출판하여 한국에 라브리를 먼저 소개해 주었습니다.

라브리 전도사 김북경, 신디아

어릴 때부터 영어를 곧잘 하던 청년이 있었습니다. 그는 학창시절에 영어 웅변대회나 통역대회에서 상을 놓친 적이 없었다고 합니다. 그는 한국외국어대학교를 졸업하고 캐나다에서 유학을 하던 중에 한 장로님을 통해 예수님을 믿었습니다.

김북경이라는 청년이었습니다. 그는 캐나다에서 다시 이탈리아로 건너가서 돈을 벌었습니다. 이탈리아에 살면서 점차 천주교 역사와 신학 공부에 관심이 깊어 가고 있던 어느 날, 미국인 동료가 라브리를 소개해 주었습니다.

> – 나는 휴가 중에 여기에서 멀지 않은 스위스에 있는 라브리 공동체라는 데를 다녀왔는데, 거기에서 보낸 시간이 너무 좋았어요. 기독교 역사와 신학에 관심이 많은 당신도 거기에 가 보면 많은 도움이 될 거예요.

휴가를 얻자마자 청년 구도자 김북경은 동료가 소개해 준 스위스 라브리로 갔습니다. 수많은 구도자들이 라브리에서 인생의 비밀을 찾고 영혼의 쉼을 얻었듯이, 그도 거기에서 쉐퍼 부부를 통해 예수님을 다시 인격적으로 만났습니다.

그러나 김북경은 거기에서 예수님만 만난 것이 아니라 도착하던 날부터 그에게 매우 친절하게 대해 준 미모의 영국 여성 신디아(Cynthia)를 사귀게 되었습니다. "도착하던 날부터 신디아가 김북경에게 친절했다."라는 것이 무슨 말이냐고요?

신디아 : 라브리에 오신 것을 환영합니다. 혹시 당신이 한국에서 오신 김 교수님이세요?

김북경 : 아니오, 내가 같은 김 가(金家)이긴 하지만 교수는 아닙니다.

신디아 : 나는 한국에서 오신다기에 그 김 교수인 줄 알았죠.

김북경 : 어떤 교수를 말하는지는 몰라도, 한국에 김 교수가 어디 한둘이어야지요.

신디아가 이때 말한 "김 교수"는 영국으로 공부하러 가던 길에 친구 이근삼의 소개로 라브리를 방문했던 김진경을 말하며, 훗날 그는 연변과 평양에 과학기술대학교를 세운 그 김 교수입니다. 신디아는 김북경이 교수가 아니라도 좋았습니다. 그에게 반한 이유는 아주 간단했습니다.

― 걸어가는 뒷모습이 든든해서요.

두 분은 그렇게 사랑에 빠졌고, 1970년 당시 런던 서쪽 일링에 있던 영국 라브리에서 프랜시스 쉐퍼 목사의 주례로 백년가약을 맺었습니다. 신부는 한국에서 시어머니가 특별히 보내 준 색동 한복을 입고 결혼식을 올렸습니다. 신랑은 아름다운 영국 신부를 얻어 런던에 정착하게 되었습니다.*

---

*김북경(金北京, Puk-Kyong Kim)이란 이름은 그 가정의 독특한 작명 전통으로 얻은 이름입니다. 독립운동가셨던 부친 김성일(金成一) 옹께서 여러 곳으로 옮겨 다니며 사셨는데, 옮겨 다니시던 곳에서 자녀들이 태어

그 후 김북경은 잠시 영국 라브리를 돕기도 했고, 가족을 부양하기 위해 여러 가지 사업도 했습니다. 그 후에 한국인들이 런던에 많이 와서 사는 것을 보고, 한인 교회의 필요성을 자각하고 신학교(LBC)에서 공부한 후 런던한인교회를 개척하여 20년간 목회를 했고, 영국과 유럽에 국제장로교회(IPC, International Presbyterian Church)를 여러 개 세웠습니다.

그리고 해외 선교를 위해 국제복음선교회(WEM)를 창립했으며, 은퇴 후에는 에스라성경대학원대학교 초대 총장으로 섬기셨습니다. 서울에도 국제장로교회를 설립하여 2016년에는 5개 교회로 한국노회를 설립했습니다. 신디아가 스위스 라브리 마당에서 "김 교수냐?"고 물었던 그 사람은 "김 목사" 혹은 "김 총장"이 되었습니다.

인경이 두 분을 처음 만난 것은 1980년쯤으로 두 분이 총신대학교에 계신 홍치모 교수를 방문하셨을 때였습니다. 인경이 "홍 교수님의 소개로 쉐퍼 책을 많이 읽었는데, 대학을 졸업

나면 그곳 지명을 따라서 이름을 지으셨기 때문입니다. 장남인 그는 1938년에 중국 북경(베이징)에서 태어나서 '북경'이 되었고, 둘째 동생은 중국 장춘에서 태어나서 '장춘'이 되었고, 셋째 동생은 경기도 온양에서 태어나서 '온양'입니다. 이미 세상을 떠나신 분 중에는 서울에서 태어나서 '한성'도 있었고, 몽고 도시 이름을 따서 '개로'와 '통료'도 있었고, 중국 상해에서 태어난 '상해'도 있었습니다. 그 전통을 따라 조카 중에는 '런던'도 있고 서울 대신동에서 태어난 '대신'도 있고, 영화배우 '지석'도 있습니다. '상해 독립신문' 주간이었던 김승학 씨가 1965년에 펴낸 『한국독립사』에는 "김성일 씨가 1932년 윤봉길 의사와 함께 체포되어 4개월 간 고문을 받았다."라는 기사가 있다고 합니다.

하면 스위스 라브리에 가서 프란시스 쉐퍼 밑에서 공부를 하고 싶습니다."고 말했더니, "쉐퍼는 지금 아파서 만나기 힘드실 것입니다. 차라리 영국 라브리에 와서 공부하시지요. 오시면 우리 교회를 들려주세요."라며 선뜻 영국으로 초청해 주셨습니다.

그때만 해도 인경은 영국 라브리에 가는 것은 전혀 생각지도 않고 있었습니다. 왜냐하면 얼마 전에 영국 라브리를 다녀온 한 선교사님으로부터 "영국 라브리는 절대로 가지 마세요. 거기가면 매일 감자만 먹고 겨울에는 방이 추워서 얼어 죽을지 모릅니다."는 말을 들었기 때문입니다. 인경은 "후암교회는 절대로 가지 말라."고 하는 소리를 듣고 그 교회에 갔다가 아내와 김정식 장로, 이근우 장로, 김대준 장로를 만났는데, 이번에는 "영국 라브리는 절대 가지 말라."고 하는 소리를 들었지만 거기에 가게 되었습니다.

1년 후에 영국 라브리에 가 보니, 그 선교사님의 말이 하나도 틀리지 않았습니다. 매일 감자를 먹어야 했고, 한국처럼 영하 20도로 떨어지지는 않았지만 지은지 200년이나 된 낡은 집에다가 매일 비가 오는 음산한 날씨인데도 난방을 하나도 하지 않고 단지 뜨거운 물주머니 하나만 껴안고 자야 했습니다. 그걸 모를 리 없는 김북경 목사 부부는 수많은 한국인들에게 영국 라브리를 추천했습니다. 저희 부부는 가끔 이런 농담을 합니다.

- 아마 김 목사 내외분은 사람들에게 '예수님을 믿으라.'는 말씀보다 '라브리에 가라.'는 말씀을 더 많이 하셨을 걸? 나중에 천국에 가시면, 주님께서 그분들에게 '너희들은 나를 전하지 않고 라브리를 전하다가 왔지.'라는 소리를 들으실까 봐 걱정 돼.

- 그런 분이 계셨으니 우리가 바빴지. 광고도 안 하고 회원 조직도 없는 라브리에 그런 분들이 없었다면 누가 이 산골짜기까지 왔겠어? 무슨 고민이 있는 사람들이나, 예수를 잘 안 믿는 청년들이나, 누구든지 만나기만 하면 라브리에 가라고 하셨으니까. 그분들은 라브리 전도사들이야.

김 목사 부부는 1990년에 한국 라브리가 세워지기가 무섭게 달려와서 통역도 하시고 밥도 하시고 강의도 해 주셨습니다. 솔직히 저희 부부는 라브리에서 3년을 보내면서도 한국 라브리를 세우겠다는 생각을 해 본 적이 없으나, 그분들의 생각은 달랐던 것 같습니다.

그분들은 저희가 라브리에서 몇 년 동안 공부해 봤자 학위를 못 받는다는 것을 잘 아시고는, "생활을 훈련받는 것이 학위를 받는 것보다 더 중요하다."고 수십 번이나 격려해 주셨습니다. 그리고는 저희가 라브리에 머물던 3년 동안 교회를 통해 생활비를 매달 후원해 주셨습니다. 그리고 라브리에서 배운 것을 런던한인교회에 나오는 유학생들과 성도들에게 실험해 볼 수 있는 기회도 주셨습니다.

한국에 라브리가 세워진 후로, 김 목사와 신디아 사모는 약 2년에 한 번 꼴로 적게는 몇 주, 많게는 한 달 혹은 몇 달씩 오서서 라브리를 도와주시곤 했습니다. 에스라에서 총장직을 다 마치고 난 후에, 2013-14년에는 약 1년간 라브리에서 같이 사시면서 손님들에게 식사대접도 하시고, 강의도 하시고, 상담도 많이 하셨습니다.

쉐퍼를 읽은 청년 지도자들

다른 여러 나라와 마찬가지로, 한국에서도 쉐퍼와 라브리가 하는 일에 먼저 관심을 갖기 시작한 사람들은 목회자들과 신학생들이었습니다. 라브리를 찾아 주신 교계의 여러 지도자들로부터 그들이 젊은 시절에 쉐퍼의 책을 읽고 얼마나 많은 도움을 받았는지를 듣고 놀랐습니다.

남서울은혜교회 홍정길 목사는 젊은 시절에 쉐퍼의 책 중에 가장 얇으면서도 가장 어려운 책인 『이성에서의 도피』를 읽고 많은 도전을 받았다고 했습니다. 아마 그 책에서 "서양화(西洋畵)는 다른 어떤 영역보다 가장 먼저 시대정신을 확산시키는 선구자 역할을 했다."는 비평에 주목하시고는, 동양화(東洋畵)에 대해 일가견을 가지게 되신 것이 아닌가 생각해 봅니다.

지구촌교회 이동원 목사는 쉐퍼의 사상을 훤히 꿰뚫고 계실 정도로 그의 책을 거의 다 읽으신 것으로 압니다. 나이가 드신 후에도 쉐퍼의 "절망의 선"이라는 용어나 "문화 변증학"이란 어려운 용어까지 기억하고 계시는 것을 보면, 아마 젊으실 때는 설교, 강의, 특히 "새 생활 세미나" 등에서 쉐퍼의 책을 얼마나 자주 인용하셨을지 짐작하고도 남습니다.

그리고 2016년 여름에 쉐퍼가 세운 국제장로교회(IPC) 한국노회 설립예배를 드리러 서울에 갔다가, 축사를 하러 오신 일산은혜교회 강경민 목사로부터 오래 전에 있었던 쉐퍼 독서 모임에 대한 일화도 들었습니다.

> − 1970년대 말에 친구들과 프란시스 쉐퍼 목사의 책을 읽는 독서 모임을 같이 했습니다. 우리는 그의 책을 읽으며 무한하시고 인격적인 하나님이 영혼 구원만 아니라 사회 정의와 이웃 사랑에 대해서도 관심이 많았다는 것을 깨닫고는 가슴이 뛰었습니다. 우리는 '복음주의자 중에도 이런 분이 계시구나.' 하며 매우 놀랐는데, 아직도 그 감격이 생생합니다.

라브리가 한국에 소개되던 1970-1980년대는 국내외적으로 격동기였고 혼란기였습니다.* 당시에 정치인들은 '민주화 진영'과 '산업화 진영'으로 나뉘어 싸우고 있었고, 온 나라가

---

* 국내적으로는 1979년 10월 26일에는 18년간 장기 집권하던 박정희 대통령이 중앙정보부(KCIA) 부장이었던 김재규의 총에 맞아 죽었고, 그 해 말에는 전두환 장군과 군부 세력이 12·12 쿠데타를 일으켰습니다. 그리고 거기에 대항하여 이듬해 5월 18일에는 광주민주화운동이 일어났습니다. 그 후 1987년에는 6월 항쟁이, 1988년에는 서울올림픽이 있었습니다. 국외적으로는 1985년에 고르바초프가 이끄는 페레스트로이카 운동과 함께 소련 붕괴가 시작되었고, 1989년 5월에는 중국에서 천안문 사태가 일어났습니다.

총체적인 혼란을 겪고 있을 때였습니다. 일부 장년들도 고민했지만, 의식이 조금이라도 있는 기독 청년들은 사회 참여와 복음전파 사이에서 방황하지 않을 수 없었습니다.

그중에 서울대학교 기독 학생들이 중심이 되어 "기문연", 즉 "기독교문화노동운동연합"이라는 이름으로 대학 신문을 발행하며 기독교 문화 운동을 펼쳤습니다. 그 학생들이 읽은 책 중의 하나가 프란시스 쉐퍼의 책이었고, 그중에 박문재는 나중에 쉐퍼의 전집 일부를 번역하기도 했습니다. 그들은 대학신문을 발행하기도 했고, 학교 앞에 실험적인 공동체를 세우고는 야학에서 가르치거나 위장 취업을 하는 등 매우 적극적인 활동을 벌이다가 옥살이를 하기도 했습니다.

봉천동에 생긴 "라브리 크리스챤 하우스"도 실험 공동체 중의 하나였습니다. 낮에는 커피를 팔아 돈을 벌고, 밤이면 함께 모여 라브리 책을 공부하는 자립형 생활공동체로서 그 모임 대표는 심영재 사장이었습니다. 심영재 사장은 아주 진지하고 학구적인 분이면서도 대학생 청년들을 위한 생활공동체를 지도하고 있었습니다.

인경이 1988년 5월 12일과 7월 20일 두 차례에 걸쳐 "라브리 크리스챤 하우스"를 방문했을 때는 홀 한 구석에 10여 명 정도는 거뜬히 잠을 잘 수 있는 공간이 있었습니다. 홀 전면에 책이 빼곡히 찼던 것으로 보아 한국 최초의 '기숙형 북 카페'가 아니었을까 생각해 봅니다.

복음주의 교회를 다니던 청년들 중에 박철수, 김회권, 김호열, 이문식, 고직한, 강경민 등은 쉐퍼의 책을 읽는데서 머물지 않고 더 나아가 「복음과 상황」이란 복음주의 청년 운동 잡지를 창간했습니다. 인경도 편집위원으로 동참하여 복음으로 시대적 상황을 해석하고 성경적 대안을 찾는 노력을 같이하게 됩니다.

"라브리"란 이름을 사용한 모임들도 많이 시작되었습니다. 그중에 서울 내수동교회 청년들과 오정현, 오정호 전도사가 매우 적극적이었습니다. 1976년부터 '홈 라브리(Home L'Abri)'를 시작으로 '라브리 재단', '피난처 재단' 등을 설립하고는 쉐퍼의 사상을 배우고 적용하려고 애를 썼습니다.

그들은 1988년에 열린 첫 번째 라브리수양회만 아니라 그 후에도 라브리를 많이 도와주었습니다. 총신대학교, 아세아연합신학대학교, 한신대학교에 라브리 동아리도 그 이후에 생겼습니다. 특히 총신대학교 라브리 동아리는 홍치모 교수, 정성구 교수 등의 도움으로 북 스터디도 하고 스위스 라브리를 직접 방문하기도 하였습니다. 총신대학교 라브리는 대학생들의 모임치고는 매우 거창한 설립목적을 가지고 있었습니다.

> 쉐퍼의 사상을 계승, 발전시켜 삶의 모든 분야에 대한 성경적 조망을 확립하고, 성경적 원리에 입각하여 제 학문에 대한 검토와 비판을 행하고 기독교적 시각에서 학문을 정립하는 것을 목적으로 한다.

대학생들만 아니라 용감한 기독 청년들과 양심 있는 학자들이 보수와 진보 사이에서 복음주의에 기초한 사회 운동에 대한 대안을 찾기 시작했습니다. 기독교가 단지 하나의 종교가 아니라 진리라면 세계관으로서 현 시대에 대한 분명한 대안을 줄 수 있을 것인데 그것이 무엇인가에 대한 타는 목마름이 있었기 때문입니다.

그 돌파구로 처음 시도된 것이 IVF를 중심으로 한 학생선교단체 간사들과 뜻 있는 학자들이 앞장서서 아브라함 카이퍼와 그의 후학들이 쓴 기독교 세계관 책들을 번역하기 시작한 것입니다. 황영철이 번역한 칼스비크의 『기독교인의 세계관: 기독교 철학개론』이란 책이 그중에 하나입니다.* 어려워서 많은 사람들이 읽지는 않았지만 기독교 세계관 운동을 시작하는 계기가 된 중요한 책이었습니다.

그리고 청년들의 세계관적 욕구가 절정에 달했던 1981년에는 예수원의 대천덕 신부를 중심으로 기독교 학자들 중심으로 기독교대학설립동역회가 시작되었고, 1984년에는 서울대학교 손봉호 교수를 비롯한 복음주의 지도자들을 중심으로 기독교학문연구회가 시작되었습니다. 2000년대에 들어와서는 김승

---

* 칼스비크, 기독교인의 세계관 : 기독교 철학개론, 황영철 역(평화사, 1981), L. Kalsbeek, *Contours of a Christian Philosophy : An Introduction to Herman Dooyeweerd's thought, Bernard and Josina Zylstra*. eds. (Toronto : Wedge Publishing Foundation, 1975) *De Wijsbegeerte der Wetsidee : Proeve van een christelijke filosofie* (Amsterdam : Buijten & Schipperheijn, 1970)

욱, 양승훈 교수의 노력으로 두 단체가 합하여 기독교 세계관 학술동역회로 재출발을 하여 많은 일을 하고 있습니다.

그 결과 수많은 기독 청년들이 정신적 방황과 혼돈을 끝내고 '기독교 세계관'이란 이름으로 영성과 지성 그리고 실천의 통합 가능성을 보고 마음의 평안을 찾았습니다. 감사한 것은 세계관 운동이 당시에 이념의 문제로 갈등하거나 의심하던 사람들뿐만 아니라 교회를 떠났던 사람들까지도 신앙을 찾는 기회를 가져다주었다는 것입니다. 그 열매로서 한국 교회에 수많은 기독 학자들과 청년 지도자들이 배출되었습니다.

세계관 책들도 많이 소개가 되었습니다. 1987년에 월쉬와 미들턴(B. J. Walsh and R. Middleton)의 『그리스도인의 비전』(*The Transforming Vision : Shaping a Chritian World View*, IVP)이 황영철에 의해 번역 출판되었습니다. 그리고 2000년에는 제임스 사이어(James Sire)의 『기독교 세계관과 현대 사상』(*The Universe Next Door*, IVP)이 번역되었습니다.

복음주의 세계관 운동의 열매는 한두 가지가 아닙니다. 이념적 갈등을 겪던 청년 대학생들에게 성경과 학문의 통합, 신앙과 실천의 통합, 기독교의 이론적인 기반 제공 등이 열매 중에 하나입니다. 그리고 교회를 떠났거나 의심하고 있던 구도자들이 신앙을 되찾을 수 있는 근거를 마련해 주었다는 것입니다. 그리고 수많은 대학생, 대학원생들에게 "하나님을 아는 지식이 이 땅에 가득하는 그날까지"라는 공부 목적을 제공한 것 등입니다.

복음주의 세계관 운동에도 단점이 없었던 것은 아닙니다. 복음 전파에 더 많은 에너지를 쏟다보니 민주화 운동과 사회 참여에 무관심했다든가, 서구 교회의 세계관 논리를 무비판적으로 수입하는 데 급급했기 때문에 한국적인 연구 결과가 별로 없다든가, 한국 교회가 급성장할 때 그 폐해들을 막지 못한 것도 물론이고, 때로는 교회 안에 유치한 부작용들을 야기했다는 것입니다.

교회 안에 유치한 부작용들이란 주로 다음과 같은 것들이었습니다. 교회 안에서 "세계관을 공부한 사람들이 말만 많고 헌신은 안 한다."는 소리를 들었습니다. "세계관이 일상생활과 신앙생활에는 아무런 변화와 유익을 주지 못한다."는 의혹을 불러일으켰습니다. "세계관 공부는 똑똑하고 많이 배운 사람들의 전용물이다."는 말도 들렸습니다. "세계관 운동은 엘리트들의 지식 놀음이다."는 비판도 받게 된 것입니다.

이렇게 한국 라브리는 쉐퍼의 책을 소개해 주신 분들, 출판해 주신 분들, 일찍이 라브리를 다녀온 분들, 라브리 설립을 위해 기도해 주신 분들, 쉐퍼의 사상을 소개해 주신 분들, 라브리 동아리를 세운 대학생들, 세계관 운동의 기초를 놓고 장, 단점을 미리 깨닫게 해 주신 분들이 있었습니다. 이런 분들이야말로 한국 라브리를 시작한 분들이거나 시작할 수 있는 기반을 놓아 주신 분들이라 할 수 있습니다.

3장 한국
라브리의
시작

저희 부부는 1987년 여름에 처음으로 스위스 라브리를 방문했습니다. 레놀드 맥콜리(Ranald Macaulay)가 반갑게 응접실로 인도하고는 차를 한 잔 끓여 주었습니다. 그는 설립자 프란시스 쉐퍼 박사가 1985년에 후두암으로 소천한 후에, 국제라브리 회장직을 이어받아 스위스 라브리에서 일하고 있었습니다. 레놀드의 부인은 쉐퍼의 둘째 딸인 수잔입니다. 만나자마자 용건부터 이야기했습니다.

엉겁결에 시작한 라브리수양회

– 저희 부부는 3년 동안 영국 라브리에서 공부하고 이제 곧 한국으로 돌아가려고 합니다. 우리나라에 돌아가면 라브리 운동을 하고 싶은데, 어떤 것부터 먼저 하는 것이 좋을까요?

서론이 필요 없었습니다. 왜냐하면 레놀드와 수잔은 저희 부부가 1984년 봄에 영국 라브리를 처음 방문했을 때 만난 적이 있고, 그들이 스위스 라브리로 이사간 후에도 가끔 영국 라브리에 와서 강의한 적이 있었기 때문입니다. 그리고 며칠 전에는 스위스 북쪽 뉴샤텔 박물관 옆에 있는 한 슈퍼마켓에서 쇼핑을 하다가 만나서 곧 찾아가겠다고 말해 놓았기 때문입니다. 레놀드와 수잔의 충고는 간단했습니다.

- 한국에 돌아가면 라브리에서 배운 대로 한 번 살아 보는 것이 어떻겠습니까? 라브리 운동을 하기 전에 우선 북 스터디나 대학생들에게 강의도 해 보고, 특히 수양회를 한 번 개최해 보는 것이 어떠세요? 한국에는 이미 자생적 라브리 모임이 많은 것으로 아는데 그들을 먼저 만나 보는 것도 좋을 것입니다.

1987년 여름에 귀국 후에 몇 달 동안은 혹독한 신고식을 치렀습니다. 13대 대통령 선거를 앞두고 공명선거운동을 위해 인경이 청년 강사로 위촉되어 이리저리 뛰어다니느라 좌충우돌(左衝右突)했기 때문입니다. 그 바람에 개인 구원보다 사회문제에 더 신경을 쓰는 사람이라는 오해를 받기도 하고, 잠시 맡았던 홍제동의 한 교회 청년부 사역도 사임하게도 되고, 라브리 설립에 필요한 준비 작업도 뒷전으로 미루어졌습니다.

1988년이 되면서부터는, 파트타임으로 석촌등대교회(윤종하 장로)와 WEM(국제복음선교회, 김한식 장로)을 돕는 것 외에는 라브리와 관련된 일에 집중하기로 다짐을 했습니다. 제일 먼저 한 것은 라브리수양회 개최 문제를 의논하기 위하여 평소 라브리에 관심을 가진 분들을 후암동 집으로 초청한 것입니다.

영국 라브리에서 같이 공부한 적이 있는 ESF의 김호열 목자, 피난처재단의 김조장 총무, WEM(국제복음선교회)의 민경동 집사, 총신대학교 라브리 동아리의 조열제 형제가 모였습니다. 저희 부부를 합해도 불과 여섯 사람이었습니다. 그러나 여섯 사람이었지만 우리는 의기투합(意氣投合)을 했습니다.

1. 이 모임을 라브리수양회준비위원회라 한다.
2. 레놀드 맥콜리를 빠른 시일 내로 초청해 수양회를 갖는다.
3. 자생적인 라브리 대표들을 만나 본다.

자생적인 라브리 운동을 하는 사람들을 만나 본다는 계획이 의외로 빨리 이루어졌습니다. 그로부터 약 한 달이 안되어 3월 8일에 명동로얄호텔 커피숍에서 스위스 라브리를 다녀온 박삼영 씨를 만나 엘리스 포터 간사를 초청했다는 이야기를 들었기 때문입니다. 이어서 3월 18일에 레놀드 맥콜리로부터 편지가 왔습니다. 자기보다 엘리스가 한국에 먼저 초청받은 것을 확인했으니, 그와 함께 첫 번째 라브리수양회를 개최하는 것이 어떻겠느냐는 것이었습니다. 하나님의 계획은 저희와 달랐던 것입니다.

알고 보니, 총신대학교 라브리 동아리의 임원들인 박삼영, 김진 씨가 스위스 라브리에 갔다가 엘리스 포터(Ellis Potter) 간사를 이미 한국으로 초청해 놓은 상태였습니다. 그들이 엘리스를 초청한 이유는 그가 전직 불교 승려였기 때문에 동양사상과 기독교 혹은 불교 세계관과 기독교 세계관을 비교해 줄 수 있는 적임자라고 생각했기 때문이었습니다. 후배들의 용기가 고맙기도 하고 하나님의 인도하심이 놀랍기도 해서, 저희 부부는 예상보다 빨리 라브리수양회를 주선해야 했습니다.

먼저 라브리에 관심 있는 사람들에게 수양회 개최 소식을 알렸습니다. 1988년 당시에 이미 한국에는 자생적인 라브리가 6개나 있었습니다. 그러나 정식으로 라브리 사역을 해 보고 싶은 사람들은 그리 많지 않았습니다. 1988년 2월 10일에 후암동에서 모인 사람들과 4월 2일에 총신대학교 홍치모 교수 연구실에 모인 사람들을 보면 소수였습니다. 거기에서 세 가지를 결정했습니다.

1. 올림픽 직후인 10월 3-18일에, 엘리스 포터를 강사로 첫 번째 라브리수양회를 개최한다.
2. 국제라브리 회장인 레놀드 맥콜리를 1989년이나 그 다음 해에 초청해서 수양회를 개최한다.
3. 라브리수양회준비위원회의 조직을 다음과 같이 구성한다.*

---

* 라브리수양회준비위원회의 조직과 업무 담당은 다음과 같습니다. 고문: 총신대학교 홍치모 교수, 회계: 민경동(WEM 총무), 김진(총신대학교 라브리 대표), 홍보: 박삼영(총신대학교 라브리 동아리 회원), 장소 섭외: 김조장(피난처 재단 총무), 수양회 프로그램: 김호열(ESF 간사), 김조장(피난처 재단 총무), 강사 접대 및 총무: 성인경(한국 라브리 설립 희망자).

올림픽이 끝나자마자 엘리스가 왔고, 2주간 여러 가지 주제로 강의했습니다. 그중에서도 '뉴에이지 운동'과 '바른 영성', '선불교와 기독교', '기도의 실재' 등에 대해 새로운 안목을 열어 주었습니다. 당시만 해도 '뉴에이지 운동(new age movement)'이란 말이 낯설었든지, 나중에 강의록을 책으로 낼 때에 서울대학교 대학원생이었던 박승룡 씨가 '새 시대 운동'이라고 번역하고 그것이 무슨 의미인지 긴 주석을 달았을 정도니까요.

엘리스는 준비된 강사였습니다. 그는 라브리 간사 중에서도 동양을 잘 아는 사람이었습니다. 본래 캘리포니아대학교에서 부족 음악을 전공하고 난 후, 선불교에 심취하여 15년 동안 승려로 살았습니다. 그러던 중에 매우 엉뚱한 목표를 하나 세웠습니다.

– 많은 청년들이 라브리에 가서 기독교 진리의 영향을 받고 있다는 소문이 있다. 라브리가 청년들에게 잘못된 영향을 더 미치기 전에, 내가 라브리에 가서 그 대표인 쉐퍼 박사를 불교로 개종시켜야 되겠다.

그는 당장 스위스 라브리를 방문했습니다. 그러나 그는 그곳에서 자신이 깨달았다고 하는 선불교에 모순과 오류가 있다는 것을 알았습니다. 그는 정직한 사람이라, 곧 바로 공부를 다시 시작했고, 예수님을 믿은 후 간사가 되어 스위스에서 복음을 전하고 있었습니다.

준비 기간도 짧고 올림픽 직후에 열린 수양회인데도, 많은 사람들이 참석했습니다. 특히 "피난처 재단"의 대표였던 오정호 전도사가 사랑의교회 대학부 학생들을 수십 명씩 데리고 오는 등 예상 밖에 많은 사람들이 참석했습니다.

요즘에는 외국 강사를 초청해도 통역 없이 영어 직강을 듣는 경우가 많지만, 그때만 해도 모든 강의와 대화를 통역하는 것이 매우 부담이 되었습니다. 여러 분들이 통역비도 받지 않고 수고해 주었습니다.

강사 비행기 값을 지불하고 난 후에 재정 결산을 해 보니 미국 돈으로 달랑 200불이 남았습니다. 당시에 회계를 맡았던 민경동의 난처한 얼굴이 아직 기억에 남습니다. 민경동은 산업은행 직원이었으며, 에스라성경대학원대학교 총장으로 일한 적이 있으며, 광야교회 장로입니다. 다음은 당시 회계를 맡았던 민경동 집사가 강사에게 여러 번 되풀이 한 말입니다.

> 민경동 : 2주일간 열정적으로 강의하셨는데 단돈 200불 밖에 손에 들려 드리지 못해 죄송합니다. 그것도 100불은 라브리에 드리는 헌금입니다. 회계 업무를 맡은 사람으로서 미안하게 생각합니다.
>
> 엘리스 : 아니요, 첫 번째 라브리수양회에서 손해가 나지 않은 것에 오히려 제가 감사합니다. 대접을 잘 받고 또 많은 사람들을 만나고 갑니다.

엘리스를 생각하면 가방 사건을 잊을 수 없습니다. 그때나 지금이나 마음이 넉넉한 황성주 박사가 엘리스의 너덜너덜한 가방을 보고는 이태원으로 데리고 갔습니다. 멋진 강의에 걸

맞은 멋진 가방을 하나 사 주고 싶었던 것입니다. 가방 값을 지불한 후에 사건이 터졌습니다. 가방 가게 주인이 실수를 했던 것입니다.

가게 주인 : 좋은 가방을 선물 받았으니 그 헌 가방은 버리고 가시지요.
엘리스 : 그게 새 가방을 사는 조건이었나요? 그렇다면 새 가방을 받지 않겠습니다. 새 가방을 샀다고 해서 제가 수십 년 동안 들고 다닌 정든 가방을 버리고 가지는 않겠습니다. 돈을 얼마나 더 드리면 제가 헌 가방을 가지고 갈 수 있나요?
가게 주인 : 그게 아니고요. 새 가방을 샀는데 왜 거지같은 가방을 버리지 않고 갖고 가시려는지요?
엘리스 : 거지같다고요?

두 사람의 실랑이를 지켜보던 황성주 박사가 타협안을 내놓았습니다.

황성주 : 새 가방은 예쁘게 포장된 상태로 쇼핑백에 넣어 주시고, 헌 가방은 자랑스럽게 들고 가시도록 합시다.

강의만 아니라 엘리스의 생활 철학에서 한국인들이 배울 것이 더 많았습니다. 가방만 아니라 머리카락과 그가 입고 다니던 옷도 많은 사람들에게 충격을 주었습니다. 엘리스는 15년간의 스님 생활을 잊지 않으려는 듯 스님처럼 머리를 짧게 깎고 다녔고, 옷은 마치 동안거(冬安居)를 방금 마치고 나온 고승의 누더기 차림이었습니다.

한창 수양회가 진행되는 중에, 인천에서 사업차 바쁘신 경옥의 아버지가 자기 집에 스위스에서 오신 귀한 손님이 머물고 계시다는 이야기를 듣고는, 강사님에게 인사라도 드리는 것이 예의라며 정중한 양복 차림으로 후암동에 들르셨습니다.

갑자기 집 주인이 뵙고 싶다고 하니, 엘리스는 쉬고 있다가 부스스한 얼굴에 누추한 옷을 걸치고 햇빛이 반사될 정도로 반짝거리는 '볼드 머리'로 첫인사를 나누었습니다. 그때만 해도 승려 외에는 서울에서 '볼드' 혹은 '빡빡 깎은 머리'를 한 남자들을 보는 것은 흔치 않던 때였습니다. 그런데 엘리스는 그 유명한 누더기 옷까지 걸치고 있었습니다.

두 분의 인사는 길지 않았습니다. 경옥이 차를 한 잔 내오기도 전에 어르신이 자리에서 일어났기 때문입니다. 배웅을 하려고 대문 밖으로 나갔더니 어른의 호통이 떨어졌습니다.

- 야. 이놈들아. 세상에서 제일 잘 산다는 스위스란 나라에도 저런 거지가 사느냐? 내 딸과 사위가 스위스 라브리 간사를 초청했다기에 인사하러 왔더니 저런 놈인 줄 알았으면 서울까지 올라오지도 않았을 거야. 당장 저 누더기 중놈을 빨리 집으로 돌려보내라. 그리고 너희들도 라브리를 당장 집어치워라. 너희들도 저 꼴이 될까 봐 겁난다.

겉모습을 보고 사람을 그렇게 판단하시다니 엘리스가 무슨 말인지는 못 알아들었겠지만 분위기가 별로 좋지 않다는 것쯤은 충분히 간파하고도 남았을 것입니다. 어른께서도 선교단체나, 목회자나, 선교사만이 아니라 라브리 간사도 헌금으로 먹고 살기 때문에 청빈하게 살아야 한다는 것쯤은 알고 계셨습니다. 그러나 자식이 그렇게 사는 것은 눈뜨고 볼 수 없었던 것입니다. 그러나 저희 부부에게는 엘리스가 들고 온 가방과 입고 온 옷 자체가 좋은 메시지가 되었습니다.

– 라브리 일을 하려거든 거지가 될 각오를 해라.

엘리스는 그 옷을 입고도 후암교회에서 특강을 인도했고, 홍치모 교수의 초청으로 총신대학교에서 강의도 했고, 성서유니온 총무였던 윤종하 장로와 사랑의교회 대학부 담당 오정호 전도사와 만찬도 나누었습니다. 나중에 들어보니, 국제라브리에서 한국에 라브리 설립을 놓고 토론할 때마다 엘리스가 매우 적극적으로 지지했다고 합니다. 몇 년 전에 온누리교회 초청으로 서울을 다시 방문했을 때는 양양에 잠시 다녀가기도 했습니다.

아무래도 첫 번째 수양회의 하이라이트는 저희들의 딸 혜진이의 출생 기도응답이 아니었나 생각합니다. 수양회를 한 번 개최하는 데는 수십 가지가 넘는 기도 제목이 있지만, 그중에 이상한 기도 제목도 하나 있었습니다.

- 우리 아이가 두 주간만 늦게 태어나도록 해 주십시오

저희 집 "금지옥엽(金枝玉葉)" 혜진이는 본래 엘리스의 방문 기간 전에 태어날 예정이었습니다. 그래서 엘리스에게 수양회 일정을 좀 늦출 수 있느냐고 문의했더니 일정상 불가능하다는 연락을 받았습니다. 약속된 방문일정을 변경할 수가 없어서 수양회를 예정대로 진행하되, 아이가 태어날 날을 연기해 달라고 기도했던 것입니다.

엘리스가 후암동에서 2주간을 지내고 한국을 떠난 바로 다음 날 새벽, 2주일이나 기다린 혜진이가 드디어 태어났습니다.

그날 이후로 하나님은 가장 좋은 선물을 아무 날에나 주시지 않고, 가장 아름다운 날에 주신다는 것을 알았습니다. 지나고 보니, 1988년에 이미 라브리 사역은 시작되었습니다. 수양회 준비만 아니라 외부 강의 등 1988년 한 해 동안의 활동일지를 간단히 옮겨 봅니다.

1월 11일 여의도에 있는 피난처재단 월례모임에 참석하여 교제

1월 17일 석촌교회에서 "라브리가 무엇인가" 특강, 그 다음 주부터 약 2년간 봉사

2월 10일 후암동에서 라브리수양회준비위원회(이하 라수준) 제1차 회의

2월 23일 종로 YWCA 교육위원회 회원들을 위한 성경공부 인도 시작, 약 2년간 지속

2월 24일 목동아파트에서 런던한인교회 귀국 성도 성경공부모임 참석

3월 1일 여의도 본벨주식회사 월요기도회 인도

3월 2일 WEM 파트타임 간사 취임, 1990년 가을까지 약 2년간 봉사

3월 8일 명동 로얄호텔에서 박삼영 씨를 만나 엘리스 포터 초청 소식 들음

3월 28일 서울대학교 SFC에서 "기독교의 진리성과 지성 계발" 강의

3월 29일 건국대학교 IVF에서 "현대인에게 왜 하나님이 필요한가?" 강의

4월 2일 홍치모 교수 연구실에서 라수준 제2차 회의

4월 6일 기독실업인회 사모 모임에서 "가정교육" 강의

4월 13일 런던한인교회 귀국 여성도 모임에서 성경공부 인도

4월 14일 고려대학교 IVF에서 "세속 사상과 기독교인" 강의

4월 26일 피난처재단 수련회에서 "세속 사상과 기독교인" 강의

5월 12일 봉천동 라브리크리스찬하우스를 방문하고 심영재 대표와 교제

6월 28일 IVF 서울지역여름수련회에서 "세속 문화와 기독교인" 강의

7월 1일 후암동에서 라수준 제3차 회의

7월 8일 박삼영 씨가 개업한 쉼터글방 방문

7월 20일 봉천동 라브리크리스찬하우스 재방문, 심영재 대표와 교제

7월 21일 황성주 박사를 후암동에서 처음으로 만남

7월 22일 후암교회 청년부 수련회에서 "현대 문화와 기독교인" 강의

8월 1~3일 연동교회 청년부 여름 수련회 인도

8월 18일 피난처재단 수련회에서 "라브리 사역의 방향과 한국적 적용" 강의

8월 21일 박삼영 씨 초청으로 강남 뉴코아 5층 식당에서 라수준 제4차 회의

8월 31일 민경동 씨 초청으로 중국 식당에서 라수준 제5차 회의

9월 10일 황성주 박사 초청으로 대학로 라케이브에서 라수준 제6차 회의

9월 15일 총신대신학대학원 실천학회에서 "현대 문화와 기독교인" 강의

9월 17일 – 10월 1일 서울올림픽 기간 WEM 가족과 함께 외국인 전도

10월 3 – 18일 엘리스 포터와 라브리수양회 인도, 라수준 제7차 회의

10월 25일 오정호 전도사 초청으로 사랑의교회에서 라수준 제8차 회의

11월 10일 덕성여자대학교 IVF에서 "세속주의와 기독교" 강의

11월 12일 김북경 목사 부부와 후암동에서 라수준 제9차 회의

11월 26일 화성교회에서 "세속 문화와 기독교" 강의

11월 27일 등대교회에서 "프란시스 쉐퍼의 문화관" 강의

11월 29일 이화여자대학교 IVF에서 "세속 문화와 기독교인의 대응" 강의

12월 16일 황성주 박사 초청으로 샬롬교회에서 라수준 제10차 회의

12월 27일 IVF 서울 지역 여대생 수련회에서 "성경적 여성관" 강의

한국 라브리자료센터 시작

저희 부부는 혜진이가 태어나는 바람에 수양회 닷새 후에 모인 "수양회 평가회"에도 참석하지 못했습니다. 그러나 다른 수양회준비위원들이 사랑의교회 대학부실(오정호 전도사)에 모여 두 가지 중요한 결정을 해 주었습니다.

- 이번 수양회는 다시 듣고 싶은 강의가 많을 정도로 아주 좋았다. 2년 후에 다시 한 번 라브리수양회를 개최하기로 하고, 강사 초청은 인경에게 맡긴다.

당장 인경은 레놀드 맥콜리와 빔 리트께르크를 강사로 초청

하는 것을 제안했고, 강사와 일정 조율을 시작했습니다. 빔 리트께르크는 레놀드 맥콜리 후임으로 국제라브리 회장이 된 분으로, 네덜란드 개혁교회 목사이며 네덜란드 라브리 대표였습니다. 지금까지도 "전 세계 라브리수양회 역사에는 전무후무한 일이었다."는 평가를 듣는, "라브리 전, 현직 회장"을 모시는 수양회였던 것입니다.

드디어 1990년 가을, 두 번째 라브리수양회가 열렸습니다. 사흘 저녁마다 한국교회기독교100주년기념관 소강당에 목사들과 청년들이 가득히 자리를 매웠습니다. 그만큼 말씀의 능력을 문화에 적용하는 원리와 방법에 목이 말랐던 것입니다. 사흘 낮 동안에는 강사들이 여러 대학교를 직접 찾아가서 대학생들을 만났습니다.

초청한 대학교는 아세아연합신학대학교, 고려대학교, 서울대학교, 총신대학교였습니다. 강사들이 대학 캠퍼스를 직접 찾아가도록 한 이유는 아무래도 학생들이 밤에 종로까지 오기가 쉽지 않다는 것만 아니라, 그때만 하더라도 라브리 강의는 일부 대학생들이나 관심을 가지는 정도였지 대부분은 몰랐기 때문입니다. 그때 강사들이 찾아간 캠퍼스 모임은 주로 학생 선교단체들이나 소수의 라브리 동아리 학생들이 강사비도 없이 자발적으로 초청한 연구 모임들이 대부분이었습니다.

고려대학교 IVF가 주최한 모임에는 빔이 갔는데, 그가 "포스트모더니즘(postmodernism)"이란 주제로 강의했는데, 시대 조류에 밝으신 한제호 박사도 통역하는 데 애를 먹었습니다. 참석한 교수님들마저도 포스트모더니즘이란 말을 처음 듣는 분들이 많은듯 고개를 갸우뚱하면서 듣는 분들이 많았으니까요.

1990년에만 하더라도 '포스트모더니즘'이란 말은 '탈현대주의', '탈모더니즘', '탈근대주의' 등 용어 번역조차 생소했습니다. 통역을 세워도 무슨 내용인지 알아듣기 힘들었습니다. 서양에서도 생소한 '포스트모더니즘'에 대한 철학적 분석과 기독교적 비판을 듣게 된 것은 고려대학교의 축복이었고, 빔을 초청한 고려대학교 IVF 간사들과 아세아연합신학대학교에서 라브리 모임을 이끌었던 김선일, 유경하 학생 등이 수고를 많이 했습니다.

강사들의 해프닝도 많았습니다. 레놀드가 서울대학교에 강의하러 간 날은 마침 시위가 벌어져서 코앞에서 벽돌이 날아다니고 최루탄이 터졌습니다. 머리에 붉은 띠를 띤 학생들과 그들을 잡으려는 경찰들을 가리키며, "저들은 어떤 학생들이냐?", "경찰이 대학교 안에 들어와도 되느냐?", "집으로 돌아가야 하는 것 아니냐?" 등의 질문을 받았던 것을 보면, 레놀드가 꽤나 놀랐던 것이 아닌가 생각합니다.

겨우 '아크로 광장'을 지나 학생회관에 있는 강의실로 들어갔더니, 예상 외로 많은 학생들이 앉아 있었습니다. 누가 커피를 한 잔 대접했더니, 레놀드가 커피를 마시는 둥 마는 둥 하고는 다짜고짜 중요한 질문이 있다는 것입니다.

레놀드 : 커피를 다 마시기 전에 당장 강의 주제를 바꾸는 것이 어떻겠나? 아무래도 '비폭력 저항 운동' 혹은 '시민불복종운동'으로 바꾸는 것이 좋지 않을까?

인경 : 여기 모인 학생들은 광고한 대로 '바른 영성이 무엇인가'에 대해 듣고 싶어서 왔을 테니, 약속대로 강의하는 것이 좋을 것 같은데요?

레놀드 : 아무리 그렇지만, 지금 데모하는 와중인데 영성에 대해 강의하는 것이 시의적절(時宜適切)한지 묻는 거잖아?

인경 : 이런 곳에 영성이 필요하지 않으면 언제 필요합니까? 데모와 혼란 속에서 믿음을 어떻게 지켜야 하는지, 혹은 쉐퍼가 가르쳐 준 대로 영적 전쟁 속에서 주님의 십자가를 순간순간 의지하며 사는 것이 무엇인지 이야기하는 것이 가장 시의적절한 것 같은데요?

레놀드 : 당신이 강의하지 그래?

인경 : 나는 길 안내자고 통역자지 강의하러 온 것이 아닙니다. 그러면 영성 강의한 후에, 저항 운동에 대한 질문이 나오면 그때 대답해 주세요.

이렇게 겨우 강사를 진정시키고 나서야 강의가 시작되었습니다. 아마 데모 현장에서 강의해 본 적이 없어서 그랬던 것이 아닌가 생각하며, 아무리 명강사라도 그런 폭력적인 환경이면 당황했을 것입니다. 예상대로 강의 후에 많은 질문이 터져 나왔습니다. 각종 질문들이 끊이지 않아 학생들의 식사 제안도 받아들일 시간 없이 저녁 강의 시간에 맞추어 종로까지 허겁지겁 돌아와야 했습니다. 이미 국제회의에서 여러 번 이야기했는데도, 몇 년 전에 다시 한 번 그날 일을 꺼냈습니다.

– 20년이 더 지났으나, 벽돌이 날아다니고 최루탄 연기가 자욱한 가운데 강의했던 그날을, 아직 잊지 못하고 있습니다.

수양회 중에 가장 우려했던 것은 강의 내용 전달 문제였습니다. 그러나 감사하게도 레놀드와 빔의 강의가 어려웠는데도 대체로 잘 받아들여졌다는 것과 질문을 잘 안한다고 소문났던 한국 청년들이 서양 청년들 못지않게 정직한 질문을 곧잘 한 것이었습니다. 그리고 한국 청년들은 정직한 대답을 들으면 곧바로 순종하려는 자세를 가졌다는 것이었습니다.

그 증거로 수양회 후에 강연 녹음테이프가 많이 팔렸습니다. 테이프를 구입한 사람들은 대부분 수양회에 참석하지 못했거나 라브리를 찾아오고 싶어도 방문할 시간이 없는 사람들이었는데, 그만큼 라브리가 다룬 주제들이 현실적이고 시의적절했기 때문이 아니었나 생각합니다.

수양회 중간에 하루를 쉬는 날이 생겼습니다. 강사들이 누구한테 들었는지 "유성온천에 가고 싶다."는 말을 했습니다. 인경이 "모시고 가겠다."고 했더니, "너도 우리 없이 하루 쉬어야 한다. 서울역에서 유성역으로 가는 기차만 태워다오. 우리도 모험을 해 보고 싶어."라고 해서 둘만 보냈습니다. 그런데 결국 온천탕에서 사고를 치고 오셨더군요.

요즘은 서양 사람들도 한국 목욕탕 문화를 잘 알지만, 그때만 해도 저희도 아무 말도 안했고, 영어로 된 "주의"도 없었으니, 두 분이 탕에 들어가면서 서양에서 하듯이 수영 팬티를 입고 들어간 것입니다. 팬티를 입고 들어오는 외국인들을 유심히 쳐다보던 한국인들이 가만히 있을 리가 없지요. 아무도 영어로는 말을 못하고 눈짓과 손짓으로 사인을 보냈답니다.

- 아랫도리도 벗으라.
- 여기는 수영장이 아니야.

물 바깥으로 머리만 내어놓은 채 눈을 지그시 감고 온탕을 즐기고 있던 어른들에게 도움을 호소해 보았으나 고개만 이리저리 저었습니다. "너희들은 로마에 가면 로마의 법을 따르라는 말도 모르느냐."는 눈치였답니다. 다행히 두 분은 눈치가 빠른 분들이라, 한국인들의 손짓 발짓을 잘 해석했습니다.

- 팬티까지 벗지 않으면 못 들어온다.
- 너희 나라에는 대중목욕탕 예절이라는 것도 없니?

할 수 없이 두 분은 탈의실로 도로 나와서 팬티까지 홀랑 벗고 다시 들어갔습니다. 온탕에도 들어가 보았습니다. 채 5분을 넘기기 힘들었습니다. 또 건식 사우나에 들어가서 모래시계를 몇 번 뒤집을 때까지 참아 보려 했으나 한 번을 뒤집기도 힘들어 들락날락하다가 "애들처럼 왜 이렇게 부산하게 왔다 갔다 하느냐?"라는 욕도 얻어먹었습니다.

아무 간섭 없이 즐길 수 있었던 것은 냉, 온탕을 여러 번 왔다 갔다 한 것이라고 합니다. 그러나 나중에 알았지만 그것도 어린 아이들이나 하는 짓이라는 깨달았지만 이미 늦었습니다. 서로 등을 맞대고 때를 밀어 주고 하다 보니 시간 가는 줄도 몰랐습니다. 저녁 늦게야 집에 돌아왔습니다.

국제라브리 회장이자, 우트레트개혁교회 목사이며, 시의회 의원이기도 했던 장난기가 많은 빔 리트께르크가 먼저 한 마디를 했습니다.

– 온천탕에 들어갈 때 팬티까지 벗어야 되는 줄 알았다면, 아마 나는 안 갔을 거야. 우리나라에는 누드 비치는 있지만 누드 목욕탕은 없거든. 누드 차림으로 몇 시간을 다른 남자들과 같이 있었다는 것은 놀랄 만한 경험이야. 동성애자들도 아닌 사람들끼리 말이야.

쉐퍼의 사위이자, 캠브리지 법대 출신답게 꼬장꼬장한 레놀드가 한 마디를 덧붙였습니다.

– 내가 누드 차림으로 다른 남자들과 몇 시간을 같이 놀았다고 하면, 아마 수잔(레놀드의 아내, 쉐퍼의 둘째 딸)이 놀라서 자빠질 걸. 나는 지금 거기에 여자들이 한 명도 없었다는 것과 몇 시간이나 회장님과 같이 있었지만 아무 일이 없었다는 것을 어떻게 증명해야 할지 고민하고 있어.

수양회가 진행되던 어느 날 아침이었습니다. 그날 아침 식탁에서는 한국 라브리를 설립하기 위한 준비나 절차와 관련된 이야기는 한 마디도 나누지 않았습니다. 그날 일정에 대해 이야기를 나누기에도 바빴으니까요. 인경과 레놀드가 집을 나간 후에, 빔 회장도 아세아연합신학대학교에 강의하러 나가기 위해 대문간에 섰습니다. 경옥이 인사를 했습니다.

> 경옥 : 아세아연합신학대학교에서 강의를 마치는 대로 집에 와서 좀 쉬셨다가 저녁 강의를 하러 나가시기 바랍니다.
> 빔 : 그렇게 할게요. 그런데 오늘부터 당신네 부부가 정식으로 한국 라브리 자료센터를 시작하는 것이 어떻겠습니까?
> 경옥 : 그렇게 중요한 것을 제 남편도 아나요?
> 빔 : 아마 지금쯤은 알게 되었을 겁니다.

경옥은 그게 무슨 말인지 저녁에 인경을 만나기 전까지는 전혀 몰랐습니다. 인경과 레놀드는 서울대학교로 강의하러 가는 지하철 2호선 안에 앉아 있었습니다. 레놀드가 시끄러운 지하철 안에서 인경의 귀에다가 고함을 쳤습니다.

> 레놀드 : 오늘은 한국에 공식적으로 라브리가 시작되는 역사적인 날이라는 것을 몰랐지?
> 인경 : 뭐라고요? 뭐가 시작된다고요?
> 레놀드 : 한국 라브리.
> 인경 : 한국 라브리가 시작되는 중요한 이야기를 왜 시끄러운 지하철 안에서 이야기해 주죠?

레놀드 : 그러게 말이야. 계획이 잘 안 풀리는군.

인경 : 무슨 계획을 말하는 거예요?

기쁘고 당황한 나머지, 인경은 강사를 모시고 정한 시간에 강의 장소에 제대로 도착해야 하는 중대한 사명을 띠고 있으면서도, 서울대입구역을 지나치고 한 정거장을 더 갔다가 돌아오는 사고를 쳤습니다.

알고 보니 국제라브리 전, 현직 회장 두 분이 저희 부부에게 별도로 라브리 설립 허락을 이야기해 주고, 각자 저희 부부의 반응을 떠보자고 사전 모의를 했던 것입니다. 당시에는 국제라브리에도 "자료센터 설립기준"이라는 것이 없었기 때문에 회장님 두 분이 수양회 현장에서 전격적으로 설립 결정을 먼저 하고, 나중에 국제라브리 이사회와 위원회에서 추인을 받아 주기로 한 것이었습니다.

그만큼 라브리는 제도와 형식에 매이지 않고 성령에 민감하게 반응하고, 인간미만 아니라 융통성도 있는 모임이었습니다. 전쟁 같았던 하루 일정을 다 마친 후에, 차를 한 잔 마시며 야참을 먹는 시간이 되었습니다.

차를 마시는 중에, 빔 리트께르크 회장이 특유의 조용한 말로 "지금까지 나눈 이야기를 공식적으로 선언합니다."라고 말했습니다. 증인은 한 사람 밖에 없었습니다. 우리 중에 나이가 제일 많고, 전직 국제라브리 회장인 레놀드였습니다.

1. 오늘부터 한국 라브리자료센터(L'Abri Resource Center Korea) 설립을 허락한다.
2. 인경과 경옥을 한국 라브리자료센터의 공동대표 겸 협동간사로 임명한다.
3. 라브리 이름으로 된 은행구좌를 개설하여, 라브리에 들어오고 나가는 모든 재정과 수양회에서 나온 테이프 판매 대금을 그 구좌에 적립한다.
4. '학생들을 모집하지 않고, 돈을 모금하지 않는다.'는 기본운영정신을 잘 지켜라.
5. 이런 라브리 정신을 따르지 않으려면 라브리 간판을 떼서 한강에 버려라.

"자료센터"라고 해야 기껏 쉐퍼와 라브리 간사들의 강의 테이프와 책이 전부였습니다. 테이프는 영국 라브리에서 보내준 370개의 카세트 형태의 강의 테이프와 지난 두 번에 걸친 라브리수양회에서 남은 카세트 형태의 강의 테이프 약 30개가 고작이었습니다.

그리고 저희 부부가 기증한 국제라브리 간사들이 쓴 책 50여 권이 있었습니다. 물론 그 50여 권이 결코 하루아침에 쌓인 지적 재산은 아니었습니다. 적어도 수십 년간의 연구와 기도가 없이는 불가능한 자료들이었습니다. 그러나 그 가치를 알아보는 사람들은 그리 많지 않았습니다.

나중에 발견한 것이지만, 대부분의 한국 학생들은 영어로 된 강의 테이프를 듣는 것을 싫어했습니다. 영어를 들을 수 있는 소수의 학생들 외에는, 대부분이 테이프를 듣는 것보다는 원서를 바로 읽든지 번역서를 더 좋아하였습니다. 그리고 오디오 자료보다는 문서 자료를, 문서 자료보다는 비디오 자료를 더 좋아한다는 것도 알게 되었습니다.

물론 비디오 자료보다 더 좋아하는 것은 간사들이 직접 강의해 주는 것입니다. 그러나 당시까지만 해도 강의 테이프와 책들은 서양 문화와 교회를 중심으로 연구된 것이었으므로, 한국인들이 친숙한 동양 문화와 한국 교회에 맞는 강의와 글이 시급했습니다. 그래서 저희 부부는 가능하면 직접 글을 쓰고 강의하는 데 시간을 많이 투자하기 시작했습니다. 가방 끈도 짧고 서툰 글이었지만, 글을 쓰는 대로 "라브리 편지"를 통해 기도 가족과 친구들에게 보냈습니다.

우리 집에서 라브리를 시작하시게

그런데 어디에서 라브리를 시작하죠? 라브리 설립 허락도 받았고, 협동간사로 임명도 받았는데, 라브리자료센터 장소는 어디에 두죠? 물어볼 필요가 없었습니다. 그곳은 1988년에 라브리수양회준비위원회를 결성한 장소였고, 김북경 목사 부부, 엘리스 포터, 레놀드 맥콜리, 빔 리트께르크 등 수많은 라브리 가족들이 자고 간 집이었습니다.

바로 경옥의 부모이신 박창영 집사, 최영자 권사의 후암동 주택입니다. 당시에 경옥의 아버지는 인천에 사업체가 있어서 주말에만 잠시 서울 집을 다녀가셨기 때문에 응접실과 침실이 여유가 있었습니다. 그러나 인경의 입장에서는 처갓집을 빌어 라브리 일을 시작하는 것이 마음에 부담이 되었습니다. 옛 어른들의 말에 "쌀 한 말만 있어도 처갓집 신세를 지지 말라."는 말도 있듯이! 그러나 라브리 형편에는 단칸방을 하나 얻기에도 모자라고, 개인적으로 모아 놓은 돈도 없었으니 처갓집이라도 빌리지 않을 수 없었습니다.

집 전체를 다 빌린 것은 아니고 응접실과 침실 두 개와 지하방을 무료로 빌려 쓰기로 했습니다. 남산 밑에 후암동 주택가 중간에 있는 그 집은 지하 1층, 지상 2층인 붉은 벽돌로 잘 지은 집입니다. 지하 1층 보일러실 옆에 있는 반 지하방은 조용하고 해가 잘 들어서 공부방으로 꾸미고, 2층 응접실은 공개 강의와 상담용으로 사용하기로 했습니다.

응접실은 서울에서도 흔치 않은 전망이 매우 좋은 방이었습니다. 편안하게 앉으면 약 10명 정도가 둘러앉을 수 있는 아담한 거실이었으나, 끼어 앉으면 20여 명도 앉을 수 있는 방이었습니다. 옆으로는 남산이 올려다보이고 앞으로는 멀리 한강과 여의도가 내려다보이는 탁 트인 방이었습니다.

집 주인이 자식처럼 돌보던 작은 정원도 두 개나 있었습니다. 앞마당 정원에는 야트막하게 향나무가 빙 돌아가며 심겨 있고, 가운데는 철마다 국화, 붓꽃 등이 피었고, 담 위에는 능

소화가 길게 뻗어 있었습니다. 감나무, 사철나무, 주목나무도 두 그루 있었습니다. 뒷마당 정원 가장자리에는 제주에서 가져온 현무암이 놓여 있어서 빙 둘러 앉기가 좋았습니다. 거기에는 단풍나무, 포도나무도 있어 여름이면 좋은 그늘을 만들어 주었습니다.

비록 작은 마당이었지만 여름이면 거기에서 가정음악회를 열기도 했고, 인도에서 비샬 망갈와디 박사 부부가 왔을 때는 야외 강연도 했던 곳입니다. 그리고 집안에서 손님들이 북적댈 때는 아이들이 조용히 빠져나가 그네도 타고 강아지랑 뛰어 놀 수 있는 공간이 있다는 것이 얼마나 좋았는지 모릅니다. 물론 날씨가 좋은 날에는 차 마시는 손님들에게 마당까지 빼앗기곤 했지만요. 경옥의 모친 최영자 권사는 라브리 설립이 허락되었다는 말을 듣고는 평소에 하시던 말씀을 또 반복하셨습니다.

– 우리 집에서 라브리를 시작하시게. 우리 집이 후암교회와 가깝고, 우리 아이들 중에 대학생 청년이 둘이나 있어서 그런지 대학 청년부 목사님들이 청년들과 놀러 와서 자주 라면 끓여먹고 가던 집이예요. 나는 이 집이 하나님의 나라를 위해 뜻 있게 사용되기를 오랫동안 기도해 왔는데 라브리가 사용하게 된다면 좋지요. 특히 응접실에 청년들이 가득 찬 것을 보면 얼마나 기분이 좋은지 몰라요.

라브리에 자기 집을 빌려 주시겠다는 것이었습니다. 그러나 그것이 얼마나 큰 실수였다는 것을 깨달으시는 데는 시간이 오래 걸리지 않았습니다. 자료센터를 막상 시작하고 보니 멀리서 찾아오는 청년들을 재워 주어야 할 상황도 자주 발생했고, 그 사이에 아이들도 셋으로 늘어나서 본인이 사용하시던 방까지 내어 놓아야 했기 때문입니다. 처음에 응접실 하나와 공부방만 있으면 될 줄 알았던 일이, 날이 갈수록 손님들이 많이 찾아오자 최 권사는 급기야 집 전체를 내어 주고 인천에 계신 남편 곁으로 내려가게 되었습니다.

후암동 라브리에서 서울역과 남대문 시장까지는 걸어서 10분, 남산도서관이나 용산도서관(구 공화당 당사)까지도 걸어서 10분이 채 안 걸렸습니다. 용산중고등학교나 수도여자고등학교, 저희가 다니던 후암교회까지는 걸어서 5분도 안 걸렸습니다. 우리는 남산을 "뒷산"이라 부르며 매일 올라 다녔고, 가끔 산책 삼아 남산을 가로질러 명동까지 걸어가기도 하고, 소월길을 따라 힐튼호텔과 하얏트호텔까지 놀러갔다 올 정도로 접근성이 좋아서 손님들이 다녀가기에 매우 좋았습니다.

물론 나중에는 접근성이 너무 좋은 것이 문제가 되었는데, 서울역이 가까우니 시골을 오고 가던 수많은 대학생 청년들이 시도 때도 없이 찾아오고, 휴강이나 결강이 있는 날에는 대학생들이 쉬어 가기도 하고, 퇴근 후에 놀다 가거나 자고 가는 청년들도 부쩍 늘었습니다.

그렇게 해서 "한국라브리자료센터"가 스위스, 영국, 네덜란드, 미국 로체스터, 미국 보스톤, 스웨덴, 호주에 이어 여덟 번째로 세워진 지부가 되었습니다.* 라브리 40년 동안 겨우 7개 밖에 없는 상황에서 새로운 지부 허락을 받은 것이고, 동양 문화권에서는 처음 시작하는 지부였습니다.

그것은 국제라브리로서도 엄청난 도전이었습니다. 왜냐하면 다른 모든 라브리는 서양 문화권에 있지만, 한국 라브리는 전혀 낯선 동양 문화권에서 시작되었기 때문입니다. 그것은 언어가 다른 한국인들과 매달 혹은 매년 회의도 같이 해야 하는 것만 아니라 영적으로나 한 가족이 되기 위해서는 엄청난 인내와 사랑이 필요하다는 것을 의미했습니다.

수양회를 마치고 난 후에 준비위원들이 모였을 때, 자료센터 설립 허가 소식을 알렸더니, 수양회준비위원회를 확대 개편하여 "한국 라브리자료센터 자문위원회"를 만들기로 하였습니다.** 그리고 정기적으로 기도해 주시기로 약속한 약 50여 명을 "라브리 기도 가족"으로 부르기로 했습니다.

---

* 국제라브리 설립 연도입니다. 1955 Swiss L'Abri; 1966 English L'Abri; 1971 Dutch L'Abri; 1978 Rochester USA L'Abri; 1979 Boston USA L'Abri; 1981 Sweden L'Abri; 1989 Australia L'Abri(Resource Center); 1990 Korean L'Abri(Resourrce Center); 2001 Canada L'Abri; 2012 Brazil L'Abri; 2017 South Africa L'Abri.

** 한국 라브리자료센터 자문위원회에 참여해 주신 분들은 다음과 같습니다. 홍치모(총신대학교 부학장), 한제호(후암교회 목사), 김호열(ESF 간사), 민경동(한국산업은행 과장), 황성주(한림대학교 교수), 권춘자(등대교회 전도사), 이승훈(청산골교회 목사), 한철호(IVF 간사), 양영전(마산재건교회 목사), 조주환(부산 조호치과 원장), 이병옥(극동방송 과장).

홈베이스 미션 실험

저희가 라브리를 시작한 후에 가장 많이 질문을 받은 것 중에 하나는 "왜 가정 주택에서 선교를 하느냐?"라는 것이었습니다. 당시만 해도 "전도를 하려면 교회를 세우든지, 학생들을 도우려면 캠퍼스로 가야지, 왜 집으로 찾아오는 손님들을 돕겠다고 하느냐?"라는 것이었습니다.

사실 그것은 정직한 질문이었습니다. 그때까지만 해도 "집으로 찾아오는 사람들을 돕고 전도하는 일"이라는 것이 매우 생소한 형태의 선교로 생각되었습니다. 요즘 선교학에서는 이런 사역을 "홈 베이스 미션(home-base mission)"이라고 부릅니다.

"홈 베이스 미션"은 바울 사도가 고린도에서 디도의 집이나 브리스길라와 아굴라 집사의 집에서 찾아오는 손님들을 대접하며 선교한 것에서 시작한 것으로(사도행전 18:1-23), 나중에 로마에서 가택연금을 당했을 때 셋집을 얻어 놓고 자기 집으로 찾아오는 사람들을 선교한 것을 두고 하는 말입니다(사도행전 28:30-31).

물론 바울 사도는 다양한 선교방법을 사용했습니다. 첫 번째 선교 여행지였던 비시디아 안디옥이나 이고니온과 같은 도시에서는 주로 유대인 회당 중심으로 전도했고, 루스드라에서는 길거리에서 복음을 많이 전했습니다. 두 번째 선교 여행 중에 들린 빌립보에서는 시장에도 갔고, 기도처에도 찾아갔고, 감옥에도 갔습니다. 아테네에 갔을 때는 프리 스피치 코너(free speech corner)인 '아크로폴리스'에 서기도 했고, 에베소에서는 '두란노홀'을 빌려 공개 강의 사역을 많이 했습니다.

그러나 바울 사도는 고린도와 로마에서는 가정을 중심으로 하는 선교를 펼쳤습니다. 교회학적으로 보면, '가정을 중심으로 하는 선교'는 세대를 거듭할수록 여러 가지 모양으로 발전되었습니다. 합동신학대학원 조병수 교수가 그것을 잘 분석해 주었습니다.

> 신약성경에 언급되고 있는 마리아의 집, 사도 바울이 묵었던 로마의 셋집, 오순절 때 성령이 강림한 마가의 다락방, 빌립보의 루디아의 집과 간수장의 집, 뵈배의 집, 가이오의 집, 스데바나의 집, 브리스길라와 아굴라의 집, 빌레몬의 집, 오네시보로의 집 등은 초기 기독교의 형태가 가옥 교회였음을 추정할 수 있다. 가옥 교회가 지역 교회가 되었고, 지역 교회가 연합하여 한 도시의 교회를 이루었다.*

최근에는 가정을 중심으로 모이는 이런 형태의 교회를 "가정 교회(House Church)"라고 부르며, 그런 가정 교회가 지역 교회보다는 공동체 형태로 변형된 것을, 태안사귐공동체의 대표인 김현진 박사는, "공동체 선교(community mission)"라고 불렀습니다.

---

* 조병수, 『신약의 교회』, 합동신학교출판부(서울, 2011).

가정에서 노동, 놀이, 문화, 예배, 토론 등을 통해 사람의 변화를 유도하는 공동체의 특성을 두고, 웨스트민스터신학원의 김선일 박사는, "생태학적 선교(ecological mission)"라고 불렀습니다.

그러면 바울 사도는 로마의 셋집에서 무슨 일을 했으며, 그 셋집은 어떤 용도로 사용되었을까요? 크게 세 가지 사역과 용도로 사용되었습니다.

첫째, 바울 사도는 그 집을 가까운 동족이나 지도자들을 초청해서 대접하며 전도할 수 있는 도시 속의 아지트로 사용했습니다. 선교를 하다 보면, 찾아갈 사람들이 있고 초청해야 할 사람들이 있습니다. 사람들이 시도 때도 없이 찾아와서 모여야 할 때가 있습니다. 바울 사도가 제일 먼저 초청한 사람은 로마에 사는 유대인 지도자들이었습니다. 로마인들이 아니었습니다. 동족 유대인들을 먼저 집으로 초청하여 자신이 가이사 황제에게 항소하게 된 경위를 설명했습니다.

> 사흘 후에 바울이 유대인 중 높은 사람들을 청하여 그들이 모인 후에 이르되 여러분 형제들아 내가 이스라엘 백성이나 우리 조상의 관습을 배척한 일이 없는데 예루살렘에서 로마인의 손에 죄수로 내준 바 되었으니(사도행전 28:17).

그 집은 처음에는 유대인 지도자들이 초청된 집이었지만, 날이 가면서 '로마 기독교인들의 아지트' 역할을 하지 않았을까 생각합니다. 그 이유는 의사 누가(Luke)도 정기적으로 바울 사도의 건강을 체크하러 들렀을 것이고, 바나바의 생질 마가(Mark)도 자주 왔을 것이고, 로마에서 교회를 세운 브리스길라와 아굴라 집사 부부가 자주 교회 문제를 상의하러 들렀을 것이기 때문입니다.

둘째, 바울 사도는 그 집에서 성경공부 모임 혹은 신학 강연회를 여는 학교로 사용했습니다. "그들이 날짜를 정하고 그가 유숙하는 집에 많이 오니 바울이 아침부터 저녁까지 강론하여 하나님의 나라를 증언하고 모세의 율법과 선지자의 말을 가지고 예수에 대하여 권하더라(사도행전 28:23)."는 말씀은 그 셋집이 특수 학교였다는 것을 암시해 줍니다. 첫째, 사람들이 "날짜"를 정하여 모였다는 말이고, 둘째, "많이 오니"라는 말을 보면, 한 둘이 모인 것이 아니라 상당수의 사람들이 모였다는 말이고, 셋째는 "하나님 나라와 예수"가 강의가 주된 내용이었습니다.

만약 "옥중서신"이라고 부르는 에베소서, 빌립보서, 골로새서, 빌레몬서가 여기에서 쓰였다면, 강의 수준이 보통 아니었을 것이고 "삼위일체론, 주권론, 예정론, 교회론" 등이 강연되었을 것입니다. 그렇다면 로마의 그 셋집은 '가정 아케데미(Family Academy)'였고, 옥중서신의 잉태 장소였고, 성경 집필 장소였고, 계시 수령 장소였던 것입니다.

셋째, 개인적으로 찾아오는 사람들을 상담하고 선교했다는 말입니다.

> 바울이 온 이태를 자기 셋집에 머물면서 자기에게 오는 사람을 다 영접하고, 하나님의 나라를 전파하며 주 예수 그리스도에 관한 모든 것을 담대하게 거침없이 가르치더라(사도행전 28:30,31).

여기에 "자기에게 오는 사람을 다 영접하고"란 말은 선교학적으로 아주 특별한 정보입니다. "오는(come)"이란 말은 평생 동안 바울 사도의 선교방법이었던 "가서(go)"라는 말과는 매우 대조적인 단어입니다.

즉 바울 사도가 1, 2차 선교여행을 통해 시도했던 '찾아가서 만나는 사람들에게 복음을 전하는 것'을 못하고, 자기가 머물고 있는 장소로 '찾아오는 사람들을 만나서 전도하는 것'을 했다는 것입니다. 라브리에서는 이런 것을 두고 "성령님이 선택해서 보내 주시는 사람들"이라고 부릅니다. 아마 밤에 찾아온 사람들도 있었을 것이고, 한 사람씩 찾아온 사람도 있었겠지만, 두세 사람씩 찾아오기도 했을 것입니다. 그리고 "담대하게 거침없이 가르쳤더라."라는 말을 보면, 혹시라도 당할지도 모르는 박해가 두려워서 복음을 양보하거나 가감하지 않고 있는 그대로 전했다는 말입니다. 그러면 왜 바울 사도가 로마와 고린도에서 '가정을 중심으로 한 선교' 혹은 "홈 베이스 미션(Home Base Mission)"을 펼쳤을까요? 몇 가지 이유를 든다면 다음과 같은 것입니다.

1. 도시 속에는 가정이 없는 사람들이나 외로운 사람들이 많았기 때문입니다.
2. 가정에서 재택근무를 하면 자투리 시간과 저렴한 비용으로 수입을 올릴 수 있었기 때문입니다.
3. 신앙이 성숙한 부부와 교제하는 것이 필요했기 때문입니다.
4. 도덕적으로 안전한 집이 필요했기 때문입니다.
5. 바울 사도와 같이 사역하기를 원하는 동역자들이 많아졌기 때문입니다.
6. 집으로 초청할 사람들도 있었고, 도시 속에 아지트가 필요했기 때문입니다.
7. 집에서 '가정 아카데미(Family Academy)'를 할 수 있었기 때문입니다.
8. 개인적으로 한 사람씩 만나서 도울 필요가 있었기 때문입니다.

겉으로 볼 때, 바울 사도의 가정 사역은 매우 소극적이고 보잘 것 없는 선교방법처럼 보였습니다. 그러나 바울 사도가 가택연금 상태에서 한두 명에게 복음을 전하기 시작한 그것이, 약 250년 후인 313년에 콘스탄티누스 황제가 밀라노 칙령을 내려서 로마제국 전체에서 기독교를 공인하는 데, 작은 디딤돌이 되었다고 말하지 않을 수 없을 것입니다.

우리는 "가라(go)"고 하는 명령, 즉 '아웃리치, out reach)' 사역에만 관심을 갖기 쉽지만, 사실 이방 선교의 문을 열었던 바울 사도는 "오라(come)"고 하는 가정 사역을 로마에서만 2년을 했고, 고린도와 에베소 등 가는 데마다 몇 년씩 수행했고 많은 열매를 얻었습니다. 사실 이런 홈 베이스 미션은 라브리가 처음 시작한 것이 아니라 이미 많은 사람들이 실천한 것입니다.

- 저희 아파트에 한 사람이라도 더 앉히기 위해 어제는 제 남편 컴퓨터 테이블을 팔았습니다. 지난주에 36명이 왔는데 앉을 자리가 모자랐거든요(30대 주부).
- 저희 부부가 주말마다 집에서 밥을 대접하며 약 20여 명을 전도했더니, 호주 교회에서 평신도 목사 안수를 받으라고 하는데 어떻게 할까요?(호주 선샤인코스트 대학원생)
- 지난 몇 년 동안 독일 가정에 살았던 무슬림 난민 중에 약 3,000명이 예수님을 믿고 세례를 받았다는 통계가 나왔습니다. 그것은 지난 10년 동안 서양 선교사들이 전도한 모든 무슬림보다 훨씬 많은 숫자입니다(국제 라브리 전 회장).
- 저희 집에는 중국 유학생들이 주말마다 와서 성경 공부를 했는데, 그릇이 모자라서 먼저 먹은 사람들의 접시를 씻어가며 대접했습니다. 지난주일에는 70여 명이 참석했습니다(영국 에버딘대학교 박사과정 신학생).

그들이 날짜를 정하고 그가 유숙하는 집에 많이 오니 바울이 아침부터 저녁까지 강론하여 하나님의 나라를 증언하고 모세의 율법과 선지자의 말을 가지고 예수에 대하여 권하더라(사도행전 28:23).

머리 둘 곳이 없어 잠시 머문다고 생각했던 것이 13년이나 후암동에서 머물렀습니다. 라브리 일을 공식적으로 시작하기 전인 1987년 가을부터 1989년까지 2년, 1990년에 라브리자료센터를 시작한 때부터 2001년 10월까지 11년 동안이 그것입니다. 물론 경옥은 그 집에 10년 전부터 살고 있었습니다.

— 우리 집에서 라브리를 시작하시게.

저희도 나이가 먹고 보니, 집을 내놓는다는 것이 그리 쉬운 일이 아니라는 것을 이제야 깨닫습니다. 모두 박창영 집사, 최영자 권사 두 어르신의 뜨거운 자식 사랑과 청년들에게 두신 소망 때문에 가능했습니다.

지병으로 일찍 소천하신 박창영 집사는 고향인 황해도가 멀리 바라보이는 강화도 선산에 모셨고, 최영자 권사는 양양 라브리 산책길 옆에 모셨습니다. 자식들이 작은 수석으로 된 묘비를 하나 세워 드렸습니다.

하나님의 딸 최영자, 아버지의 품에 안기다.

오늘도 묘비 주변에 난 풀을 깎다가, "후암동에서 라브리를 시작하시게."라고 하시던 그 어른의 따뜻한 목소리를 들었습니다.

4장 처음
라브리를
찾아온
손님들

후암동의 첫 손님은 라브리수양회준비위원회 결성을 위해 모인 믿음의 친구들이었습니다. ESF의 김호열 목자, 피난처 재단의 김조장 총무, WEM(국제복음선교회)의 민경동 집사, 총신대학교 라브리 동아리의 조열제 형제가 그들입니다. 이어서 총신대학교 라브리 동아리의 김진, 박삼영 씨 그리고 한림대학교 교수로 있던 황성주 박사가 찾아왔습니다. 그들의 뒤를 이어 대학생, 청년들이 찾아오기 시작했습니다.

저지대를 택한 최고 엘리트들

하루는 졸업을 앞둔 대학생이 라브리를 찾아왔습니다. 진로를 의논하기 위해 온 것입니다. 그는 공부를 잘했기 때문에 KBS나 MBC와 같은 일류 방송사나 대형 신문사에 들어가서 기자나 PD가 될 생각이었습니다. 그때나 지금이나 기자나 PD가 되면 국민들에게 자기 생각을 직접 전달할 수 있기 때문에 정치적 야망이 큰 최고 엘리트들이 종종 꿈꾸는 일입니다.

간사 : 그 실력과 학벌이면 어느 대기업이나 공기업에도 들어 갈 수 있을 텐데 하필 언론계에 관심을 갖는 특별한 이유라도 있나요?

청년 : 언론은 제4권력이라고 할 만큼 청와대, 국회, 법원 다음으로 힘 있는 권력 집단이라, 정론직필(正論直筆)을 한 번 펼쳐 보고 싶어서요.

간사 : 언론계에 들어가는 최종 목적이 권력과 명예를 얻고 싶다면 차라리 국회의원 보좌관이나 청와대 사무관 시험을 보는 것이 빠르지 않을까요?

청년 : 간사님께서 평소에 기독 청년들에게 어둡고 죄가 많은 곳에 들어가서 빛과 소금이 되라고 하시지 않으셨어요?

간사 : 만약 형제가 정말 죄가 많은 곳으로 갈 준비가 되어 있다면, 사나이다운 용기와 전략적 사고가 필요한 경찰청, 국세청, 국정원 중에 하나에 들어가서 뜻을 펼치는 것이 어떻겠습니까?

청년 : 다른 사람들이 잘 안 가려는 저지대를 가라는 말씀이죠?

그는 가장 저지대를 선택했습니다. 문제는 어떤 여자도 밑바닥에서 일하는 그와 사귀고 싶어 하지 않았습니다. 어떤 부모도 그에게 딸을 주려고 하지 않았습니다. 거기에서 받는 월급으로는 좋은 아파트에 살며 외제 차를 굴리는 것은 꿈도 꾸지 못했기 때문입니다.

다행히 그는 라브리에서 가장 믿음이 좋고 예쁘고 착한 아내를 만났습니다. 그리고는 눈에 넣어도 안 아플 예쁜 딸도 낳았습니다. 성실하게 일한 탓에, 세계에서 제일 좋은 대학원에서 국비로 2년간 공부할 수 있는 기회도 얻었습니다. 그러나 거기까지 가는 길은 매우 외로웠습니다. 먼 나라에서 전화가 왔습니다.

> 청년 : 여기에서 일하는 데는 생명의 위협이 느껴져서 기도를 부탁드리려고 전화를 했습니다.
> 간사 : 야, 이 친구야 저지대로 가라고 한다고 그렇게까지 저지대로 가면 어떻게 하나?

눈물로 그의 안전을 주님께 부탁하고 전화를 끊었습니다. 그러나 그에게는 꿈이 있습니다. 그 꿈은 흔히 말하는 '성공 신화'라든지 '동화 속의 행복한 삶'이 아닙니다. 마틴 루터 킹의 말을 연상시키는 위대한 꿈입니다.

> 나는 꿈이 있습니다.
> 언젠가 전쟁을 일으킨 자들과 전쟁의 피해자들이
> 서울 타워 꼭대기에서 형제처럼 식탁을 마주할 수 있으면 좋겠습니다.
>
> 나는 꿈이 있습니다.
> 언젠가 내 아들과 딸이
> 이념으로 판단 받지 않는 나라에 살 수 있으면 좋겠습니다.
>
> 나는 꿈이 있습니다.

언젠가 남북한 어린이들이
손에 손을 잡고 같이 놀 수 있으면 좋겠습니다.

그도 다른 친구들처럼 성공이나 욕심을 좇는 삶을 살 수도 있었습니다. 그러나 그는 하나님의 나라와 온 세계 평화를 위해 헌신했습니다. C. S. 루이스가 "소년은 안전을 택하지만 어른은 고통을 택한다."는 말은 그런 청년을 두고 한 말입니다.

그는 결코 외롭지 않습니다. 믿음이 좋고 잘생긴 친구들이 그 길을 같이 가겠다고 나섰기 때문입니다. 혼자 가면 외롭고 넘어지기 쉽습니다. 그러나 여럿이 같이 가면 든든합니다. 둘만 있어도 힘이 됩니다. 비록 그 길은 저지대이기는 하나, 하나님이 가라고 하는 길입니다.

법대를 다니던 한 대학생이 신학으로 전공을 바꾸고 싶다며 찾아온 것도 그때 즈음입니다. 겨우 1학년을 마쳤는데 법조계의 비리를 너무 많이 듣고 질렸던 것입니다.

청년 : 타락한 법조계에서 버틸 자신이 없어서 신학을 공부하러 갈까 생각합니다.

간사 : 믿음 좋은 청년들이 타락한 곳을 다 피하면 누가 그곳에서 일하겠습니까?

이런저런 이야기를 하느라 몇 시간을 같이 보냈는지 모릅니다. 그가 자리에서 일어서며 남긴 말이 긴 여운을 남겼습니다.

– 다시 한 번 생각해 보겠습니다.

그 말 한 마디가 얼마나 많은 수고와 희생을 각오해야 하는지는 그도 몰랐고 우리도 몰랐습니다. 그는 법대를 졸업하기는 했으나 사법고시에서 여러 번 떨어진 후에 합격했습니다.

그는 지금 인권 사각지대에 사는 사람들을 위해 무료 변호를 하며 가난하게 살고 있습니다. 변호사 수임료로 살지 않고 청년들이 십시일반으로 보내 주는 후원금으로 살고 있기 때문입니다.

지금 생각하면, 다윗 왕이 "새벽이슬 같은 주의 청년들이 주께 즐거이 헌신하니(시편 110:3)."라고 한 말은, 바로 이와 같은 청년들을 두고 한 말이 아닌가 생각합니다.

저희 부부가 이런 청년들의 부모들에게 매우 미안한 것은, 귀한 집 자식들을 세상에서 가장 위험하고 죄가 많은 곳으로 가라고 한 것입니다. 다만 하늘의 왕이 우렁차게 외치는 소리를 듣고 조금이라도 위로를 받으시기 바랍니다.

– 그들은 내가 가장 자랑하는 새벽이슬과 같은 청년들이다.

도둑 결혼을 부탁한 청년

한번은 LG전자에 다니던 한 총각이 라브리 모임에 참석하러 왔다가 공부하고 있던 한 처녀에게 푹 빠졌습니다. "당장 결혼하고 싶습니다."라고 하기에 "사기꾼 소리를 듣고 싶으세요?", "형제가 그 자매를 감당할 자신이 있어요?"라고 윽박지르기도 했습니다. 처음에는 농담인 줄 알았기 때문입니다.

그러나 몇 주가 지나도록 마음이 변함이 없었습니다. 그는 프란시스 쉐퍼의 책 중에도 가장 어려운 『이성에서의 도피』 등 삼부작을 같이 공부한 청년이라 사상적으로나 신학적으로는 의심이 되지는 않았지만, 겨우 몇 번 밖에 만나지도 않은 자매에게 그렇게 쉽게 빠지는 것을 보고는 그의 절제력과 감정 조절에 의심이 들었던 것입니다.

그러나 두 사람의 마음이 매우 진지하다는 것을 알고는 사귀는 것을 축하를 해 주었습니다. 문제는 양가 부모님께 결혼하겠다고 말씀드렸더니, 어른들의 반대가 여간 심하지 않았다는 것입니다. 보통 한 가정만 반대하기 쉬운데, 양가 어른들이 다 반대하신 것입니다. 하루는 두 사람이 찾아와서 폭탄선언을 했습니다.

> 청년 : 저희가 결혼할 수 있는 방법은 두 가지 길 밖에 없는 것 같습니다. 하나는 둘이서 외국으로 도망가는 길이고, 다른 하나는 목사님이 몰래 주례를 서 주시는 길입니다.
>
> 간사 : 양가 부모님의 반대가 심하다고는 하지만 너무 극단적인 선택을 하려고 하는군요. 과연 하나님이 그 두 길 밖에 열어놓지 않으셨는지, 라브리에 며칠 머물면서 하나님의 지혜를 찾아보는 것이 어떠세요?

청년 : (며칠이 지난 후에) 그동안 기도하며 여러 사람들과 의논해 보니, 저희가 결혼 할 수 있는 길이 수십 가지가 있다는 것을 알았습니다. 이제는 어느 길을 택할지 고민입니다.

간사 : 그중에 제일 어렵고도 쉬운 길을 택해 보세요. 해외 도피나 도둑 결혼이 아니라면 어떤 것을 택하든지 그것보다는 더 어려울 것이고, 해외 도피나 도둑 결혼이 아니라면 어떤 것을 택하든지 그것보다는 더 쉬울 것입니다.

감사하게도 두 사람은 매우 지혜로웠습니다. 결혼한 이후로는, 저희가 그들에게 지혜를 빌리고 있습니다. 지금은 아이 셋을 키우며 많은 사람들을 옳은 데로 인도하며 행복하게 살고 있습니다.

한번은 스튜어디스 한 명이 찾아왔습니다. 그는 해외 노선을 타고 귀국해서 쉬는 날이 되면 외롭고 힘이 들어서 한 남자를 사귀었는데, 그 남자가 좀 친해지고 난 후부터는 지나치게 스킨십을 요구해서 더 이상 참을 수가 없다는 것입니다.

저희는 처음에 두 사람이 건전하게 사귀도록 도우려고 했습니다. 그러나 그것은 매우 낭만적인 생각이라는 것을 금방 깨달았습니다. 그 남자가 성적인 욕망을 채우는 데만 관심이 있는 사람이라는 것을 발견했기 때문입니다.

결국 그 남자와 바로 헤어지고, 교회도 쉬고, 잠시 직장도 휴직하고 잠수를 타는 것이 좋겠다고 권면했습니다. 그 후 몇 달이 지나, 스튜어디스가 꽃다발을 한 아름 안고 라브리에 나타났습니다. 온 집이 환해졌습니다.

꽃다발이 아름다워서가 아니라 행복을 되찾은 그의 얼굴에서 빛이 났기 때문입니다. 잠깐 동안의 정욕을 참지 못하여, 세상에서 가장 멋쟁이를 잃어버린 천하의 바보 같은 그 남자가 불쌍했지만, 우선 한 명이라도 살릴 수밖에 없었습니다.

라브리에는 언제나 남자 청년들이 많았습니다. 그러나 남자 청년들이 많다고 다 좋은 것은 아니었습니다. 성경공부에는 관심이 없고 예쁜 여자들에게만 눈길을 주다가 데이트 신청도 못해 보고 돌아간 못난이들이 많았기 때문입니다. 물론 좋은 세계관이 머리에 박힌 남자보다는 잘생긴 남자들을 찾으러 왔다가 허탕치고 돌아간 콧대 높은 아가씨들도 많았습니다.

그러나 어떤 청년은 좋은 질문을 한 보따리 안고 찾아오기도 했습니다. 물론 그런 청년도 처음에는 아무런 질문도 없이 엉덩이만 비비다가 돌아가기를 여러 번 한 후에, 주말을 같이 지내거나 며칠을 같이 보내고 난 후에 생각지도 못한 어려운 질문을 쏟아내곤 했습니다. 그러다가 며칠, 몇 달을 같이 먹고 자고 가는 청년도 생겨났습니다. 모두 사연 있는 청년들이었습니다.

> 애인을 친구에게 빼앗기고 자살하려던 청년
> 13년 전에 예수님을 버린 목사님 아들
> 여러 교회 여자들을 성폭행한 못된 전도사
> 키가 181cm가 아니면 시집가지 않겠다던 키 작은 아가씨

새벽에 자식을 라브리 마당에 내려놓고 가 버린 가슴에 멍든 부모

늦은 밤에 술에 취해 찾아온 불청객

결혼한 목사님을 사랑하는 간 큰 여자

원어민 교사로 번 돈의 십일조를 주고 간 미국인 부부

"미국에서 직장을 잡으면 다시 헌금하겠다."고 약속한 흑인 여선생

한국에서 번 돈을 이태원에서 다 써 버린 미국 원어민 교사

타종교에 기웃거리다가 기독교에 보험을 들러 온 종교다원주의자

공부하러 왔다가 일을 많이 하고 돌아간 헝가리 청년

반정부 운동을 도와 달라고 하던 아프리카 모 국가의 전직 정보부 직원

미국은 싫다고 하면서도 몸에 미제만 입던 오렌지족

매년 한두 번씩은 한동대학교 학생들을 데리고 오신 미국인 법대 교수

"루터가 방귀를 뀌고는 뭐라고 했는지 아세요?"라고 묻고는 "귀신을 쫓는다고 했다."는 등 유머를 좋아하신 루터교 목사. 그는 인경의 작은 꿈을 이루어 주기 위해 6개국 청년들(미국 2명, 미얀마 1명, 칠레 1명, 라오스 1명, 영국 1명, 한국인 2명)을 끌고 오기도….

하루에 세 번 메카를 향해 절하던 헤브론 출신 베들레헴대학교 학생

어릴 때 자기를 버리고 도망간 아버지에게 원수를 갚겠다며 이빨을 갈던 청년
라브리에서 받아 주지 않으면 자살하겠다는 놈
간사들을 매장시키겠다고 협박한 놈
아버지에게 반항하는 마음으로 온몸에 문신한 아들
동성애자들과 양성애자들
포르노와 영화와 도박과 게임에 중독된 청년
교도소에서 출소하자마자 쉬러 온 신학도
성형수술 후에 자기 정체성이 흔들린 아가씨
입만 열면 자기 자랑을 늘어 놓던 교만한 놈
거짓말쟁이들
죄를 짓고 기도가 막힌 사람들
공부하다 목표를 잃어버린 예비 학자들
공부하다 예수를 버린 청년들
프란시스 쉐퍼, C. S. 루이스, 샬롯 메이슨 연구가들
대청봉이 얼마나 높은 줄도 모르고 올라갔다가 3일 동안 기어 다니던 인도 목사
손가락마다 금반지를 끼고 있다가 통역해 준 청년들에게 반지를 하나씩 빼 주던 서부 아프리카의 왕자
'글루텐 알러지'라며 감자, 빵, 밥은 일체 먹지 않고 고기와 샐러드만 먹겠다던 영국 아가씨
졸업 사정에 걸려 채플 패스 학점을 받으러 온 학생들
정학 처분 받아 근신차 온 의리 있는 중고등학생들

하룻밤 사이에 인경이 쓴 『진리는 살아 있다』를 다 읽고, 아침 식탁에서 "성 목사님이 헤겔은 제대로 보셨으나 키에르케고르는 제대로 보지 못하신 것 같더군요."라고 하던 전 중앙정보부(KCIA) 고위 직원

신문사 기자

경찰

여러 대학의 정치학과, 경제학과, 행정학과 교수들

카이스트 기계공학과 여자 교수

변호사들, 검사들, 경찰들, 사법연수원생들, 의사들

자기 믿는 "한울님"이 유대 기독교가 믿는 "야훼 하나님"과 같은 분인지 확인하러 오신 유명한 요가 선생님

자칭 "계룡산 도사"라고 하는 엉터리 안수집사

사람들이 무슨 병에 걸렸는지 다 볼 수 있다고 큰 소리 치던 영적 사기꾼

예언기도를 해 주러 다니는 미국 목사

암이 걸린 몸으로 쉬러 오신 환자들

암이 걸린 몸으로 남을 도우러 온 용사

자식들의 눈을 피해 이혼 상담을 하러 온 부부

바람난 남편이 미워서 도망 온 부인

아내를 찾아 수만리를 달려온 열혈남(熱血男)

남자 친구가 좋은 신랑감인지 테스트 받으러 온 예비 신부

이단을 퍼뜨리러 온 반갑지 않은 손님들

이단에서 돌아서는 데 몇 년이 걸린 청년

이단 교육까지 받았다가 한 달 만에 돌아선 용감한 청년
전교조운동, 혁신학교운동, 성경적인 통합교육운동을 시도하다가 지친 교사들
기독교세계관학교에 공부하러 온 한세대학교 예비 박사 5명
한 영혼을 위해 목숨을 걸다 탈진한 선교단체 간사들
동병상련(同病相憐)의 마음을 가지고 격려차 다녀가신 목사
귀신들렸다는 사람
비행기 조종사(pilot). 그는 전투기 조종 경력 약 700시간을 자랑하는 대한민국 최고의 조종사였다. 조기 은퇴하여 민간 항공사에 취업이 되었다며 인사차 찾아온 것. 그는 한 때 전역 후에 민간 항공기 조종사를 계속할 것인가 아니면 신학교를 나와 목회를 할 것인가를 두고 심각하게 고민한 적이 있는 사람이었기에 더욱 반가웠다.
서울, 파리, 뉴욕에서 패션쇼를 여러 번 한 유명 디자이너
믿는 것과 안 믿는 것 사이에서 양다리를 걸치고 살던 청년
선교단체 지도자들과 그 자녀들….

외국 청년들의 위로

첫 번째 외국 손님은 제니(Jenny)라는 영국 여자 청년이었습니다. 그는 1988년 여름에 WEM의 김한식 장로와 성혜옥 권사의 소개로 라브리에 오게 되었습니다. 그는 우리 아이들과

도 잘 어울렸고 라브리에 찾아오는 한국 청년들과도 잘 지냈습니다. 설날에는 한복을 입고 인경 부모님께 절을 한 후에 세뱃돈을 두둑하게 받고는 얼마나 즐거워했는지 모릅니다. 세배 연습을 많이 한 보람이 있었습니다. 그런데 어느 날 교회에서 만난 한 청년이 제니에게 사고를 쳤습니다.

> – 나는 어젯밤에 꿈에서 계시를 받았는데, 한 천사가 나타나서 하는 말이 너랑 결혼하는 것이 하나님의 뜻이라고 했어.

제니를 좋아한 것에 대해서는, 그 남자 청년의 개인적인 감정이니 아무 말도 하지 않겠습니다. 그러나 사귀기도 전에 청혼부터 했고, 청혼 방법도 아주 잘못되었습니다. 아무리 예의를 못 배웠다고 해도, "좀 사귀고 싶다."고 말하든지, "결혼을 하고 싶다."고 하면 될 텐데, 종교적인 사기를 친 것이 문제였습니다.

그때만 해도 "계시", "천사", "하나님의 뜻"과 같은 종교적 용어를 남발해도 속아 넘어가는 사람들이 더러 있었습니다. 특히 젊은 청년들이 그런 말을 사용하면, 교회 어른들이 "영성이 깊고 믿음이 좋은 청년이다." 혹은 "신령한 젊은이인 것 같다. 신학교에 가지 그래."라고 착각하던 때였으니까요. 알고 보면 그것은 한국 교회의 괴물 같은 영성의 실체였고 국제적인 망신이었습니다.

몇 년이 지난 후에야, 제니가 영국 남자랑 결혼해서 행복하게 살고 있다는 소식을 들었습니다. 저희가 라브리 사역을 시작하면서, 불건전한 영성이나 기복적인 영성을 조심하고 '바른 영성' 혹은 '성경적 영성'을 강조한 것은 바로 이런 경험 때문이었습니다. 결코 매너 문제가 아니었습니다.

한번은 미국 고든콘웰신학교를 수석 졸업한 '다윗(David)'이란 청년이 추수감사절 기간에 찾아왔습니다. 그는 졸업 선물로 '전 세계를 여행할 수 있는 비행기 자유이용권'을 받아서, 1년간 남미, 유럽, 아프리카, 아시아를 둘러 크리스마스에 집에 돌아가기 전에 한국 라브리를 방문했습니다. 다음과 같은 이야기를 나눈 것이 기억에 남습니다.

> 다윗 : 나는 지난 1년간 온 세계를 돌아다니며 유명하다는 석학들과 영적 지도자들을 많이 만났습니다. 총장님이 써 주신 추천서 덕분이었지요. 그러나 그들은 너무 바빠서 멀리서 찾아온 저에게 충분한 시간을 내어 주신 분이 단 한 분도 없었습니다. 물론 제가 어려서 그렇기도 하겠지만, 시간을 내서 제 질문에 대답을 해 주시기보다는 자기 설교집이나 책에 사인을 해서 선물로 주었습니다. 라브리 간사님들은 절대로 그러지 마세요.
>
> 간사 : 다윗은 아우구스티누스(Augustinus) 만큼이나 욕심이 많군요. 아우구스티누스도 비슷한 경험을 한 것으로 압니다. '나는 밀라노에서 제일 유명한 설교가 암부로시우스를 설교 시간에만 자유롭게 만날 수 있었지만 개인적으로는 그가 너무 바빠서 만날 수 없었다.'고 말한 적이 있고, 직접 만났을 때도, '그가 간단하게 대답해 줄 만한 것 외에는 물

어볼 수가 없었다.'고 탄식한 적이 있거든요.

다윗 : 맞습니다. 제가 그랬어요. 충분한 시간을 내어 주시면 정말 속 깊은 이야기를 물어 보았을 텐데, 다들 너무 바쁘셔서 저의 고민을 꺼내기 전에 사무실을 나와야 하는 경우가 많았습니다. 유명하신 분들일수록 더 바쁘다고 하시더군요. 간사님은 유명해지지 마시기 바랍니다.

간사 : 저는 유명하지도 않지만, 나이가 들면서 내 마음대로 사용할 수 있는 시간보다 매여 있는 시간이 자꾸 많아지는 것 같아요. 일에 쫓겨 다니고 회의에 불려 다니다가 보면 하루가 모자라요. 그런데 청년들은 어른들의 사정도 모르고, 시간을 충분히 달라고 하는데, 시간이 얼마나 비싼지 아세요?

다윗 : 저도 그동안 옷, 자동차, 컴퓨터, 책과 같은 선물만 비싼 선물이라고 생각했지, 어른들의 시간이 비싼 선물이라는 것을 몰랐습니다. 바쁘신 분이 이렇게 시간을 많이 내어 주셔서 대단히 감사드리며, 저도 이번 여행에서 얻은 최고 값진 깨달음을 라브리에 전하게게 되어 기쁘군요.

간사 : 저도 청년들에게 가장 비싼 선물을 많이 주도록 노력하겠습니다.

한번은 오산공군기지에 근무하는 미군 병사가 큰 가방을 두 개나 들고 라브리를 방문했습니다. 키가 장대만 한 그 군인은 도착하자마자, "나는 제람 바즈 교수님이 보내서 왔습니다."라고 자기를 소개한 후에, 이상한 질문을 던졌습니다.

미군 : 혹시 이 가방 안에 뭐가 들었는지 아시겠어요?

경옥 : 밀가루요.

미군 : 아니, 어떻게 알았어요? 투시력이라도 있으세요?

경옥 : 아니요. 제람 바즈 교수님이 보냈다고 하시기에 책이 아니면 밀가루라고 생각했지요. 책을 두 가방이나 들려서 보냈을 리가 없을 테니까 밀가루라고 생각했지요.

미군 : 그랬군요. 내가 한국에 복무하러 간다니까, 교수님께서 '꼭 한국 라브리에 가보라.'고 하시며, '라브리에 갈 때는 자네가 짊어지고 갈 수 있는 만큼 최대한 많은 밀가루를 갖다 드리라.'고 해서 오늘 갖고 왔습니다.

인경 : 잘 먹겠습니다. 그런데 제람 바즈 교수한테 언제 배웠나요? 영국 라브리에서 배웠나요, 아니면 미국 커버넌트신학교에서 배웠나요? 저희들은 영국 라브리에서 그분에게 많은 것을 배웠거든요.

미군 : 저는 커버넌트신학교에서 문화와 변증학을 배웠지요. IFAS (Institute for Francis A. Schaeffer, 프란시스 쉐퍼 연구소)에서 공부하기도 했고요. '졸업 후에 곧 바로 목사 안수를 받기에는 아직 나이가 어리니까 타문화 경험을 좀 쌓으라.'고 한 분도 바즈 교수님이었어요.

인경 : 우리는 피부 색깔과 국적은 다르지만, 같은 선생님한테서 배웠으니까 생각은 같겠죠?

미군 : 네 저도 그렇게 생각합니다. 제 개인적으로는 한국에 온 것보다 한국 라브리에 온 것이 더 기쁩니다. 그런데 한 가지 궁금한 것이 있는데, 왜 교수님이 밀가루를 라브리에 갖다 주라고 하셨는지 모르겠어요.

경옥 : 제람이 처음 한국에 왔을 때만 해도 우리나라에는 좋은 밀가루가 없어서 제가 한국 밀가루로 빵을 구워 드려도 홈 메이드 빵 맛이 제대

로 나지 않았거든요. 그래서 그 다음부터 오실 때마다 당신처럼 옷 가방에 밀가루를 넣어 오셨지요.

미군 : 아, 그런 사연이 있었군요. 만약 밀가루가 필요하시면, 제가 한국에서 근무할 동안에는 얼마든지 PX에서 사다 드리겠습니다.

경옥 : 아닙니다. 이제 한국에도 좋은 밀가루가 나와서 괜찮아요. 제가 구운 빵을 좀 드실래요?

미군 : 와, 바로 이 맛입니다. 그러고 보니, 홈메이드 빵을 먹어 본지가 오래 됐군요. 어머니가 만들어주시던 빵이 생각나는군요.

인경 : 어머니가 생각날 때마다 언제든지 라브리에 오세요. 제 아내 별명이 '한국의 타샤'라는 걸 모르시죠?

하나님은 미군을 통해서만 라브리를 먹여 살린 것은 아닙니다. "밀가루를 좀 보냅니다. 배고픈 청년들을 먹여 주세요."라는 소식과 함께, 하루는 배경윤 씨의 부친께서 밀가루를 보내셨습니다. 그런데 도착한 밀가루는 '좀'이 아니라 자그마치 반 톤, 즉 500kg이었습니다. 10kg을 포대로 계산해도 50포대였습니다. 그리고 그것을 다 먹어 치우고도 여전히 배가 고픈 청년들은 계속 찾아왔습니다.

성경을 믿지 못하던 목사의 아들

눈발이 휘날리는 음산한 어느 겨울 날 한 청년이 라브리를 찾아왔습니다. 왠지 얼굴이 시무룩하고 어깨에 힘이 없어 보였습니다. 우선 따뜻한 차부터 한 잔 대접한 후 찾아온 이유가 무엇인지 물어보았습니다.

> – 제가 여기에 온 이유는 두 가지입니다. 하나는 어릴 때는 잘 믿던 성경의 이적 기사들이 고등학교에 다닐 때부터 믿어지지 않는데 무엇이 문제인지 알고 싶고, 다른 하나는 신앙과 지성, 초월성과 합리성의 상관성에 대해 알고 싶어 왔습니다.

그는 서울 신촌 근방에 있는 한 교회의 목사님 아들이었고, 대학원에 다니고 있었습니다. 고등학교에 다닐 때부터 성경의 이적 기사에 대해 의심이 들었지만, 어른들에게 자신의 의심을 말하면 꾸중을 들을 것 같아서 감추었답니다.

그러다가 대학에 들어가서 전자공학을 공부하면서부터는 '말씀으로 천지를 창조했다.' '예수님은 처녀의 몸에서 탄생했다.' '예수님은 부활했다.'는 등 성경의 이적 기사들을 도저히 믿을 수가 없었다고 합니다.

그러나 대학에 다닐 때까지는 교회에서 믿음이 좋은 청년으로 통했지만, 시간이 지나도 성경의 초자연적 사건들을 이성적으로 받아들일 수가 없었기 때문에, 대학원에 다니면서부터는 아예 교회를 다니는 것을 멈추었다고 말했습니다.

그는 라브리에서 몇 달 동안 여러 권의 책을 읽으며, 세 편의 에세이를 쓰고 난 후에야 자기가 고민하던 문제의 실마리를 찾고 집으로 돌아갔습니다. 그 목사 아들의 핵심 문제는 신비성과 합리성에 대한 오해와 혼동이었습니다.

> 기독교의 신비성(神秘性)은 합리성(合理性)과 대립된다.
> 신앙은 비합리적이므로 이성은 신앙의 적이다.
> 영적 체험은 객관적이지 못하고 개인적이고 개별적이다.

그는 학교에서 배우는 '합리성', '논리성', '과학성', '객관성'이라고 하는 것이 교회에서 말하는 '신비성', '초월성', '종교성', '개별성'과 반대되거나 충돌된다고 믿고 있었습니다. 또한 합리성의 반대 개념을 '비합리성'이 아니라 '신비성', 논리성의 반대 개념을 '비논리성'이 아니라 '초월성'이라고 믿고 있었습니다. 또한 객관성의 반대 개념을 '비객관성' 혹은 '주관성'이 아니라 '개별성' 혹은 '특수성'이라고 믿고 있었습니다.

그의 문제는 신앙의 문제라기보다는 세계관적 개념의 문제였습니다. 그는 예수님을 믿는 사람이었고 태어날 때부터 교회를 다닌 사람이었으나, 에베소교회 교인들처럼, 믿는 것과 아는 것이 하나가 안되어 어린 아이 같은 사람이었습니다(에베소서 4:13-14).

여기에서 "어린 아이"는 심리학적으로는 '성인 아이(adult-kid)'라고 할 수 있는데, 영적으로는 신앙과 지성이 따로따로 노는 '미성숙한 신자'를 말합니다. 거기다가 개념과 이론이 좀 약했던 공돌이었습니다. 공대에서 토마스 쿤의 『과학혁명의 구조』와 같은 과학 철학과 패러다임의 중요성을 가르치지 않은 결과로 이런 문제가 생기는 것이 아닌가 생각합니다.

사실 기독교의 신비성은 이성을 뛰어넘지만 이성에 반하거나 이성을 거스르지 않습니다. 기독교의 초월성은 이성과 논리를 뛰어넘는 것이지만 이성과 논리에 반하거나 이성과 논리를 무시하지 않습니다. 기독교의 종교성은 과학을 뛰어넘는 것이지만 과학에 반하거나 과학을 적으로 대하지 않습니다.

기독교의 개별성은 객관을 뛰어넘는 것이지만 객관에 반하거나 주관만을 내세우지 않습니다. 기독교는 믿는 것과 아는 것이 하나 되고, 합리성과 신비성이 통합될 수 있는 진리이며, 논리성과 초월성이 하나 된 진리이며, 과학성과 종교성이 어우러진 진리이며, 객관성과 개별성 혹은 특수성이 같이 있는 진리이기 때문입니다. 흔히 '기독교는 이성을 무시하는 종교'라고 생각하는데 그것은 오해입니다.

> 이성은 마귀의 매춘부(the Devil's whore)
> 이성은 소망 없는 소경이다.
> 이성은 나무 막대기보다 못한 것이다.

이 말은 모두 종교개혁의 횃불을 든 루터(M. Luther)가 한 말인데, 갈라디아서 3장 6절 주석에서 이런 말도 했습니다.

> "신앙은 이성을 죽인다. 이성은 아브라함의 신앙과 늘 맞싸웠

다. 그러나 신앙이 그에게 승리를 주었다. 이리하여 신앙은 신의 가장 맹렬하고 위대한 원수를 죽여서 제물로 삼았다."라고 말한 적이 있습니다.*

그러나 그것은 루터가 아퀴나스의 잘못된 불완전한 이성관(理性觀)을 공격하려고 한 말이었거나, "오직 믿음으로 구원받는다."는 교회를 강조하다 생긴 과민 반응이었다고 생각합니다.

네덜란드의 법철학자인 도이벨트가 "루터가 악마의 창녀 같은 이성을 항복시켜야 된다고 말한 것이나 믿음의 진리를 깨닫는 데는 이성은 전혀 소망이 없는 소경이라고 말한 것은 모두 복음을 이해하기 위해서였다. 그러나 그것은 지나친 단정이었다."고 잘 지적했습니다.

네덜란드 신학자 바빙크도 같은 책에서 "루터는 인간의 이성을 나무토막처럼 굳어진 것으로 보고, 철학이나 인간의 지식이 신학에 아무런 도움을 줄 수 없다고 생각했다. … 그것은 오해였다."**고 지적했습니다.

성경은 "변화된 지성(renewed minds, 로마서 12:2)"을 정당화합니다. 종교개혁가 칼빈도 "신앙에 의해 밝혀진 이성(ratio fide illustrata)"을 적극 지지했습니다. 칼빈은 로마서 12장 2절 주석

---

* 이네가끼 요시노리, 『신앙과 이성』(박영도 역), 서광사, 149
** 헤르만 바빙크(H. Bavinck), 『신학의 원리』(총신대출판부), 189

에서 이렇게 말했습니다.

> 기독교인은 마땅히 철학자들이 말하는 지혜의 여왕인 이성을 그 보좌로부터 끌어내려서 쫓아내야 한다. 그러나 그 이성을 쫓아내는 방법은 우리의 타락한 지성을 새롭게 하는 것이다.***

그러므로 이성적인 의심이 다 나쁜 것은 아닙니다. 부활하신 예수님이 제자들에게 "어찌하여 두려워하며 어찌하여 마음에 의심이 일어나느냐?(누가복음 24:38)"고 하시며 그들의 의심을 꾸짖으신 적이 있는데, 제자들의 의심은 죽은 사람의 부활이라는 엄청난 신비 앞에 붙어 닥친 이런 철학적이고 합리적인 갈등과 혼동에서 생긴 것이었습니다.

그들은 우주를 인과법칙에 의해 작동하는 폐쇄체계(closed system)로 믿었고, 초자연적 법칙이 작동할 수 있는 개방체계(open system)를 이해하지 못했기 때문에 합리적 사고에 어긋나는 이적을 받아들이기 어려웠던 것입니다.

폴라니(Michael Polanyi)는 이성으로 의심할 때 생길 수 있는 함정을 잘 짚어 주었습니다. "합리적으로 의심하는 사람들은

*** Calvin, *Calvin's Commentary on Romans*, 265. 칼빈은 이성을 하나님의 뜻을 분별하는 하나의 수단이요 방법으로 인정하고 있는 것이 분명합니다. 그것은 인간이 타락으로 말미암아 영적으로 소경이 되었지만 이성의 합리성(제한적이지만)은 유지되고 있다고 보았다고 할 수 있으며, 그러기에 인간의 이성은 계시와의 끊임없는 만남이 필요하다고 생각합니다. 그것을 개혁주의에서는 "계시의존적 사색"이라고 말합니다.

의심이 세계를 오류와 논쟁으로부터 구해 줄 것이라고 확신하고 있지만, 의심은 단지 자신의 신념을 옹호하는 회의주의자의 방식일 뿐이지 신념의 반대는 아니다."라고 했다고 하는데, 바른 지적입니다.

가끔은 자신을 합리적 의심자라고 규정하는 사람들의 말을 자세히 들어보면, 자신의 문제를 덮어둔 채 논리와 과학적 사고로 위장하고 있는 사람들이 종종 있음을 봅니다.

누구나 자신의 신앙고백이 의미하는 논리적 결론과 생활의 불일치 문제에 대해 혹은 교회가 가르치는 교리와 실제로 일어나는 부도덕에 대해 고통하며 의심스러운 마음으로 진지하게 생각해 보아야 합니다. 이런 의심을 뉴비긴(Leslie Newbegin)은 "합리적 의심(rational doubt)"이라고 불렀다고 합니다. 비록 위험하기는 하지만, 이런 합리적 의심은 바른 절차를 밟아 좋은 결과를 낳기만 한다면 신앙에 많은 유익을 가져옵니다.

이러한 합리적인 의심을 해결하지 않고 장기간 방치하면, 기니스(Os Guinness)의 말대로, "의심의 씨앗을 심는 것"과 같습니다. 즉 우리의 사고 속에 끊임없이 제기되는 합리적 의심과 논쟁을 덮어 버리려는 것은 모든 것을 의심하는 '회의주의의 나무'가 될 씨앗을 뿌리는 것과 같으며, 좀 거칠게 표현하면 언제 터질지 모르는 '가스가 새는 LPG 통'을 덮어 두는 것과 같습니다.

그 청년은 쉐퍼와 같은 정직한 구도자였고, 진리에 항복할 줄 아는 청년이었고, 하나님의 말씀에 순종할 줄 아는 청년이었습니다. 몇 년 후에 인경이 장신대신학대학원에 강의하러 갔다가 그를 기숙사에서 만났는데, "제가 교내설교대회에서 1등을 했습니다."라고 하기에 얼마나 기뻤는지 모릅니다. 아마 아버지를 닮아 좋은 설교자가 되었으리라 생각합니다.

5장 '연구소'와 '공동체' 사이에서

라브리센터는 공부 모임과 정기적인 강연을 많이 하면서부터 '아카데미'와 같은 연구소의 성격이 강해졌습니다. 그러나 동시에 정직한 질문을 가진 청년들이 찾아와서 개인적인 고민을 털어 놓고 문제를 해결할 수 있는 '청년 상담소' 혹은 '청년 마당'도 요구되었습니다. 청년들에게는 그룹 스터디와 개인 상담이 둘 다 필요하지만, 1990년대 초반부터 청년들의 관심이 서서히 그룹 스터디보다는 개인 문제 상담으로 기울었습니다.

라브리가 '개인 상담을 주로 하는 청춘 연구소'가 되어 갔다고 할까요? 한국 라브리를 시작한지 몇 년이 지나지 않아 라브리 본연의 공부와 토론이 실종될 위기에 빠진 것입니다. 그래서 상담이나 잡담보다는 청년 스스로 공부하고 토론하는 분위기를 만드는 데는 시간이 많이 걸렸습니다. '개인 지도(tutoring)'는 영국이나 유럽에 있는 대학교에 흔히 있는 제도인데, 한 교수가 보통 5-7명의 소수의 학생을 맡아서 개인적으로 가르치는 제도입니다. 라브리는 초창기부터 개인 지도를 가장 중요하게 생각했습니다. 라브리에 장기간 머물다가 간 청년 대학생들이 가끔 하는 말이 있습니다.

개인 지도(Tutoring)

> - 많은 사람들이 라브리가 좋은 이유는 같은 또래의 청년 대학생들이 같이 밥도 먹고 자면서 공부할 수 있다는 것이라고 말하는데, 그것보다는 간사님들로부터 '개인 지도(tutoring)'를 받을 수 있다는 것이 라브리의 매력이라는 것을 잘 모르는 것 같아요.

사실 간사가 학생들이나 청년들을 '1:1'로 만나는 것은 거의 모든 선교단체가 갖고 있는 핵심 시스템입니다. 요즘과 같이 수십 명 혹은 수백 명의 학생들이 한 선생님의 강의를 듣거나, 수십 명이 한 팀장 밑에서 일하는 체제에서는 누구를 개인적으로 만나는 것이 쉽지 않기 때문입니다. 거기에서는 인간적인 친밀감을 가질 수가 없기 때문에 속 깊은 이야기를 나누는 것은 엄두도 낼 수가 없습니다.

'개인 지도'는 각 개인의 고민과 문제에 알맞게 프로그램을 맞추어 주는 "맞춤 교육" 혹은 "눈높이 교육"이라 할 수 있습니다. 그러나 개인 지도는 간사나 교수에게 매우 부담이 되기 때문에, 제도는 있지만 잘 운영되지 않는 경우도 많습니다. 인경이 잠시 강의하던 한동대학교에도 설립 초기에 이와 비슷한 제도를 도입했을 때에, 교수들이 바쁘고 학생들이 이 제도의 취지를 잘 몰라 운영의 어려움을 겪곤 했습니다.

개인 지도 시간에는 교수와 학생, 간사와 청년이 1:1 혹은 1:3-5로 만나서 서로의 마음과 생각을 주고받을 수 있습니다. 1993년 1-3월에 쓴 경옥의 편지에 의하면, 어떤 대학생이 '기독교가 과연 믿을 만한가?'라는 고민을 갖고 공부를 시작했는데, 개인지도를 통해 그 학생의 의문이 다 해결되었다고 감사하고 있습니다. 그 학생은 라브리에 첫발을 디딜 때까지만 해도 "만약 내 고민이 여기에서도 해결되지 않으면 교회 다니는 것을 그만두겠다."는 생각을 갖고 있었습니다.

> 그 청년은 몇 번인가 중간에 포기하려는 마음도 들었고 여러 가지 어려움이 있었으나, 감사하게도 두 달 여 동안 개인 지도를 받고 난 후에는 '기독교는 믿을 만한 진리이다'라는 확신을 갖고 집으로 돌아가게 되었습니다. 나중에 그 학생은 신앙을 진리의 기초 위에 더 튼튼히 세우기 위해 『프란시스 쉐퍼의 3부작』 공부를 한 것으로 압니다.

개인지도는 한 사람, 한 사람의 신앙과 고민에 맞추어 준다는 의미에서는 맞춤 교육입니다. 예를 들어 1993-1994년에 청년 대학생 6명이 매일 집에서 통학을 하며 공부한 적이 있었는데 각자의 공부 주제가 다 달랐고, 간사들이 한 사람, 한 사람씩 개인지도를 해야 했습니다. 어떤 학생은 '현대 과학과 신비주의와 상업주의의 연관성'에 대한 연구를 하고 있었고, 어떤 학생은 '기독교 세계관 기초과정'을, 어떤 학생은 '현대 사회 문제에 대한 기독교적 해결책'을 그리고 그들 모두 '기독교 문화관'을 같이 공부하고 있었기 때문에 집단 지도도 병행했습니다(경옥, 1993년 1-3월 기도편지에서).

깁스를 하고 나타난 청년

하루는 잘생긴 남자 청년이 손목에 '붕대'를 칭칭 감고 라브리를 찾아왔습니다. 얼굴 표정을 보아, 심상치 않은 일이 있었던 것이 분명했습니다. 더운 여름에 여간 불편할 것 같지 않았습니다. 인경은 여간해서는 반말로 청년들과 이야기를 하지 않는데, 그 청년과는 반말로 이야기하는 사이였습니다. 오래된 일이라 그대로 전할 수 없어서, 좀 드라마틱하게 표현해 보겠습니다.

간사 : 오랜만이네. 팔은 어쩌다 다쳤어?
청년 : 다친 것이 아닙니다.
간사 : 다친 것이 아니라면 싸웠니?
청년 : 싸우기요. 제가 언제 싸우는 것을 봤습니까?
간사 : 그러면 경찰에 맞았구나.
청년 : 차라리 경찰에 맞았으면 좋겠습니다. 사실은 요즘 경찰들이 데모하는 학생들에게 사정없이 곤봉을 휘두르기 때문에 조심해야 돼요. 며칠 전에 내 친구들이 서울역에서 내려 라브리로 올라오다가 남대문경찰

서의 불심검문에 걸려 유치장에서 하룻밤을 보냈어요. 가방 안에 학교에서 받은 '불온전단'을 갖고 있었다는 이유 때문이었다나. 저희들이 들락날락거리는 바람에 라브리도 경찰의 감시 대상이 되어 있을 거예요.

간사 : 경찰이 감시해 주면 도둑이 안 들어 좋겠네. 그러면 다친 것도 아니고, 싸운 것도 아니고, 경찰에 맞은 것도 아니라면 무엇 때문에 깁스를 했는지 궁금해지는데?

청년 : 애인을 친구에게 빼앗겨서 그만 홧김에….

간사 : 뭐라고? 그을려면 확실히 굿지 살살 그었나 보네. 팔목이 아직도 붙어 있잖아?

청년 : 그런 소리하지 마세요. 안 그래도 인간에게 환멸을 느끼고 있으니까요. 모두 도둑놈들같이 보이고, 나쁜 놈들로 보여요. 친구들도 만나기 싫고, 라브리에도 오기 싫어서 강의도 없고, 아무도 없을 때 왔잖아요.

간사 : 나까지 안 보겠다는 날이 올지 모르겠네. 그 친구라는 놈이 어떤 놈인지 한 번 만나러 가자. 혹시 라브리에서 만난 친구냐? 남의 애인을 빼앗아 가다니 정말 비겁한 놈이군. 그런 놈은 데이트도 못하게 다리를 분질러 줘야 해.

청년 : 라브리에 한 번도 데리고 온 적이 없는 친구예요.

간사 : 나는 자네가 천재라고 생각했는데 이제 알고 보니 완전히 바보구나. 애인을 빼앗아간 친구를 아직도 친구라고 생각해? 그 새끼는 친구가 아니라 강도야. 고무신을 바꾸어 신은 네 애인이란 여자는 틀림없이 못생긴 애였겠지?

청년 : 글쎄요. 생각하기 나름이겠지만, 여자가 예뻐야 좋아하는 것은 아니

잖아요? 마음이 착해서 속았을 거예요. 그렇지 않으면 어떻게 그 새끼를 좋아할 수 있단 말입니까? 그 새끼는 강도가 아니라 짐승 같은 놈인데, 그런 새끼를 좋아하다니 말도 안 됩니다.

간사 : 와. 이제 보니 제법 센데. 그러나 자넨 2류 영화에나 나올 법한 낭만적이고 순진한 철학자야. 좀 미안하지만, 그런 착하기만 하고 천재를 몰라보는 여자는 나쁜 놈이 빼앗아 가도록 놔두는 게 나아. 자네도 예쁜 여자가 보이면 하나 뺏든지 뭐.

청년 : 아니 라브리 간사님이 맞으세요?

간사 : 이 바보 같은 철학자야! 간사는 농담도 못하나? 실연당한 남자에게는 '3대 주의 사항'이라는 것이 있어. 1. 홧김에 자해(自害)를 시도하면 진짜 바보다. 2. 술을 많이 마시거나 마약에 손대지 말 것 3. 적어도 석 달 안에는 다른 여자를 만나면 안된다.

청년 : 그러면 뭘 하죠?

간사 : 자살 충동을 예방할 수 있는 모든 것, 지난번에 제람 바즈 교수의 '마인드 시리즈'를 다 듣고 이야기를 나누기로 했는데 어디까지 들었지?

청년 : 거의 다 듣고 실존적 사고(An Existentialist Mind) 하나만 남았습니다.

간사 : 그러면 그걸 듣고 난 후에 이야기를 나누자. 일주일 후에 만날까?

청년은 '마인드 시리즈'만 아니라 그 밖에도 라브리 영어 강의를 수백 개 들었습니다. 덕분에 영어 강의를 듣고 말하는 것이 전혀 어렵지 않게 되었습니다. 몇 년이 지나지 않아, 하나님께서 세상에서 가장 아름다운 미인을 만나게 해 주셨고, 아이도 낳고 많은 사람을 돕는 사람이 되었습니다.

개인지도를 할 때, 간사들은 손님이나 학생들의 질문에 대답을 하기 전에 먼저 잘 들어야 합니다. 프란시스 쉐퍼가 "만약 한 시간 동안 이야기한다면 50분은 듣고 10분 동안은 대답하겠다."고 한 말을 잊지 마시기 바랍니다.

간사들은 손님이나 학생들의 말을 들으면서, 인간적인 공감이 필요할 때는 같이 울고 웃어야 하지만, 불필요한 이야기와 핵심적인 이야기가 무엇인지 분석해야 합니다. 불필요한 이야기까지 다 들을 필요는 없습니다.

간사들은 프란시스 쉐퍼가 이야기한 것처럼, "하나님이 우리에게 데리고 오시는 손님이나 학생들의 실제적인 필요에 대답을 줄 때에, 창조적이고 융통성 있게 대하라."는 말을 기억해야 합니다.

간사들은 손님이나 학생들을 섬기기 위해 존재하는 "하나님의 일꾼" 혹은 "주님의 동역자(the fellow workers of the Lord)"라는 것을 잊어버려서는 안되며, 억지로 일하거나 더러운 돈을 탐하거나 주장하는 자세를 가져서는 안 됩니다.

간사들은 손님이나 학생을 위해 일주일에 한 번 이상 그리고 한 번에 약 한 시간에서 두 시간 정도 개인 지도 시간을 내야하며, 시간을 더 요구할 때는 가능하면 더 내어 주도록 노력해야 합니다.

작년에 스위스 라브리에서 30여 년간 일하다가 은퇴한 그레그와 리스비(Greg & Lisby) 간사 부부의 집에 초대를 받아 커피를 한 잔할 기회가 있었습니다. 저희가 동병상린(同病相憐)의 마음으로 "지난 30년간 라브리에서 수고를 많이 했으니 이제부터 잘 쉬세요."라고 했더니 다음과 같은 말을 했습니다.

— 나는 적어도 7,000명 이상 개인지도를 했고, 1,200번 이상 강의했으며, 1,500번 이상 설교를 했어요(그레그, 2016년 4월).

아마 30년 이상 라브리에서 간사로 봉사할 경우에는 약 7,000명에서 10,000명을 개인지도 하게 되고, 약 3,000번 이상 강의와 설교를 하게 됩니다. 물론 그중에 몇 사람이나 도움을 받았는지는 알 수가 없으며, 그 결과는 주님만 아십니다.

개인지도를 할 때, 간사들은 손님이나 학생의 필요에 따라 공부 계획을 같이 세우고 책, 논문, 테이프, 기타 자료를 추천하고 난 후에는 그 사람이 매일의 과제(日課)를 잘 감당하는지 살피는 것이 중요합니다.

간사들은 평소에 성경을 꾸준히 연구하여야 하며, 시대정신(zeitgeist)을 잘 파악하고 있어야 하며, 가능하면 손님이나 학생들의 문화까지 소통하도록 노력해야 합니다.

간사들은 자기가 맡은 손님이나 학생을 위해서 다른 간사들의 조언, 협력을 요청하여서(병원에서는 이것을 '협진'이라고 한다), 오진을 최대한 줄이도록 노력해야 합니다.

간사들은 다른 간사들이 맡은 손님이나 학생들의 공부 방향을 임의로 바꿀 수는 없으며, 그 손님이나 학생이 공부와 관계된 중요한 개인 상담을 원할 때는 해당 간사의 양해나 허락을 받아야 합니다.

간사들은 '진료 상담이나 내적 치유(therapeutic counselling or inner healing)', 속칭 '신유 사역', '안수기도' 및 '성령 치료' 등은 자제해야 하며 가능한 건강한 방법으로 접근해야 합니다.

간사들은 손님이나 학생들의 개인 사정을 처음부터 끝까지 혹은 과거부터 현재까지 다 알려고 해서도 안되며, 당면한 문제와 부탁받은 사안을 다루는 데 집중해야 합니다. 초대교회에서 "황금의 입"이라는 별명을 얻은 크리소스톰(John Chrysostom, 347-407)이 한 말을 기억할 필요가 있습니다.

> 빵 한 덩어리를 주면서 어떤 사람의 전 생애를 무리하게 요구하는 것은 극도로 인색한 처사이다. 그 사람의 세세한 부분까지 다 알아야 도울 수 있다는 것은 무례한 주장이다.*

간사들은 개인지도 및 상담을 통해 취득한 비밀이나 상담 내용을 아무에게도 발설해서는 안되며(때로는 배우자에게도), 자기의 가슴을 비밀의 무덤으로 만들어야 합니다. 간사들은 손님이나 학생들에 대한 비밀이나 상담 내용을 책이나 강의, 설교 혹은 대화에 사용할 때는 반드시 익명을 사용하여야 하며 본인에게 누가 되지 않게 해야 합니다.

간사들은 손님이나 학생들을 만날 때 반드시 다른 사람들

---

* Christine D. Pohl, 『손대접』(*Making Room*), 복있는사람, 2002, p.91.

이 볼 수 있도록 창이 있는 방을 사용하거나 공개된 장소를 선정해야 합니다. 간사들은 손님이나 학생들과의 말소리가 다른 사람들에게 들려도 무관한 이야기가 아니라면 다른 사람들이 잘 들을 수 없는 적절한 곳을 선택해야 합니다.

간사들은 이성 간에 단 둘이서 차 속이나 은밀한 곳에서 손님이나 학생들을 만나지 않도록 해야 하며, 동성 간이라 할지라도 성범죄나 불미한 행동이 생기지 않도록 매우 주의해야 합니다. 간사들은 손님이나 학생들에게 '과(過) 친절'하다가 다른 사람들로부터 오해를 받지 않도록 조심하여야 합니다.

- 손님들에게 휴지만 갖다 주면 되지 똥구멍까지 닦아 주려고 하지 말라.

간사들은 씨를 뿌리고 물을 주는 사람이지, "자라게 하시는 분"은 예수님이라는 것을 잊지 말고 자기 본분에 충실하여야 합니다. 간사들은 씨 뿌리고 물 주는 데 만족해야지 열매를 따 먹고 싶은 욕심을 버려야 합니다.

간사들은 "손님이나 학생들은 라브리에 있을 때만 우리의 양이다."라는 것을 잊지 말아야 하며, 손님이나 학생들이 원하지 않는 이상 친분 관계나 인맥 네트워크를 만들려고 해서는 안 됩니다.

그룹 스터디

1993년 1월 기도편지를 보면, 새해 계획 중에 '그룹 스터디 인도'가 가장 중요한 사역이라고 말하고 있습니다. 저희가 제일 즐겨하던 공부 중에 하나는 '쉐퍼의 삼부작'이었습니다. '쉐퍼의 삼부작'은 그의 대표 저서 세 권을 말하는데, *The God Who Is There*(『살아 계신 하나님』), *Escape From Reason*(『이성에서의 도피』), *He Is There and He Is Not Silent*(『존재하시며 침묵하지 않는 하나님』)입니다.

The God Who Is There(『살아 계신 하나님』)은 쉐퍼의 생애 첫 책입니다. 이 책은 미국 휘튼대학에서 행한 강의록을 묶은 것이기 때문에 신학적이지도 않고 학문적이지도 않은 책이지만, 그의 현대 사회에 대한 예리한 분석과 그런 시대 속에서 사는 사람들을 어떻게 대화하고 전도할 것인가에 대한 그의 기본적인 사상 구조를 밝힌 책입니다.

그는 현대인은 "모든 것은 상대적이다."라고 말한 헤겔로부터 시작된 "절망의 선" 이후에 살고 있으며, "기독교가 직면한 최대 문제는 절대가 없다는 전제이다."라고 분석했습니다. 그리고는 그런 철학적 전제를 가지고 사는 사람들에게 어떻게 초월적이면서도 합리적인 기독교를 전달할 것인가를 제시했습니다. 유니온신학교의 커크(J. A. Kirk)교수는 쉐퍼의 첫 저서에 대해 이렇게 평가한 적이 있습니다.

그 책은 20세기 사상 때문에 절망 속에 갇힌 많은 사람들의 막다른 상태에 대하여 성경적 기독교가 긴급하게 취급하지 않으면 안 될 과제를 밝히고 있다.

시기적으로는 이 책보다 조금 앞서 출판되었던 책은 *Escape From Reason*(『이성에서의 도피』)입니다. 이 책은 *The God Who Is There*(『살아 계신 하나님』)의 서론에 해당한다고 할 수 있는데, 영국 캠브리지대학교에서 특강한 내용입니다. *Escape From Reason*은 실존주의 시대의 판단 기준이 되고 있는 '비이성(非理性)'과 '느낌'의 근원과 문제를 파헤친 명쾌한 책입니다. 이 책은 기독교인들뿐만 아니라 비기독교인 철학자에게까지 그 독자층이 매우 넓은 것이 특징입니다.

5년간의 연구 끝에 쓴 *He Is There and He Is Not Silent*(『존재하시며 침묵하지 않는 하나님』)은 첫 번째 책 후반부에 제기된 세 가지 철학적 질문에 대한 대답을 주어야 할 필요성 때문에 쓴 책입니다. 이를테면 형이상학적, 도덕적, 인식론적 질문에 대한 기독교적 대답을 탐구하고 있는데, 세 권 중에 가장 어렵고 난해하며 비판도 많은 책입니다. 어떤 분은 "철학자도 아닌 분이 철학적인 주제를 다루다 보니 실수가 많았다. 이 책은 쓰지 않은 것만 못하다."고 비판하는 사람들도 있습니다. 저희는 쉐퍼의 이 세 권의 책을 "쉐퍼의 삼부작(Trilogy)"이라고 부릅니다.

쉐퍼 자신도 "나의 모든 사상의 틀을 제시하는 것은 이 세 권이다."라고 말한 바 있습니다. 후기의 모든 저서들은 이 세

권의 사상을 전개하고 적용한 것이라 해도 과언이 아닙니다. 이처럼 쉐퍼의 삼부작은 자신이 청소년 시절에 경험했던 무신론자와 불가지론자(不可知論者)의 입장을 바탕으로 자기와 같은 처지에 있던 사람들에게 바른 대답을 주고 그들을 주님 앞으로 인도하려고 쓴 명작들입니다.

인경이 쉐퍼의 삼부작을 처음 인도한 모임은 1988년-1989년에 매주 만난 '피난처 재단' 형제, 자매들이었고, 그 다음에는 1994-1995년에 매주 월요일과 수요일에 찾아온 대학생들, 청년들과 공부한 것입니다. 그 후에 칼빈대학교 학생들과는 10주 혹은 8주 코스로 공부한 적이 있습니다. 그 당시에 공부한 사람들 중에 준아, 준원, 용철, 동식, 선일, 기진, 종원 등이 생각납니다. 감사하게도 그중에 2명은 회사원이 되었고, 5명은 목사나 철학박사가 되었군요.

삼부작 공부는 양양에 이사온 후에도 계속 되었는데, 종철, 정훈, 춘성 간사가 여러 팀을 인도했습니다. 처음에는 교안도 없이 책을 읽고 토론하느라 고생했지만, 나중에는 종철 간사가 편역한 『프란시스 쉐퍼의 삼부작 공부교안』을 사용할 수 있게 되어 어려운 공부가 매우 쉽고도 재미있게 되었습니다.

로마서 공부 모임도 매우 재미있었습니다. 후암동에서 시작한 로마서 공부에 참석한 사람들 중에 영도, 인경(영도 친구), 은주, 지영 등이 생각납니다. 로마서 공부 원칙은 비교적 간단했습니다.

1. 특별한 일이 없는 한 매주 한 번씩 모인다. 매주 한 번씩 모이더라도 로마서를 끝내려면 적어도 1년 이상이 필요하다고 생각했습니다. 그러나 2년이 걸릴 줄은 미처 몰랐습니다. 오랜 세월이 걸리다 보니 그 안에서 서로 좋아하는 사람들이 생겨, 영도와 인경은 결혼까지 하게 되었습니다.
2. 공부 방법은 『윤종하의 로마서 공부 교안』을 사용하여 각자가 집에서 공부해 와서 같이 토론한다. 윤종하 장로는 한국성서유니온과 에스라성경연구원을 세운 분인데, 평신도 신학자로서 그가 남긴 최대 명작 중의 하나는 5권으로 된 로마서 교안입니다. 일부 내용은 토론의 여지가 있습니다.
3. 각자가 집에서 공부할 때는 한 사람이 한 권의 주석만 참고하기로 한다. 예를 들어, 영도는 마틴 로이드존스의 로마서 주석을, 영도의 여자 친구 인경은 존 스토트의 로마서 주석을, 은주는 하용조의 로마서 설교집을, 또 다른 사람은 칼빈의 로마서 주석이나, 요즘 같으면 티 라이트의 주석을 읽고 와서 각자의 관점과 해석의 차이를 나누곤 했습니다.

인경은 프란시스 쉐퍼의 '로마서 강의 테이프'를 듣고 그 내용을 나누었습니다. 그때까지는 책으로 나오지 않았기 때문입니다. 나중에는 『프란시스 쉐퍼의 로마서 강해』란 이름으로 나온 책을 사용했습니다. 다음은 그 책의 추천사입니다.

나는 영국과 스위스 라브리에 머무는 동안 프란시스 쉐퍼의 로마서 설교 테이프를 즐겨 들었습니다. 쉐퍼는 특유의 카랑카랑한 목소리로 '기독교 복음은 지성적으로나 경험적으로 결코 부끄럽지 않은 진리다.'라고 외쳤습니다. 나는 로마서 공부를 하는 동안 혼란스럽던 문제들이 다 풀리는 것을 체험하고 얼마나 기뻤는지 아직도 그 감격이 생생합니다. 지금도 그때의 감격으로 한국 라브리에 찾아오는 손님이나 학생들에게 로마서를 자주 가르치는 기쁨을 누리고 있습니다.

잘 알려진 대로 로마서의 중심 주제는 '믿음으로 구원 받는다.' 혹은 '믿음으로 의롭게 된다.'는 구원론입니다. 옳은 말입니다. 세상 모든 죄인들을 위한 위대한 복음이 선포되고 있기 때문입니다. 그러나 로마서는 당시에 세계를 지배하던 로마제국의 권력과 이데올로기에 대항할 만한 이념이나 진리 체계가 전무하던 시대에 '기독교는 삶의 체계로서 혹은 세계관으로서 부끄러울 것이 없는 진리요 복음이다'는 것을 선포한 책입니다.

사실 로마서는 인간의 죄악성, 지성의 타락, 구원의 과정 등에 관한 종교적인 문제뿐만 아니라 정치에 대한 태도, 이스라엘의 장래, 성도의 일상생활 등에 이르기까지 인간 존재와 일상 문제에 대해 이 세상에서 유일하게 바른 대답과 설명을 할 수 있는 지성적이며 동시에 체험적인 진리는 기독교밖에 없다는 것을 변증하는 체계적이고 조직적인 최고의 세계관 교과서입니다. 프란시스 쉐퍼는 그것을 이렇게 설명하고 있습니다.

바울은 로마서에서 기독교인으로서 삶을 살아가는 것이 부끄럽지 않을 뿐 아니라 삶의 체계로서, 세계관으로서의 기독교를 가지고 사는 것도 부끄럽지 않다고 말하고 있다. 그 당시 로마의 상황을 살펴보자. 그 당시 그곳은 매우 지적이고 철학적인 분위기였다. 이러한 곳에 사는 기독교인들에게 바울은 기독교의 내용, 기독교적 세계관을 부끄러워하지 않는다고 말하고 있다(성인경, 『쉐퍼의 로마서 강해』, 추천사).

이런 공부가 기초가 되어, 한울교회 등 여러 모임에서 "로마서를 중심으로 한 기독교 영성 및 세계관 연구"라는 시리즈 설교를 했습니다. 라브리는 다음과 같은 사람들에게 로마서 공부를 추천합니다.

1. 기독교 진리 체계를 알고 싶은 사람
2. 기독교 세계관을 성경으로 정립하고 싶은 사람
3. 비기독교적 사고의 작동 원리와 인간의 죄악성을 깊이 알고 싶은 사람
4. 기독교가 제시하는 구원의 체계가 얼마나 완전하고 유일한 해결책인지를 정리하고 싶은 사람
5. 혼탁한 영적 세계 속에서 바른 영성을 체험하기를 원하는 사람
6. 쉐퍼나 라브리 간사들의 신학적 기초와 논리적 근거가 어디에서 나온 것인가를 탐구하고픈 사람

그룹 스터디는 라브리 바깥에서도 많이 인도했습니다. 가장 기억에 남는 모임은 이승구 교수와 함께 약 1년간 CMF(한국누가회)의 박상은 박사와 소수의 의사들을 위해 기독교 세계관을 공부한 것이 기억에 남습니다. 그 모임과의 공부 조건은 단 하나 밖에 제시하지 않았는데, "어떤 주제든지 피 터지도록 공부하고 끝장 토론을 한다."는 것이었습니다. 그러나 실제로는 그렇게 잘 안되었습니다.

한국산업은행 신우회 인도, 정림건축에서 모인 장로 부부들을 위한 성경공부, 서울 강남 CBMC, CLF(기독변호사회)의 "예수를 사랑하는 변호사들"을 위한 기독교 세계관 공부 등 잊을 수 없는 공부 모임이 많았습니다. 그런 시간에는 가르치기보다 배우는 것이 많았는데, 특히 전문인들이 깨달은 인생 경험과 지혜를 들을 때가 좋았습니다.

금요학당: 공개 강좌

후암동에서 가장 사람들이 많이 모였던 시간은 "금요학당"이었습니다. 매주 금요일 저녁에 약 두 시간 동안 여러 가지 주제에 대해 강의를 듣거나 영화를 보거나 대화를 나누는 공개강좌 시간으로, 광고를 통해 모집하거나 코스를 정해 놓은 것도 아니기 때문에 아무나 올 수 있었습니다. 당연히 회원 제도가 아니니까 회비도 없었고, 조직이 없으니 회장이니 총무니 하는 직책도 없었습니다.

그러다보니 처음 몇 해 동안은 참석하는 사람들이 규칙적이지 않아 쉬는 날이 많았습니다. 경옥이 밥도 하고 케이크도 굽고 차도 준비했으나 아무도 오지 않아 종종 우리 식구끼리 파티를 하곤 했으니까요. 아무리 서울역 앞이고 서울 도심에서 가깝다고 해도, 비가 오는 날이나 추운 날은 아무도 나타나지 않았습니다.

해가 갈수록 여러 사람들이 찾아오기 시작하더니 나중에는 30-40명씩 참석하기도 했고, 어느 연말모임에는 70여 명이 몰려 와서 우리 아이들 방에 앉아 강의를 듣는 사람들도 있었습니다. 서울을 떠나야겠다고 생각하게 된 것은 라브리를 찾는 사람들이 금요학당까지 합하여 매주 100여 명이 되었을 때였습니다. 그것은 후암동 라브리가 감당하기에 너무 많은 숫자였습니다. 청년, 대학생들이 많이 왔다 갔다 하는 것이 눈이 띄었는지, 몇 차례 후암동파출소에서 경찰관들을 보내 조사해 간 적도 있습니다.

- 대학생 청년들이 많이 왔다 갔다 하는 것 같은데 무엇을 하느냐? 혹시 라브리에서 '반정부운동'을 하는 사람은 없느냐?

얼마 전에는 속초 해경에서 양양 라브리를 조사하러 온 적이 있습니다. 청년들이나 출소자들이나 외국인들이 많이 찾아오다 보니, 혹시라도 테러 조직과 연계된 사람이 있을까 봐 조사하러 온 것입니다.

하기야 라브리에는 한밤중에 자기 학교 마당에 세워진 장승을 몰래 톱으로 자른 진보적인 학생들도 찾아왔고, 민주화 투쟁을 하다가 지명 수배되어 경찰에 쫓겨 다니던 학생회 간부도 찾아와서 공부하기도 했습니다. 그 학생은 나중에 신학을 전공하고 현재는 신학교 교수로 재직 중입니다.

당시에 청년들이 많이 찾아온 이유는 라브리가 좋아서라기보다는 그때만 해도 진보적인 청년모임은 '크리스찬 아카데미' 등 여러 개가 있었으나 복음주의적인 청년모임이 없었기 때문입니다. 그러나 여러 계층의 지식인들이 찾아오다 보니 가끔은 금요학당이 진영논리에서 벗어나지 못할 때도 있었습니다.

한번은 대통령 선거 기간에 열린 금요학당에서 외부 강사를 초청하여 "기독교인의 정치 참여와 책임'에 대한 강의를 듣고 난 후에, 인경이 "차기 정권에서 기독교인 명망가 중에서 국무총리 등용 가능성이 없는가?"라는 질문을 했다가, 마치 특정 정당을 지지하는 것으로 소문이 나서 곤욕을 치룬 적도 있었습니다. 금요학당에는 다양한 사람들이 찾아오고, 특히 선거를 코앞에 둔 민감한 때에 입을 조심하지 않아서 생긴 실수였습니다.

진영논리(陣營論理)란 우리나라의 논객들과 오피이언 리더들을 진보 진영과 보수 진영으로 나누고 지연, 학연, 혈연 등 여러 가지 연고주의나 사상적, 정치적 선호도에 따라 어느 한 쪽

진영을 옹호하거나 편을 드는 것이 지나쳐서 자기 진영은 무조건 옹호하고 상대방 진영에 대해서는 가차 없이 공격을 가하는 행태를 말합니다.

진영논리는 조광희 변호사가 잘 지적했듯이, "어느 정도 옹호하거나 편을 드는 것은 있을 수 있는 일이지만, 과도하게 자기편을 옹호하거나 상대편을 공격하는 것이 문제"*입니다. 진보와 보수를 대표하는 진영 논객들이 있는 것은 좋으나 사사건건 서로 으르렁거리는 것은 볼썽사납습니다.

"태초에 강준만이 있었다."란 말이 있듯이, 전북대학교 강준만 교수는 최초의 논객이었습니다. 그 뒤를 이어 유시민, 진중권, 김규항, 홍세화, 고종석 씨 등이 보수진영과 대립되는 "논객시대"라는 것을 열었던 사람들입니다. 한동안 김어준, 정봉주, 주진우, 김용민씨 등은 나꼼수 레전더에서 논리 싸움인지 말싸움인지 구분이 안 되는 소모적인 논쟁까지 하다 보니 지식인들의 언행이라고 보기에는 민망한 이야기도 난무했습니다.

물론 요즘은 토론문화가 많이 나아졌지만, 몇 년 전까지만

---

* 조광희 변호사, 「한겨레신문」, 2012년 2월 9일 "나는 진중권 씨의 의견에 모두 찬성하는 것은 아니지만, 그 명석함과 촌철살인을 보며 (좋은 의미에서) 뇌를 열어 보고 싶을 정도로 경탄한다. 또한 나꼼수의 용기와 유머와 분노를 사랑한다. 그래서 이들과 이들을 아끼는 많은 사람들이 서로 열심히 논쟁하되, 서로의 선의를 존중하고, 오독을 피하기 위해 세심하게 상대의 주장과 논거를 살펴보며, '차가운 비판'보다는 '따뜻한 비판'을 나누었으면 하는 간절한 염원이 있다."

해도 그렇지 못했습니다. 진영논리가 셀수록 기독 지성인들은 좌파를 무조건 지지 해도 그렇지 못했습니다. 진영논리가 셀수록 기독 지성인들은 좌파를 무조건 지지하지도 못하고 그렇다고 우파를 무조건 지지하지도 못하는 어정쩡한 태도를 취하기 쉬웠습니다. 사랑과 진리에 기초한 토론이 절실하던 시절이었습니다.

요즘에는 각종 소셜미디어의 토론방도 많고, "청어람"이나 "기독청년아카데미"도 있지만 당시에는 "기독교대학설립동역회"와 "기독교학문연구회"가 전부이다시피 했습니다. 지금 많은 기독 학자들이 고백하듯이, "그때 두 단체는 목마른 지성인들에게 샘물과 같았다."는 말이 맞습니다. 나중에 두 단체는 합하여 '기독교세계관학술동역회'를 탄생시켜 복음주의권 학자들을 한 우산 밑에 모았습니다.

그러나 학자들의 모임에 참석할 수 없는 대학생, 청년들이 신앙과 지성의 통합 가능성을 제시하는 단체를 찾아 금요학당을 기웃거렸습니다. 진영논리에 지친 의식 있는 운동권 청년 대학생들도 다녀갔습니다. "차라리 진영논리가 낫다."는 철새 정치인의 하수인 노릇을 하던 청년들도 구경하러 왔습니다.

모두가 성경에 기초한 균형 잡힌 세계관과 열린 토론에 목마른 사람들이었습니다. 자주 참석하다 보면 비 기독교인들이나 초교파적으로 다양한 사람들을 사귈 수도 있었습니다. 금요학당에서 만나 사랑이 꽃핀 경우도 많았으니까요. 주로 대학생, 청년들이 찾아왔지만 목사, 선교사, 교수, 예술가 등 여러 분야의 사람들이 다녀갔습니다.

규칙적으로 참석하는 사람들이 절반 이상을 차지했지만, 매주 낯선 사람들이 있었습니다. 낯선 사람들이 왔으나 기독교인인지 아닌지도 묻지 않았고, 신분이나 지위를 스스로 밝히기 전에는 묻지 않았습니다. 직장을 밝히기 곤란한 청년들도 참석하고 있었기 때문에 참석자들의 자세한 신분을 묻는 것을 자제했던 것입니다. 라브리는 그때나 지금이나 회원제도가 없기 때문에 회비도 받지 않았습니다.

여러 교회 청년부원들이 5명씩, 10명씩 단체로 참석하기도 했습니다. 예수님을 믿지 않는 사람들도 간혹 참석했는데, 그중에는 대학생들, 무직 청년들, 이웃 사람들도 우리가 무엇을 하는지 궁금해서 구경삼아 찾아온 사람들도 있었습니다. 모르긴 해도 이단들도 참석한 것으로 압니다. 나중에 한 여자가 "예수님은 하나님의 아들이지만 하나님은 아니다."라고 가르치는 한 이단에 빠져 도움을 청한 사람도 있었으니까요.

강의나 대화 주제는 기독교의 기본 진리도 많이 다루었지만 현실적인 이슈도 다루었습니다. 바른 영성이 무엇인가?, 기독교 세계관이란, 기독교와 정치, 정교 분리냐 정교 구분이냐, 동성애, 낙태, 포스트모더니즘, 세속주의, 뉴에이지 운동, 진영논리와 좌, 우파가 대립된 상황에서, 가장 인기 있었던 강의 중에 하나는 백성욱 씨의 '한국 좌파 지식인들의 지도'라는 것이었습니다.

인경이 쓴 '왜 청년들이 교회를 떠나는가?'*라는 글은 아직도 많은 청년들과 청년 지도자들이 참고하고 있습니다. 키네먼의 『청년들은 왜 교회를 떠나는가』라는 책은 인경보다 나중에 나왔지만 교회를 떠나는 청년들을 세 가지 유형별로 잘 분석했습니다. 유목민형, 포로형, 탕자형. 그리고는 "교회를 가장 많이 떠나는 유형은 유목민 유형이며, 이런 사람들은 신앙적으로 방황을 많이 하고 기복이 심하다."고 말했습니다.**

주로 저희 부부가 강의를 많이 했지만, 강사비도 없이 금요학당에서 명 강의를 해 주신 분들도 많았습니다. 그중에는 ESF 김호열 목자, 사랑의교회 고직한 선교사, 총신대학교 홍

---

* 성인경, "왜 청년들이 교회를 떠나는가?" 『대답은 있다』(예영커뮤니케이션, 1995)에서 청년들이 교회를 떠나는 이유를 몇 가지 분석한 바가 있습니다. 1. 이원론적이고 기복적인 괴물 같은 영성에 환멸을 느끼기 때문입니다. 2. 신앙의 본질이 전수되지 못하고 형식만 전수되고 있기 때문입니다. 3. 교회가 진리를 포기하고 종교다원주의에 빠졌기 때문입니다. 4. 기독교인들과 공동체적인 삶에 실망하고 있기 때문입니다. 5. 교회의 정치와 예배 등 제도와 구조적인 부패 때문입니다.

** 데이비드 키네먼, 『청년들은 왜 교회를 떠나는가』(국제제자훈련원, 2015) 30, 83.

첫째, 유목민 유형: 교회 활동을 하지는 않지만 여전히 기독교인이라고 생각하는 사람-"나는 우리 엄마가 믿는 예수님은 싫지만 교회는 다닌다."

둘째, 포로 유형: 여전히 기독교 신앙을 유지하고 있지만 교회와 문화 사이에서 길을 잃고 있는 사람-"나는 예수님은 좋은데 교회도 싫고 목사도 싫다."

셋째, 탕자 유형: 믿음을 잃어버리고 더 이상 자신을 기독교이라고 생각하지 않는 사람-"나는 '개독교'란 소리를 듣는 사람들과 한 패거리가 되기 싫어서 교회를 떠난다."

치모 교수, 서강대학교 강영안 교수, 정림건축 김정철, 김정식 회장, 한국은행 최동석 과장, 연극인 김용호 집사, 영화 비평가 강진구 교수, 현대 화가 이웅배 화백, 시인 황학주 선생, 신약학자 이은순 박사 후보 등이 생각납니다. 그들은 하나같이 하나님의 말씀이 기초된 체화된 보배 같은 지혜를 전해 주었습니다.

강의와 대접은 "한 손에는 복음을, 다른 한 손에는 떡을" 들었던 바울 사도의 선교 원칙을 실천한 것입니다.

> 바울이 온 이태(2년)를 자기 셋집에 머물면서 자기에게 오는 사람을 다 영접하고, 하나님의 나라를 전파하며 주 예수 그리스도에 관한 모든 것을 담대하게 거침없이 가르치더라(사도행전 28:30-31).

우리도 금요학당에서 하나님 나라와 그리스도에 관해 담대하게 가르쳤고, 동시에 배고픈 청년들을 위해 밥과 차를 대접했습니다.

밥을 먹이다 보니 강의보다 밥을 먹으러 오는 청년들도 있었습니다. 학교나 회사를 마치고 저녁 먹을 겨를도 없이 달려온 청년들이 있었기 때문입니다. 아무리 강의를 듣고 싶다고 해도 번번이 굶어 가며 참석하기는 쉽지 않았기 때문입니다.

우리는 '밥퍼' 사역을 하시는 최일도 목사와 다일공동체처럼 많은 사람들에게 밥을 퍼 드리지는 못하였지만, 적지 않은 청년들에게 밥을 먹였던 것은 사실입니다. 이렇게 라브리가 금요학당마다 밥을 대접하는 것을 보고 헌금을 보내는 온 사람들도 있었지만 어떤 사람들은 돈 대신에 욕을 많이 퍼부었습니다.

- 라브리가 청년들에게 복음은 전하지 않고 배만 채워 준다.
- 라브리가 밥으로 청년들을 꼬신다.
- 공부하러 라브리에 가는 것이 아니라 밥 먹으러 라브리에 간다더라.

아무리 라브리가 맛있는 밥을 대접했다고 치더라도, 요즘 같은 세상에 밥 한 그릇을 얻어먹기 위해 라브리까지 찾아오는 청년들이 몇이나 되겠습니까? 그 많은 청년이 정말 밥 한 그릇을 얻어먹으려고 라브리까지 왔다고 생각합니까?

물론 서울 라브리는 서울역과 남산에서 가까웠으니 '엄마가 해 주는 집밥' 생각이 나서 가끔 들리는 청년들도 있었겠지요. 밥을 준다고 해 봐야, 강의나 '그룹 스터디'에 맞추기 위해 밥 먹을 시간도 없이 헐레벌떡 뛰어온 청년들이 허기를 채우는 정도였던 것을 가지고 그런 비판을 한 것입니다.

그러나 아무리 간단한 밥상이라도 돈이 듭니다. 어떤 날은 라면을 삶아 줄 돈도 없어서 굶은 적도 있었습니다. 그런 날은 허기진 배를 감싸 안고 강의에 늦을 새라 허급지급 달려온 청년들에게는 무척이나 미안했습니다. 미안하지만 먹일 것이 없는 날에는 유난히 차를 많이 대접했습니다. "물배라도 채우고 가라."는 뜻이었습니다.

그러다가 하루는 온 가족이 "대학생 청년들에게 자발적으로 밥값을 헌금을 할 수 있도록 하는 것이 좋겠다."고 하여, 현관 옆에 종이로 만든 작은 헌금통을 두었습니다. 그러나 모임이 끝난 후에 헌금통을 열어 보면 거의 비어 있는 날이 많았습니다. 한번은 천 원짜리 몇 장이 들어 있어서 얼마나 반가웠는지 모릅니다.

몇 달 후에는 그것도 치워 버렸습니다. 청년들 호주머니를 쳐다보느니 하늘을 쳐다보기로 작정한 것입니다. 그랬더니 라면 한 상자를 사 오는 어른들도 있고, 쌀 포대를 메고 들어오는 집사님들도 생기고, 햄버거를 수십 개 사 오는 청년들도 생겼습니다.

6장 서울에서 학숙이라니

어떤 청년들은 금요학당이 끝난 후에, 곧 바로 돌아가지 않고 '2차 금요학당'을 하고 갔습니다. 늦은 저녁을 먹거나, 라면을 끓여 먹으며 세상 돌아가는 이야기를 하다가 밤늦게야 돌아가는 청년들이 그들입니다. 가끔은 '3차 금요학당' 혹은 밤새도록 이야기하고 놀다가 새벽에 잠시 자고 아침에 출근한다고 하여 '새벽잠 학당'이란 것도 몇 차례 한 적도 있었습니다. 새벽까지 이야기하다가 잠시 눈을 붙였다가 간 청년들이 그들입니다. "복잡한 서울에서 무슨 학숙을 하느냐?"고 물었지만, 이미 학숙은 이렇게 시작되고 있었습니다.

서울에서 학숙을 실험하다

학숙을 하려면 제일 중요한 것이 동역자들입니다. 만약 바울 사도에게 동역자들이 없었다면 로마의 셋집은 '가정 아카데미(family academy)'가 아니라 여인숙이 되고 말았을 것입니다. 성경을 보면, 그 집에는 바울 사도만 산 것이 아니라 두기고

(Tychicus), 오네시모(Onesimos), 아리스타고(Aristachus)가 같이 살았던 것이 분명합니다(골로새서 4:9,10). 그 밖에도 의사 누가(Dr. Luke), 바나바의 생질 마가(Mr. Mark), 브리스길라와 아굴라 부부도 가까이 살면서 자주 들렀던 것처럼 보입니다.

라브리에도 좋은 동역자들이 생겼습니다. 공부하고 간 청년들 중에 선일, 경하, 범준, 혜원 씨가 협동간사로 혹은 자원봉사를 하겠다고 나섰기 때문입니다. 혜원 씨는 1994년 6월경에, 결혼 문제로 찾아왔으나, 라브리의 기본적 사상을 공부한 후에는 책도 번역하고 글도 쓰고 '협동간사'로 오랫동안 섬겼습니다.

그리고 뜻밖에도 김북경 목사 내외분이 런던한인교회로부터 양해를 얻어서 1년에 몇 달씩 한국 라브리에 와서 간사로 돕겠다고 나섰습니다. 한국 라브리에서 학숙을 시작한다고 하니, 왕년의 라브리 간사 경험을 살려 도와주려고 한 것입니다. 역시 오랫동안 기도하신 분들다운 제안이었고, 국제라브리에서도 대환영이었습니다.

저희 부부도 협동간사 3년에 이어서 전임간사 1년을 보내며 많은 것을 배웠습니다. 전임간사로 2년간 더 일한 후에는 국제라브리위원회 '위원(member)'을 신청할 마음까지 먹고 있었으니까요. 1988년 이후로 5년간 라브리 일을 해 오면서, 앞으로도 더 해 보고 싶은 마음이 굳어진 것입니다.

경제적으로도 믿음으로 살아갈 준비가 어느 정도 되었습니다. "라브리의 재정원칙은 경제적인 필요를 사람들이나 교회에 청원하거나 모금하는 대신에 하나님께 기도한다."는 것입니다. 이러한 재정원칙을 선교학에서는 "믿음 선교(faith mission)"라고 합니다.

그러나 한국 라브리는 '외부 모금 금지' 원칙만 아니라 하나를 더 준비해야 했습니다. 그것은 다름이 아니라 "경제적인 필요를 다른 라브리에 도움을 요청하거나 의지해서는 안된다."는 '내부 요청 금지' 원칙까지 약속했습니다. 그것은 몇 가지 함축적인 의미가 포함되어 있었습니다.

1. 한국 라브리는 처음부터 국제라브리의 도움 없이 자체적으로 운영한다.
2. 국제라브리는 한국 라브리의 경제적인 책임을 지지 않는다.
3. 한국 라브리가 경제적으로 어려워서 문을 닫는 한이 있더라도 국제라브리에 영향을 주지 않는다.

한번은 국제라브리 회의에서 "한국 라브리의 자급정책이 어떻게 시작되었느냐?"는 질문이 있었을 때, "국제라브리가 제안한 정책이기도 했지만, 한국 교회의 부흥의 원동력이 된 '네비우스의 3자 정책'을 스스로 따른 것이다."*라고 자랑한 적

---

* "네비우스 정책(The Nevius Plan)"이란, 한국에 들어와서 일하던 해외 선교사들이 1890년 6월 7일에 중국에서 일하고 있던 미국 선교사 존 네비우스(John Livingston Nevius, 1854-1893)를 초청하여 한국 선교의

이 있습니다. 특히 자급(自給, self-support) 정책은 '한국 교인들이 스스로 교역자를 먹여 살리고 예배당을 짓게 한다.'는 정책이었다는 것을 자랑했습니다. 그러나 자랑하기는 쉬워도 그 정책대로 사는 것은 치열한 전쟁이었습니다.

인경은 '처가살이'를 그만하기 위해, 다른 곳에 '라브리 하우스'가 마련되기를 4년 동안 기도했으나 이루어지지지 않았습니다. 그리고 가격이 저렴한 지방에 내려갈 궁리도 해 보았으나 그것마저도 여의치 않았습니다. 전략적으로 초창기 사역 장소로는 서울이 좋다고 생각하고 대학로, 신촌 등 한옥이 많은 곳을 가 보았으나 우리 사정에는 엄두도 못 낼 정도로 비싸서 주눅이 들었습니다.

그러던 차에, 우리의 딱한 사정을 들은 경옥의 부모님이 월세를 놓았던 '차고'를 손님 침실로 수리해서 쓸 수 있도록 허락을 해 주셨습니다. 수리를 위해 일꾼이 필요하다는 소식을 들은 황상태 장로와 김범준 전도사 등이 자원봉사를 지원해 주었습니다. 황 장로는 인경이 어릴 때부터 기도해 주시던 고향 교회 장로이시며, 범준 전도사는 낮에는 일하고 밤에는 총신대 신학대학원 졸업논문과 강도사고시를 준비하던 신학생

방향과 원칙을 모색하는 전략 모임을 가졌는데, 네비우스가 제안한 다음과 같은 '3자(三自) 정책'을 말합니다. 자전(自傳, self-propagation): 한국 교인들이 스스로 전도하게 한다. 자치(自治, self-government): 한국 교인들이 스스로 다스리게 한다. 자급(自給, self-support): 한국 교인들이 스스로 교역자를 먹여 살리고 예배당을 짓게 한다.

이었습니다. 그의 졸업 논문은 '프란시스 쉐퍼의 예술관'이었는데, 라브리 학생들이 가장 많이 읽은 논문 중의 하나입니다.

몇 주가 걸려 수리가 끝나고 보니, 차고가 제법 사람이 살 수 있는 공간이 되었습니다. 차고는 반지하 2층 건물이었는데, 아래층에는 부엌과 화장실 그리고 침실 한 개가 생겼고, 위층에는 제법 널찍한 침실 한 개가 생겼습니다. 헌 가구들을 구해서 방을 꾸몄습니다. 키 큰 사람들이 오면 아래층 천장에는 머리를 부딪치는 일이 자주 생겼습니다. 그리고 화장실이 좁고 냄새도 잘 빠지지 않아 장기간 숙소로 사용하기에는 적합하지 않았습니다. 그러나 우선 급한 대로 쓸 수밖에 없었습니다.

간사 월급이 책정되었지만, 라브리 기금이 많이 모인 것도 아니고 후원자가 많지 않았으니, 책정된 금액을 다 받아도 세 아이를 키우며 먹고 살기에도 턱없이 모자라는 금액이었습니다. 당시에 저희 부부는 40만 원, 협동간사로 일한 강은수, 양혜원 씨 부부는 30만 원을 책정해 두었으나 100% 수령한 달은 거의 없었습니다.

나중에 알고 보니 많은 학원 선교단체 간사들도 비슷한 형편이었습니다. 대부분은 책정된 월급의 60-70%를 받는 간사들이 많았고, 그것도 못 받아 라면으로 저녁을 때우는 간사들이 부지기수였습니다. 1980년대부터 한국은 "아시아 4룡 중에 하나"라는 소리를 들으며 잘 나가던 시절이었지만, 선교단체 간사들의 형편은 크게 나아지지 않았습니다.

한번은 인경이 광주 예수전도단에 집회 인도 차 갔다가, 움막 같은 집에서 20여 명의 간사들과 며칠 동안 같이 먹고 잔 적이 있습니다. 하루 저녁에는 밥을 먹는 중에 천정에서 비가 새기도 했습니다. 낯선 집이라 한숨도 못 잤으나, 성령 충만한 분들과 지내느라 피곤한 줄도 몰랐습니다. 그 후에 홍성건 학장께서 "제주열방대학에 작은 기도실을 짓고 싶다."고 하시기에, "광주 예수전도단 간사들이 살던 집을 그대로 옮겨 오는 것이 어떠냐?"고 제안한 적이 있는데, 집을 옮겼다는 이야기를 들어본 적은 없습니다.

세상에서 가장 헌신적인 선교단체의 현실이 이런 마당에, 라브리 간사라고 하나님께서 더 나은 대우를 해 주실 리가 없었습니다. 단지 매월 조금씩 늘고 있는 후원금과 외부 강의에서 받은 강사비를 모아서 책정 월급의 100%를 지급받을 수 있는 날이 오기를 기도하는 수밖에 없었습니다.

그러면 우리는 무엇을 할 것인가?

우리가 1990년에 자료센터를 시작할 때는 대부분의 청년들이 통학을 했습니다. 극히 일부 대학생 청년들만 주말에 자고 갔습니다. 그러나 시간이 흐르면서 점차 자고 먹고 가는 청년들이 늘면서 어떤 때는 주중에도 5-6명씩 자고 갔습니다. 더 이상 학숙을 미룰 수 없다고 생각하고 차고를 개조하여 손님들이 자고 갈 방을 준비했습니다.

드디어 공식적인 학숙 사역이 1994년 1월부터 시작되었습니다. 감사예배는 2월 20일에 드렸습니다. 라브리수양회 인도차 한국에 온 국제라브리 회장 부부를 환영하기도 하고, 학숙 사역 시작을 축하하기 위해 그동안 기도하시던 분들이 원근각처에서 후암동으로 모였습니다. 오후 늦은 시간에 약 30여 명이 후암동 거실에 모여서 하나님께 감사 예배를 드렸습니다.*

그날 국제라브리 회장 빔 리트께르크는 "그러면 우리는 무엇을 할 것인가(What Shall We Then Do?)"란 제목으로 설교를 했습니다. 그것은 한국 라브리가 앞으로 해야 할 일을 정확하게 가르쳐 준 것이었습니다. 물론 라브리에는 "그러면 우리는 어떻게 살 것인가(How Shall We Then Live?)"라는 책과 다큐멘터리 영화가 있는데 그것과는 다릅니다. 빔은 라브리수양회 주제인 누가복음 3장 7-14절 말씀을 중심으로, 세례 요한이 메시아를 대망하는 사람들에게 회개의 열매를 맺을 것을 권했는데, 이 말씀의 중심은 크게 세 가지라고 지적했습니다.

---

* 감사 예배는 인경이 사회를 보고, 황성주 박사가 기도를, 압량제일교회에서 오신 박주석 목사가 축복 기도를 했습니다. 두 번째 방문인 국제라브리 빔 리트께르크(Wim Rietkerk) 회장과 부인 그레타(Greta) 여사가 네덜란드에서 하루 먼저 도착했고, 영국에서 오신 김북경 목사 부부도 도착했고, 김 목사가 통역을 해 주셨습니다. 그 밖에도 미국 보스턴 라브리의 딕 카이즈(Dick Keyes), 홍치모 총신대학교 교수, 김한식 국방대학교 교수, 박주석 압량제일교회 목사 외 장로 4명, 박창영 집사, 최영자 권사, 후암교회 성도와 연구원들이 참석했습니다.

1. 구원은 회심으로 끝나서는 안 됩니다. 믿지 않는 사람들을 회심케 하는 일도 중요하지만 회개한 사람들이 구체적인 삶의 변화와 열매가 맺히도록 도와주어야 합니다. 특히 예수님의 재림을 대망하고 있는 우리는 회심에 만족하지 말고 성령의 열매를 맺는 것이 시급합니다. 성령의 '은사'에는 관심이 많으면서도 '열매'에는 둔감하지는 않는지 생각해 봐야 합니다.

2. 각자의 직업과 직장에서 영향력을 나타내도록 해야 합니다. 요한은 세리에게 '회개했으니 직장을 떠나라.'거나 '세속 직업을 포기하라.'는 말씀 대신에, 오히려 그 직장에서 정직하고 바르게 부지런히 일하며 하나님께 영광을 돌리라고 했습니다. 그리고 군인들에게도 그것은 마찬가지였습니다. 월급을 적게 주니까 다른 직장을 구하라고 말하지 않았고, 타락했으니까 군대를 떠나라고 하지 않았습니다. 거기에서 변화를 촉구하고 영향력을 미치라고 한 것입니다.

3. 삶의 전 영역을 그리스도의 주권 아래 두어야 합니다. 사람마다 자기가 하는 일에서 고유한 성격과 특성을 서로 인정하면서도 동시에 각자의 생각, 행동, 믿음, 사역이 모두 하나같이 주님의 다스림을 받으며 살아야 합니다. 세무원은 세무원대로 군인은 군인대로 평민은 평민으로서의 다양한 삶을 살지만 모두 고유한 영적 가치를 인정받아야만 합니다.

빔과 딕은 수양회 기간에 틈틈이 시간을 내어 여러 가지 조

언을 주었습니다. 사단법인 등록을 위한 이사회 조정은 물론이고,* 학숙 시스템을 당분간 통학생과 학숙생이 함께 공부하는 '반 학숙 제도(half residential system)'를 운영하기로 하는 것 등에 좋은 의견을 주었습니다. 그 당시 국제라브리에는 학숙생을 주로 받는 지부(스위스, 영국, 미국 보스톤)가 있는가 하면, 통학생만 받는 지부(미국 로체스터), 통학생과 학숙생을 같이 받는 지부(화란, 스웨덴) 등 여러 형태가 있었습니다.

1994년에 한국 라브리가 최초로 받은 학숙 손님들의 하루 숙식비는 7,000원이었습니다. 그 후 20여 년의 세월이 흘러, 2017년에는 봄과 가을에는 30,000원, 여름과 겨울에는 40,000원을 받는 것과는 큰 차이가 있었지요? 라브리는 어디를 가도 학비나 상담비는 받지 않습니다. 학숙 손님들이 많지 않을 때라, 손님들이 언제든지 찾아오실 수 있도록 개방 기간을 가능하면 길게 했습니다.

단지 여름에는 약 5-6주간 문을 닫고 외부 강연을 나가거나 특별 프로그램을 개설하곤 했습니다. 그리고 중간중간 한두 주씩 쉬는 것을 라브리에서는 '휴식(break)'이라고 하는데, 그동안은 밀린 일이나 집수리 등을 하며 다음 학기를 준비하는 기

---

*1994년 사단법인 설립 추진을 위한 법인 이사 명단을 확정했습니다. 이사장: 빔 리트께르크(국제라브리 회장 당연직), 대표 이사 및 회계: 성인경(한국 라브리 간사), 서기 이사: 박경옥(한국 라브리 간사), 이사: 황성주(한림대학교 교수), 이사: 딕 카이즈(미국 사우스보로우라브리 간사), 이사: 양영전(마산재건교회 목사), 감사: 김효태(자영업).

간입니다. 그런 면에서 '휴식(break)'은 아무 일도 하지 않는 '휴가(holiday)'와는 전혀 다른 것입니다. 양양으로 이사하기 전까지는 여름 휴식 기간 중에 마지막 두 주간은 휴가로 보내곤 했습니다.

학기 중에는 매주 월요일에 '기도의 날'을 가졌습니다. '기도의 날'에는 라브리에서 일하는 사람들만 기도하는 것이 아니라 전국에 있는 기도 가족들이 잠깐 동안이라도 시간을 내어 학생, 청년, 손님, 간사, 재정 등을 위해 기도로 동참하는 날입니다. 그날은 한국 라브리뿐만 아니라 국제라브리를 위해서도 기도하는 날입니다.

그리고 매주 목요일은 '종일 휴식(a day off)' 혹은 '반나절 휴식(half-day off)'을 가졌습니다. 그때는 모든 학숙생들이 공부를 쉬고 놀러 가기도 하고 조용히 혼자 시간을 보내곤 했습니다. 간사들도 쉬었습니다. 그러나 쉬는 날이라도 학숙 손님들에게 식사는 대접해야 했기에, 학숙이라는 것이 쉽지 않다는 것을 새삼 깨닫기 시작했습니다. 그런 중에 그런 중에 협동간사(Helper)로 일하던 혜원 씨가 은수 씨와 결혼식을 올렸습니다. 경옥의 편지에 그날의 기쁨을 고스란히 담아 놓았습니다.

> 혜원 씨가 남편의 주례로 신랑 강은수 씨와 결혼식을 올렸습니다. 혜원 씨의 모친께서 손수 만드신 웨딩드레스를 입고 서 있는 아름다운 신부를 보았습니다. 그동안 그들이 하나 되기 위해 겪어 왔던 시련이 눈앞에 스쳐 가는 것을 느끼며, 제 눈

에서 눈물이 흐르는 것을 멈출 수가 없었습니다. 이제 혜원 씨는 도봉동에 신혼살림을 차리고 아름다운 가정을 꾸미고 라브리를 돕고 있습니다(경옥, 1995년 가을 편지).

외국인 지도자들이 들르다

학숙을 시작하니 외국 손님들부터 몰려오기 시작했습니다. 1994년 1월 29일에는 대로우 밀러(Darrow Miller)가 와서 세미나를 인도해 주었습니다. 대로우는 프란시스 쉐퍼가 살아 있을 때에 그와 함께 스위스 라브리에서 간사로 일한 적이 있으며, 한국 라브리를 방문했을 당시에는 국제기아대책기구 부총재로 일하고 있었습니다.

그는 한국기아대책기구와 예수전도단 그리고 한국 라브리 공동주최로 기독교 세계관 세미나를 인도하고 갔습니다. 휴식 시간에 한글 성경에 "마음"이란 말이 '지성(mind)', '생각(thinking)'만 아니라 '감정(heart)'이란 의미로 다양하게 쓰이고 있다는 이야기를 듣고 한국어의 다양성에 놀라던 모습이 생생합니다. 그때의 강의록이 번역되어 『생각은 결과를 낳는다』(예수전도단)라는 책이 나왔습니다.

스위스 UBS 은행의 굽타라(Prabhu Guptara) 전무이사가 다녀가기도 했습니다. 그는 스위스 UBS(Union Bank Of Switzerland) 부속 연구소 전무이사 겸 인도 윌리암케리대학교 글로벌 비즈

니스 객원 교수로 일하던 영국 사람이었습니다.

그는 본래 인도 출생이지만, 영국 시민권자라는 것을 이용하여, 도착하자마자 영국대사관에 연락하여 '현대 기업 경영 세미나'를 주선하도록 부탁했습니다.

그리고 강의 기회를 얻기가 하늘의 별따기보다 더 어렵다는 기독실업인회 조찬 모임에서 5분간 스피치를 할 수 있는 권한을 얻었습니다. 물론 스피치를 하기 전에 인경에게 "통역 시간을 최대한 아껴 달라."고 부탁하는 것을 잊지 않았습니다.

5분 스피치 직후에 여의도에 본사를 두고 있는 두 중소기업 회사에서 컨설팅 자문을 했습니다. 그가 우리에게 가르쳐 준 것은 이런 것이었습니다.

- 스피치는 이렇게 하는 거야.
- 사람은 이렇게 만나는 거야.

한 사람도 모르는 낯선 땅에 와서 일주일 만에 수백 명을 만나고 가다니! 아무도 모임을 주선해 주는 사람이 없었지만, 스스로 여러 모임을 주선하고, 기업체 사장들과 회장들을 찾아가서 만났습니다. 그리고 기독교인 사업주들에게는 "성경적인 경영철학으로 사업을 합니까?"라는 도전을 주었습니다.

더 놀라운 것은 어디를 가든지, "정직하게 회사를 운영하지 않으면 큰 위기가 닥칠 수 있다."는 경고를 주저하지 않았습니다. 몇 년이 지나지 않아, 한국에 IMF가 닥쳤을 때, 일찍이 그의 경고를 듣지 않은 것을 후회했으나 소용이 없었습니다.

그리고 일주일간 번 돈을 라브리에 몽땅 헌금하고 갔습니다. 자기가 한국에서 번 모든 강사비를 내놓고 갔습니다. 방, 전화, 밥값, 통역비를 주고 싶다나요. 저희도 자기 집이나 방을 내어 사람들에게는 강사비를 내놓고 온 경우가 많은데, 그를 본 받고 싶었기 때문입니다. 몇 년 후에 그가 스위스 국제라브리위원회에서 한 말은 지금도 잊을 수 없습니다.

> – 현대경영학적인 관점으로 봤을 때, 국제라브리는 푸른 초장이 펼쳐진 낭떠러지 위에 브레이크도 없이 서 있는 빨강색 스포츠카와 같다. 헌금 수입과 경비 절감을 위한 특단의 대책을 세우지 않으면 몇 년 내에 심각한 경영위기를 맞을 것이다.

라브리는 영리를 추구하는 일반 회사와는 다르지만, 때로는 컨설팅이 필요합니다. 비영리법인이라고 경영을 아무렇게나 해도 된다는 것은 아니기 때문입니다. 헌금 수입을 늘이기 위해서 모금운동을 할 수는 없지만, 라브리의 사정을 솔직하게 알리고 한 푼이라도 경비를 아끼는 수밖에 없었습니다. 스위스 라브리는 그의 말을 가장 귀담아 듣고 도움을 받은 지부 중에 하나입니다.

일본 교회 지도자들도 여러 명 다녀갔습니다. 1996년 5월에 후암교회를 방문한 일본의 "그레이스 미션교회(Grace Mission Church)" 성도 15명과 지도자들이 라브리를 다녀간 것은 잊을 수 없습니다. 일본 사람들의 방문이 있을 때마다 가장 어려움을 느끼는 것은 언어 문제입니다. 그들은 한국어를 못하고 우리는 일본어를 못하기 때문입니다. 영어를 말할 줄 아는 사람도 많지 않았습니다. 그때부터 경옥과 혜진이가 도전을 받아 일어를 공부하기 시작했습니다.

그러나 일본 사람들이 천천히 차를 마시며 조용히 이야기를 나누는 모습은 우리와는 큰 차이가 있는 것 같았습니다. 그분들에게 아침 식사를 대접하며 좋은 시간을 가졌는데, 차분하게 라브리에 대해 하나하나 물어보는 일본 스타일에 반했습니다. 그러나 우리의 기다리는 마음에 비해 라브리를 찾는 일본 사람들은 그리 많지 않았습니다.

한번은 일본에서 일하는 미국 선교사들을, 영락교회에 강의를 갔다가 만난 적이 있는데, 그 미국 선교사들은 "차 문화와 대화 스타일만 따진다면 한국보다 일본이 라브리 사역을 하기에는 훨씬 더 좋은 나라."라고 서슴없이 이야기해 주었습니다. 저희 부부는 그 말을 듣고 나서부터는 일본에 속히 라브리가 생기기를 기다리고 있습니다. 최근에는 일본인 직장 여성이 며칠간 다녀갔습니다.

1996년 10월에는 스위스 라브리의 짐 잉그램(Jim Ingram)이 호주로 가는 길에 서울에 들러서 특별 세미나를 인도해 주었습니다. 짐은 주로 대학원생들과 학자들을 만나고 갔는데, 대전 IVF, 대전 한국과학기술원대학교(KAIST) 등에서 강의했습니다.

그리고 서울에서는 GSF(대학원생 모임), '기독교 세계관세미나'에서 '비영리단체운영', '기독교적인 경제론' 등을 강의해 주었습니다. 짐은 캐나다 사람이며 경제학 박사인데, 라브리에서 은퇴하고 '메드에어(MedAir)'라고 하는 긴급의료구호단체에 들어가서 14년간 일했습니다. 지금은 회장직을 맡고 있는데 2018년 중반에 두 번째 은퇴를 맞을 예정입니다.

1997년 6월에는 시도니아라고 하는 헝가리 피아니스트가 두 명의 바이올리니스트 친구들과 함께 라브리를 다녀가기도 했습니다. 그들은 모두 세계적으로 유명한 리스트음악대학교를 졸업한 인재들인데, 방학을 이용하여 학비를 벌기 위해 라브리에서 5분 거리에 있는 힐튼호텔 레스토랑에서 일을 하고 있었습니다.

우리는 그들을 호텔 레스토랑에서 만난 것이 아니라 동네 슈퍼마켓에서 만나 라브리로 초대했던 것입니다. 그들은 라브리 부근의 오피스텔에 살면서 힐튼으로 출퇴근 하는 길에 종종 들르곤 했습니다. 1997년 한 해에만도 미국, 인도, 영국, 헝가리 등에서 10여 명이 다녀갔습니다.

인도가 낳은 세계적인 기독교 지도자 비샬 망갈와디(Vishal Magalwadi)도 하룻밤 머물고 갔습니다. 1997년 9월에 국제예수전도단(YWAM) 서울 대회 참석 차 한국에 왔다가 그의 부인 룻(Ruth)과 함께 와서 후암동 마당에서 '기독교 세계관'에 대해 세미나를 인도해 주었습니다. 그는 한때 인도에서 히말라야 라브리를 인도한 적이 있으나, 요즘은 주로 미국에서 활동 중인데 '과연 서양은 멸망하고 말 것인가'란 주제로 미네소타주립대학과 워싱턴 D.C., 할리우드 등에 가서도 강의를 하고 있습니다.

학숙 사역의 고충을 절감하다

국내외에서 학생, 청년 손님들이 몰려오자 먹이고 재우는 것이 보통 일이 아닌 것을 깨닫기 시작했습니다. 흔히 사람들은 말하기를, "먹을 것이 모자라도 행복하게 일할 수 있다면 버틸 수 있다."고 합니다. 맞는 말입니다. 저희 부부도 그렇게 버틴 날이 하루 이틀이 아닙니다. 그러나 아무리 행복하게 일할 수 있다고 하더라도 월급을 몇 달째 못 받으면 버티는 데 한계가 있다는 것도 알게 되었습니다. 미리 예상한 일이기는 하지만, 약 1년간 학숙 사역을 해 보니 생각했던 것보다 더 어려웠습니다.

> 첫째, 간사들이 할 일이 너무 많았습니다. 밥해 주랴, 빨래해 주랴, 상담하랴, 강의하랴, '멀티 플레이어'가 되는 것이 생각만큼 쉽지 않았습니다. 어떤 사람들은 "밥하고 상담하는 것이 무엇이 어려우냐?"라고 말하지만, 정신적인 일보다 육체적인 일이 점점 많아지다 보니 몸도 지치고 마음도 지쳤습니다. 밥해 주고, 빨래 해 주고, 침대 만들어 주고, 부서진 것 고치고,

강의하고, 공부 인도하고, 편지 쓰고 부치는 일까지 간사들이 다 하니까요.

청소야 손님들이 있을 동안에는 조금씩 도와주지만, 밥하고 가르치고 상담하는 것은 간사들의 몫입니다. 물론 협동간사들이 많이 도와주었지만 그것으로는 모자랐습니다. 그들은 자기가 맡은 일만 하면 되거나 밤에는 퇴근해서 쉬기라도 하지만, 전임 간사들은 그럴 수가 없었기 때문입니다. 어떤 경우에는 출퇴근하는 협동간사들보다 오래 머무는 학생들이 라브리 사정을 더 잘 아는 경우까지 생겼습니다.

"지내보니 라브리에는 밤에도 많은 일이 일어나더군요. 수도 파이프가 터지거나, 전기가 나가거나, 배가 아프거나 머리가 아픈 사람들은 주로 밤에 많이 생기더군요(장기 학숙생)."

둘째, 청년들을 개별적으로 돕는 것이 힘들었습니다. 청년들의 지적, 영적인 질문에 대한 적절한 대답을 찾지 못해 미안했던 것은 한두 번이 아니었습니다. 특히 그들을 "확대된 가족"으로 생각하고 사랑으로 잘 돌보아 주는 것이 너무나 힘들었습니다. 제각기 다른 배경과 생활습관, 신앙적 갈등을 일일이 파악하고 한 사람, 한 사람의 필요와 문제에 민감하게 대응하는 것이 쉽지 않았습니다.

입맛을 맞추는 것도 힘들었습니다. 당시에는 경옥 간사 밖에 풀타임으로 밥할 간사가 없었는데, 개개인의 식성에 맞추어 밥을 하느라 경옥은 개인 공부를 미룰 수밖에 없었습니다. 무엇보다 사람들의 필요에 민감해지려고 애쓰는 것이 가장 힘이 들었습니다. "사랑으로 진리를 말하라(에베소서 4:15)."는 말씀이 그렇게 힘들 줄 몰랐기 때문입니다. 그래서 보람만큼이나 좌절도 커 갔습니다.

셋째, 생활 속에서 하나님께서 살아 계시다는 것을 잘 드러내는 것이 쉽지 않았습니다. 라브리의 목적도 그렇고 공동체의 특징상, 찾아오는 사람들은 머리나 입으로만 하나님을 찾는 것이 아니라 실제 삶 속에서도 하나님을 만나고 싶어 합니다. 특히 하나님을 믿지 않는 청년들과 신앙에 의심이 생긴 학생들과 손님들은 교회 건물 안에 있는 하나님이나 성경 속에 있는 하나님이 아니라 실제 생활 속에서 살아 계신 하나님을 만나고 싶어 하기 때문에 이 점이 매우 중요합니다.

라브리에 일정 기간 머물다가 집으로 돌아가는 대학생들과 청년들의 뒷모습이 끝내 아른거리며 사라질 때면, 최선을 다한다고 했지만 언제나 아쉬움이 남습니다. 날이 갈수록 우리의 말을 통해 기독교를 진리라고 변증하는 것보다 삶을 통해 기독교가 진리라는 것을 과시하는 것이 더 어렵다는 것을 절감합니다. 경옥이 자주 하던 말입니다.

"학숙 사역의 대가는 여러분이 생각하는 것보다 훨씬 큽니다."

넷째, 종종 내적인 갈등과 싸웠습니다. 몇 주씩 이곳에 머물던 손님들이 떠나가고 나면, 사역에 대한 여러 가지 감정이 얽히게 되어 부부싸움이 잦아졌습니다.
"하나님께서 보내 주신 사람들을 제대로 도왔는가?"
"개개인에게 맞는 공부를 계획하고 수행했는가?"
이런 것들을 점검하다 보면 의견 충돌이 생기고 본의 아니게 서로 감정적 상처를 주곤 합니다. 이런 싸움은 감정적으로만 아니라 육체적으로도 간사들을 지치게 만들었습니다. 심하면 탈진할 수 있다는 것도 알았습니다. 탈진은 흔히 육체적 과로 현상처럼 보이지만 사실은 감정적 영적 피로가 누적된 결과입니다.

다섯째, 제일 어려운 것은 사생활이 공개되는 것이었습니다. 아무리 집이 넓다고 해도 많은 사람들이 살면서 벌어지는 일들을 서로 마주치기가 힘듭니다. 손님들끼리 싸우는 것은 차치하고라도, 우리 아이들끼리 싸우는 것이 공공연히 드러나거나, 부모가 아이들을 꾸짖는 태도도 보이게 되고, 부부간의 일, 등 실제 가정생활에서 일어나는 모든 일들이 낯선 손님들에게 그대로 보여진다는 것입니다.
간사 가정을 보호하기 위해, 가능하면 하루에 한 끼 정도만 손님들과 식사를 나누도록 제한하려고 하지만 간사들이 충분하지 않을 때는 하루에 두 끼, 세 끼를 대접해야 하거나 손님들과 하루 종일 식사만 아니라 모든 일에 부대낄 때가 있습니다.
학숙 사역의 특성상 가족의 사생활이 여러모로 노출되거나 침해를 받는 것은 피할 수 없다고 생각합니다만, 최소화하기 위해 노력하지 않으면 그 피해는 나중에 나타납니다.

여섯째, 경제적 불안정도 큰 짐이 되었습니다. 학숙을 하기 전에는 먹고 사는 문제는 큰 부담이 없었습니다. 가족만 책임지면 됐기 때문입니다. 그러나 학숙을 시작한 후로는 집 관리비와 찾아오는 손님들의 식사까지 모든 경제를 책임져야 한다는 중압감이 컸습니다. 천하보다 귀한 한 사람의 생명을 살릴 수 있다면 합숙 사역은 매우 가치 있는 일인 것은 분명합니다. 그러나 청년들을 집에서 먹이고 재우는 것은 그룹 스터디나 강의 사역과는 재정적인 면에서도 차이가 많이 났습니다.

식비도 충분하지 않았지만, 간사 월급도 제때 받은 적이 별로 없었습니다. 그러다 보니, 협동간사들이나 파트 타임 간사들에게도 월급을 제때에 지불하기가 힘들었습니다. 어떤 때는 저희 부부는 나중에 받거나 아예 못 받는 경우도 있었지만, 그분들에게 먼저 지불하기도 했습니다. 그러나 그것도 몇 달 이상 지속되면 버티기 힘들었습니다. 합숙 사역은 영적 싸움이나 지적 싸움만 아니라 감정적, 경제적 싸움이기도 했습니다(경옥, 2008년 12월 가족편지에서).

7장 개인 상담과 공개 강연

사람들은 누구나 개인적으로 만나서 이야기를 나누고 싶어 합니다. 단 둘이 만나서 이야기를 하다 보면, 정도 들고 하고 싶은 이야기를 마음대로 할 수 있기 때문입니다. 라브리에서도 친근감의 표시, 개인지도의 필요성, 상담을 위해 개인적인 대화를 자주합니다. 단 둘이서 만나서 이런저런 이야기를 나누다 보면 우정과 신뢰가 깊어지는 것은 인지상정(人之常情)입니다.

독대(1:1 만남)의 장·단점

라브리의 사역의 특성상, 개인 면담은 필수적입니다. 주로 싱글들이 오기 때문에, 그중에는 아주 잘생긴 젊은이들도 많고 데이트나 섹스와 관련된 상담이 많습니다. 많은 경우에 부부가 같이 만났지만, 부부가 같이 만날 수 없을 때는 단 둘이서 만나야 합니다. 그때는 심리적 부담이 되지 않을 수 없습니다.

감사하게도 저희 부부는 라브리 사역을 시작하던 초기에, 20년 동안 라브리 사역을 해 본 제람 바즈(Jerram Barrs, 미국커버넌트신학교 교수)라는 선배 간사가, 1992년에 서울 라브리를 방문하고, 부탁한 말씀이 큰 도움이 되었습니다.

> – 상담실은 밖에서 안이 훤히 보이도록 유리가 달린 방이어야 하며, 배우자나 아이들이 언제든지 들어올 수 있는 장소여야 합니다.

상담 혹은 독대(獨對, 1:1 만남)를 하다 보면 유익도 있지만 위험도 있습니다. 평소에 잘 아는 사람으로부터 전화를 받고 1:1로 만났으나, 별로 할 이야기가 없을 때도 많았습니다. 어떤 경우에는 단지 안면을 트거나 친분을 쌓기 위해 만날 때도 있었습니다. 간혹 사람에 따라서는 은밀한 이야기를 듣고 싶어 하거나, 매우 사적인 이야기를 듣고 싶어서 따로 만나자고 하는 경우도 있었습니다.

1:1 대화를 하다 보면, 당사자들이 아닌 제3자에 대해 허물을 들추거나 뒷담화를 하기가 쉽습니다. 특히 상담이나 의논을 빙자하여 다른 사람들의 비밀을 은밀하게 고자질하는 경우도 듣기 쉽습니다. 다윗과 아히멜렉의 대화를 엿들은 도엑의 고자질은 성경에서도 가장 유명한 1:1 대화의 역효과입니다(사무엘상 21:1).

그때 다윗은 사울을 피해 도망다니다가 부하도 없고 다른 제사장도 없이 혼자 대제사장 아히멜렉을 찾아가서 빵과 칼을 부탁했습니다. 그러나 혼자 만나면 불필요한 언행남발, 약속불이행, 오해, 엿듣는 사람 등이 생길 수 있다는 것을 간과했습니다. 다윗은 아히멜렉과의 1:1 대화에서 큰 실수를 했습니다. 누가가 잘 분석했습니다.

> 다윗이 아히멜렉에게 진설병을 얻어먹고는 빵 다섯 개를 달라고 부탁했는데, 염탐자가 들었을 때, 빵 다섯 개는 혼자 먹기에는 너무 많고 한 부대가 먹기에는 너무나 적은 양이므로, 다윗은 대략 10여 명이 자기와 같이 도망다니고 있다는 정보를 흘려버린 것이다. 그리고 골리앗의 칼을 달라는 소리까지 흘렸다.

은밀하게 이야기한다는 것이 그만 일급정보를 유출한 것입니다. 그러나 다윗이 아히멜렉과 나눈 이야기를 부하들에게 발설했는지 모르지만, 그것이 문제가 되지는 않았습니다. 아마 아히멜렉은 다윗과의 대화 내용을 일체 발설하지 않은 것 같으며, 아마 죽는 날까지 자기 가슴을 비밀의 무덤으로 만들었을 것입니다. 독대한다고 해서 절대 비밀이 새 나가지 않는 것이 아니라는 것을 명심해야 할 대목입니다.

물론 1:1 대화를 나눈 당사자들이 서로 비밀을 지키지 못할 때는 그 결과는 매우 참담합니다. 배신자가 생기는 것만 아니라 경우에 따라서는 여러 가지 파장이 생길 수 있습니다. 최악의 경우에는 많은 사람이 원인도 모르고 원수가 됩니다. 그렇게 되면 회복이 불가능할 정도로 신뢰가 깨질 수도 있습니다.

도엑이 문제아였습니다. 그는 몰래 다윗과 아히멜렉의 이야기를 전부 엿들었습니다. 아마 다윗과 아히멜렉은 도엑이 친절하게도 마실 차를 날라 주거나 과자를 내놓는다고 생각했지, 자기들의 이야기를 엿듣고 있다고는 생각하지 못했을 것입니다. "낮말은 새가 듣고 밤 말은 쥐가 듣는다."는 교훈을 잊어버린 것입니다. 두 사람의 이야기를 엿들은 도엑은 사울에게 다 고자질해 버렸습니다.

> 그날에 에돔 사람 도엑이 거기 있기로 그가 반드시 사울에게 고할 줄 내가 알았노라(사무엘상 22:22).

눈치가 빠른 다윗이 그것을 놓칠 리가 없습니다. 그러나 다윗은 아무런 대책을 세우지 않았습니다. 아마 도엑의 목숨을 끊는 것 외에는 도엑의 입을 닫게 할 수는 없을 것이라고 생각했거나, 그렇게 빨리 사울에게 고자질을 할 줄은 몰랐는지 모릅니다.

독대는 불필요한 언행남발이나 약속 불이행, 오해 위험도 많고 혹시 "비밀을 지키자."고 약속을 하고도 지키기가 매우 어렵기 때문에, 다음과 같은 경우는 독대를 피하는 것이 좋습니다.

1. 매우 잘생기거나 야하게 입은 이성(異性)

2. 동성(同性) 간이라도 성적 지향성이 특이한 사람
3. 심리적으로 불안정한 사람
4. 이단에 속하거나 이단에 속한 사람으로 의심되는 사람
5. 평소에 말이 많은 사람
6. 독대 혹은 1:1 대화를 유난히 좋아하는 사람
7. 독대에서 나눈 이야기를 다른 사람들에게 흘린 경력이 화려한 사람

이런 사람들과는 독대를 피하는 것이 좋습니다. 피치 못하여 독대를 할 때는 반드시 개방된 장소나 다른 사람들과 같이 만나는 것이 좋습니다. 특히 대화 내용이 "극비를 요하는 사항"이라고 할 때는, "나도 비밀을 끝까지 지킬 수 없는 인간이다."라는 것을 말하는 것이 좋습니다. 그래도 비밀 독대를 원할 때는 짧고 핵심만 말하게 하고 다음에 다시 이야기하도록 하는 것이 좋습니다.

독대의 성경적 근거는 하나님께서 우리를 개인적으로 만나주시고, 우리도 그분에게 기도하고 그분의 음성과 인도에 귀를 기울일 수 있다는 데 있습니다. 예수님도 가족이나 친한 사이의 1:1 대화를 많이 하셨습니다. 그러나 공적으로는 1:3 혹은 1:2 만남을 선호하셨다는 것을 기억해야 합니다. 겟세마네 동산이나 변화산에 올라가실 때에서도 제자들 중에 혼자만 따로 데리고 가시지 않고, 베드로와 야고보와 요한 등 두세 명을 따로 불러 데리고 가셨습니다.

엿새 후에 예수께서 베드로와 야고보와 그 형제 요한을 데리시고 따로 높은 산에 올라가셨더니, 저희 앞에서 변형되사 그 얼굴이 해 같이 빛나며 옷이 빛과 같이 희어졌더라. 때에 모세와 엘리야가 예수로 더불어 말씀하는 것이 저희에게 보이거늘(마태복음 17:1-5).

예수님이 1:1보다는 1:2, 1:3 대화를 좋아하신 데는 많은 이유가 있으셨겠지만, 1:1 대화의 유익성보다는 위험성을 숙지하셨기 때문이 아닐까요? 1:1 대화는 꼭 필요할 때만 하는 것이 좋습니다. 저희도 1:1 대화를 좋아하고 자주 할 수밖에 없는 인생을 살았습니다. 그러나 꼭 필요할 때만 하려고 노력하고 있습니다.

만약 상대방이 과묵한 사람이거나 입이 무거운 사람이라는 평가가 있을 때에라도 조심하는 것이 좋습니다. 물론 평소에 말이 많은 사람이거나 혼자 1:1 대화하기를 좋아하는 사람이라면 특별한 주의가 필요합니다. 정말 중요한 이야기나 진실한 이야기는 독대보다는 부부가 같이 만나거나 친구들이나 증인을 두고 만나는 것이 좋습니다.

동성애 상담

독대가 꼭 필요했던 상담은 성적인 고민 상담이나 동성애 상담이었습니다. 1990년 중반부터 라브리에도 동성애자들이 한둘씩 찾아오기 시작했습니다. 대학생, 청년들만 아니라 선교단체 간사와 전도사들도 있었습니다.

인경은 기독교윤리실천운동 문화전략회의 회원으로 활동하며, 캠퍼스마다 벌어지는 성 축제에 초청받아 동성애 반대 강의도 하고, 동성애의 철학적 아버지라 할 수 있는 '미셸 푸코'의 성담론을 비판하는 글을 쓰기도 하고, 동성애 공청회에 나갔다가 욕을 얻어먹기도 했습니다. 그러나 동성애 상담은 앞으로 다가올 양성애 상담, 혼성애 상담 등 여러 가지 '성 상담'의 시작에 불과했습니다.

한국은 차별금지법이 국회에 아직 계류 중이지만, 미국 연방대법원은 2015년 6월 26일(현지시간)에 동성 결혼이 합헌이라는 결정을 내렸습니다. 앞서 2003년 6월 27일에 미국 연방대법원에서 "'소돔법(Sodomy Law)'은 인권에 반한다."는 판결을 내린 적이 있는데, 이번에 다시 한 번 재확인한 것입니다.

미국, 네덜란드, 캐나다, 호주 등에는 동성애 결혼이 합법적입니다. 그리고 납세, 입양에 법률적인 불이익을 받지 않고 있습니다. 한국에도 처음에는 대학 캠퍼스에서 동성애 서클이 하나둘씩 생겨나더니, 이제는 퀴어 페스티벌이나 퍼레이드를 하고 있으며, 국제적인 연대를 도모한다는 말도 들립니다.

동성애혐오자들도 늘어나고 있는 것이 사실입니다. 2012년 5월, 서울 잠실체육관 앞에는 미국 팝가수 레이디 가가(Lady GaGa)만 보러 온 사람들이 있었던 것은 아닙니다. 거기에는

"무슨 수를 써서라도 그 악마의 창녀가 대한민국을 동성애자 소굴로 바꾸려 하는 것을 막아야 한다."는 사람들도 있었습니다. 앞으로 그런 사람들이 더 늘어날 것으로 보입니다.

그 사이에 동성애가 인권 문제로 바뀌었습니다. 동성애를 '민주화 운동의 연장'으로 보고 있는 사람들은 '정치 민주화', '경제 민주화', '교육 민주화'와 같은 연장선에서 '성 민주화'가 이루어져야 한다고 보고 있습니다. 물론 '소수 의견'이 존중받고, '을의 인권'이 관철되는 사회야말로 성숙한 사회이고 민주사회입니다. 그러나 '민주와 인권'이란 이름으로 도덕적 문제가 미화되거나 정당화되는 사회를 진정한 민주사회라고 할 수 있을까요?

동성애는 인권 문제이기도 하지만 그 전에 윤리 문제이며 신학 문제입니다. 그런데 동성애 이슈에 대해 힘을 합해도 모자랄 판인데, 기독교인들이 분열했습니다. 1990년대 중반에, 인경은 동성애자들을 상담하고 돕느라 바쁜 시간을 보내고 있는 중에, 동성애자들보다는 오히려 동성애를 지지하는 신학자들이나 기독교인들로부터 많은 공격을 받았습니다. 그중에 몇 가지만 소개합니다.

1. 동성애를 창조 질서에 어긋난다고 말하는 사람은 동성애 혐오자라는 것입니다. 동성애 전문지 「버디」의 공격입니다.

성인경 목사는 동성애가 하나님의 창조 질서를 어기는 것이라고 본다. 일부일처, 결혼제도와 자녀 출산, 가족제도의 파괴를 가져온다는 것이다. 동성애가 남녀에 대한 창조의 원리를 부정하는 것이라면 동시에 독신이나 일부다처의 풍습을 간직했던 훌륭한 신앙의 선배들(예를 들면 구약의 족장들의 경우)도 창조의 원리를 위배한 것이라고 주장하는 것이 공평하지 않은가? 그렇지 않다면 독신이나 족장들의 일부다처가 창조 원리에 대한 반역이 아니듯이 동성애도 마찬가지 아닌가? … 믿음의 선진들의 독신 생활이나 일부다처를 행한 것에 대해서는 말하지 않으면서 동성애에 대해 그렇게 말하는 것은 혐오 때문이 아닌가?*

2. 동성애를 죄라고 말하는 것은 현실에 뒤떨어진 소리라는 것입니다. 이화여자대학교에 있다가 지금은 미국 유니온신학교로 간 한 교수가 그런 비판에 앞장섰습니다.

> 동성애 문제를 지속적으로 연구해 온 국제라브리 단체 성인경 목사는 신학적으로 보자면 동성애가 하나님의 창조 원리에 반하는 것은 자명한 사실이라며, 성경에는 동성 간의 우정은 무방하지만 성적인 사랑은 옳지 않으며 순리에 어긋난다고 말했다. 그는 동성애자라는 이유로 (교회가 그들을) 배척

---

* 「버디」 1998년 제7호, 「낮은울타리」 "동성애 특집에 대해", 1997년 7월.

해서는 안된다고 말하면서도, 신학적으로 볼 때 동성애는 명백한 죄악이라고 거듭 주장했다. 그것은 성경에 돼지고기, 비늘 없는 물고기를 먹지 말라고 되어 있지만 이것이 지금의 현실과 전혀 맞지 않은 것처럼 동성애도 현실적으로 맞지 않다는 것을 모르는 소리이다.**

3. 동성애에 대해 구약과 바울보다 예수를 따르지 않으면 비복음적이라는 것입니다. 한 감리교신학대학원생의 비판입니다.

> 성 목사가 동성애를 비판한 글은 주로 구약의 토라(모세 5경을 말함)와 신약의 고린도서(바울서신이다)의 말씀을 성경의 권위적 기준으로 제시되고 있는 것이 고작이다. 나는 '예수님이라면 과연 어떤 생각을 하셨을까?' 하는 궁금증이 앞선다. 예수 당시의 사람들도 굳어지고 화석화된(죽은) 율법(토라)의 언어에 의해 억울하게도 '죄인'이라는 이름까지(안 그래도 억울한데) 뒤집어쓰게 되었던 것이다. 예수는 어떠하셨는가? 그분은 그들에게 '구원'을 선포하셨고 '해방'을 주셨다. 굳어지고 화석화된 '율법'의 정죄로 부터 '자유'를 주셨던 것이다. 그리하여 그들이 진정으로 '하나님의 자녀'됨을 약속해 주셨다. 나는 '율법'도 좋고 '바울'도 좋지만, '예수님'이 더 좋다.

** 「한국일보」, "동성애 논쟁", 2004년 6월 17일.

· 예수님은 동성애를 반대하신 적이 없지 않은가?*

그 밖에도 동성애 지지자들은 소돔 고모라 사람들이 천사들과 '동성애를 하고자(상관하고자)' 한 것은 당시 중동 지방의 손님 접대 문화의 일환이었다는 것이나, 모세오경에 단지 몇 번 나오는 말씀으로, 즉 "나는 여호와니라 너는 여자와 교합함같이 남자와 교합하지 말라 이는 가증한 일이니라(레위기 18:22)." 와 같은 말씀으로 동성애를 죄라고 할 수 없다는 말이나, '바울 사도의 생각은 예수님의 가르침과 다르게 바리새인적이고 쇼비니즘적이다.'라는 주장을 하며 인경을 집요하게 괴롭혔습니다. 한 청년의 상담 편지도 비슷한 신학적 공격을 견디다 못해 보낸 것이었습니다.

> 청년 : 저는 서울 광화문에 있는 한 교회에 다니는 23살 청년입니다. 제가 최근에 어느 기독교 단체에서 하는 한 강좌를 듣게 되었는데, "동성애는 창조 섭리에 비춰볼 때 부자연스럽지만, 정죄해서는 안된다."라는 것이었습니다. 첫째 이유는 만약 동성애를 창조 섭리에서 벗어난다고 할 수 있다면 독신도 창조 섭리와 일치하지 않는다고 말해야 되기 때문이라고 말했습니다. 둘째 이유는 레위기 18장과 20장에 나온 동성애 금지 규정을 당시 맥락에서 살펴보면 '탐욕적 동성애'는 죄악시 할 수 있지만 그렇다고 '헌신된 동성애'까지 정죄하는 것은 아니라는 것

---

*「버디」, 1998년 제7호, "우리는 과연 하나님의 편에 서 있는가?"

입니다.

즉 레위기가 금지하는 것은 애굽과 가나안의 문화가 낳은 다산 문화, 현세적 욕망, 탐욕이 부부간에 이뤄져야 하는 진실한 성관계를 넘어서서, 근친 간의 성관계, 동물과의 성관계, 동성 간에 행해지는 성관계라는 것입니다. '탐욕적 성관계'는 상대를 대상화하고 착취하는 성관계이므로 정죄하는 것이 당연하다고 합니다. 그러나 레위기가 금지한 동성 섹스는 탐욕적 섹스이지 '헌신된 동성애'가 아니라는 것입니다. 레위기에는 '헌신된 동성애'에 대해 부정적인 언급이 전혀 없다는 것입니다. 그리고 로마서나 고린도전서에서도 당시에 유행했던 동성 매춘이나 어른 남자와 소년 남자 간의 종속적 성행위, 여성 간의 성행위 등을 금지한 것도, 매춘이나 왕실에서 이루어졌던 권력 관계 내에서의 성행위였기 때문이지, 헌신되고 진실한 동성애에 대한 정죄는 아니라고 합니다. 이런 논리가 성경적이고 복음주의적인가요?

간사 : 이야기의 제한적인 내용을 근거로 해서 '동의한다(agree)'는 말과 '부정한다(deny)'란 말로 간단하게 정리해 보겠습니다. 혹시 추가 질문이 있으시면 제가 쓴 "동성애자들을 도웁시다."라는 글을 읽으시든지 다시 만나서 이야기합시다.

첫째, 저는 "동성애는 창조 섭리에서 벗어난다."는 말은 동의하지만, "독신은 창조 섭리와 일치하지 않는다."는 말은 부정합니다. 즉 독신이 창조 섭리와 일치하지 않는데도 허용되는 것처럼 동성애를 창조 섭리와 벗어난다는 이유로 정죄할 수 없다고 하는 말을 부정합니다. 비록 하나님은 남자와 여자를 지으셨지만 독신을 창조 섭리에서 벗어나거나 죄라고 말씀하신 적은 없기 때문입니다.

혹자는 "혼자 사는 것이 보시기에 좋지 못하니(창세기 2:18)"라는 말씀에 근거해서 독신은 창조 섭리에서 벗어난다고 해석하기도 하지만, "좋지 못하니"라는 말씀을 지나치게 부부관계 중심적으로 해석하여 '어긋난다' 혹은 '죄악이다'라고 해석할 근거가 없으며 '기쁘지 않다' 혹은 '행복하지 않다'라고 해석할 수도 있습니다.

더구나 성경 전체를 볼 때 독신을 죄라고 말하는 구절은 찾을 수 없으며, 예수님, 바울 사도가 그렇게 사셨듯이 독신은 정당한 것입니다. 그러나 동성애는 신구약성경의 여러 곳에서 부도덕한 죄라고 말하며 정당하지 못한 것이라고 말합니다. 그러므로 정당한 독신생활과 동성애는 전혀 다른 문제인데, 독신을 빙자하여 동성애를 정당화하려는 것은 논리적 비약이라고 생각합니다.

둘째, 저는 "구약의 동성애 금지 말씀은 탐욕적 동성 섹스를 금한 것이다."는 말은 문자적으로 동의하지만, "헌신된 동성애를 금지한 것이 아니다."는 말은 부정합니다. 즉 "레위기의 동성 섹스 금지 규정은 당시의 타락한 문화적인 욕망을 정죄하는 윤리"라는 것에 대해서는 동의하지만, "그렇다고 레위기가 정죄하는 동성애는 난잡하고 탐욕적인 동성애이지 상대를 향한 깊은 헌신과 내어줌의 동성애는 정죄 대상이 아니다."라는 말은 부정합니다.

성경 어디에서도 "탐욕적 동성애는 금지하지만 헌신적 동성애는 가능하다."는 이중적이고 상황적인 논리를 찾을 수 없다고 봅니다. 그런 주장은 고대 로마 사람들이 거부했던 "보편적 규범은 없다."라는 것이며, 니체가 주장한 "신체적 주체 행위", 푸코에 의해 추진된 "성행위의 도덕적 주체"라는 논리의 적용 혹은 실천이라 생각합니다. 결국 그들이 노리는 '성(性)의 다가성(多價性)' 혹은 '자기 배려의 정교화'의 목표는 혼전 성관계, 혼외 성관계, 동성애, 매춘 등을 정당화하고, 복음주의가 주장하는 이성애적인 사랑과 부부관계 안에서의 성관계 윤리를 해체하려는 음모입니다.

솔직히 말하면 동성애 상담에는 거의 열매가 없었습니다. 그들은 우리가 감당하기 어려운 자기 주장이 있었습니다. "성경도 중요하지만 내가 원하는 대로 살고 싶습니다." "나도 도덕적 주체자가 되고 싶습니다." "동성애는 자기 배려의 또다른 모습이거나 행동입니다." 즉 자기의 생각과 습관을 바꾸지 않겠다는 말입니다. 가끔 한 미국 여성이 고백한 말과 같이 반가운 말을 들을 때도 있습니다. 그러나 그런 경우는 좀처럼 없었습니다.

- 우리는 사람들의 따가운 눈초리를 피해 동성애자들을 따뜻하게 맞아주는 한 교회에 출석했습니다. 거기에서는 하나님의 말씀으로 우리의 성생활을 정당화해 주었습니다. 그러나 그것은 우리 자신들을 속이는 설교에 지나지 않았습니다. 성경을 직접 읽다가 동성애가 죄라는 것을 알고는 회개하는 길을 찾았습니다. 그리고 오랜 치유 시간이 지난 후에야 이성 파트너를 찾아 행복하게 살고 있습니다.

신촌 ESF 강의 초청

공개 강의를 하는 것과 개인 상담 중에 어느 것이 쉬울까요? 저희 경험으로는 개인 상담이 훨씬 쉬웠습니다. 공개 강의를 하는 데는 용기가 필요했고 공부가 선행되어야 했습니다. 저희 부부는 강의를 하려고 공부하고 글을 쓴 것이 아니라 찾아오는 청년들의 질문에 대답을 하려다 보니 밤새 공부도 하고 글도 쓰게 되었습니다.

글을 쓰자마자 그것을 여러 사람들에게 보내 드리기도 하고, 「라브리 편지」, 「복음과 상황」 등에 발표할 기회도 얻었습니다. 글을 보내거나 발표하면 다양한 반응이 나타났습니다. 첫 번째 반응이 강의 요청입니다. 원고 청탁이나 인터뷰 요청은 그 다음입니다. 마지막이 상담 요청입니다.

'영성'에 대한 첫 번째 외부 강의는 김호열 목자의 초청으로 신촌 ESF에서 한 것이 시작이었습니다. 1980-90년대만 해도 '영성(spirituality)'이란 말은 매우 낯선 말이었고 잘 받아들여지지 않던 개념이었습니다. 영국 라브리에서 만난 적이 있는 김호열 목자가, "요즘 쓴 글이 있느냐?"고 묻기에, "바른 영성이란 무엇인가?"라는 원고를 보여 줬더니, 서대문 모임(서강대학교, 연세대학교, 이화여자대학교 연합 모임)에 와서 강의를 해 달라고 했습니다.

그 이후로 영성 강의를 수백 번 이상 더하게 될 줄은 줄은 상상도 하지 못한 채 말입니다. 알고 보면, 그것은 김호열 목자가 인경을 두 번째 깨운 것이었습니다. 첫 번째 도전은 인경이 영국 라브리에서 공부하다가 인생의 방향을 잃고 있을 때였습니다. 김호열 목자가 안식년을 얻어 영국 라브리에 와서 공부하면서 5·18의 실상, KAL기 참사, 대학생 운동권의 흐름, 기독학생 청년들의 고민, 독재정권의 야누스적 얼굴 그리고 한국 교회의 침묵 등에 대해 이야기해 준 것이 그것이었습니다. 그가 한국으로 돌아가기도 전에 이미 인경의 마음은 청년 사역을 위해 조국으로 뛰어가고 있었습니다.

인경은 ESF를 다녀 온 후에, IVF, SFC, CCC와 같은 학생 선교단체에서 '영성', '문화', '세계관'을 강의하기 위해 이리저리 불려 다니며 보따리 장사를 했습니다. 서울을 떠날 때 즈음에는 강의 초청이 너무 많아서 고민을 해야 할 정도가 되었습니다. 그것은 하나님이 주신 또 다른 공부 기회였습니다. 학생 청년들의 질문에 대답하느라 공부할 수 있었던 것만 아니라, 여러 단체와 교회의 지도자들을 만나 청년 사역에 대한 여러 가지 실제적인 지혜를 배울 수 있는 기회가 되었습니다.

경옥은 극동방송에서 1년간 방송했던 교육 칼럼을 모아 『엄마가 엄마에게』(호도애)라는 책을 발행했습니다. 황성주 박사의 격려와 종용이 없었더라면 아이 셋을 키우며 찾아오는 학생들에게 밥해 주던 "아줌마"가 책을 내기는 불가능했을 것입니다. 책이 나오자, MBC, KBS "아침 마당" 등에 출연을 했고, 여러 여성 잡지에 글도 쓰고 인터뷰도 자주 했습니다.

경옥은 수많은 교회 유치부 등 교육 부서에서 강의 요청을 받았지만 다 가지 못했습니다. 그 대신에 공석 중이던 후암교회 영아부 전도사를 맡아 모 교회를 돕는 것을 더 기뻐했습니다. 멀지 않아 적임자가 생기자마자, 라브리 본업에 충실하면서 외부 강의를 다시 다니기 시작했습니다.

경옥이 그때 자주 다루었던 화두는 '자녀 교육', '여성의 사회 참여', 즉 '집안 살림하고 아이 키우는 것이 쉼표 인생인가?'라는 주제였습니다. 특히 '젊은 엄마들이 아이 양육을 기피하는 잘못된 이유'를 지적하곤 했는데 「주부생활」, 「우먼센스」 등 여성 잡지에서 많이 다루었습니다.

그 즈음에 YWAM에서 특별 부탁이 들어왔습니다. 제주열방대학 기독교 세계관 강사를 정기적으로 맡아 달라는 것이었습니다. 한국에서 열린 국제회의에서 비샬 망갈와디(Vishal Mangalwadi) 박사 등이 저희를 추천했던 것 같습니다. 그 바람에 열방대학과 목회자학교, 독수리학교 등에서 수 백 시간 이상 강의했습니다. 그 후에 CMF, SFC, UBF 등에도 가게 되었습니다. 그러나 인경이 가장 자주 간 곳은 전국에 있는 IVF 지부와 예수전도단 DTS 코스였습니다.

한번은 라브리에 공부하러 온 IVF 학생 하나가 인경을 보고는 깜짝 놀라며 하는 말이, "어떻게 IVF 간사님이 라브리에 계세요?"라고 말할 정도였으니까요. 아마 여름 겨울 수련회 때는 물론이고, 학기 중에도 전국의 IVF 모임이라면 거절하지 않고 돌아다녔기 때문에, 인경이 IVF 간사인 줄 알았던 것입니다. 서울과 부산 등에 있는 학사회 모임에도 여러 번 갔습니다. 덕분에 선교단체 학생들이 지어 준 별명이 몇 개 있습니다.

> **KFC** 둥근 얼굴에 흰머리카락과 지팡이를 짚고 다니는 아저씨
> **한국의 쉐퍼** 강의 중에 쉐퍼를 많이 인용하지는 않지만 꼭 한 번은 하는 사람
> **기독교 세계관 전도사** 가는 데마다 기독교 세계관을 전하는 사람

처음에는 선교단체를 다니며 강의를 많이 했는데, 점차 여러 교회로 가서 평신도들을 만날 수 있는 기회를 얻었습니다. 새문안교회, 영락교회, 충현교회 등 유서 깊은 교회는 물론이고 충신교회, 전주열린문교회, 가평한성교회, 삼양교회, 도곡교회, 대한화재 신우회, 광림교회, 산업은행본점 등에서 강의 했고, 나중에는 대형 교회라고 하는 여의도순복음교회 대학부나 사랑의교회 청년부, 온누리교회 청년부 등에는 여러 번 갔습니다. 그러다 보니 어느 한 해는 일 년 365일 중에 100일 이상 외부 강의를 다닌 적도 있었습니다.

물론 '주 강사'로 성경 강해나 설교를 맡기도 했지만, 그런 경우는 많지 않았습니다. 주로 인경은 수련회 중간에 한두 시간 하는 특강 강사를 많이 맡았습니다. 그것도 감사하여 한 시간 강의를 위해 몇 시간씩 차를 타고 가거나 하룻밤을 자고 와야 할 때도 많았습니다.

그리고 '강사비'를 받기보다는 주로 '선물'을 많이 받아 왔습니다. 학교 문양이 새겨진 티셔츠나 필통, 만년필 등이었습

니다. 아직도 인경의 책상에는 고려대학교에서 받아 온 필통도 있고, 숙명여자대학교에서 준 스탠드도 있고, 이화여자대학교에서 받은 만년필도 있고, 어느 교회에서 받은 사진첩도 있습니다.

강사의 보람과 한계

외부 강의는 기회인 동시에 공포입니다. 인경은 한신대학교에서 했던 공개 강좌를, "그 많은 외부 강의 중에서 결코 잊을 수 없는 강의"라고 종종 말합니다. 그 집회는 최용철 전도사(태백 정선교회 목사)가 인도하던 '라브리 동아리'가 주최한 모임이었습니다. 학생들의 동아리 모임이라 편안한 마음으로 갔는데, 각종 신학적 주제와 사회적 이슈에 대한 질문이 쏟아지는 바람에 혼이 나서 집에 돌아온 적이 있습니다. 그날 가장 어려웠던 공개 질문은 다음과 같은 단순한 질문이었습니다.

— 창세기 1–11장을 역사라고 믿습니까 아니면 신화라고 믿습니까?

역사적 사실이라고 설명했으나 속이 시원하지 않았든지 거듭 추가 질문을 받았고, 대답과 질문이 반복되면서, 학생들을 설득할 만큼 강사가 대답할 말이 준비되지 않았다는 것을 절감했습니다. 그리고 『반지의 제왕』을 쓴 톨킨(J. R. R. Tolkien)이

루이스(C. S. Lewis)를 전도할 때의 논리인 "에덴의 메아리", 즉 "창세기는 진짜 신화이며 다른 모든 신화는 진짜 신화의 메아리"라고 설명을 해도 먹혀 들어가지 않았습니다. 실력도 부족했지만 성령이 사람의 마음을 열지 않으시면 어떤 설득도 할 수 없다는 것을 절감했습니다.

그리고 익숙하지 않은 청중들 앞에서 주님의 능력과 말씀에 전적으로 의지하지 못하고 안절부절 했던 것이 부끄러웠습니다. 한동안 공개강좌에 대한 공포심을 느껴서 학생들이 많이 모이는 대중 강의를 기피하기도 했습니다. 그리고 인간의 제한된 지식이나 잔꾀를 부리려고 하지 말고 하나님의 말씀을 진리로 잘 전하는 것이 얼마나 중요한가를 깨달았습니다. 한편으로는 진리를 전할 수 있는 기회를 얻었기 때문에 강사의 보람을 느끼면서도, 다른 한편으로는 매우 위험한 일이고 개인 상담이나 개인 지도보다 인격적 대화를 나눌 수 없다는 한계를 강하게 느꼈습니다.

1995-1998년은 외부 강의를 가장 많이 다니던 시절이었습니다. 한동대학교 설립 초기에 언론정보문화학부 학과장이었던 김연종 박사의 초청으로, 인경은 매주 한 번씩 서울에서 포항까지 비행기로 출강을 했습니다.

특히 여름과 겨울에는 집에 붙어 있을 시간이 없었습니다. 그때는 라브리 문을 닫고 강의만 다녔으니까요. 어느 한 해 여름에는 약 10개 교회 청년부와 선교단체 수련회를 인도하고 온 적도 있었습니다. 내수동교회, 사랑의교회 등 큰 교회만 아니라 작은 교회 대학부 청년부에도 갔습니다.

그러나 강의를 많이 다닐수록 강의에는 한계가 있다는 것을 점차 깨달았습니다. 어떤 주는 한 주에 두 번 수련회를 다녀온 적도 있었는데, 주초와 주말로 나누어서 다녀왔기 때문입니다. 청년들에게 복음을 전하는 데 거의 미쳤던 것입니다. 그렇게 한 여름을 돌아다닌 덕분에, 한국 교회 청년부와 선교단체 대학생 집회의 장단점을 어느 정도 파악하게 되었습니다.

수련회를 가 보면 청년들에게 긍정적인 면이 많았습니다. 첫째, 일시적으로 잠시 "은혜를 받고 흥분하는 것"보다는 말씀을 깨닫고 전인격적인 변화를 추구한다는 것이 뚜렷했으며 둘째, 현대 문화와 사상의 흐름에 대해 무관심하지 않고 적극적으로 대처하려 하며 그 방법에 대한 관심이 증가하고 있으며, 셋째, 수양회 프로그램이 형식과 훈련에 치우치기보다는 여유 있고 실속 있게 운영되고 있다는 것 등입니다.

여전히 고답적인 점도 있었습니다. 1. 형식적인 개, 폐회 예배와 식사용 성구암송, 모르는 사이도 아닌데 명찰 달기 등은 여전했으며 2. 빡빡한 프로그램을 의자도 아닌 바닥에 앉혀서 진행하는 것도 여전하고, 3. 머리가 아플 정도로 요란한 찬양 시간은 길지만 대화 없는 개인 묵상이나 식탁 대화는 없는 것 등은 아직 그대로라는 생각이 들었습니다.

그리고 강의를 다니면서 기독교 세계관 공부를 더 강화해야 겠다고 다짐을 하게 되었습니다. 왜냐하면 선교단체에는 이단(異端)들에게 미혹된 대학생들이 많고, 대학교에서는 주사파(主

體思想派) 논쟁에서 기독 청년들이 맥을 못 춘다는 이야기를 많이 들었으며, 거의 모든 집회에서 각종 성(性)담론과 동성애 이슈에 대해 속수무책이란 소리도 들었기 때문입니다.

옛날에 고린도교회가 혼합주의에 직면했던 것처럼 한국 교회가 여러 가지 세계관적 전쟁에 직면했는데도, 아직 기도만 하거나 성령 운동으로 그것을 이길 것처럼 이야기하는 것도 문제였습니다. 기도하고 성령 충만하면서도 "하나님을 대항하여 높아진 모든 사상"을 하나님의 말씀으로 부수는, 즉 이론은 이론으로 세계관은 세계관으로 싸워야 하는데 그런 의식이 거의 없는 것 같았기 때문입니다.

강사가 되는 좋은 점이 있다면, 집회 전후로 혼자 있을 시간이 생긴다는 것입니다. 그때마다 저희 부부는 관광보다는 책을 읽든지 영화를 한 편 보든지 지도자들을 만나 교제를 나눕니다. 그러나 가끔은 시상(詩想)에 젖어 '시 같지도 않은 시'를 끄적거리기도 합니다. 부끄럽지만, 다음은 1998년 1월 8일, 눈이 내리는 연대 원주캠퍼스 기숙사에서 'IVF 동북지역 수련회' 중에 쓴 인경의 시입니다.

거대한 손가락 하나에(인경)

나는 오늘 알았다네
아무리 주홍같이 붉은 죄도

아무리 시커멓고 더러운 악도
아무리 꽁꽁 숨겨 놓은 무서운 허물도
백설같이 희어질 수 있다는 그 비밀의 말씀을
"다 덮어 준다."는 그 은혜의 진리를

더러운 냄새를 풍기며 흐르던 저 시궁창도
어제까지 벌거벗은 채로 서 있던 저 앞산도
욕심과 권력으로 꽉 찬 이 내 마음도
거니는 이 없어 외로이 빈둥대는 매지 연못도
여자 애 손 한번 잡자고 오후 내내 눈썰매장을 만든 저 엉큼한
녀석의 심보도
죄악으로 물든 온 세상도

다 덮이고 묻혀 버렸네
온종일 요술 부리듯 흰 눈을 뿌리는
온종일 마술 부리듯 모든 것을 감추는
거대한 손가락 하나에
온 세상을 만드신 그 손가락 하나에
모든 것이 다 덮이고 묻혀 버렸네

8장 후암동
집에서
쫓겨날
위기

라브리는 평소에 '소프트웨어(software)'와 더불어 씨름합니다. 어떻게 청년들의 고민과 질문에 대답할 것인가를 놓고 연구하고 토론하는 것이 주 업무입니다. 그러나 '하드웨어(hardware)', 즉 일할 수 있는 공간이 받쳐 주지 않을 때에는 청년들을 돕는 것이 매우 힘들다는 것을 절감했습니다. 특히 라브리와 같이 집으로 찾아오는 사람들에게 대접하며 전도하는 단체는 '하드웨어'가 없으면 큰 불편을 겪거나 사역 자체가 불가능합니다. 여기에서는 후암동 집 위기 사건을 잠시 회상해 보려고 합니다.

1995년에 예견된 위기

위기는 1995년 여름에 찾아왔습니다. 청년들도 제법 찾아오고 강의하는 기술도 늘어서 한창 재미있게 일하던 후암동 집을 비워 주어야 하는 뜻밖의 일이 발생한 것입니다. 1987년에 영국에서 귀국한 직후부터 그리고 1988년 첫 번째 라브리수양회를 준비하면서부터 줄곧 무료로 사용하던 후암동 집이 경매에 들어가게 되었기 때문입니다.

그동안 저희는 후암동 집을 마치 라브리 소유의 집인 것처럼 아무 불편 없이 편안하게 사용하고 있다가 갑자기 들이닥친 위기였기에 놀람도, 당황도 컸습니다. 그러나 그것은 '예견된 위기'였습니다. 하드웨어에 대해 미리부터 계획을 가지고 대처했어야 했지만, 미처 생각이 거기에 미치지 못했기 때문입니다.

위기의 본질은 후암동 집에서 예상보다 빨리 쫓겨날지 모른다는 것이었습니다. 앞에서 이야기했듯이 그 집은 경옥의 부모께서 "이 집에서 라브리를 시작하시게."라고 하시며 빌려준 집이었지 라브리 소유의 집이 아니었습니다. 경옥의 부친이 운영하던 제재사업이 부도가 나자, 은행에 담보로 잡힌 그 집을 경매에 넘기게 된 것입니다. 우리는 그 집이 은행에 담보 잡혀 있다는 것은 알았지만, 부친의 사업이 그렇게 어려운 줄은 몰랐습니다.

만약 누군가 낙찰을 받으면, 라브리는 바로 쫓겨나게 된 것입니다. 그때는 우리가 "외환 위기"라고 하는 "IMF"가 터지기 2년 전이었는데, 이미 일부 중소기업들은 자금난으로 도산을 많이 하던 때였습니다. 저희는 처음에 '경매'가 무엇인지도 몰랐고, '경매 공포'가 어떤 것인지도 몰랐습니다. 그러나 1차, 2차, 3차 경매가 유찰되면서, 경매의 공포를 점차 실감하게 되었습니다.

– 다음 경매 후에는 이 집에서 나가야 될지도 모릅니다.

긴장이 점차 증폭되었습니다. 찾아오는 학생들과 손님들에게도 특별기도 부탁을 드렸습니다. 그러나 긴장을 이길 길이 없어서 하나님의 약속을 붙잡았습니다.

> 교회는 그리스도의 몸이며 어디서나 모든 것을 넘치도록 채워 주시는 분이 계신 곳입니다(에베소서 1:23).

기도하면서 우리는 서울이나 경기도 근방에서 전세나 월세로 얻을 수 있는 집을 알아보았으나 갈 곳이 없었습니다.

전세는 모아놓은 돈이 없어서 불가능했고, 월세도 비싸서 대학생 청년들이 먹고 자며 살 수 있는 큰 집은 너무 비싸서 포기해야 했습니다. 8월 말에 인경이 보낸 기도편지를 보면, 집 살 생각은 하지 않고, 하나님이 보내는 곳으로 갈 준비만 하고 있었던 것이 분명합니다.

> – 하나님께서 라브리가 거처할 곳을 예비하실 것을 믿습니다. 후암동 집에 계속 머물게 되든지 서울 경기 지역으로 이사하게 되든지 아니면 깊은 산골이든, 어디든지 이사 갈 준비가 되어 있습니다. 하나님이 인도하시는 곳으로 잘 따르도록 기도해 주시기를 부탁드립니다.

한시가 급한 라브리 사정을 들은 경산에 사시는 한 장로님

내외분은 문전옥답(門前沃畓)을 라브리에 줄 테니 거기에 와서 일을 하라고 하셨습니다. 경산에는 영남대학교, 경산한의대 등 대학교가 많기는 하지만, 서울이나 광주에서 너무 멀기도 하고, 인경의 고향이라서 진작부터 포기하고 말았습니다.

경남 마산에 사는 영인 사모는 조상 적부터 내려오는 선산 한 모퉁이를 잘라 주겠다며 오라고 했습니다. 야트막한 산 위에는 작은 오두막까지 하나 있었습니다. 오두막 뒤에는 나무가 우거지고 앞으로는 남해 바다가 내려다보이는 아주 멋진 곳이었습니다. 그러나 당시만 해도 대학생 청년들이 마산까지 찾아오기에는 너무나 힘들 것 같아서 헌납을 받을 수가 없었습니다. 산을 놓친 것은 전혀 섭섭하지 않으나 그 부부를 더 이상 만나지 못한 것이 지금도 아쉽습니다.

전남 강진에 사는 목포대학교 황학주 교수는 손수 지은 황토방이 달린 기와집 한 채를 싸게 사라고 제안했습니다. 다산 정약용이 18년이나 유배생활을 한 초당도 가깝고 고려청자를 굽던 도예촌도 가까운 곳이라 단번에 반했습니다. 그러나 집 바로 뒤에 절이 한 채 있었는데, 그 절을 살 수 없으면 라브리를 운영하기가 힘들 것 같아서 포기하고 말았습니다. 지금도 그 교수 형제의 사랑을 생각하면 가슴이 뭉클합니다.

그러다가 4차 경매가 유찰되자, 주변에 있던 가족들은 물론이고 친구들이 "하나님께서 그 집을 라브리에 주실지 모르니 기도해 보라."는 소리를 하기 시작했습니다. 처음에는 집값이 약 5억 원을 호가했기 때문에 기도할 생각조차 못했습니다. 우리가 생각하기에는 너무나 큰돈이고, 라브리가 그런 비싼 집을 서울 시내 한복판에 소유한다는 것은 꿈도 꾸지 않았으니까요. 그러나 4차 경매를 넘기자 본래 집값이 삼분의 일로 내려왔습니다.

기진이와 혜진이는 걱정 속에서도 하루도 학교를 빠지지 않고 잘 다녔습니다. 은행과 법원에서 시커먼 옷을 입은 신사들이 갑자기 들이닥치는 상황이 여러 번 생겼으나, 사정을 설명해 주었더니 별로 놀라는 기색도 없었습니다. 아마 눈치가 빠른 아이들이라 속으로는 걱정이 되었겠지만 오히려 의연하게 학교를 더 열심히 다닌 것이 아닌가 생각합니다.

그런 중에도 인경은 외부 강의를 많이 하러 다녔습니다. 여름 내내 주말에만 집에 들르고, 주중에는 여러 교회와 선교단체 수련회에서 강의를 하느라 정신이 없었습니다. 당시에는 수련회 장소도 멀고 강사 숙소도 불편한 곳이 많았지만, 라브리까지 찾아올 수 없는 사람들을 만날 수 있는 기회라 생각하고 부르기만 하면 달려갔습니다. 해가 갈수록 외부 강의 사역이 늘어났고, 사역의 범위도 대학생에서 장년에 이르기까지 넓어지고 있었습니다. 그때 저희 부부의 기도 제목은 이랬습니다.

― 왜 이렇게 여러 교회와 선교단체로 보내셔서 말씀을 전하게 하십니까? 아직도 우리가 서울에서 할 일이 남아 있습니까? 강의만 하려면 서울에 있을 필요는 없지 않습니까?

원고 청탁도 늘어났습니다. 경옥은 벌써 「신앙계」에 교육 칼럼을 1년간 연재한 바가 있고, 인경은 「복음과 상황」에 "쉐퍼 읽기" 특집을 6개월간 계속 싣고 있었으며, 「빛과 소금」에는 "라브리 강좌" 코너가 14개월간 약속되었습니다. 원고 준비를 하느라 잠깐씩 집 걱정을 잊어버릴 수 있어서 환란 중에도 위로를 맛보았습니다.

청년들도 꾸준히 찾아왔습니다. 저희는 집 문제가 심각해질수록, 찾아오는 청년들에게 부담을 주지 않기 위해, 숙박은 잠시 중단했습니다. 다만 월요일에는 정기적인 기도회로 모이고, 수요일 성경공부와 금요학당만 진행했습니다. 1996년 1월에는 대학생 청년들이 겨울방학을 맞아 하루에 수십 명이 단체로 방문한 날도 있었습니다.

거기다가 더욱 감사한 것은 라브리 책들이 쏟아져 나온 것입니다. 생명의 말씀사와 크리스찬다이제스트사에서 『프란시스 쉐퍼 전집』을 내놓았습니다. 심지어 생명의 말씀사에서는 '하드 커버'로 쉐퍼의 전집을 만들었습니다. 세상 어디에 두 가지 쉐퍼 번역본을 가진 나라가 또 있을지 모르겠습니다.

존 화이트 헤드의 『표류하는 미국』(두레시대, 진웅희 역), 『인간의 종말』(일지각, 양혜원 역), 제람 바즈 교수의 『현대 문화 속의 전도』(예영커뮤니케이션)도 나왔습니다. 한국로고스 연구원에서도 쉐퍼의 『그리스도인의 생명윤리』(김재영 역), 레인 데니스가 편집한 『쉐퍼의 생애와 사상』(박삼영 역)도 내놓았습니다. 라브리는 위기에 있지만 라브리 책은 더 많이 출판되었습니다.

제5차 경매가 있던 날도 온 가족이 모여 성경을 읽었습니다. "하나님께서 다윗이 어디로 가든지 이기게 하셨더라."는 말씀이 있는 구절을 읽었습니다. 바쁘고 중요한 일이 있는 날일수록 기도 시간도 더 길어졌습니다. 기도가 끝나고 난 후에, 초등학교 1학년이었던 혜진이가 조그만 손으로 자기 큐티 노트에 써 놓은 말이 저희 부부의 폐부를 찔렀습니다.

- 하나님의 뜻이 우리 집을 사는 것이 아니라면 우리는 집을 살 수가 없어요. 하나님 도와주세요.

문법은 맞지 않지만, "하나님의 뜻이라면... 도와주세요."란 말은 어른들이 하는 말을 주워섬긴 것이라 생각되었지만, "우리 집"이라는 말이 마음에 찔렸습니다. 가슴 아프게도 혜진이는 후암동 집에서 태어나서 여태 거기에서 자랐기 때문에, 그 집이 "우리 집"인 줄로 알고 있었습니다. 만약 하나님께서 이 집을 주신다면 라브리 때문이거나, 저희 부부 때문이 아니라 혜진이와 아이들 때문에 주시는 것이 아닐까 싶었습니다.

혜진이가 그런 기도를 하고 있을 때에, 정말 반가운 전화를 한 통 받았습니다. 후암동 집에 위기가 생겼다는 소식을 듣고도 한동안 아무 소식이 없던 한 장로님이 이른 새벽에 전화를 하셨습니다. 아마 새벽 기도를 다녀오신 후에 바로 전화를 하신 것 같았습니다.

장로 : 라브리에 모아둔 돈이 얼마나 있소?

간사 : 한 푼도 없습니다.

장로 : 남의 집에 얹혀 사는 사람들이 자기 집을 마련할 돈도 안 모으고 그 동안 뭘 했소?

간사 : 애 셋 데리고 청년들과 먹고 살기도 힘들었는데, 집값까지 저축할 여유가 어디 있었겠습니까? 크리스마스가 얼마 안 남았는데 라브리 통장 잔액이 116,340원이나 되는군요. 이건 많이 남은 거예요.

장로 : 굶더라도 모아야지요. 배부르게 먹어 가며 집 사고, 헌금하는 사람들이 어디 있소? 누구는 평생 점심을 굶다시피 해서 논 사고, 집 짓고, 헌금했다는 소리를 못 들었소?

간사 : 왜 못 들어 봤겠어요. 장로님 내외분이 굶어 가며 논 샀다는 이야기를 듣고 난 후로는 저희도 비싼 음식은 목구멍에 넘어가지 않았습니다. 저희 부부는 굶을 수 있었지만 자식새끼들과 청년들은 굶길 수 없잖습니까?

장로 : 다 듣고 있었소. 청년들의 생명을 구하느라 수고가 많았소. 만약 라브리에서 헌금을 조금만 보태 주면 모자라는 집값 전부를 책임지겠소.

간사 : 장로님, 뭐라고 말씀하셨어요?

장로 : 들으신 그대로요. 그러나 두 가지 조건이 있소. 내가 헌금할 것이라는 것을 아무에게도 알리지 말아 주시오. 대신에 최대한 많은 사람들이 헌금에 동참할 수 있도록 해 주시오. 나 혼자 집 사 주었다는 소리를 듣기 싫소.

제5차 경매일을 며칠 앞두고, 긴급 이사회가 모였습니다.

황성주, 양영전, 김효태 이사가 멀리서 달려왔습니다. 머리를 맞대고 밤이 늦도록 의논을 했습니다. 그 자리에 이성훈 목사와, 한철호 간사, 권춘자 전도사 등도 참석했습니다. 결론은 "만약 그 장로님이 약속을 지킬 수 있다고 확신이 들면 제5차 경매에 참여하기로 한다."는 것이었습니다.

드디어 1996년 12월 27일, 제5차 경매에서 후암동 집을 낙찰 받았습니다. 경매법상, "한 달 후인 내년 1월 27일까지 1억 5천만 원을 법원에 입금한다."는 조건이 붙었습니다. 그날부터 라브리에도 집이 생길 수 있겠다는 소망이 생기기 시작했습니다. 그러나 어떻게 생길지는 아무도 몰랐습니다.

12월 말부터 매주 월요일에 두 번씩 특별기도 시간을 가졌습니다. 같이 기도하고 싶은 분들이 1월 8일(1학기 개학일, 월요일), 15일(월요일), 22일(월요일), 오전 9시 30분 혹은 저녁 7시에 라브리에 모여 하나님께 머리를 숙였습니다. 그 길밖에 없었기 때문입니다.

후암동의 기적

위기 속에서도 청년들은 꾸준히 찾아왔습니다. 매주 적게는 20명, 많게는 약 50여 명의 손님들이 찾아왔습니다. 보통 교회나 선교단체가 이런 재정적인 위기에 놓여 있다는 소문이 나면, 발길이 끊기기 마련입니다. 그러나 청년들은 더 찾아왔습니다. 돈을 내야 할 부담도 없고 낼 돈도 없기 때문입니다. 기도만 하면 되기 때문입니다. 이례적으로 여학생 세 명이 가을 내내 하루도 빠지지 않고 공부하러 왔고, 독일, 미국, 일본에서 온 외국 학생들도 자주 왔습니다.

한 교회에서는 청년부 전체가 금요일 저녁에 와서 강의를 듣고 갔습니다. 혜진이도 알았듯이, '집 문제는 인간의 한계를 벗어나는' 일이었으므로, 간사들은 집 문제로 고민하기보다는 청년들에게 집중하라.'는 뜻으로 알고 청년들과 놀다 보니, 어느덧 돈을 내야 할 날이 가까워 왔습니다.

라브리 기도 편지를 받는 분들 중에서 헌금을 보내는 분들이 생기기 시작했습니다. 역시 기도하는 분들이 가장 관심이 많다는 것을 다시 한 번 깨달았습니다.

그리고 인경이 협동목사로 봉사하던 후암교회에는 일체 알리지 않았습니다. 저희는 그때 '교회에 공개적으로 기도를 부탁하는 것도 헌금모금 운동의 일환'이라고 생각하여 광고를 반대했습니다. 그러나 여러 장로님들과 성도들이 소문을 듣고 개별적으로 헌금을 보내 주셨습니다. 그리고 미국 보스톤 라브리와 영국 라브리에서도 헌금을 보내왔습니다.

그리고 저희가 돕던 30-40대 젊은 부부로 구성된 후암교회 청년부 회장단이 라브리를 찾아왔습니다. "집값을 마련하기 위해 매월 일정한 금액을 납입하는 조건으로 은행 대출을 받아 오겠다."는 제안을 했습니다. 청년들이라 모아 놓은 돈이 없으니, 자기 월급이나 집을 담보하고 은행 대출을 받아서

라도 집값에 보태고 싶다는 말이었습니다. 눈물나도록 고마웠지만 차마 그 제안은 받아들일 수가 없었습니다. 그때 저희는 "헌금에는 이야기가 있다."는 것을 체험했습니다.

> - 저희들은 신혼부부인데, 라브리를 통해 받은 하나님의 은혜가 너무 고마워서 헌금을 조금 보냅니다.
> - 우리 용돈도 라브리 집을 사는데 사용해 주세요. 라브리는 어른들 것만은 아니잖아요? 우리도 라브리에서 공부하고 뛰어 놀고 싶단 말이에요. 얼마 되지 않지만 우리 셋이서 모은 전 재산이에요.
> - 라브리에서 사랑을 많이 받았는데, 문을 닫게 될까 봐 걱정되어서, 은행에서 돈을 조금 빌려서 보냅니다.

요즘도 "라브리가 문을 닫지 않도록" 헌금을 보내 주시는 분이 있습니다. 아마 그분은 "라브리가 지속적인 재정난이 있을 때는 인위적으로 모금 운동을 하기보다는 빨리 문을 닫아라."는 원칙이 있다는 것을 아신 모양입니다. 실제로 스웨덴 라브리는 문을 닫았습니다.

스웨덴 라브리가 문을 닫았다면, 한국 라브리도 충분히 그럴 수 있습니다. 물론 몇 달을 굶는 한이 있어도 쉽게 문을 닫아서는 안되겠지만, 아무리 굳은 결심을 한다고 해도 실제로 몇 달을 굶으면 사정이 달라질지 모릅니다. 인간이 얼마나 간사한지 모르십니까? "설마 간사들은 다르겠지?"라고 생각하지 마시기 바랍니다.

아무리 코흘리개 아이들의 통장까지 깼지만, 역부족이었습니다. 한 달 동안 기도도 많이 하고 50여 명 이상이 동참해 주었으나, 필요한 집값의 십 분의 일도 안 모였습니다(13,641,955원).

돈의 힘 앞에서 절망감이 몰려 왔습니다. 거의 포기 단계에 왔습니다. 집을 담보하고 은행대출이나 융자를 받는 것이 어떻겠느냐는 말도 있었지만, 하루하루 먹고 살기도 빠듯한데, 이자를 갚을 수 없을 것 같아서 진작 포기했습니다. 걱정만 하다가 한 달이 훌쩍 지나 법원에 입금을 해야 하는 날이 바로 코앞으로 다가왔습니다.

최종 입금일, 하루나 이틀 전에 다시 전화가 울렸습니다. 앞서 전화하셨던 바로 그 장로님이었습니다. "그동안 집값을 마련하기 위해 돈이 될 만한 것을 파느라 바빴습니다."는 말씀만 하셨습니다. 목이 메었습니다. 문전옥답을 팔아도 모자라자, 몇 달 전까지 편히 사시던 집을 팔아 라브리에 헌금하신 것입니다. 그날 라브리 식구들은 너무 기뻐서 울었습니다. 그러나 그 장로님 가족은 그후로 수년간 허리띠를 졸라매야 했다고 합니다.

그렇게 해서 모인 헌금은 약 일억 오천여 원(150,484,155원)이 되었습니다. 코흘리개 어린 아이부터 얼굴도 모르는 성도들과 그 장로님이 정성껏 모은 피 같은 돈이었습니다. 법률적 이유로, 익명을 요구한 그 장로님이 집을 구입하여 라브리에 헌납하는 형식을 밟았습니다.

하나님의 뜻은 참으로 절묘한 것 같습니다. 경옥이 살던 집이 라브리의 집이 되었고, 경옥의 딸 혜진이가 '조갑지만 한' 손으로 기도한 '우리 집'은 '혜진이가 어린 시절을 보낼 수 있는 집'이 된 것입니다. 지금 생각하면 최영자 권사의 "우리 집에서 라브리를 시작하시게."라는 말은 예사로운 말이 아니었습니다. '내 집'을 '우리 집'으로 내 놓으신 것이 '하나님의 집'이 되었기 때문입니다.

그러나 후암동 위기에서 얻은 것은 집이 아니었습니다. 집보다 수만 배나 더 귀한 것을 얻었습니다. 그것은 바로 "내 눈과 마음이 항상 여기에 머물겠다(역대하 7:16-17)."라는 하나님의 약속이었습니다. 화려한 집이나 성전보다 더 중요한 것은 하나님의 영광이고 임재이듯이, 집을 가졌다고 한들 거기에 하나님의 눈과 마음이 머물지 않는다면 무슨 소용이 있을까요? 그리고 든든한 기도 가족과 후원자들입니다. 기도해 주는 분이 없는 집, 후원해 주는 분이 없는 사역은 오래 갈 수 없기 때문입니다. 이번 위기를 통해 하나님은 집보다 귀한 것들이 많다는 것을 깨우쳐 주셨습니다. 그것은 우리의 상상을 뛰어넘는 것이었습니다.

라브리의 재정 철학

여기에서 헌금과 관련한 질문에 몇 가지 대답을 정리해 두는 것이 좋겠습니다. 이번 일로 인해 '라브리의 재정 철학'에 대해 수많은 질문을 받았기 때문입니다. 어쩌면 "라브리가 무슨 일을 하느냐?"라는 질문보다 더 많이 받았던 질문이 돈과 관련된 질문이었기 때문입니다.

1. 라브리는 왜 공개적인 모금 운동을 하지 않습니까?

1955년에 스위스에서 쉐퍼 박사 부부가 라브리를 설립할 당시부터 지금까지, 라브리는 경제적인 필요를 하나님께 기도하며 살아 왔지 공개 모금을 해 본 적이 없었습니다. 라브리는 성령의 인도를 받아서 자발적으로 헌금하는 사람들을 환영합니다. 그러나 구조적으로 재정이사회를 구성해서 이사들이 회비를 내게 하거나, 인위적으로 아는 사람들이나 교회나 인터넷에 광고를 하는 등의 방법으로 모금 운동은 일체 금합니다. 한국 라브리도 그 원칙을 지키려고 노력하고 있습니다.

2. 라브리는 은행으로부터 대출을 받아서 집을 살 수 없습니까?

얼마든지 살 수 있습니다. 1955년 스위스 라브리도 150여 명이 사방에서 푼푼이 보내 준 헌금으로 집 계약금을 지불하고 난 후에, 나머지는 은행 대출인 '모기지(mortgage)' 방법으로 20년 동안 매달 조금씩 갚았습니다. 그러나 "가능하면 빚을 지지 않는다."는 원칙도 있기 때문에, 불가피한 경우가 아니면 대출을 받지 않습니다. 한국 라브리도 집을 담보하고 대출을 받을 수 있었으나, 비싼 이자를 감당할 형편이 안되어 빚을 내지 않았습니다.

3. 왜 국제라브리에서는 도와주지 않습니까?

국제라브리는 하나의 공동체이기 때문에 서로 도와줄 도덕적 의무를 갖고 있습니다. 그래서 이번에 미국과 영국 라브리에서도 빠듯한 살림에 도와주었던 것입니다. 그러나 경제적으로 도와주어야 할 법적인 의무는 없습니다. 그리고 한국 라브리는 설립 때부터 네덜란드 모델을 따라 경제적으로 독립하기로 약속했습니다. 그 이유는 해외로부터 구제금을 받는 것보다, 한국 교회로부터 후원을 받아서 먹고 사는 것이 옳다고 생각했기 때문입니다. 한국 라브리이기 때문입니다. 다음은 인경이 정기 후원자들에게 보낸 편지입니다.

> 어떤 사람은 "라브리는 믿음으로 일한다."는 운영원칙을 듣고는 우리가 하는 사역이 매우 쉬울 것이라고 생각할지 모르겠습니다. 그러나 하나님께 전적으로 다 맡기면서도 최선을 다하여 하루하루를 기도로 산다는 것은 그야말로 치열한 영적 전쟁입니다. 예를 들어, 학생들이 몇 명이 올지, 누가 올지를 모르고 기다린다는 것은 전적으로 하나님께 의존하지 않고는 매우 피곤한 일이라는 것을 학기마다 강하게 느낍니다.
> 때로는 우리가 전혀 예상치 않은 손님들이나 외국학생들이 찾아오기도 하니까요. 그리고 재정 문제도 그렇습니다. 라브

리가 재정 후원을 요청하거나 모금하지 않는 이유는 우리가 교만해서가 아니라 하나님의 실존을 믿고 그분의 능력을 과시하고 체험하고자 하는 것 때문입니다.

간혹 라브리가 개인적으로 후원을 부탁하거나 보조를 청원하지 않기 때문에 큰 교회나 회사가 많이 도와주거나 국제라브리에서 돈이 오는 줄로 아는 사람들도 있습니다만 사실은 그렇지 않습니다. 라브리는 정기적으로 돈을 내는 회원 조직도 없으며, 국제라브리에서 지원하는 것도 아닙니다(인경, 2002년).

4. 이사들과 회원들은 무엇을 합니까?

한국 라브리에도 이사회가 있습니다. 그러나 이사들 중에는 재정 후원을 하는 이사들도 있지만 그렇지 못한 이사들도 있습니다. 원칙적으로 라브리의 이사들은 정책 토론을 하는 이사들이지 재정후원 이사들이 아닙니다. 이번에도 이사들이 제5차 경매에 참여하기로 중요한 결정을 해 주었습니다. 그리고 라브리는 회원 제도가 없습니다. 라브리는 교회를 돕기 위해 존재하기 때문에, 라브리는 공부하고 간 사람들을 모두 교회로 보냅니다. 회원들이 없으므로 회원들이 내는 정기적인 회비도 없습니다.

5. 라브리는 왜 수익사업을 운영하지 않습니까?

라브리는 수익사업을 통해 경제적인 안전장치를 만드는 대신 전적으로 하나님을 의지하고 살려는 결단을 하였습니다. 라브리는 1955년에 스위스에서 처음부터 시작할 때부터 지금까지, 운영에 필요한 자금을 확보하기 위해 농장, 건물 임대업, 부동산, 하물며 교회 개척 등을 수익사업으로 확보하지 않는다는 것을 원칙으로 삼았습니다. 그렇게 살아온 이유는 튼튼한 경제적인 수입 구조를 만들어 놓고 안주하기보다는 매일매일 하나님께 먹을 것을 보내 달라고 기도하며 믿음으로 살아 보자는 것밖에 다른 이유가 없습니다. 그리고 법적으로 사단법인과 세무서에 "비영리단체"로 등록된 이상, 수익사업을 해서는 안되고요.

6. 라브리 가족에게 경제적 형편을 알립니까?

그럼요. 가능하면 이번처럼 우리의 사정을 자세하게 알려 드리고 기도를 부탁드립니다. 그러나 절대로 후원을 부탁하거나 요청하지 않습니다. 우리가 기도 가족들에게 우리의 형편을 자세히 알려 드리고 기도를 부탁드리는 것은, 바울 사도의 전통을 따르는 것인데, 절대로 넌지시 돈을 요청하는 방법은 결코 아닙니다. 저희의 사정을 알려드리는 것은 기도 가족에 대한 의무이며, 동시에 라브리 동역자에 대한 존중이라고 생각합니다. 우리의 사정은 주로 기도편지로 일괄적으로 알려드리고 개인적으로 접촉하지는 않습니다.

7. 어떤 사람들이 라브리를 후원합니까?

후원자들 중에는 대학생, 청년들도 있고 교회도 있습니다. 라브리는 기도하시는 분들 중에서 기도만 하지 않고, 재정적으로도 돕기를 원하는 개인 후원자들이나 라브리의 청년 전도 사역에 뜻을 같이 하는 교회가 보내 주는 헌금으로 먹고 삽니다. 간사들의 강사료, 원고료, 학생 손님들이 내는 생활비도 라브리 운영에 도움이 됩니다. 라브리가 후원을 부탁하지도 않고 공개모금을 하지도 않기 때문에 경제적으로 풍족하거나 국제라브리에서 후원하는 줄로 압니다만 전혀 그렇지 않습니다.

감사 음악회

꿈만 같았습니다. 서울 도심 한 가운데에 라브리 소유의 집이 생긴 것입니다. 하나님이 다른 좋은 곳으로 인도하시는 그날까지, 이 집은 청년들의 아지트로, 한국 라브리의 사무실 겸 합숙소로 계속 쓰이게 된 것입니다. 강진, 마산, 경산 등으로 이사하지 않겠느냐는 말이 있었을 때, 이렇게 후암동에서 계속 일하게 되리라는 것은 전혀 예상치 못했던 것입니다. 하나님의 특별한 은혜요 축복입니다. 다음은 인경의 감사 편지입니다.

> 아무쪼록 이 집이 (인생의 여러가지 갈림길에서) 어려움을 겪고 있는 사람들을 위한 따뜻한 영적 오두막이 되기를 바랍니

다. 저희들의 소망은 힘이 닿는 데까지 많은 사람들을 돕는 것입니다. 돈 때문에 조마조마하게 하루하루를 보내던 지난 1월 달의 어떤 주에는 월요일부터 토요일까지 50여 명의 손님들이 예약되기도 했습니다. 여건이 허락될 때까지 앞으로는 합숙보다는 세미나 개최, 그룹공부 인도, 상담, 외부 강의, 글 쓰고 책 만드는 일 등에 집중하려고 합니다.

지난 가을 이후로 합숙을 하지 않더라도 매주 평균 20-30명의 손님들이 찾아오고 있는데 이 정도라도 저희 부부가 감당하기에는 영육 간에 역부족을 느낍니다. 특히 제 아내는 육체적으로, 의진이는 정서적으로 힘들어합니다. 그 밖에도 후암교회에서 청년들을 돕고 있지만 시간을 많이 내지 못해서 늘 마음에 부담을 갖고 있습니다. 맡겨 주신 일을 지혜롭게 잘 감당하도록 기억하시고 기도해 주시면 감사하겠습니다(인경, 3월 기도편지).

이렇게 감사편지를 올리고 몇 달이 지나, 여름 사역을 마무리 하던 어느 주일 오후, 그동안의 모든 씨름을 다 내려놓을 수 있는 잔치가 벌어졌습니다. 처음부터 기도로 같이 해 준 후암교회 여성중창단이 라브리를 찾아와서 가정음악회를 열어 주었던 것입니다.

여성중창단원들의 대부분이 저희 부부가 돕던 청년부원들이라 더욱 반가웠습니다. 남성들은 아이들을 데리고 온 사람도 있었고, 엄마에게 방해되지 않으려고 아이들을 데리고 놀러간 사람도 있었습니다. 저희는 어려운 시기를 기도하며 같이 보낸 사람들의 노래랴, 음악회 내내 울음과 웃음을 그칠 수가 없었습니다.

좁은 마당에 동네 어른들과 어린이들을 합하여 약 60여 명이 참석했습니다. 경기도 광주에서 보경이네 가족도 왔고, 의진이의 캐나다인 친구인 니코(Niko) 가족도 왔습니다. 갑자기 울려 퍼진 노래를 듣고 하늘에서 천사들이 내려온 줄로 알고 하던 일을 제쳐놓고 참석하신 분들 중에는 앞집에 사시는 "신명약국 권사님"도 계셨습니다. 약방문을 닫고 참석하신 것입니다. 누가 소리쳤습니다.

- 하나님의 눈과 마음이 라브리에 항상 머무르기 바랍니다.

아멘 소리가 후암동에 울려 퍼졌습니다. 아이들과 박수치며 노래하고 춤추는 싱그럽고 아름다운 모습에 감동하여 눈물을 글썽이는 분들도 있었습니다. 특히 힘든 세월을 보낸 저희 가족에게는 말로 다 표현할 수 없는 큰 위로가 되었습니다. 그리고 새삼스럽게 교회가 얼마나 소중한지, 형제자매들의 위로가 얼마나 고마운지 깨달았습니다.

9장 집단
지성
실험

집 문제가 일단락되자 더 많은 청년들이 찾아오기 시작했습니다. 한 주에 70-100여 명 이상이 찾아왔습니다. 간사들만으로는 그 많은 사람들을 도와 드릴 수가 없었습니다. 집단 지성이 필요했습니다. 처음에는 몇 사람의 '헬퍼'를 두면 되리라 생각했습니다. '헬퍼' 제도는 스위스 라브리에서 시작한 아주 오래된 제도입니다. 한국 라브리도 1990년부터 대학생 청년들로 구성된 '헬퍼(Helper, 도우미)'들을 두었습니다. 저희는 '헬퍼'를 '협동간사'라 불렀습니다.

협동간사팀 : Helpers' Team

선일과 경하 씨는 한국 라브리 초창기에 헬퍼로 수고하다가 결혼 후에 미국 풀러신학교로 공부하러 떠났습니다. 선일 씨는 지금 서울 웨스트민스터신학교에서 교수로 후학들을 키우고 있습니다. 범준 씨는 라브리에서 영주 씨를 만나 결혼했고, 현재는 서울에서 목회를 하고 있습니다. 영주 씨는 교육학 박사학위를 받고 총회 교육부에서 일하고 있습니다.

1994년 겨울부터는 혜원 씨가 협동간사로 수고하기 시작하였습니다. 혜원 씨는 라브리를 도우며 틈틈이 번역도 했습니다. 나중에 혜원 씨는 홍성사, IVP 등에서 최고의 번역가로 인정받았으며, C. S. 루이스의 책만 아니라 유진 피터슨의 책을 많이 번역했습니다. 혜원 씨는 '번역학' 박사학위를 받을 자격이 있으나, 최근에 종교학으로 박사학위를 받았습니다.

여기에서 분명히 짚고 넘어가고 싶은 것이 하나 있는데, 이런 좋은 협동간사들의 도움이 없었다면, 저희 부부도 라브리에서 오랫동안 버티지 못했을 것이고 한국 라브리도 존재하지 못했을 것이라는 것입니다. 협동간사들의 기여를 크게 몇 가지로 나누어 보면 다음과 같습니다.

첫째, 재정적인 여건상 여러 명의 전임 간사들이 유급으로 일할 수 없을 때에 협동간사들이 무급으로 도와주었다는 것입니다.

둘째, 한국 최고의 인재들이 협동간사로 일했기 때문에 초창기 라브리의 지적 도전과 강의 개발에 큰 기여를 해 주었다는 것입니다.

셋째, 협동간사들이 일하는 동안에 전임 간사들이 쉴 수 있었다는 것입니다.

넷째, 협동간사들의 변화된 이야기들이 라브리에 찾아오는 청년들과 어른들에게 많은 도전이 되었다는 것입니다.

다섯째, 협동간사들이 같이 공부하고 토론하는 중에 집단 지성의 중요성과 자기 발전에 큰 도전을 받았다는 것입니다.

여기에서 먼저 유럽 라브리 지부에서 부르는 '헬퍼(Helper)'를 한국어로 '협동간사'로 부르게 되었는지 그 연유를 간단히 소개하겠습니다. 앞에서도 이야기했지만, 1990년 라브리수양회가 끝난 후에 레놀드 맥콜리 전 국제라브리 회장과 빔 리트께르크 회장이 저희 부부를 한국 라브리자료센터 공동대표 및 '헬퍼(Helper)'로 임명하고 돌아갔습니다.

그러나 '헬퍼(Helper)'라는 개념도 익숙지 않아서 한동안 영어로 그대로 사용하고 있었습니다. 그러다가 라브리수양회준비위원회의 박승룡 씨의 제안으로 "한국에서는 '헬퍼(Helper)'라는 말이 익숙하지 않으니 라브리 내부적으로는 '헬퍼'라고 부르되, 대외적으로는 '협동간사'로 부르자."고 하여 붙인 이름입니다.

그렇게 해서 1994년에 학숙 사역을 시작할 때까지, 저희 부부는 약 3년간 협동간사로 일했습니다. 선일, 경하 씨도 1992년부터 1997년까지 시간이 날 때마다 파트타임으로 협동간사로 봉사하였습니다. 혜원 씨도 1994년 12월부터 시작해서, 나중에는 남편 은수 씨도 같이 도왔는데, 라브리가 양양으로 이사 내려오던 2001년까지 약 6년 동안 수고했습니다.

이렇게 시작한 헬퍼 제도가 1997년 1월 수양회에 강사로 왔던 제람 바즈 교수와 김북경 목사의 제안으로 '협동간사팀(Helpers' Team)'이 만들어지기도 했습니다. 수양회의 모든 일정을 마치고 강사들이 집으로 돌아가기 전날 밤에, 제람, 북경, 신디아, 인경, 경옥이 석별의 정을 나누며 여러 가지 이야기를 나누던 중에 뜬금없이 불쑥 나온 말입니다.

북경 : 이번 수양회에 보니, 질문도 많고 열심이 대단한 청년들이 많이 보이던데 도대체 그들이 누굽니까?

간사 : 지난 몇 년 동안 시간 날 때마다 라브리에 와서 공부하고 있는 대학원생들인데, 신앙과 학벌과 성격은 여차여차합니다.

제람 : 좋은 인재들인 것 같은데, 그들을 모두 헬퍼로 임명하여 라브리의 여러 가지 일을 돕도록 하는 것이 어떠세요?

간사 : 영국이나 스위스 라브리에도 보통 한두 명밖에 헬퍼를 두지 않는 이유는 그들에게 장학금을 줘야 하기 때문이잖아요? 15-20명에게 무슨 돈으로 장학금을 줍니까? 무급으로 헬퍼로 둔다고 하더라도 국제라브리에서 놀라지 않을까요?

제람 : 이미 라브리에 '헬퍼'라는 제도가 있으니, 숫자가 좀 많다고 문제가 되지는 않을 거예요. 그리고 헬퍼라고 모두에게 장학금을 줄 필요는 없지 않을까요? 꼭 필요한 사람들에게만 주도록 하면 어떨까요?

북경 : 주로 대학원생들이니 학비는 부모들이 주든가 자기가 조교를 하면서 벌 테니까, 라브리는 가끔 밥이나 먹여 주면 되지 않을까요?

간사 : 무급 헬퍼들을 두란 말씀이군요. 그러면 국제라브리 역사상 처음으로 '헬퍼팀'이라는 것을 한 번 시작해 볼까요?

그렇게 해서 국제라브리 역사상 어느 지부에도 없었던 '협동간사팀'이 생기게 되었습니다. 협동간사팀은 매달 한 번씩 모여서 연구한 것을 발표하기도 하고, 그룹 스터디를 인도하기도 하고, 전임 간사들의 공부와 금요학당에서 강의를 도와주기도 했습니다. 물론 육체적으로 도울 일이 있을 때는 와서 밥도 하고 일도 했습니다.*

이렇게 약 20명으로 구성된 헬퍼팀은 연구와 강의도 도왔고, 기회가 있을 때마다 글을 써서 발표했습니다. 그런 글들을 모아 「예감」이란 문집을 만들기도 했는데, 「예감」 3호까지 발행했습니다. 헬퍼 중에서 공무원, 번역가, 출판인, 목사, 학자, 변호사, 선교사, 라브리 간사와 이사들이 나왔습니다.

헬퍼들은 원고 발표나 금요학당 강의로는 부족하다고 느껴 연구 캠프, 즉 '협동간사 엠티' 혹은 '연구집담회'라는 것도 가졌습니다. 2008년 2월 27-28일에는 한동대학교 동아리 "선한 군사" 소속 대학생들과 총신대학교 신학대학원의 동아리 "세 무릎" 소속 신학생들이 고양시에 있는 에스라성경연구원에서 하룻밤을 같이 보냈습니다.

그때 주요 프로그램은 세 번의 세미나였습니다. "라브리의 정신과 운영원칙(성인경)", "신대륙/사이버스페이스(설동렬)", "현대 신학의 문제에 대하여(김범준)"였습니다. 수련회 준비는 안종철 씨가 맡았고 약 40여 명이 모였습니다.

---

*1994년에 구성된 헬퍼팀(Helpers' Team) 구성원들입니다. 김선일, 유경하, 김범준, 김정훈, 강은수, 양혜원, 김종철, 박진숙, 김태우, 박지은, 장대익, 한성진, 안종철, 이우재, 정미숙, 설동렬, 백성욱, 신재용, 최상락.

짧았지만 토론의 질도 높았고, 대학생들과 신학생들이 겨우 몇 살 더 많지 않은 협동간사들과 머리를 맞댄 멋진 시간이었습니다. 2001년 초봄에도 1박 2일로 집담회를 가졌습니다. 종로 5가에 있는 기독교100주년기념관을 빌려서 개최했는데, 적은 사람들(18명)이 왔지만 열기는 더 뜨거웠습니다.

이렇게 금요학당이나 집담회를 한 번 마치고 나면 연구할 주제가 수북이 생기곤 했습니다. 시대정신(Zeitgeist)의 변화, 각 대학 지식인들의 근황, 정치 상황, 경제 동향, 교회 소식 등 수고한 것에 비해 얻는 것이 너무 많았습니다. 미처 새로운 주제를 연구하기도 전에 다시 금요학당을 맞아 또 다른 주제와 직면하는 경우가 대부분이었습니다.

금요학당은 대학생 청년들과 젊은이 문화를 분석하고 이해할 수 있는 멋진 창문이었습니다. 물론 거기에서 나온 결론에 순종하는 것은 쉽지 않았습니다. 그리고 시대정신을 분석하고 거기에 대항할 수 있는 적절한 성경적 대답과 대안을 제시하는 것은 간사들만으로는 불가능하다는 것을 절감했습니다. 그리고 시대정신을 분석하고 거기에 대항할 수 있는 적절한 성경적 대답과 대안을 제시하는 것은 혼자서는 불가능하다는 것을 절감했습니다.

그때부터 '집단 지성'의 필요성을 절감하기 시작했습니다. 저희 부부만으로는 감당할 수 없다는 것을 안 것입니다. 청년들의 질문들과 다루어야 할 주제는 매우 컸으나 두 사람의 가방끈은 너무 짧았고 지혜도 부족했습니다. 감사하게도 이런 날이 올 것을 이미 알고 계셨던 하나님께서 미리 준비해 주신 것이 있었는데, 바로 '헬퍼팀' 혹은 '협동간사팀'이었습니다.

저희가 '헬퍼팀'을 만들 때, 일본의 '정경 학숙'이나 미국의 싱크탱크인 '브루킹스 연구소'나 '헤리티지 재단'을 흉내 낼 생각은 처음부터 없었습니다. 그러나 청년 리더들을 키우고 돕고 싶은 마음은 결코 뒤지지 않았습니다. 리더들을 키우고 돕는 방법에는 여러 가지가 있지만, 가장 좋은 방법은 청년 강사들과 오피니언 리더들을 기르는 것이었습니다.

청년 오피니언 리더 발굴

세월이 흐르니 '헬퍼팀'에서 좋은 청년 강사들이 나오기 시작했습니다. '젊은 오피니언 리더들(young opinion leaders)'이 나오기 시작한 것입니다. 서서히 이들에게 금요학당의 강의를 맡겼습니다. 처음에는 "아직 우리가 무슨 강의를 합니까?"라고 하더니, 몇 명이 강의를 시작하니까 너도나도 나서서 경쟁적으로 강의를 하기 시작했습니다. 청년 강사 제도를 시작한 데에는 몇 가지 의미가 있었습니다.

1. 청년 강사들은 대학생 청년들의 수준에 딱 맞았습니다. 경륜이 많은 유명 강사들이나 교수들을 초청해 보면, 대학생 청년들보다 너무 앞서 가는 의견을 툭 던지고는 충분한 토론도 없이 가 버리기 일쑤였습니다. 그러다 보니, '헬퍼팀'에서는

유명 강사보다는 대학생 청년들과 호흡을 같이 할 수 있는 '청년 오피니언 리더들'을 세우자는 의견이 많았습니다. 때마침 한 '대학생 보고서'가 나왔습니다.

> 대학생들은 나이가 많은 교수님들보다는 자기보다 겨우 몇 살 더 많은 선배님들로부터 영향을 가장 많이 받는다.

그것은 대학생들만 아니라 나이가 든 청년들도 마찬가지였습니다. 특히 오빠 같은 강사, 누나 같은 강사들이 자기들 보다 '딱 한 발자국 앞서서' 이야기를 풀어 주니까 너무나 좋아했습니다. 자기들의 고민을 잘 알 뿐만 아니라 자기들의 수준에 딱 맞는 대답을 들을 수가 있었기 때문입니다. 그래서 청년 강사들이 강의할 때마다 질문과 토론이 끊이지 않았습니다. 강의 후에 피드백을 들어보면 기가 막힌 대답도 나왔습니다.

> – 강사가 '잘 모르겠다.'는 말을 할 때 기분이 좋았다.
> – 강사가 땀을 흘리며 쩔쩔매는 모습이 재미있었다.

2. 정직한 구도자들을 찾을 수 있었습니다. 젊은 강사들의 주특기는 아직 설익은 학설을 잔뜩 늘어놓거나, 문제 제기는 많이 해 놓고 성경적인 대안을 전혀 제시하지 못하는 것 등입니다. 그러나 용기 하나는 차고 넘쳤습니다. 청중들의 질문을 받고 혼난 강사들 중에는 열심히 연구하는 사람들도 나오고,

학설을 소개하는 정도가 아니라 자기 나름의 독창적인 의견을 제시하기 위해 몸부림치는 사람들도 생기기 시작했습니다.

그러면서 정직한 구도자들이 생겨나기 시작했습니다. 구도자는 공부를 많이 했다고 나오는 것이 아니라 진리 탐구에 대한 열정에서 나오기 때문입니다. 청년 강사들 중에는 일찍부터 직장에 취직해서 돈을 벌기 시작한 사람들도 있지만, 대부분은 대학원에 진학해서 연구를 계속하는 사람들이 많았습니다. 후배들로부터 거친 질문 공세에 시달려 본 청년 강사들은 하나같이 이런 말을 했습니다.

- 공부를 좀 더 하고 강단에 서야 되겠습니다.
- 시기나 질투심이 묻어나는 공격적인 질문도 있어서 긴장됩니다.

3. 집단 지성을 실험해 볼 수 있었습니다. 부산대학교 한문학과의 정출헌 교수가 "다산 정약용이 강진 초당에서 유배생활을 하면서도 방대한 저술 업적을 남길 수 있었던 이유 중에 하나는 다산학단(茶山學團)을 구성한 것, 즉 스승과 제자가 하나된 '집체저술의 조직'을 구성한 것"이라고 발표한 적이 있습니다. '집체저술(集體著述)'이란 다음과 같은 집단 지성적 저술 방법을 말합니다.

다산의 제자 가운데 경전을 열람하고 역사서를 탐색하는 자가 서너 명, 부르는 대로 나는 듯이 받아쓰는 자 두세 명, 손을 바꿔가며 원고를 정서하는 자가 두세 명, 옆에서 줄을 치거나 교정 혹은 대조하거나 책을 매는 작업을 하는 자가 서너 명이 있었다.*

　서울 라브리의 청년 강사들은 다산과 같은 좋은 스승을 만나지 못해 '라브리 학단'이란 것은 꿈꾸지 못했으나, 적어도 집단 지성은 실험할 수 있었습니다. 만나기만 하면 세상의 어떤 문제든지 성경적인 세계관으로 비판하고 대안을 찾는 연습을 밤 새워가며 했으니까요. 물론 지도자의 역량 미달과 구성원들의 성격 차이, 내부 갈등으로 오래 가지는 못했지만 좋은 실험이었던 것은 사실입니다.

　4. 좋은 변증가들을 발굴할 수 있었습니다. 청년 바울은 젊을 때 열심히 공부한 것이 기초가 되어 나중에 아테네의 '아크로폴리스 언덕' 위에 섰고, 고독한 구독자 C. S. 루이스는 옥스퍼드에서 공부한 것이 헛되지 않아 "소크라틱 클럽(Socratic Club)"에 섰습니다. 금요학당 청년 강사들 중에도 처음에는 논쟁과 변론에 서툴렀으나 몇 차례 강의를 하면서 점차 훌륭한 변증가들과 학자들이 되었습니다. 그런 면에서 라브리 금요학당은 강사 인큐베이터였고, 학자 싱크 탱크였습니다.

　　김범준: 칼빈과 쉐퍼의 예술론

---

*정출헌, "다산의 집체저술법", 「부대신문」, 2014년 12월 1일

양혜원: 상식적인 영성

이우재: 세속주의

백성욱: 좌파 지식인들의 계보

설동렬: 산업공학과 컨설팅

강은수: 이 세상의 파멸인가? 아니면 이 세상의 회복인가?

안종철: 한국 근현대사와 남북통일

장대익: 둘리가 던져준 화두

김종철: 법 철학과 인권

신재용: 비아그라를 말한다

김정훈: 종말론에 대한 고찰

5. 좋은 필진들을 기를 수 있었습니다. 금요학당에서 강의할 사람은 누구나 강의 내용을 복사해서 돌리는 것을 관례화했기 때문에, 아무도 '강의록 전문(full note)'이 준비되지도 않은 채 입으로만 강의하겠다고 나서지 않았습니다. 우리는 원고 쓰는 것을 의무화함으로써, 당장의 명강사보다는 훗날 하나님의 나라와 민족을 위해 귀중하게 쓰임 받을 수 있는 저술가들을 길렀던 것입니다. 처음에는 번역했습니다. 그러더니 자기 글을 쓰는 사람들이 나오기 시작했습니다.

글을 쓰면, 강의하고, 피드백을 받아 수정본을 만들고, 여러 사람이 좋다고 하면, 작은 책으로 만들었습니다. 예영커뮤니케이션의 김승태 사장이 "라브리 소책자 시리즈"로 묶어 주었기 때문입니다. 비록 핸드폰만 한 작은 책이기는 하지만, 청년들이 자기 이름으로 된 책을 가지게 된 것입니다.* 몇 년이 지나자 수백 페이지에 이르는 글을 쏟아 내는 이들이 나오기 시작했습니다. 머리에만 담아 놓으면 공부가 안되기 때문입니다.

해외 싱크 탱크 초빙: 라브리수양회

날이 갈수록 시대정신(時代精神, Zeitgeist)도 복잡해졌지만, "시대정신을 좀 더 정확하고 더 깊이 있게 풀어 주세요."라는 소리도 커졌습니다. 21세기를 앞두고, 좌, 우파의 이념 과잉 문

---

*『마돈나와 신세대-포스트모더니즘 시대의 성상』(조크 맥그리거 저, 김종철, 박진숙 역)
『나는 왜 기독교를 믿는가?』(제람 바즈 저, 김정훈 역)
『성공과 신앙』(존 켄달 저, 노영주 역)
『기독교와 정부 그리고 시민 불복종』(프란시스 쉐퍼 저, 김종철 역)
『후쿠야마의 '역사의 종말과 최후의 인간 서평'』(레널드 맥콜리 저, 장대익 역)
『쉐퍼와 예술-쉐퍼의 『예술과 성경』을 중심으로』(이승훈 저)
『비판에 대처하는 법』(제람 바즈 저, 장진호 역)
『용서』(배리 시그랜 저, 박희중 역)
『철학의 기본적인 물음에 대한 기독교적 답변』(프란시스 쉐퍼 저, 김종철, 박진숙 역)
『복음을 위한 다리놓기』(제람 바즈 저, 조원상 역)
『바른 영성이란』(성인경 저)
『겸손』(제람 바즈 저, 조원상 역)
『개혁주의 성경학과 기독교 설교』(한제호 저)
『그리스도인의 상식』(양혜원 저)

제 혹은 이데올로기의 양극화 문제, 포스트모더니즘, 냉소주의 등에 대한 대답을 찾기 위해 '더 큰 집단 지성'이 필요했던 것입니다.

그래서 외국 라브리 간사들과 라브리 출신 석학들을 초청하여 수양회를 개최하고, 라브리 강단을 들고 사람들에게 찾아갔습니다. 1988년 서울에서 첫 번째 개최한 이래로, 부산, 전라도 광주, 경기도 광주, 대전, 전주, 고양 등 여러 도시들을 찾아갔습니다. 우리는 라브리수양회를 개최할 때마다 다음과 같은 원칙을 지키려고 애썼습니다.

첫째, 한국 교회와 우리나라에 절실한 주제를 다루려고 노력했습니다. 우리에게 절실하지도 않은 주제를 다루기 위해 많은 돈을 들여서 수양회를 할 필요는 없다고 생각합니다. 그래서 라브리는 자주 수양회를 하지 못합니다. 돈이 없어서 그렇기도 하지만, 강의를 너무 자주하면 연구가 부족하고 새로운 것을 내놓을 것이 없기 때문입니다.

1988년에 온 엘리스는 아무도 관심을 가지지 않던 "뉴에이지 운동(New Age movement)", "선불교와 기독교의 차이" 등에 대해 이야기했습니다. 1990년에 레놀드 멕콜리 간사와 빔 리트께르크 회장이 왔을 때는 총신대학교, 아세아연합신학대학교, 고려대학교, 서울대학교 등을 찾아가서 아직 개념조차 생소한 "포스트모더니즘"의 장단점에 대해 이야기했고, 서울대학교에는 최루탄을 뚫고 들어가서 "바른 영성이 무엇인가?"에 대해 이야기를 했습니다.

1992년에 미국 커버넌트신학교 교수인 제람 바즈(Jerram Barrs)와 리차드 윈터(Richard Winter)가 왔는데, "기독교인의 지성", "낙태와 안락사" 등에 대해 성경적 대안을 제시하려고 노력했습니다. 제람과 리차드는 많은 목회자들을 만나기도 했지만 연대 세브란스병원에 가서 의사들과 간호사들을 위해 "낙태와 의료윤리"에 대해 강의했습니다. 가장 긴장감이 감돌고 민감했던 수양회는 1997년에 가진 동성애와 섹스를 주제로 한 수양회였습니다.

주강사로 온 제람은 "나는 평생에 많은 강의를 해 보았지만, 이렇게 어려운 수양회를 가진 것은 처음이다."라고 할 정도로 여러 가지 면에서 힘이 들었습니다. 민감한 주제를 다룰 때만 아니라, 생소한 주제를 다루거나, 특히 성적인 주제를 다루는 강의일수록 강사에게 큰 부담이 되는 것은 사실입니다.

둘째, 강사를 초청할 때에는 친소관계에 매이지 않고, 한국 교회와 청년들이 필요로 하는 주제를 잘 다루어 줄 수 있는 분들을 초청했습니다. 국제라브리 회장인 리트께르크 회장은 올 때마다 한 발 앞서 가는 주제를 다루었기 때문에, 한국 교회가 수년간 생각하고 연구할 수 있는 숙제를 던져 주고 가셨습니다. 미국 커버넌트신학교의 바즈 교수는 세 번 방문했는데, 그 때마다 창의적인 주제들을 다루어 주었습니다.

호주 라브리 대표인 스투트만 박사는 세 번 방문했는데, 웨스턴시드니대학교 천체물리학 교수, 호주UFO연구소 소장답게, 현대 물리학과 기독교 신앙에 관련된 강의를 많이 해 주었습니다. 그가 강의한 주제 중 일부는 아래와 같습니다.

> 2006년 : 창조와 진화, "도킨스(Richard Dawkins)의 만들어진 신(The God Delusion) 비평"
> 2008년 : 기독교 세계관, "지적 설계론(inteligent design)"
> 2010년 : 현대 무신론, 현대 과학 그리고 기독교, "콜린스(Francis Collins)의 '하나님의 언어(The Language of God) 비평"

　가능하면 외국 강사들보다 한국인 강사들을 모시려고 노력했습니다. 수양회마다 거의 빠지지 않고 자비로 오셔서 강의와 통역을 다 하시느라 수고하신 김북경 목사가 그 첫 번째 강사였고, 양양에 이사한 후로는 강원도 영동 지역에 사는 강사들을 모셨는데, 희생 설화에 대해서는 속초중학교 강형선 선생, 영화에 대해서는 양양중앙감리교회 전인석 목사, 심리적인 문제에 대해서는 삼척에 계시는 방계원 정신과 원장, 최신 신학 동향 소개를 위해서는 김원호 강릉연세치과의원 원장 등을 모셨습니다. 라브리 강단을 빛내 준 여성 강사들 중에는 한국 최고의 번역가 양혜원 사모, 생태문제와 이주여성문제에 관심이 많은 에코팜므의 설립자인 박진숙 대표, 여성학과 신학을 공부한 심경미 목사 등이 있습니다.
　셋째, 라브리수양회는 '회원 모집'이나 '재정 모금'을 목적으로 개최하지 않았습니다. 라브리는 원칙상 회원 모집이나 재정 모금이 금지되어 있기 때문에, 수양회를 개최할 때는 언제나 "라브리를 자발적으로 도울 수 있는 방법"을 열어 두었고, 가능하면 연합 개최를 하려고 노력했습니다. 여기에 "자발적으로 도울 수 있는 방법"이란 수양회 홍보도 해 주고, 회원들을 보내 주기도 하고, 통역을 해 주거나, 책임감을 갖고 수양회를 주선해 준다는 말입니다. 자발적으로 도우면 회원을 빼앗길까 봐 걱정하지 않고, 돈 쓰는 것을 아깝게 생각하지 않기 때문입니다.

1988년에 엘리스 포터가 왔을 때는 총신대학교 라브리 동아리, 사랑의교회 대학부, 후암교회, 고려대 IVF 등이 도와주었습니다. 1992에 미국 커버넌트신학교의 제람과 리차드 교수가 왔을 때는 부산에서는 학원복음화협의회, 광주에서는 희년일꾼, SFC, IVF가 도와주었고, 서울에서는 IVF와 한철호 간사가 많이 도와주었습니다. 특별히 IVF의 한철호 간사는 제람이 올 때마다 멋진 통역을 해 주었습니다.

우리나라와 같이 연고주의가 강하고 끼리끼리 놀기 쉬운 문화 속에서는 라브리에 자기들의 회원들을 보내 주기도 하고, 홍보도 해 주고, 통역을 해 주는 것이 쉽지 않은 일인데 말입니다. 물론 하나님의 은혜이기는 하지만, 구조적으로는 라브리가 회원제도가 없다는 것이 여러 단체로부터 도움을 받기 쉬웠던 이유가 아닌가 생각합니다. 그러나 간혹 어떤 간사들이 자기 단체의 직접적인 일이 아니라고 생각하고는 신경을 덜 써 준 경우도 있어서 한두 번은 큰 고역을 치루기도 했습니다.

넷째, 라브리 강사를 빌려 준 경우도 있습니다. 2002년 가을에는 설악산에서 "월드리더십포럼"을 개최한 적이 있습니다. 주최는 "황성주 생식"으로 유명한 주식회사 이롬이었으며, 라브리는 강사만 빌려 드리고 월드리더십포럼이 주관했습니다.

회사 대표인 황성주 박사는 임직원들이 성장하는 만큼 회사가 성장할 수 있다는 생각을 가지고 있었고, 한국의 각계각층에서 수고하는 목사, 교수, 변호사, 의사 등 기독교 지도자들의 리더십을 발전시키기 위해서는 돈을 투자할 필요가 있다고 생각하는 분이었습니다.

마침 양양에서 정기 이사회를 하러 온 국제라브리 간사 10여 명을 이롬에서 초청하여 3일간 설악산 켄싱턴 호텔에서 집회를 가졌습니다.* 한꺼번에 외국 라브리 강사 10여 명을 모시는 것은 쉬운 일이 아니었습니다. 접대가 힘들었던 것이 아니라 그들의 강의와 아이디어를 수용할 수 있는 기관이나 교회는 흔치 않았습니다. 그러나 이롬은 모든 강사들의 여비 절반과 각계 지도자 70여 명의 호텔 숙박비를 책임졌습니다.

---

*2002년에 한국 라브리를 방문한 강사들의 이름입니다. 네덜란드 라브리에서 온 빔 리트께르크(Wim Rietkerk) 회장과 부인 그레타(Greta), 미국 보스톤 라브리에서 온 딕 카이즈(Dick Keyes)와 부인 마르디(Mardi), 영국 런던한인교회에서 온 김북경(PukKyoung Kim) 목사와 부인 신디아(Cynthia), 영국 라브리에서 온 앤드류 펠로우즈(Andrew Fellows) 간사, 미국 로체스터 라브리에서 온 래리 스나이더(Larry Snyder) 간사, 스위스 라브리에서 온 짐 잉그램(Jim Ingram) 간사가 그들입니다. 그 밖에도 한국 라브리 이사인 황성주, 양영전, 성인경이 강사로 수고했습니다.

그러나 진행을 하다 보니 돈을 투자한 포럼 주최자들과 진행을 맡은 라브리 간사들 사이에, 혹은 참석한 지도자들과 멀리서 온 라브리 강사들 사이에 이해관계가 상충되기도 하고 커뮤니케이션 충돌이 생겼습니다. 그러다보니 이롬 직원들 중에는 투자에 비해 얻는 것이 적다는 불평이 흘러 나왔고, 라브리 강사들 중에는 운영 방법에 대한 불평이 흘러 나왔습니다. 그러나 이롬에게 가장 많은 축복이 돌아갔습니다. 사원들의 생각도 넓어지고 제품도 좋아졌고, 회사는 더 발전했습니다.

다섯째, 수양회 후에 돈을 남기지 않으려고 노력했습니다. 집회를 다 마치고 경비를 계산해 보면 언제나 적자가 났습니다. 강사비, 강사 여비, 장소 대여비, 광고비, 식비, 차비 등을 빼고 나면 언제나 모자랐습니다. 조금이라도 남으면 강사들에게 좀 더 드리든지 수고한 분들에게 나누어 주고 한 푼이라도 남겨서 라브리의 경상경비에 보태 쓰려고 하지 않았습니다. 수양회에서 돈을 남겨서 라브리에 보태 쓰려는 생각을 가지게 되면, 어려울 때마다 대형 집회에 자꾸 욕심을 내기 마련이기 때문입니다.

1988년에 열린 첫 번째 수양회에서 모든 것을 정산하고 남은 200불로 스위스에서 오신 강사에게 강사비로 100불, 스위스 라브리에 100불을 헌금하고 나니 한 푼도 남지 않았습니다. 사실은 수양회를 개최할 때마다 돈을 남기기는커녕 늘 400-500만 원씩 모자랐고, 그것을 갚느라 몇 달 동안 허리띠를 졸라매야 했습니다. 예영커뮤니케이션의 김승태 사장은 적자가

난다는 것을 다 아시고도, 여러 차례 세미나를 주최해 준 적이 있습니다.

예외도 있었습니다. 2016년 1월에 서울에서 기독교 세계관 학술동역회와 공동 개최한 기독교세계관학교는 경제적으로 손해 없이 끝났습니다. 회비도 적게 받았습니다. "3일간 이렇게 좋은 강의를 들을 수 있도록 해 주고도 70,000원 밖에 받지 않다니 이래도 손해가 안 납니까?"라고 걱정을 해 준 분이 있을 정도로 적게 받았습니다. 하나님의 은혜로 많은 사람들이 참석했고, 100주년기념교회(이재철 목사)에서 무료로 별관을 빌려 주서서 시설사용료도 아꼈고, 특히 강사들에게는 차비 외에는 한 푼도 드리지 않았고, 두 단체의 간사들이 모든 것을 아꼈기 때문에 돈이 남았던 것입니다.

라브리의 핵심 가치: "라브리 선언문" 번역

집단 지성을 실험할 때 가장 중요한 것은 핵심 사상 혹은 핵심 가치를 지키는 것입니다. 다양한 사람들이 오고 가다 보면, 견해 차이도 생기고 신학 문제가 생기기 쉬운데, 그때 핵심 가치와 사상을 잃어버리면 다툼, 분열, 분쟁이 생기기 쉽습니다. 아무리 탁월한 청년 강사들이나, 국내외 강사들의 명 강의라고 하더라도, 라브리의 핵심 가치를 공격하거나 비 성경적인 입장을 옹호하는 것만큼은 양보하지 않았습니다.

그러나 일일이 강사들에게 우리의 핵심 가치와 신학적 입장을 설명하기보다 "라브리 선언문(The L'Abri Statements)"을 번역하고 소개했습니다. "라브리 선언문"은 라브리의 철학 및 신앙고백입니다. 이 문서는 국제라브리위원회에서 몇 년 동안 수십 번의 회의를 거쳐, 1997년 4월에 영어 문서로 만들어진 것이며 한국어로 나오기까지는 여러 사람들의 도움이 있었습니다. 초안은 1997-9년에 제1차 번역이 있었는데, 책임 번역은 양혜원 씨가 수고하였으며 김정훈, 박진숙 씨 등 협동간사 10여 명이 속초에서 이틀간 윤독을 하며 교정을 보았습니다.

그 후 10년이 지나는 동안 국제라브리위원회에서 신앙의 테두리에 관한 선언 중 '3. 섭리'와 '부록(성경무오와 성경해석에 관한 시카고 선언문)'을 추가했기 때문에 제2차 번역이 2009년-10년에 있었는데, 책임 번역은 권오익 씨가 수고하였으며 모경, 춘성 간사가 교정을 보았습니다. 그 후 2011년에 선언문 전체의 용어 통일과 번역 감수를 경옥이 한 번 더 했습니다. 그리고 라브리 선언문에 기초하여 사역의 핵심 방향을 토론하고 정리했습니다.

첫째, 영적 실재성(Spiritual Reality)을 찾고 각성한다. 여기에는 바른 영성에 대한 이해와 하나님과의 실존적인 신앙생활의 참다운 면을 찾고 누리자는 도전이 필수적입니다.

그리고 그리스도 안에서 삶의 전 영역(신앙, 감정, 지성, 건강 등의 인생 전체)이 회복되고 치유되었다는 것을 믿고 또한 그렇게 살도록 노력해야 된다고 생각합니다. 뿐만 아니라 기독교인의 순간순간의 삶이 초자연적인 영적 상황 가운데 있다는 것을 실감하고 경건의 모양보다는 경건의 능력에 신경 쓰는 것이 중요하다고 믿습니다.

둘째, 지적 순수성(Intellectual Purity) 혹은 교리적인 순결을 지키자. 수양회가 끝난 후에 여러 사람들이 "성경말씀에 대한 강한 도전을 받고 성경으로 세상을 바라보는 시각을 갖게 되었다."고 말할 때에 무척 감사했습니다.

라브리는 기독교가 하나의 종교가 아니라 진리(眞理)라고 믿기 때문에, 우주와 인생의 근본적인 문제에 대한 바른 설명과 대답을 해 준다는 의미에서 기독교의 진리야말로 합리적이며 명제적인 진리라고 믿습니다.

셋째, 사회적 실천성(Social Practicality)을 행동에 옮기자. 공부는 많이 했는데 실천을 하지 않거나, 배운 것은 많은데 행동하지 않는다면 무슨 소용이 있겠습니까? "순종이 없는 믿음은 죽은 믿음이다."라고 하는 이유도 거기에 있지 않겠습니까?

그래서 복음주의의 위기나 정치, 직장생활, 부부관계, 가정 교육과 같은 실제적인 문제들을 많이 다루었습니다. 강의 후에는 배운 것을 적용하느라 밤을 지새며 열띤 토론을 벌인 열성파들도 있었습니다.

10장 서울의 추억

대학생 청년 사역을 하다 보면 재미있는 이벤트들이 자주 생깁니다. 최고의 이벤트는 청년들의 결혼식이었습니다. 서울 라브리에서만 약 일곱 쌍이 나왔습니다. 공동체에서 만난 '커플 결혼식'이 너무 자주 있으면 문제도 생기지만, 가끔 있으면 공동체 전체에 활기를 불러일으킵니다. 예상하지 않은 이벤트들도 가끔 터졌는데, 우리는 그것을 "아둘람의 장난", 혹은 "거룩한 사고 치기"라고 불렀습니다. 지금 생각해 보면 그것들은 모두 하나님의 특별 선물이었습니다.

음악회, 사진전, 고궁 답사, 가정 유치원

1994년을 마감하며 크리스마스 직전에 조촐한 가정 음악 잔치가 열렸습니다. 두란노서원에 근무하던 윤필교 씨의 만돌린 연주와 김태우 형제의 기타 합주가 잘 어우러진 음악 한 마당이었습니다. 잘 아는 영화 음악이 연주될 때는 추억 속으로 빨려 들어가기도 했습니다.

한창 분위기가 무르익어 가는데, 갑자기 커다란 카메라를 둘러맨 "서울방송 취재팀"이 쳐들어왔습니다. 아마 윤필교 씨가 "서울 방송(SBS)"에 아는 사람이 있었는지, 그 많은 성탄절 음악회를 제쳐 두고 라브리의 가정 음악회를 취재하러 나온 것입니다. 잠시 음악회가 중단되기도 했지만, 이내 차분한 분위기로 돌아와 연주회와 사진 전시회를 끝까지 즐겼습니다.

카툰 작가 김태우 씨가 라브리 협동간사로 일하며 틈틈이 찍은 사진으로 "발톱을 드러낸 공룡"이라는 주제로 사진 전시회를 열었습니다. 공룡과도 같이 거대하고 파괴적인 이 세상 속에서도 순수하고 깨끗함을 잃지 않고 꿋꿋하게 살아가는 어린이들(의진, 혜진과 동네 아이들)의 모습을 담았습니다.

앞집에 사는 신명약국 약사가 입장료를 봉투에 넣어 오시기도 했고, 가까운 교회 교인들도 찾아 주셔서 얼마나 위로가 되었는지 모릅니다. 하나님께서 각 사람에게 주신 은사들로 인해 감사와 찬양을 돌릴 수 있는 기회가 되었습니다.

음악회와 사진 전시회에 자극을 받아, 1996년에는 한 학기 전체를 '예술 학기'로 꾸미기도 했습니다. 젊은 화가 이웅배 씨 부부, 문학평론가 이경호 씨가 찾아 주었고, 특히 후암교회 여성중창단이 마련해 준 가정음악회도 잊을 수 없습니다.

고궁 답사 등 걸어 다니며 배우는 살아 있는 역사 공부도 재미있었습니다. 600년이 넘은 고도(古都) 서울에는 구경할 것이 많습니다. 고궁, 유적지, 미술전시회, 음악회, 건축물이 그중의 하나입니다. 한번은 라브리 주최로 "고궁 답사 모임"을 했는데, 서울의 유서 깊은 고궁들과 유적지들을 찾아다니며 역사를 배우는 시간이었습니다. 그때 우리는 고궁 답사 혹은 현장 교육이 재미있으려면 안내자가 좋아야 한다는 것을 잘 배웠습니다.

특히 안내자가 해박한 역사 지식에 입담이 구수하면 금상첨화(錦上添花)입니다. 이점에 있어서 우리는 최고의 인도자를 구했습니다. 라브리 연구원이자 젊은 역사학자인 안종철 박사가 인도자였기 때문입니다.* 두 달 동안 고궁 답사를 한 번도 빠진 적이 없는 경옥은 답사 경험을 이렇게 한 마디로 이야기했습니다.

— 역사(歷史)만큼이나 야사(野史)가 재미있었다.

1996년부터 경옥이 운영한 가정 유치원도 매우 재미있었습니다. 가정 유치원은 의진이 친구들을 모아 꾸린 작은 유치원을 말합니다. 물론 1989년에 강남구 세곡동에서 1년간 살 동안에는 이웃에 사는 민섭이 등 기진이 친구들을 모아서 유치원을 한 경험이 크게 도움이 되었습니다. 그때만 해도 시골이었던 세곡동에서 유치원을 다닐 형편이 안되는 기진이 친구

---

*안종철 박사는 서울대학교에서 역사학 박사 학위를 받았으며, 하와이 대학교에서는 법학 박사 학위를 받았습니다. 그리고 미국 뉴욕 주에서 변호사 자격을 받았으며, 2017년 현재는 독일 튜빙겐대학교에서 동서독 역사와 통일을 연구하고 있습니다.

또래의 아이들을 '주워 모아(?)' 1년간 가정 유치원을 했습니다.

혜진이도 1993년에 초등학교에 입학하기 전에 일 년간 친구들과 함께 가정유치원을 다녔습니다. 의진이 때는 용기를 내어 예수를 믿지 않는 가정의 아이들을 초청해서 기독교 정신을 실험하고 적용해 보기로 하였습니다. 유치원생 중에는 간디에 심취한 어머니의 아들도 있었고, 캐나다 남자와 결혼한 화가의 아들도 있었습니다.

라브리를 찾아오는 학생들을 돕는 중에도, 시간을 쪼개어 경옥은 일주일에 두 번씩 후암초등학교에서 영어 특별 수업을 인도하기도 했습니다. 인경은 기진이가 다니던 용산중학교에서 몇 차례 학부모 특강 혹은 성교육을 실시한 적이 있습니다. 1996년에 쓴 경옥의 편지를 직접 읽어 보시기 바랍니다.

> 올해도 하나님께서 뜻에 맞는 엄마들과 아이들을 보내 주신 것에 감사를 드립니다. 그리고 작년부터 일주일에 두 번씩 혜진이가 다니는 후암초등학교 학생들과 손님들을 위해 영어특활 시간을 지도하고 있습니다. 저에게 맡겨진 아이들에게 어떻게 하면 쉽고 재미있으면서도 살아 있는 시간들을 만들어 주며, 하나님의 형상을 가진 아이들이 최대한의 특권을 누리는 시간으로 만들 수 있을까 고민입니다. 부족한 경험과 교구 등 일반 유치원이나 학원에 비해 보잘 것 없습니다. 그러기에 가장 귀한 예수님의 진리와 사랑을 나누어 줄 수 있기를 기도

합니다. 쉽게 지치는 제게 하나님의 도우심이 절실히 필요합니다(1996년 9월 경옥의 기도편지 중에서).

후암교회 청년들과의 우정

조동진 목사, 한제호 목사, 손상률 목사가 시무한 적이 있는 후암장로교회는 라브리에서 걸어서 5분 거리에 있었습니다. 가까이 있다 보니, 경옥의 집에는 주일 오후만 되면 대학부 청년들과 교역자들이 와서 라면을 끓여 먹는 등 종종 쉬어 가는 손님들이 많았다고 합니다. 인경은 그 교회 대학부, 청년부를 거쳐 교육전도사를 하다가, 라브리를 세운 후로는 협동 목사로 청년부를 돕고 있었습니다.

주 안에서 안녕하세요?
예년에는 겨울이면 연상되는 것이 눈과 얼음과 추위였습니다. 그러나 올해는 가뭄과 지진과 홍수의 추억만 남았습니다. 이번 겨울은 그래서 추웠다는 기억보다는 몹시도 아픈 겨울이었습니다. 그러나 이제는 겨울의 아픈 잠에서 깨어날 때가 된 것 같습니다. 봄이 성큼 다가오고 있기 때문입니다.
잠을 깨울 알람시계가 필요하지 않으세요? 바라기는 청년3부의 성경공부가 작은 알람시계가 되기를 바랍니다. 베드로가 아래 말씀에서 권면하고 있는 것처럼 하나님의 은혜로 사랑이 가득한 가정이 되기를 진심으로 바랍니다. 후암교회와 청년3부 회원들을 위해 서로 기도하시고, 저를 위해서도 기도 부탁드립니다.

아내 된 여러분은
남편에게 순종하십시오.
그러면 주님의 말씀을 믿지 않는 남편이라도
말없이 실천하는 여러분의 행동을 보고
하나님을 믿게 될 것입니다.
남편들은 여러분이 하나님을 섬기면서
깨끗한 생활을 하는 것을 지켜보고 있습니다.
여러분은 겉모양만 화려하게 꾸미지 말고,
유순하고 정숙한 마음가짐으로
속사람을 아름답게 하십시오.

(이와 같이 in the same way)

남편 된 여러분은
아내를 잘 이해하며 함께 살아가십시오.
아내는 더 연약한 그릇이며
은혜로 주시는 영원한 생명을
함께 누릴 반려자로 알고
소중히 여기십시오.

이것은 여러분의 기도 생활이
방해를 받지 않기 위해서입니다(베드로전서 3:1-7).
(인경, 1995년 청년부원들에게 보낸 편지에서)

그렇게 모인 30대 청년 부부들이 약 40여 명이 되었습니다. 모두 인경과 경옥의 친구들이거나 후배들이었습니다. "제자들"이라고 부르기에는 나이가 많은 선배 부부들도 있었고, 나이 차이가 별로 없는 친구들도 왔습니다. 처음에는 결혼 1년 차에서 5년 차까지 모이라고 했는데, 결혼 10년 차까지 모이다 보니 연령차가 많이 났습니다.

그러나 30대 부부야말로 사회적으로나 영적으로나 성적으로 위기가 많았습니다. '가정 포도원'을 허물려는 여우와의 전쟁이 치열할 때였습니다. 서로 격려하고 위로하고 공부하지 않고는 가정을 지킬 수 없다는 위기의식을 가지고 열심히 모였습니다. 처음에는 부부간의 어려움을 말하는 것을 쑥스러워했으나 시간이 갈수록 서로 이해하고 교제하는 것이 좋아서 안 해도 될 말까지 할 정도가 되었습니다.

그때 청년부 회장이었던 이동원 집사는 수십 년간 보험업에 종사하며 교회에 충성하고 있고, 부장이었던 이근우 장로는 연세대 치대와 대학원 교수 및 학장으로 수고하며 교회를 지키고 있습니다. 경옥의 고등부 교사인 김대준 장로는 사업가답게 늘 라브리 전기세를 걱정하고 계시고, 어머니의 친구였던 노승례 권사는 아직도 경옥을 위해 기도한답니다.

인경이 인도하던 장로성경공부 멤버 10여 명 중에는 김정철, 김정식 장로 형제도 있었습니다. 선교 지도자가 되신 김동화 선교사, 인도네시아에 40여 개 교회를 세운 안성원 선교사, 인도에 목숨을 다 바친 탁정희 선교사, 그리스에서 밥퍼 사역을 하느라 허리와 온몸이 다 망가진 양용태, 김미영 선교사, 모두가 후암교회가 맺어준 선배요 친구들입니다.

동성애자들과의 버스 투어

1999년 가을, 낮은울타리에서 재미있는 신촌문화만들기(제3회) 행사를 벌였습니다. 대형 버스 5대를 준비하고, 각 버스마다 테마를 정해 놓고 대학가를 한 바퀴 돌면서 버스 안에서 토론회를 벌이는 것이었습니다. 잘 아시다시피, 신촌 근방에는 대학교가 많습니다. 연세대학교, 이화여자대학교, 홍익대학교, 서강대학교.

사실 대학교가 많으면 그 일대가 지성과 학문의 꽃이 피어야 하는데 오히려 음란과 타락의 구린내가 진동했습니다. 많은 교회가 신촌 문화를 바꾸려고 노력하는 중에 낮은울타리의 신상언 대표가 동성애 버스투어 이벤트를 벌였습니다. 동성애 담론을 토론하고 싶은 사람들이면 누구나 탈 수 있는 버스였습니다. 그때 「낮은울타리」(1999년 가을, 겨울호)에 발표한 후기를 여기에 옮깁니다.

1. 동성애자들 혹은 동성 커플들의 얼굴을 맞댈 수 있는 기회를 가지게 되어 매우 좋았습니다. 어떤 사람은 "버스 대신에 오픈카(open car)나 헬리콥터를 동원하지 않았느냐?"고 말할지 모릅니다. 그러나 그것은 경비 문제뿐만 아니라 안전한 방법이 아니라는 데 문제가 있습니다. 아무리 최첨단 장비라는 것도 직접 전해지는 사람의 손발과 인격적인 만남만은 못하기 때문입니다.

비록 좁은 버스 안이었지만 '핸드폰'이나 'E-mail'과는 비교할 수 없을 정도로 가까이서 서로 얼굴을 맞대고 이야기할 수 있었던 것이 얼마나 좋았는지 모릅니다. 그동안 얼굴이 없었던 사람들을 만나 아무런 방어막이 없이 대화를 나누게 되어 매우 좋았습니다. 비인격적인 대화에 신물이 난 탓도 있고, 현대 과학이 가져다준 비인간적 은닉성에 대한 반감 때문이기도 했을 것입니다. 만남의 시간이 너무나 짧았다는 것이 한 가지 아쉬움이었습니다.

2. 사랑이 담긴 수고가 엿보여서 마음에 들었습니다. 투기나 마술은 가장 귀한 것을 가장 아끼는 사람에게 주려고 할 때는 적합하지 않은 방법입니다. 사랑이 없기 때문입니다. 복음 전파나 문화 만들기도 마찬가지입니다. 얼마나 친구를 사랑하는 마음으로 전하려고 하느냐 하는 것이 중요하기 때문입니다. 하늘나라의 영광스러운 보물이라 할 수 있는 예수 그리스도의 복음을 가장 아끼는 친구들에게 전달하고자 하는 뜨거운 '사랑' 말입니다.

이번 신촌문화만들기는 이런 사랑의 수고가 엿보였습니다. 투창법이나 축지법을 사용하면 돈도 덜 들고 훨씬 빨리 해치울 수 있었지만, 테마버스, 단편영화제, 거리공연 등은 사랑의 수고 없이는 결코 놓일 수 없었던 멋진 복음의 다리 놓기였습니다. 문화를 접촉점으로 하는 복음의 다리 놓기 작업은 언제나 사랑의 수고가 따르기 마련입니다. 사랑의 수고도 없이 문화가 저절로 바뀌리라고 기대하는 것은 죄입니다. 그러나 수고가 담긴 사랑에는 열매가 맺힐 날이 올 것입니다.

3. 많은 사람의 참여를 끌어낸 것이 멋있었습니다. 혼자서 끌어가는 것도 훌륭합니다. 이리 뛰고 저리 뛰는 것도 보기에 좋거든요. 많은 열매들도 아름답습니다. 어쨌든 지도력의 표현이요 영향력의 과시이기 때문입니다. 그러나 따라 오는 사람도 없고 같이 뛰자는 사람도 없다면 그것은 바른 지도력도 아니고 참된 영향력도 아닙니다. 우리는 지난 시대에 그 같은 일들을 수없이 보고 살았습니다. 그것을 멋있게 보았고 부러워하기까지 했으니까요.

그러나 정말 멋있는 것은 사람들을 참여시켜서 함께 끌어가고 함께 뛰는 것입니다. 그것이 이번 신촌문화만들기에서 벌어졌습니다. 탤런트, 목사, 시인, 교수, 정치인 등 수십 명이 이끌고 수천 명이 참여했습니다. 그것도 모두 자발적인 참여였습니다. 그리고 듣기로는 단편영화제나 거리 음악 등은 작품의 질도 높았고 반응도 좋았답니다. 테마버스에서도 열정적이고 정직한 질문들이 쏟아졌습니다. 그것이 아름다운 지도력이며 영향력입니다. 문화 만들기는 사람들의 참여에서부터 시작되어야 합니다. 좋은 문화 만들기의 가능성을 보았습니다.

"새 천년", "밀레니엄"이라 불린 2000년대 시작을 앞두고, 정치계만 시끄러웠던 것은 아닙니다. 젊음과 지성의 전당이라고 하는 대학가에도 세기말적인 현상이 나타났습니다. 그중에 하나가 "성 축제"라는 것이었습니다. 학생들은 "콘돔 만져보기", "포르노 맛보기", "푸코의 성담론" 등으로 봄 학기부터 가을까지 시끄러웠습니다. 연세대학교의 마광수 교수는 『가자, 장미 여관으로』(1989), 『즐거운 사라』(1991), 『인간』(1999)이란 책을 써서 "예술이냐 외설이냐"라는 논란을 일으키기도 했습니다.

1999년에 나온 가장 문제작은 "거짓말"이라는 장정일 원작, 장선우 감독의 영화였습니다. 어떤 비평가는 "한국에서 시대를 앞서간 영화"라고 말했는가 하면 어떤 비평가는 "음란, 저속한 성적 표현"이란 양극단의 비평을 받은 영화였습니다. 중년의 조각가 J가 여고생 Y를 처음 만나 여관에서 섹스를 하게 되었는데, 그 후 Y가 집을 나와 J와 함께 여관을 전전한다는 이야기입니다.

물론 이 영화는 '청소년관람불가' 판정을 받았지만 보고 싶은 사람은 다 봤습니다. 이런 영화가 신촌에 판치는 마당에 버스 투어는 너무나 작은 몸짓이었지만, 그러나 매우 참신한 아이디어였고 긴 여운을 남긴 모험적인 문화 개혁 운동이었습니다.

열쇠 세 개를 맡겨 주신 목사님

저희 아이들이 두고두고 이야기하는 부부가 있습니다. 열쇠 꾸러미를 맡겨 주신 분입니다. 지금으로부터 약 17년 전, 2000년 8월에 있었던 이야기입니다. 대전에 사는 김요한 목사 부부가 아파트 열쇠, 교회 열쇠, 자동차 열쇠를 저희 가족에게 맡기고 미국으로 쉬러 가셨습니다. 여러 해가 지났지만 지금도 우리 가족은 김 목사 부부 이야기를 할 때면 언제나 웃다가 울게 됩니다. 초청의 말씀은 아주 간단했습니다.

- 저희 아파트에 와서 쉬시면서 한 주에 한 번씩 설교만 해 주세요.
- 그러죠. 냉장고에 먹을 것만 좀 채워 놓고 가세요.

인경의 대답도 간단했습니다. 우리는 서울을 탈출할 수 있는 것만 해도 좋았는데, 기대하지 않은 좋은 아파트 주변 경관에 놀랐습니다. 유성구에 있는 그 아파트는 단지 안에만 아니라 강변 산책길도 있어서 걷다가 만나는 사람들끼리 서로 안부를 묻는 등 매우 가족적이었습니다. 단지 내에 있는 슈퍼마켓에 가 보니 먹을 것도 넘쳤습니다. 한 번도 아파트에 살아보지 않은 저희로서는 모든 것이 놀랍고 신선했습니다.

아파트 문을 열고 들어가는 순간 세련된 구조에 한 번 더 놀랐습니다. 오래된 단독주택 생활에 익숙한 서울 촌놈들에게는 최신 아파트의 널찍하고 편리한 구조는 모든 것이 신기했습니다. 아이들은 냉장고에 먹을 것이 가득한 것을 보고 놀랐습니다. 김 목사가 약속을 지킨 것입니다. 저희는 자동차 열쇠와 함께 테이블 위에 가지런히 놓여 있는 티켓을 보고 놀랐습니다. 약속보다 더 많이 준비해 놓고 간 것이 분명했습니다.

— 와, 온천탕 사우나 티켓이야.

김 목사 부부의 세심한 배려에 온 가족의 입이 찢어졌습니다. 더 놀란 것은 서재였습니다. 보통 목사들의 서재에는 주석이나 성경 연구 관련 전문 서적으로 가득한데, 김 목사의 책장에는 교육, 예술, 등 한 번도 듣도 보도 못한 흥미 있는 주제의 영문과 한글로 된 좋은 책들이 수두룩했습니다. 아이들만 아니라 저희 부부도 여러 분야의 책을 실컷 읽을 수 있었습니다.

주일에 만난 교회는 놀람 그 자체였습니다. 그 교회 성도인 민대백 형제가 미리 귀띔을 해 줘서 어느 정도는 알고는 있었지만, 전통적인 교회와는 전혀 달랐습니다. 김 목사의 목회철학인 말씀과 문화 그리고 친절이 살아 있는 교회였습니다. 몇 년 전에 예배당을 새로 짓고 난 후에 갔을 때도 여전히 그 신선함은 살아 있었습니다. 주중에는 아이들과 온천도 하고, 과학관에도 가고, 근교 구경도 실컷했습니다. 저희 부부가 이 이야기를 청년들에게 해 줄 때마다, 그들이 묻는 질문이 몇 가지 있습니다.

— 그 목사님 부부를 평소에 잘 알고 계셨나요?

— 남의 집 냉장고를 다 비우고 오신 것은 아니지요?

— 자동차 키가 있다고 타고 다니신 것은 아니지요?

— 교인들의 식사 초청도 받으셨어요?

첫 번째 질문에 대한 대답은 사실 저희 부부도 지금까지 궁금해하는 점입니다. 집과 교회와 자동차를 맡기려면 평소에 잘 아는 사람이어야 한다는 것은 상식입니다. 그러나 김 목사 부부는 그런 상식을 뛰어 넘는 분이었습니다. 김 목사 부부는 저희 부부를 단 한 번도 직접 만난 적이 없었고, 저희도 그분들을 뵌 적이 없었습니다. 단지 김 목사는 인경이 쓴 『나의 세계관 뒤집기』라는 책을 읽고, 책의 저자에게 모든 것을 맡긴 것입니다. 그만큼 김 목사는 책을 믿는 사람이고, 사람을 믿는 사람이었습니다.

두 번째 질문은 저희 부부를 '천사'라고 착각한 것 같아서 한편으로는 기분이 좋지만, 다른 한편으로는 저희 가족의 인간성을 잘 모르시는 질문이라서 대답하기가 좀 난처하군요. 저희 부부는 천사가 아닙니다. 먹으라고 남겨 놓은 것은 맛있게 먹는 것이 친절에 대한 예의라고 생각하고 다 먹어 치웠거든요. 냉장고에 음식을 그대로 남겨 놓으면 "맛이 없었는가보다."라고 생각하고 섭섭해 하시지 않았을까요?

세 번째 질문도 마찬가지입니다. 저희 가족은 차가 없었기 때문에 구경하고 싶어도 가 보지 못했던 대전 주변을 차를 타고 구석구석을 둘러보았습니다. 과학기술대학교 주변에 있는 과학 관련 시설들을 돌아보거나 아이들이 좋아하는 엑스포 공원에서 많은 시간을 보냈지만 말입니다. 사우나 티켓도 마찬가지입니다. 우리 아이들이 아토피가 있다는 것을 어떻게 아셨는지, 유성 온천은 우리 아이들을 위한 멋진 선물이었습니다.

네 번째 질문은 중요합니다. 저희 가족은 설교 후에 성도들과의 교제만 아니라 주 중에 식사 초대를 간혹 받았습니다. 거절할 이유가 없지 않아요? 사실 목회자들이 "교회를 맡긴다."고 할 때는, 교회 건물을 맡기는 것도 아니고 설교를 맡기는 것도 아니라 교인들을 맡기는 것입니다. 만약 잠시 돌봐 달라고 맡긴 양을 잡아먹는 사람이 있다면, 그 사람은 강도나 도둑놈보다 못한 사람입니다. 저희들도 조심스럽게 만났습니다.

약 한 달이 지난 후에 만난 김 목사는 키가 별로 크지도 않고, 영어보다는 한국어를 더 잘하는 분이었습니다. 그러나 마음은 바다처럼 넓은 사람이었고, 그의 생각은 하늘처럼 열려 있었습니다. 아마 어릴 때부터 부모님으로부터 사람을 믿고, 맡기고, 주는 훈련을 잘 받은 분인 것이 분명했습니다.

그 후에도 여러 번 그 교회에 가서 설교하고 강의할 수 있는 기회를 가졌던 것은 물론이고, 대전 극동방송만 아니라 영동 극동방송, 창원 극동방송 등을 통해 수십 번 강의할 기회를 주셨습니다. 김 목사는 최근에도 교역자들과 라브리에 오셔서 멋진 유머와 찬양을 한 보따리 안겨 주고 갔습니다. 큰 위로가 되었습니다.

11장 술집을
기도의
집으로
만들어
주세요

후암동 라브리는 서울 도심에 있어서 좋았지만 방이 모자랐습니다. 저희 가족 다섯 식구가 사는 방 세 개를 빼면 손님방이라고는 두 개 밖에 남지 않았기 때문입니다. 차고를 고쳐 거기에 몇 사람이 더 잤지만 형편이 말이 아니었습니다. 그런 방 두 개에 때로는 다섯 명에서 여섯 명이 자곤 했습니다. 그래도 한국 청년들이니까 몇 명씩 끼어 자라고 하면 잤지만, 서양 청년들에게는 그렇게 할 수도 없었습니다. 사정이 그렇다 보니, 라브리에서 자지 않고 아침에 왔다가 하루 종일 라브리에서 공부하고 저녁에 집으로 돌아가는 청년들이 늘어났습니다.

"닭장"에서 공부하는 청년들

어떤 대학생들은 휴학을 하고 서울에 와서 아는 사람들의 집에서 하숙을 하며 매일 라브리로 통학을 했습니다. 어떤 청년들은 흔히 "닭장"이라고 말하는 서울역 앞 고시원에서 생활하며 라브리에 와서 공부하는 청년들도 있었습니다. 한번은 인경이 청년들이 사는 "닭장"을 찾아간 적이 있었습니다. 몇 사람이 둘러앉기도 힘든 작은 방에서 먹고 자고 있었습니다. 부잣집 아들들이 "개고생"을 하며 공부하고 있었던 것입니다.

그래도 이삭 씨는 서울대학교 대학원에서 고전학을 공부했고, 같이 살던 성진 씨는 '하나님 나라'를 공부하고 총신대학교 신학대학원을 졸업하고 전도사가 되었습니다(성진 씨는 이 땅에 주어진 일을 다 마치고 주님 곁으로 일찍 갔습니다.). 태우 씨는 "닭장"보다는 조금 더 나은 오피스텔을 얻어서 살면서, 협동간사로 다른 사람들을 섬겼습니다. 그리고 '하라'는 공부보다는 라브리에서 만난 예쁘고 똑똑한 자매와 결혼을 했습니다.

대익 씨는 태우 씨와 같이 오피스텔에 살면서 서울대학교 대학원을 다녔습니다. 그는 "여자 친구와 헤어졌다."며 한바탕 자살 소동을 벌인 끝에 예수님을 믿고 그 여자 친구와 결혼을 했습니다. 청년들이 공부를 하러 오는 건지, 데이트를 하러 오는 건지 모를 정도로, 그때는 공부도 데이트도 불이 붙었습니다. 상락 씨도 화정 씨를 사귀다가 결혼식을 올렸습니다. 경옥이 2000년 9월 초에 보낸 기도편지를 보면 대학생 청년들을 위한 학숙 공간이 얼마나 절실했는지 감을 잡을 수 있습니다.

> 이번 가을 학기에도 다양한 관심과 문제를 가진 학생들과 손님들이 많이 찾아올 예정입니다. 한 가지 안타까운 것은 그들을 위한 합숙시설이 없어서 매일 통학을 시켜야 한다는 것입

니다. 이제 기도 부탁하는 것도 지쳤습니다만, 젊은이들이 며칠이라도 조용히 머물며 진리와 씨름할 수 있는 여건이 어서 속히 마련되도록 기도해 주시기를 간절히 부탁드립니다. 지난여름에는 외국에서 오겠다는 학생들과 손님들을 모실 방이 없어서 5명이나 거절한 적이 있고, 이번 가을에는 두 명이 고시원에 머물며 공부하고 있고, 내년 겨울 학기에는 이미 3-5명이 합숙을 원하고 있습니다(경옥, 2000년 9월 기도편지).

청년들이 먹고 자며 공부할 수 있는 집이 필요하다는 소식을 들은 라브리 가족들이 전국 각지에서 여러 모양으로 땅이나 집을 내놓겠다는 제안을 해 왔습니다. 경기도 청평에 있는 한명학교를 김북경 목사 부부와 함께 방문하기도 하였습니다. 감사하게도 원장께서 일부 시설과 땅을 당장이라도 사용할 수 있도록 허락해 주셨습니다. 그러나 라브리가 바로 이사할 수 있을 만큼 방이 많은 집도 아니었고, 구입하기에는 너무 큰돈이라 포기하고 말았습니다.

열방대학에 강의 차 갔다가, 제주에 사는 한 집사 부부의 집을 들렸더니 자기 집 옆에 있는 빈 땅을 보여 주고 "당장 이사 오라."고 했으나, 건축비가 걱정되어 받아들일 수가 없었습니다. "두 단체가 같이 사용하자."는 제안도 몇 군데서 받았습니다. 그중에 하나가 경기도 화성에 있는 "바울의 집"이었습니다. 당시만 해도 GMS가 인수하기 전이라, 선교사 훈련센터와 라브리학숙센터가 같이 쓰면 어떻겠느냐는 초청이 있었으나 정중하게 거절했습니다.

이렇게 많은 분들의 헌납 혹은 공동 사용 제안을 여러 번 거절하다 보니, 가까운 사람들 중에서는 이상한 소문이 돌았습니다.

> – 성 목사 부부가 너무 까다로워서 좋은 기회를 다 놓친다.

그래서 컨설팅을 받아보기로 했습니다. 객관적인 의견이 필요하다고 생각한 것입니다. 그래서 LG EDS에 근무하던 설동렬 박사(Ph. D. 컨설턴트)에게 부탁하여 '라브리발전계획보고서'를 들었습니다. 보고서의 요지는 다음과 같았습니다.

1. 서울 라브리에서는 통학생들과 방문자들을 돕되, 여름과 겨울에는 시골에서 합숙사역을 하는 것이 좋겠다.
2. 전임간사나 파트타임 간사들을 하루 빨리 보충하여 강의와 업무를 분담하는 것이 좋겠다.
3. 장기적으로 공부하는 학생들을 위해 정기적인 성경공부와 심화과정이 있으면 좋겠다.
4. 기존의 헬퍼(협동간사) 조직을 개편하여 각자의 역량을 발휘하고 라브리 사역에 실제적인 도움이 되는 연구위원제로 바꾸는 것이 좋겠다(설동렬, 2000).

설동렬 박사의 컨설팅을 바탕으로 몇 가지를 바로 실행했습니다. 4항에서 지적된 헬퍼 중에서 몇 사람을 제외 하고는 모두 "라브리 연구원(L'Abri Fellows)"으로 위촉하고 긴박하게 돌아가는 시대정신을 연구하고, 그것을 금요학당이나 라브리 세미나에서 발표하는 일을 부탁하기로 했습니다. 그러나 실제로 라브리에 공부하러 온 사람들 중에 일하며 공부하는 장학생들은 여전히 협동간사로 부르기로 했습니다.

3항에서 지적된 바를 실천하기 위해서는 곧 바로 기독교 세계관 심화 과정을 개설했습니다. 그리고 2항의 전임간사와 협동간사 보충은 생각밖에 빨리 해결되어 박진숙 연구원이 파트타임(part-time) 간사로 수고하게 되었습니다. 비록 파트타임이기는 했으나 첫 번째 간사 지원이었습니다. 천군만마를 얻은 기분이 들었습니다.

그러나 1항을 위한 실천적 대안을 찾기가 쉽지 않았습니다. 도시와 시골, 두 곳에 라브리 시설을 두고 있는 라브리는 네덜란드 라브리 뿐입니다. 그들은 우트레흐트(Utrecht)라고 하는 교육 도시에 아파트가 하나 있어서 특강이나 영화를 볼 수 있는 작은 공간이 있었고, 거기에서 약 30분 떨어진 에켄빌(Ecken Wiel)이라고 하는 시골에는 수십 명이 같이 먹고 잘 수 있는 합숙시설이 있었습니다.

처음에 우리도 후암동에 라브리 하우스를 그대로 두고, 가까운 곳에 합숙소를 하나 마련하는 것을 생각해 보기도 하고, 시골에 겨울과 여름에 사용할 수 있는 공간을 대여하거나 구입하는 것이 가능하다면 네덜란드 모델을 시험해 볼 수 있을 것이라 생각했습니다. 그러나 날이 갈수록 비싼 서울에서 공간을 넓히기보다는 서울 라브리 하우스를 정리하고 시골로 가는 것이 좋겠다는 생각이 들었습니다. 컨설팅 결과를 그대로 추진하려면 대단히 과감한 결단이 필요한 사안이었습니다.

양양에 사는 수필가로부터 온 편지

학숙 공동체의 필요성을 절감하고 있던 차에, 2000년 9월 17일, 자신이 수필가라고 하는 분으로부터 이메일을 한 통 받았습니다. 놀랍게도 그 편지는 일전에 경옥이 보낸 기도편지에 대한 정확한 응답이었습니다. 그러나 당시에는 그분의 편지를 받아 읽으면서도 그것이 하나님의 응답이라고 생각하지 못했습니다. 편지 내용이 너무 간단했던 것 때문만이 아니라 휴게소였기 때문입니다.

> 이 집은 '컨트리타운'이라는 통나무로 지어진 정말 아름다운 휴게소 건물입니다. 앞에는 강, 바다가 펼쳐져 있고, 뒤에는 산이 있으며, 56번 국도에 인접하여 매우 한적한 곳입니다. 작년에 미국에 사는 친구가 이곳에 왔었는데, 그분 말씀이 이 곳이 라브리 모임의 장소가 된다면 정말 좋겠다고 하여, 라브리를 알게 되었습니다. 이곳은 제가 생각해도, 휴게소보다는 영적 모임 장소로 쓰이면 적합하다는 생각이 있습니다. 강원도

에 오실 기회가 있으시면, 한번 들려보시면 어떨까 하여 이렇게 메일을 드리지만, 개인적 생각으로 결례를 한 것은 아닌지 모르겠습니다.

예문 올림

처음에 편지를 받고도 별 관심을 보이지 않았습니다. 그도 그럴 것이 지난 10여 년 동안 이와 비슷한 편지나 전화를 여러 번 받고 허겁지겁 달려갔다가 조건에 맞지 않아 포기한 적이 한두 번이 아니었기 때문입니다. 그러나 조용한 곳에 청년 대학생들이 마음껏 놀며 공부할 수 있는 공동체를 세우고 싶은 마음이 너무나 간절했기 때문에 진실성과 타당성부터 먼저 알아보고 싶었습니다.

여러 차례 편지가 오고 가는 중에, 한 번도 만난 적도 없는 분이지만, 편지 행간에 읽혀지는 진실한 마음에 끌렸습니다. 저희 부부는 아무에게도 말하지 않고, 수필가 부부도 만나 볼 겸 집을 구경하러 조용히 양양으로 내려갔습니다. 가서 보니, 저희가 기도하고 기다린 것보다 너무 크고 좋았습니다. 처음 만난 수필가 부부는, 관상 보는 법을 전혀 모르는 저희들이 보아도, 부동산으로 사기를 칠 사람으로 보이지 않았고, 특히 술과 커피를 파는 2층 카페에 앉아서 이야기하던 남편 임 사장의 한 마디에 큰 용기를 얻었습니다.

― 이 술집을 기도의 집으로 만들어 주지 않겠습니까?

양양을 다녀 온 바로 그날 저녁에, 그 집에 대한 청년들의 의견을 물어보았습니다. 모두 매우 궁금하다는 표정을 보였습니다. 말이 나온 김에, 양양으로 놀러 갈 사람들을 모집했습니다. 말로 할 것이 아니라, 직접 자기들 눈으로 보고 의견을 말하도록 할 참이었습니다. 만약 라브리가 그 집으로 이사를 가게 된다면, 집의 주인은 청년들이 될 테니까요.

10월 마지막 토요일 밤, 자원자들이 청량리역에 모였습니다. 김종철, 백성욱, 설동렬, 신재용, 안종철, 장대익, 한성진, 심은주, 성혜진 등 청년 9명과 인경은 청량리에서 심야 기차를 타고 강릉으로 내려갔습니다. 새벽에 강릉에 내려 간단하게 요기를 하고, 버스를 갈아타고 아침 일찍 '컨트리 타운'에 도착했습니다. 모두 들뜬 마음으로 집 구석구석을 둘러보았습니다. 산은 올라가지 못했지만 병풍처럼 집 뒤를 둘러싸고 있는 것만 봐도 좋았습니다.

>본채 1층 마루 floor: $301.20m^2$
>　2층 카페 cafe: $157.00m^2$
>　2층 당구장 floor glass room: $71.40m^2$
>　3층 마루 복층 floor attic: $34.60m^2$
>화장실 Toilet house: $55.96m^2$
>창고 Storage cabin: $37.41m^2$
>뒷산 Surrounding mountains: $85,208m^2$
>　(주유소 Gas station field: $1,652m^2$)

예배드릴 방을 내어 달라고 부탁했더니, 수필가 부부는 자기들이 살고 있는 별채 주유소 2층 거실을 빌려 주셨습니다. 수필가 부부가 끓여 주는 차 한 잔을 맛있게 마셨습니다. 모두 엎드려 하나님의 뜻을 구했습니다. 인경은 열왕기상 19장 3-21절을 중심으로 "엘리야의 휴식"이라는 즉흥 설교를 했습니다.

> 엘리야는 위대한 선지자였으나 바알 선지자들과 타락한 정치가들과 싸우고 난 후에는 탈진했습니다. 자살까지 하려고 했으니까요. 그러나 로뎀나무 아래에서 푹 자고 먹고 쉰 후에는 호렙산까지 300km를 걸어가서 하나님의 세미한 음성을 듣고는 지금까지 살아왔던 것보다 훨씬 중요한 일을 했습니다. 엘리야처럼 탈진한 청년들을 도우려면 우리가 찾는 곳도 적어도 다음과 같은 세 가지 조건이 맞아야 합니다. 1. 분주한 일상에서 잠시라도 벗어날 수 있는 한적한 곳이어야 하며, 특히 서울에서 좀 떨어져야 합니다. 2. 약 20여 명의 청년들이 먹고 자며 공부할 수 있는 충분한 공간을 만들 수 있어야 합니다. 3. 하나님의 세미한 음성을 들을 수 있도록 기도하며 생각할 수 있는 곳이어야 합니다.

예배 후에 자유 토론 시간을 가졌습니다. 청년 열 명이 만장일치로 "이 집은 바로 그 세 가지 조건에 너무나 잘 어울린다."는 말을 쏟아 놓았습니다. 그러나 거액의 구입 자금에 대해서는 아무 말도 하지 않았습니다. 모두 대학생들이거나 신입사원들이거나 대학원생들이었으니까요. 사실 돈 문제는 그들이 해결할 사안이 아니었습니다. 청년들의 이야기를 조용히 듣고 있던 수필가 부부는 더 흥미 있는 이야기를 들려주셨습니다.

- 1년 후에는 영동고속도로가 개통됩니다. 그 후에는 동해고속도로 공사가 시작될 것입니다. 2년 안에는 양양국제공항이 개항할 것이고요. 그리고 언제 완공될지 모르지만 서울-양양간 고속도로도 계획 중입니다.

서울에 돌아오자마자, 라브리 이사님들과 라브리 가족들에게 소식을 돌렸습니다. 시간이 허락된 황성주, 김효태 이사가 인경과 양양을 다시 방문하였습니다. 몇몇 기도 가족들도 방문했습니다. 저희가 알기로, 약 20여 명에 가까운 사람들이 한두 명씩 혹은 몇 사람씩 시간을 내어 양양을 다녀와서, 이구동성으로 하는 말이 있었습니다.

- 간사 숙소, 도서관이나 합숙소로 개조하기에 아주 좋겠다.
- 집을 잘 개조한다면 향후 10년간은 별도의 집을 더 짓지 않아도 사역하는 데 무난할 것 같다.

전문가의 조언도 들었습니다. 당시에 인경은 정림건축 사무실에서 장로성경공부를 인도하고 있었는데, 그 모임의 좌장이셨던 대한민국 건축계의 대부 중 한 분인 김정철 장로께 자문을 구했습니다. 김 장로께서는 "현장을 못보고는 정확하게 알 수 없지만, 사진으로 보아도 잘 지은 집 같이 보입니다."라는 조언을 해 주셨습니다.

집의 내구성에 대한 의문이 어느 정도 풀렸습니다. 김 장로는 나중에 직접 현장을 와 보시고는 "사진에서 본 집보다 잘 지은 집이다."라고 칭찬해 주셨습니다. 다음은 수필가 부부가 동생인 집주인에게 "라브리는 청년들을 전도하려는 선교단체이나 가능하면 가장 최저 가격을 이야기하라."고 여러 번 이야기한 후에, 집 주인은 네 가지 방법을 제시했습니다. 라브리는 그중에 하나를 선택할 수 있었습니다.

1. 만약 라브리가 당장 구입하기 원하면, 휴게소 집과 뒷산, 주유소 사무실(500평)을 합하면 모두 10억 5천 만 원이며, 주유소 사무실을 제외하면 8억 5천만 원으로 매매한다.
2. 만약 라브리가 나중에 구입하기 원하면, 4년까지는 물가상승과 상관없이 위와 동일한 가격으로 라브리에 매매한다.
3. 만약 현재대로 월세를 얻어서 라브리의 용도에 맞게 스스로 고치기 원한다면, 4년간 보증금 5천만 원에 월세 80만 원을 내도록 한다. 단 주유소 영업은 제외한다.
4. 만약 라브리의 용도에 맞게 집을 고친 후에 월세를 얻기 원한다면, 보증금 없이 월 200만 원을 내도록 한다. 단 주유소 영업도 포함된다(이것은 심도 있게 토론된 적이 없으나 가능한 옵션 중에 하나였다.).

"기도해 보겠습니다."라고 대답을 하고는 연락을 끊었습니다. 한 가지도 가능해 보이지 않았기 때문입니다. 좀 더 구체적이고 확실한 대안이 필요했습니다. 가을에 보고 온 집이, 벌써 겨울이 지나고 봄이 와도 진전이 하나도 없었습니다. 라브리가 양양으로 이사 가는 것은 불가능하다고 생각했기 때문인지, 아무도 이사를 가자고 제안하는 사람이 없었습니다. 간사들은 후암동 라브리를 찾아오는 청년들을 돕느라 집 걱정만 하고 있을 시간이 없었습니다. 거의 포기 상태에 있을 때에 다시 수필가 부부로부터 연락이 왔습니다.

> – 처음 양양을 방문한 이후로 반년이 지났으니 가부를 결정해 주셔야 할 때가 되었습니다. 만약 3번을 택하여 라브리가 용도에 맞게 집을 직접 고치려면 비용이 많이 들어 갈 테니 월세를 20만 원으로 내려 드리겠습니다. 사실 월 20만 원은 재산세를 내는데도 모자라는 작은 돈입니다. 저희는 이 집을 빌려 주고 라브리로부터 경제적 이익을 얻거나 돈을 벌려는 의도가 전혀 없습니다.

토지값은 제외하고라도, 건축비만 13억이나 들여서 지은 집을 월 20만 원에 빌릴 수 있다니! "이보다 더 적은 집세를 내면서 일할 수는 없을 것이다."라는 생각이 들었습니다. 드디어 한국 라브리 이사회는 중요한 결정을 하게 됩니다.

1. 서울 라브리 하우스를 팔고 양양 컨트리타운으로 이전을

한다. 매매한 돈의 사용처는 별도로 정한다.*

2. 양양 집을 라브리 용도에 맞게 수리하여 연말 전에 이사를 한다(이사부터 하고 수리를 할 수도 있다.).

3. 라브리 이전과 관련된 모든 실무는 성인경 간사가 맡되, 재정 지출, 자동차 구입 등은 김효태 감사가 감독하며, 모든 계약 문서는 김종철 연구원에게 도움을 받는다.**

---

*2001년 4월 후암동 라브리 하우스를 판 금액은 2억 5천 5백만 원이었습니다. 4년 전에 경매로 구입할 때 보다 약 1억 원이 늘어난 것입니다. 이사회에서 정한 서울 라브리 판매금액 사용처는 다음과 같습니다. 1. 양양 집 보증금: 1억 원, 2. 집 수리비: 1억 원, 3. 자동차, 침구 및 장비 구입비: 5천만 원, 4. 중개료 및 이사 비용: 5백만 원, 5. 기타

** 계약 조건은 다음과 같았습니다.

1. 주유소(500평)를 제외한, 컨트리타운 전 재산을 8억 원에 라브리가 매입한다. 단 현재 라브리가 충분한 돈이 없으므로 4년간 돈을 모을 수 있는 시간을 준다.

2. 돈을 모으는 향후 4년간은 보증금 1억 원에 월 20만 원을 내고 임대한다. 보증금 1억 원은 중도금에 해당하며, 매입 가격인 8억 원에 포함된다.

3. 만약 주유소를 라브리가 사려고 할 경우에 우선 매매하며, 가격은 2억 5천만 원으로 한다. 4년 후에 주유소를 포함하여 컨트리타운 전체를 매입할 경우에는 10억 5천만 원(보증금 포함)으로 한다.

4. 컨트리타운에 있는 1억 원 상당의 가구, 도구, 식기는 라브리가 사용하며 옷과 이불은 예외로 한다.

이 계약서는 김종철 씨의 조언대로 작성되었는데, 김종철 씨가 알았는지 몰랐는지, "보증금 1억 원은 중도금에 해당하며"라는 말 한 마디 때문에, 4년 후에 집에서 당장 쫓겨나는 것을 면하고 몇 달 기다릴 수 있게 됩니다.

수필가 사모의 간증

모든 일이 순조롭게 잘 진행되어, 2001년 10월 말에 수리를 하기 전에 양양으로 이전을 완료했습니다. 라브리가 양양으로 이사올 수 있도록 도운 수필가 부부는 임규호, 윤홍례 선교사 부부였습니다. 그들은 우즈베키스탄에서 5년간 자비량 선교사 생활을 마치고 돌아와서 안식년을 보내는 중에, 집 주인인 동생의 긴급한 부탁을 받고, 잠시 '컨트리타운'을 맡아 관리하는 분들이었습니다.

두 분은 대학시절에는 대학생성경읽기회(UBF)에서 활동했으며, 졸업 후에 남편은 한 은행에서 중견간부로, 부인은 중학교에서 물리학을 가르치던 분이었습니다. 그들은 최고 지성인들이었을 뿐만 아니라 좋은 영적 지도자들이었습니다. 그러나 남편이 선교지에 다녀온 후로 건강이 좋지 않아 쉬고 계셨습니다.

부인은 수필을 쓰시는 분이었고, 필명은 "예문"이었습니다. "예문"이란 말은 현재 라브리가 위치한 옛 골짜기 이름이었습니다. 라브리가 컨트리타운으로 이사한 후에 부인께서 직접 쓴 수필을 여러 번 낭송해 주신 적도 있었는데, 그때마다 간사들과 학생들과 손님들이 그분의 언어적 감수성과 심리학적 통찰에 푹 젖어 커피가 식는 줄도 모르곤 했습니다.

다음의 글은 계약 완료 후에 부인께서 보내오신 간증문인데, 마치 요셉이 가족들을 만나고 난 후에 고백한 말씀과 같이,

"이곳에 라브리를 보내시려 저희를 앞서 보내시고 준비하게 하셨다."라는 말씀이 가슴을 찡하게 합니다. 집안의 사생활과 관계된 이름만 지운 채 그대로 옮겨 봅니다.

> 저희는 1990-1995년까지, 헝가리, 우즈베키스탄, 러시아에서 5년간 평신도 선교사로 일했습니다. 선교사로 나아갈 당시, 남편은 외환은행 과장으로서, 저희는 안정된 삶을 누리고 있었지만, 이것을 버리고 5년간 자비를 들여 봉사하였습니다.
> 한국으로 돌아왔을 때, 처음에는 재취업이 수월할 것으로 믿었습니다. 그러나 벌써 나이든 사람들은 직장에서 쫓겨나기 시작하던 상황에서, 40이 넘은 저희 남편은 면접조차 볼 수 없었습니다. 저희는 좋은 직장과 집과 안정된 삶을 자기 발로 차 버리고, 철없는 신앙적 이상주의자로, 현실에 내동댕이쳐진 신세가 되었습니다.
> 저는 이 아픔 앞에서 말씀을 붙들었습니다. 사실 막다른 골목에서, 달리 길이 없었기 때문에, 오직 '살기 위하여' 말씀을 붙잡았습니다. 저는 이 가운데, 마태복음 6장 33절을 통해 살아 계신 하나님을 만날 수 있었습니다.
>
> 너희는 먼저 그의 나라와 그의 의를 구하라 그리하면 이 모든 것을 더 하시리라.
>
> 저는 이 말씀을 붙들고 제 마음에 있는, 하나님보다도 돈을 먼

저 구하는 마음을 눈물로 회개하였습니다. 하나님보다도 부자 아버지를 의지하는 마음을 뼈아프게 회개하고 하나님을 믿게 되었습니다.

이 말씀을 붙들기 전이나 후나 현실은 그대로였으나, 저의 마음은 완전히 달라졌습니다. 저의 마음에는 감사가 솟아 나왔고, 살아 계시며 저와 동행하시는 하나님 자체로 만족하게 되었습니다. 제 마음에는, 저의 아픈 현실과는 상관없이, 하나님 자체로 인한 찬양과 기쁨이 흘러 나왔습니다. 하나님은 제게 '하나님 자체'를 주셨습니다.

이 결단이 있은 지 얼마 후에, 하나님은 저희를 컨트리타운으로 보내 주셨습니다. 컨트리타운은, 저희가 이곳에 오기 일 년 전, 저의 동생 부부를 통해 화려하게 오픈되었습니다. 그때 저희는 컨트리타운에서 10평만 얻어 '스낵 코너'라도 운영해 보고자 하였다가 일언지하에 거절당했습니다.

그런데 그 일 년 뒤에, 집안에 사정이 생겨 이 아름다운 터전이 통째로 저희에게 주어졌습니다. 하나님께서는 주와 복음을 위하여, 직장과 집을 드린 우리에게 컨트리타운의 사장 자리를 주시고, (주유소와) 주유소 위에 있는 2층 집도 주셨습니다. 이에 앞서, 하나님 자체를 가장 큰 선물로 주셨습니다.

저는 전혀 모르고 있었지만, 하나님께서는 이미 몇 년 전부터 이곳을 예비하고 계셨던 것입니다. 저는 믿음이 부족하여, 10평이라도 얻고자 하다가 거절당하여 섭섭해하였지만, 하나님은 통째로 주셨습니다. 하나님께서는 저희가 주와 복음을 위하여 드렸던 모든 것을 현실에서도 넘치게 채워 주셨습니다.

저희를 이곳에 보내신 더 큰 이유는, 또한 라브리의 10년에 걸친 기도를 들어주시기 위함이었습니다. 저는 컨트리타운에 와서, 이곳이 하나님 나라를 확장하는 데 쓰임 받도록 기도하였는데 기도할수록 확신이 들었습니다. 그러나 이런 외진 시골에서 과연 어떤 방법으로 기도가 이루어질 것인지 궁금하기도 하였습니다.

1999년도 늦가을, 남편의 직장 상관이었던 분이 미국에서 저희를 방문하였는데, "컨트리타운은 라브리라는 모임에 적합한 장소이다."라는 말을 여러 번 하고 갔습니다. 저는 그 후로 라브리를 찾기 시작하였으나, 공식적으로는 라브리의 주소나 전화번호를 알아 낼 수가 없었고, 인터넷에서는 홈페이지가 열리지 않았습니다. 거의 1년이 지난 2000년 가을, 엠파스로 들어가 보니 라브리의 홈페이지가 있었습니다.

저는 즉시 라브리에 메일을 드렸고 기쁜 회신을 받게 되었습니다. 결국 라브리와 저희를 위해, 하나님께서 크신 섭리 아래, 오래 전부터 컨트리타운을 예비하신 것입니다. 이곳에 라브리를 보내시려, 저희를 앞서 보내시고 준비하게 하심을 봅니다.

산과 바다와 강이 어우러진 이상적인 장소에, 최고급 자재로 지은 아름다운 곳을 예비하셨습니다. 이를 위하여 한 사람의 말릴 수 없는 욕심과 추진력을 들어 쓰시기도 하고, 아무도 열 수 없는 제 아버님의 금고를 열게 하신 하나님은 놀랍습니다.

하나님은 모든 것을 다 보시며 들으셨습니다. 욕심으로 하는 사람이 단기적으로 볼 때는 무엇인가를 성취하는 것 같기도 하고 주인공처럼 보이기도 하지만, 때가 되면 하나님께서 그것을 다 가져다가 하나님 섭리를 이루시는 데 사용하신다는 것을 저는 알게 되었습니다.

보이지 아니하는 큰 하나님의 세계 안에 작은 보이는 세계가 있을 뿐이므로 눈앞의 허상에 매달리지 말고 믿음과 기도로 살아야 하는 이유를 분명히 배우고 살아 계신 하나님을 찬양합니다.

라브리와 계약을 이루신 하나님께 감사 찬양드리며
2001년 4월 18일 예문 드림

"라면이라도 끓여 팔며 먹고 살 수 있도록 10평만이라도 빌려 달라."고 애걸했던 바로 그 집 전체를 라브리에 몽땅 주신 것입니다. 그분들에게 밥 한 그릇이나 비싼 선물 하나로 감사를 표현한들 얼마나 보답이 될 수 있겠습니까? 우리는 그분들의 이름을 매일 부르는 것으로 보답하기로 했습니다. 라브리 손님 숙소 이름을 그분의 필명(筆名)을 따기로 한 것입니다.

예문실

가끔 예문실에서 단잠을 자고 일어난 손님들 중에, "예문이란 말은 '예수님께로 들어가는 문'이라는 말이지요?"라고 묻는 사람들이 있습니다. 그때마다 우리는 "라브리에 이 집을 소개해 주고, 이사올 수 있도록 준비를 다해 주신 분의 필명입니다."라고 대답해 줍니다. 그러면 "그분이 어떤 분이세요?"라며, 질문에 질문이 이어지곤 합니다. 그러면 우리는 수필가 부부의 육성을 들려 드리곤 합니다.

> – 이곳은 당장에라도 모임 장소로 얼마든지 사용할 수 있는 구조입니다. 책상, 의자, 에어컨, 대형 냉장고, 식기 세척기, 그릇, 수저까지 모든 시설과 집기가 완벽하게 갖추어져 있습니다. 저희 부부는 이곳이 라브리를 위한 장소가 되도록 기도하고 있습니다. 물론 이 집은 제 집이 아니라 동생 집이지만, 라브리가 이 집을 가질 수 있도록 무엇이든 도와드리고 싶습니다.
> 이곳 동네 어른들은 라브리가 있는 이 계곡을 '여문리'라고 부릅니다. '여문리'란 말은 '예문리'이란 말의 강원도식 혹은 북한식 발음입니다. 본래 '여문리'는 3·8선 이북에 있었고 6·25 전까지는 5년간 북한 땅이었으니까요.

저희는 예수님께서 "옥합을 깨뜨린 사람의 이름이 복음이 전파되는 곳마다 전해지도록 하라."고 하신 말씀을 본받기로 하였습니다. 라브리에서 잠을 자고 일어나는 모든 청년들이, "예문"이란 이름을 부를 때마다, 미국에서 온 친구의 조언을 하나님의 음성으로 듣고 순종한 수필가 부부의 깨끗한 믿음을 배우기를 간절히 바랍니다.

13년 간의 서울 라브리를 마감하고

1988년에 라브리수양회를 준비하던 때부터 서울에서 보낸 시간은 약 13년이었습니다. 무엇을 실험하기에는 충분한 시간이었습니다. 사실 후암동 시절은 서구 문화와 신학을 배경으로 한 프란시스 쉐퍼의 사상과 라브리 메시지가 한국에서 어떻게 받아들여질 것인지, 특히 대학생이나 청년, 그들을 가르치는 간사들과 목회자들의 고민과 질문에 대해 어떻게 공감하고 대답할 수 있을지를 보고 듣고 실험하는 기간이었습니다.

대체로 실험 기간에는 결과보다는 가능성을 보기 때문에 큰 기대를 하지 않는 것이 상식입니다. 그러나 후암동 라브리에 대한 사람들의 기대가 컸던 만큼 실망도 컸습니다. 가장 큰 실망은 정직한 질문에 정직한 대답을 주지 못했을 때였고, 길거리에서 전혀 기억이 없는데도 '잘 아는 척을 하는' 청년들을 만났을 때였습니다.

정직한 대답을 주지 못한 것은 공부가 부족했다 치더라도, 그들의 이름이나 얼굴을 기억하지 못할 정도로 너무 많은 청년들을 상대로 '복음 장사' 혹은 '지식 장사'를 한 것입니다. 그러나 한 가지는 분명해졌습니다. 영, 육간에 배고픈 청년 유목민을 먹이고, 재우며, 예수님을 가르칠 수 있는 공간이 필요하다는 것입니다. 실망이 가져다 준 값진 열매였습니다.

누군가 "사랑에 빠지면 시간 가는 줄을 모른다."고 했던가요? 야곱이 라헬에게 빠졌을 때처럼 말입니다.

야곱이 라헬을 위하여 칠 년 동안 라반을 섬겼으니 그를 사랑하는 까닭에 칠 년을 며칠 같이 여겼더라(창세기 29:20).

새번역은 "야곱은 라헬을 아내로 맞으려고 칠 년 동안이나 일을 하였지만, 라헬을 사랑하기 때문에, 칠 년이라는 세월을 마치 며칠같이 느꼈다."고 번역했습니다.

아무리 라헬이 사랑스러웠기로서니 7년을 며칠 같이 느꼈다니, 사랑이란 타임 킬러(time-killer)인가 봅니다. 저희도 대학생, 청년들과 사랑에 빠졌는지, 후암동 라브리 13년을, 저희는 며칠이 아니라 눈 깜짝할 사이에 보냈습니다. 다음은 그런 후암동 시절을 회상하며 친구들에게 보낸 글입니다.

돌이켜 보면 서울에서 보낸 13년은 실험 기간이었습니다. 믿음으로 사는 연습이었지요. 선교학을 배울 때, "믿음 선교, faith mission)"라는 말을 자주 들었지만, 과연 그것이 어떤 삶인지는 저희도 잘 몰랐습니다. 아무도 초청하지 않았으나 하나님께서 많은 청년 대학생들을 보내 주셨고 그들에게 복음과 밥을 같이 먹일 수 있었습니다. 그리고 생각이 깊고 의식 있는 청년들을 많이 얻었습니다. 그러나 주님께서 얼마나 만족하실지 미지수입니다.

저희 부부는 결과가 신통찮았다고 자성하고 있습니다. 지친 발걸음을 끌고 라브리까지 찾아온 젊은이들을 잘 돕기보다는 한아름 상처를 주고 쫓아 보낸 적이 한두 번이 아니었습니다.

그들이 싸우고 있는 비진리에 앞장서서 대항하기보다는 교묘하게 타협한 적도 많았습니다. 정직한 질문에 정직한 대답을 주기보다는 무지와 어리석음을 감추려 대답을 회피하거나 얼버무린 적도 수없이 많았습니다.

더욱이 '믿음으로 살리라.'고 다짐했건만 예수님의 십자가를 부여잡기보다는 가족들이나 사람들의 돈주머니를 의지한 적도 많았습니다. 기도를 부탁하는 사람들이 종종 있었지만 그들의 이름을 일일이 기억하며 하나님 앞에 무릎을 꿇는 것을 게을리했습니다. 학위도 없고 가방끈이 짧은 사람이면 밤 새워 가면서라도 공부해서 잘 가르쳐야 할 텐데 나이로 누르거나 말 주변으로 둘러 댄 적도 무수히 많았습니다.

전국의 대학 캠퍼스는 안 가본 곳이 없을 정도로 많은 대학을 돌아다니며 강의도 하고, 설교도 하고, 잡지나 신문에 글도 실었으나, 수고에 비해서 영향력은 미미했습니다. 책도 여러 권 썼으나 새로운 개념과 아이디어를 창출하기보다는 믿음의 선배나 제자들의 글과 인터넷에서 퍼오기에 바빴습니다. 무엇보다 하나님의 진리가 가슴에 사무치는 뼈저린 맛을 느껴보지도 못한 채 제대로 이해하지도 못한 어려운 말들을 주섬주섬 늘어놓은 것도 많았습니다. 특히 강의와 책에서 쉐퍼와 동, 서양 사상을 많이 들먹였지만 얼마나 제대로 이해하고 한 말인지는 후배들이 판단할 몫으로 남겨져 있습니다.

더욱 한심한 것은, 강원도로 이사를 앞두고 있는 요즘은 라브리가 회원 조직도 없고 모금 운동도 안하는 단체라는 것이 얼마나 현 세태에 역행하는 운영원칙인가 하는 것을 새삼 깨닫게 됩니다. 바울 사도는 기도 가족들에게 선교 사역의 필요를 알려 드리는 것은 당연하다고 말씀했으나, 그것마저도 편지를 쓸 때마다 얼마나 조심스러웠는지 모릅니다. 더구나 돈을 좀 낼 만한 부자들에게 자리를 주거나 아부하는 것은 생각도 못했습니다. 밤낮 청년 대학생들과 어울리다 보니 목회자들이나 사회적인 경험이 많은 어른들을 많이 사귀지도 못했습니다.

그러나 하나님은 얼마나 자비로우신지, 우리의 부족함을 잘 아시고 아무도 강요하지 않았으나 꾸준히 도와주시는 기도 가족을 200여 명이나 주셨고(전자 편지 포함), 부족하지만 고정적으로 선교 헌금을 보내는 교회와 개인도 여러 명을 주셨습니다. 그리고 연구원들과 협동간사들도 있고 도서관을 위해 책을 기증해 주시겠다는 분도 계십니다. 이제 다시 "컨트리타운"을 구입할 때까지 앞으로 4년은 또 다른 시험을 통과해야 할 것입니다. 사실 이제부터 기도가 필요합니다(인경, 경옥, 2001년 6월 기도편지 중에서).

12장 고라니와
멧돼지가
우는
곳으로

양양으로 이사온 첫날밤은 잠을 설쳤습니다. "첫날밤이니 그렇겠지."라고 생각했는데, 며칠 동안 늦게까지 잠을 들지 못했습니다. 겨우 몇 시간씩만 눈만 붙이고 새벽부터 일어나곤 했으니까요. 겨우 잠이 들었다 싶으면, 단잠을 깨우며 저희 부부의 침실을 침범한 놈들이 있었기 때문입니다. 강도나 도둑이 아닙니다. 아이들도 아닙니다.

이사한지 며칠이 지나고 나서야, 저희들이 새벽잠에 빠지고 나면, 온 집이 쥐들의 놀이터가 된다는 것을 알았습니다. 한 마리도 아니고 여러 마리가 집단적으로 돌아다닙니다. 제법 덩치가 큰 놈들의 걸음걸이는 강아지가 뛰어다니는 것처럼 마루가 울릴 정도였습니다. 큰 놈들의 뒤를 따라가는 새끼 쥐들의 발자국 소리도 우리 딸내미 발자국 소리보다 컸습니다.

쥐, 쥐, 쥐들이 침대 밑에 들어왔어

쥐 소탕작전을 시작했습니다. 쥐덫, 끈끈이, 쥐약 등 시도해 보지 않은 방법이 없었습니다. 저희가 찾은 제일 좋은 방법은 강력한 본드가 발라져 있는 '강력 끈끈이 덫'이었습니다. 이를테면 본드가 칠해져 있는 끈끈이 중간쯤에 오징어나 땅콩을 한 줌 놓아두면 그걸 먹고 싶어서 안달이 난 놈들이 들어갔다가는 발이 본드에 붙어서 꼼짝 못하도록 하는 사냥법입니다.

처음 며칠은 한 마리도 걸려들지 않았습니다. 아주 똑똑한 놈들이었습니다. 사방에 끈끈이 지뢰밭을 만들어 놓고 잤는데도 한 마리도 안 걸려들었습니다. 특히 자주 들락거리는 쥐구멍 앞에는 우리 집 아이들에게도 주지 않는 '오징어 다리'를 놓아두어도 걸려드는 놈이 없었습니다. 휴게소를 운영해 온 사장에게 우리의 고민을 털어놓았더니, 정말 어처구니가 없는 대답이 돌아왔습니다.

– 쥐를 잡으려고 하지 마세요. 밤마다 들어와서 달리기를 하던 구멍을 뚫든 내버려 두세요. 단지 그놈들이 밤새 먹다 남은 음식물은 끓여서 드세요. 여기에서 사시려면 쥐와 같이 사는 법을 배우셔야 합니다.

쥐와 같이 살라고요? 며칠이 지나자 끈끈이가 효과를 보였습니다. 오징어의 유혹을 이기지 못한 새끼 쥐들부터 걸려들었습니다. 그러나 애처로운 새끼 쥐의 울음소리를 듣는 것은 보통 고통이 아니었습니다. 일어나서 구출해 줄까를 고민하고 있던 차에, 새끼가 우는 소리를 듣고 뛰어온 어미 쥐가 걸렸는지 요란한 고함소리가 들렸습니다. 그럴 때는 못 들은 체 하고

졌습니다.

  나중에는 끈끈이 덫을 붙이고도 도망가는 힘센 아빠 쥐를 보고도 잠을 잘 잤습니다. 이삿짐을 풀고 공사 일을 돕느라 너무너무 피곤했기 때문입니다. 요즘은 끈끈이 대신에 고양이를 많이 키웁니다. 고양이는 들쥐도 잡지만, 두더지, 뱀, 나방 등 살아 있는 작은 것들을 사냥해 주기 때문입니다.

  한번은 창고에서 팔뚝만 한 구렁이를 보기도 했습니다. 길이는 약 1.5미터는 되고 굵기는 어른 팔뚝만 했습니다. 이번에도 경옥이가 먼저 구렁이를 발견했습니다. 놀란 목소리로 서울에서 하던 버릇대로 119에 전화를 했더니 재미있는 대답이 돌아왔습니다.

> – 구렁이는 사람에게 해를 입히지 않으니 걱정하지 마시오. 조금 있으면 사라질 테니 기다려보시오. 30분 후에도 그대로 있으면 연락을 다시 하시오.

  유능한 시골 경찰들은 이런 하찮은 일로 출동할 생각이 없는 것 같았습니다. 경찰들의 조언대로 그냥 내버려 두었더니, 정말 어디론가 사라졌습니다. 그러다가 몇 년이 지나, KT 직원들이 광케이블 공사를 하다가 채소밭 모퉁이에서 "능사"라고 부르는 구렁이를 한 마리 보았다고 하는 말만 들었습니다. 우리는 그 창고를 "구렁이 창고"라고 부르는데, 요즘도 매일 사용하고 있습니다.

그 후로 독사 등 작은 뱀들은 수십 마리나 잡았습니다. 개나 고양이들도 잘 잡습니다. 어느 한 해는 뱀굴을 찾아서 일망타진을 한 적도 있습니다. 물론 잡은 뱀은 죽이지 못하고 산에 도로 풀어 주거나, 도로 건너편으로 던지는 것이 고작이었습니다.

  우리 뒷산은 작은 동물원입니다. 해 질 녘에 감자를 파먹기 위해 내려온 멧돼지도 보았고, 고양이 같이 생긴 살쾡이도 있고, 멋쟁이 사슴같이 생긴 고라니도 삽니다. 매년 가을이면 잣나무를 타고 다니며 잣이며 도토리를 숨기는 다람쥐도 여러 마리 삽니다. 청솔모의 바쁜 손놀림은 장관입니다. 이런 것들은 우리가 경험한 모험의 시작에 불과합니다. 이사한 다음 날 찾아왔던 한 동네 어른이 들려주신 말이 있습니다.

> – 낮에는 서울보다 따뜻하지만, 산중의 밤은 깊어서 추우니까 방을 잘 덥히도록 하게.

  어르신의 말씀은 정확했습니다. 초겨울에도 추웠습니다. 특히 밤중에 나뭇잎 스치는 소리를 들어보셨다면, 밤이 깊다 못해 아예 새벽이 없는 것처럼 음산하게 느껴질 것입니다. 처음에는 "겨울에 웬 소나기가 내리나?"라고 착각했습니다. 밤이 깊으면 제법 큰 짐승 소리도 들립니다. 고라니 가족의 밤의 노래는 깜짝 놀랄 정도로 큽니다. 울음소리가 하도 크고 웅장하고 시끄러워 낮에 본 그 우아한 자태를 크게 실망시키고도 남습니다. 멧돼지 소리는 쥬라기공원에 나온 티라노사우루스 소리와 비슷했습니다. 산골의 밤은 신기하였습니다.

밤에만 우는 새가 있다는 것도 알았습니다. 두견새는 "쪽박 바꿔 줘요, 쪽박 바꿔 줘요" 소리를, 꾀꼬리는 "포오 뽀삐요, 포오 뽀삐요." 소리를 반복한다고 알려져 있지만, 양양에 오래 산 사람의 이야기로는 밤이 되면 "키스해 줘, 키스해 줘."라고 우는 새도 있다고 합니다. 우리는 아직 그런 소리를 들어도 모르겠지만, 아마 산솔새가 "찌잇찌잇, 찌잇찌잇" 하고 우는 소리를 그렇게 들은 것이 아닌지 모르겠습니다.

산골에는 시계가 필요 없습니다. 조금 늦은 걸 가지고 따지는 사람도 없고, 조금 늦었다고 미안해하는 사람도 없습니다. 배관공이든 전기공이든 집수리 하는 분들이 약속 시간에 맞추어 와 주는 사람이 없습니다. 너무 늦게 오든지 아니면 너무 일찍 옵니다. 우리 동네에 사는 한 노인은 아침이든 저녁이든 들르고 싶을 때 찾아오십니다. 여기는 시간이 느리게 갑니다. 똑같은 하루 24시간이지만, 여기에서는 콩나물시루 같은 지하철도 없고, 출퇴근 하느라 밀리는 차도 없기 때문에 시간이 배나 더 길어집니다.

특히 산골의 밤은 느리다 못해 잔인하기까지 합니다. 독신자들이나 애인이 없는 청년들은 독한 커피를 몇 잔째 비우고도, 입에 거품을 물고 이야기꽃을 피우고도, 그것도 모자라면 컵라면을 끓여 먹거나 꼬불쳐 놓은 야식을 먹고도 겨우 자정을 넘겼다는 것을 알면 밤을 맞는 것 자체를 걱정합니다.

이렇게 숲 속의 밤은 깁니다. 실컷 자고 일어나도 아직 밤이니까요. 그래서 라브리에서는 주로 밤에 강의를 합니다. 영화도 긴 걸 봅니다. 그리고 영화보고 난 후에 비평회도 합니다. 겨울밤이 길기 때문입니다. 양양에 이사온 지 얼마 되지 않은 어느 날, 옆 동네에 사는 '황 씨'라는 산골 수필가가 놀러 와서는 이런 말도 던지고 갔습니다.

- 산골 사람들이 애들을 많이 갖게 된 이유를 아세요? 밤이 길기 때문입니다. 여기는 텔레비전도 잘 안 나오고 인터넷도 잘 안 됩니다. 그리고 친구도 별로 없고 극장도 멉니다. 그렇다고 농사만 지을 수는 없잖아요? 그러니 책을 벗 삼아 사는 사람이 아니라면 자식 농사가 유일한 낙이지요.

저희 부부는 신혼부부도 아니고, 이미 자식이 셋이나 있는데, 자식 농사를 또 지으라는 말은 아니겠지요? 그때 이디스 쉐퍼(Edith Schaeffer) 여사가 멀리 떠나는 선교사 부인들에게 자주 충고한 말이 생각났습니다.

- 낯설고 위험하고 고도의 스트레스가 쌓이는 선교지에 갈 때는 아주 야하고 예쁜 잠옷도 한 벌 준비해 가는 것이 좋다.

산골이든 선교지든 힘들 때는 부부가 더 애틋하게 살라는 뜻으로 한 말이었습니다.
산골에는 좋은 선생님들도 많습니다. 그중에 한 분은 몇 년 전 "스승의 날 KBS 특집"의 주인공은 우리 동네 '탁동철 선생님'이었습니다. 의진이의 담임 선생님이셨습니다. 그는 선생님들 사이에서도 "어린이를 사랑하는 선생님"이라는 별명을 가진 분인데, 교실에서만 아니라 교실 바깥에서도 아이들과 친구가 되는 분입니다. 그가 우리 아이의 담임 선생님이었을 때의 여름방학 계획서 일부입니다.

> 상평천 탐사 목적: 우리가 살고 있는 땅을 바로 알자. 모든 공부의 시작은 여기서 부터이다. 우리 마을은 어느 산줄기, 어느 골짜기에 있으며, 우리 마을을 이룬 물은 어디서 흘러오는지, 우리 마을을 흐르는 물속에는 어떤 생물들이 살고 있는지 내가 딛고 있는 땅을 바로 알자. 그리고 세상을 알자.
> 상평천 탐사 방법: 두 발로 걸어간다. 얕은 물은 걸어가고, 깊은 물을 만나면 돌아서 간다. 배고프면 밥을 지어 먹는다. 날이 어두워지면 큰길로 나와 그 자리에서 버스를 타고 집으로 간다. 희망하는 사람이 있으면 그 다음날 버스 탄 곳부터 다시 시작해서 걷는다. 아무래도 고생할 각오를 해야 하겠지.

의진이가 서울 후암초등학교를 다니다가 여기에 전학을 와서 무리 없이 잘 적응할 수 있었던 것도 그 선생님 덕분이었습니다. 그때 의진이의 꿈은 선생님이 되는 것이었습니다. 탁동철 선생님을 아주 존경합니다."라고 늘 입버릇처럼 말하곤 합니다. 그 이유를 물어보면 이해가 됩니다.

– 탁 선생님은 우리를 사랑한다는 것을 말로만 하신 분이 아닙니다. 급식시간이 되면 거의 모든 선생님들이 새치기를 하는데 그 선생님은 우리 뒤에 서서 기다리셨어요. 그리고 고기가 나오면 우리들에게 나누어 주시곤 했거든요. 그리고 방과 후에도 우리랑 자주 놀아 주셨고요.

의진이 아버지도 아이를 데리러 학교에 갔다가, 한두 번 탁 선생님과 같이 편을 갈라 놀았던 적이 있습니다. 의진이 친구들은 개구리 잡으랴, 뱀 잡으랴, 물고기 잡으랴, 벌레들 쫓아다니랴 하루 24시간이 모자랐습니다. 여름이면 얼굴이 새카맣게 그을 정도로 바깥에서 놀았습니다. 우리는 그런 아이들로부터 장차 21세기가 필요로 하는 상상력을 기대합니다. 2002년 봄에 쓴 경옥의 기도편지를 옮겨 봅니다.

우리 집 막내 의진이는 봄이 되자 더욱 신이 났습니다. 뱀에 물릴까 봐 장화를 신고서 막대기 하나를 동무삼아 매일 뒷산에 오르거나 강가에 다녀오곤 합니다. 올챙이에서부터 이름 모를 곤충에 이르기까지 날고 기는 것 모두 의진이의 관심사(오늘은 가재 한 마리를 병 속에 담아 왔습니다.)이며, 학교에서 배워 오는 풀 이름과 시골생활의 지혜들은 가족 모두에게 큰 도움이 됩니다. 의진이 반은 올해에도 4, 5학년이 한 반이고 17명이랍니다. 의진이 혼자서 시골생활을 맘껏 누리는 것 같아 한편 부럽기도 합니다. 흔치 않은 멋진 경험을 누리며 아름답게 자라기를 기도해 주시기 바랍니다(경옥, 2002년 봄,

기도편지 중에서).

화장실에서 성탄절 파티를 하면서

양양으로 내려와서 제일 먼저 시작한 일은 공간 개조 변경, 즉 집을 리모델링하는 작업이었습니다. 본래 휴게소 건물이었으니까 방이라고는 카페 위에 있는 조그만 3층 다락방이 전부였습니다. 그 다락방도 통로가 낮아 허리를 굽히지 않으면 들어갈 수 없는 작은 방이었습니다. 청년들과 처음에 그 집을 둘러보러 간 이후로 여러 번 여러 사람들과 구상하던 것을 실행에 옮길 수 있는 때가 된 것입니다.

1. 본채 1층의 남쪽 '바닷가재' 식당은 손님, 학생 숙소로 바꾼다.
2. 본채 1층의 북쪽 우동 코너는 간사 숙소로 만든다.
3. 본채 1층의 로비는 식당으로 만든다.
4. 부엌은 반으로 줄여 '아일랜드 키친'으로 만들고, 나머지는 화장실로 만든다.
5. 본채 2층의 와인 카페는 강의실과 영화관 혹은 채플실로 사용한다.
6. 본채 2층의 포켓볼 당구장은 도서관이나 숙소로 만든다.
7. 본채 3층 다락방은 싱글 간사 숙소로 사용한다.

8. 공중 화장실, 즉 해우소는 간사 숙소로 개조한다.
9. 주유소 건물을 빌릴 경우에는 간사 숙소와 손님 숙소로 만든다.

라브리가 공동체 생활을 시작하려면, 가장 급한 일은 휴게소 공간을 바꾸어 방을 만드는 것이었습니다. 적어도 결혼한 두 간사 가정이 살림을 살 수 있는 공간과 싱글 간사가 혼자 살면서 손님을 대접할 공간과 손님 10-12명이 잘 수 있는 숙소가 필요했습니다. 그러려면 적어도 부엌 4개, 방 10개, 화장실 5개 공사가 필요했습니다. 공사를 맡은 목수들의 말에 의하면, "이것은 집 네 채를 짓는 것과 같은 공사다."라는 말이 맞았습니다.

원래 집을 새로 짓는 것보다 리모델링 혹은 입주 공사가 더 어렵습니다. 그래서 우리는 브살렐과 오홀리압*과 같이 성령과

---

* 모세의 성막 건축 감독은 브살렐과 오홀리압이었습니다. 브살렐은 훌의 손자인데 훌은 모세를 도운 지도자 중의 하나였습니다. 훌은 모세가 이집트에서 탈출한 후에 르비딤 평야에서 아말렉과 전투할 때 아론과 함께 모세의 팔에 버팀목이 되어준 사람이고(출애굽기 17:10), 모세가 시내 산으로 올라간 후에는 아론과 더불어 이스라엘 회중들을 책임졌던 지도자 중에 한 사람이었습니다(출애굽기 24:14). 오홀리압은 브살렐을 돕는 부감독이었는데, 단 지파 아히사막의 아들이라는 것밖에 알려진 것이 없으나 솜씨가 뛰어난 장인이었습니다. 두 사람은 구약성경에서 지혜와 성령이 충만했던 첫 번째 사람들 중의 하나였습니다.

여호와께서 모세에게 말씀하여 이르시되 내가 유다 지파 훌의 손자요 우리의 아들인 브살렐을 지명하여 부르고 하나님의 영을 그에게 충만하게

지혜에 충만한 사람들이 필요했습니다. 마침 저희가 제주 열방대학에서 강의하던 중에, 분당할렐루야교회 청년들이 만든 "아키에스 나무마을"이라는 리모델링 전문시공업체의 유영선 실장을 소개받았습니다.

모든 공간은 한국 청년들만 아니라 외국 청년들이나 간사들이 사는 데 불편이 없도록 벽장과 천장 그리고 모든 시설을 충분히 튼튼하고 높게 만들었습니다. 나중에 아프리카 가나에서 190cm 청년이 왔을 때는 괜찮았으나, 캐나다 동부에 있는 '프린스 에드워드 섬'에서 온 205cm 청년이 왔을 때는 그리 높지 않다는 것을 알았습니다. 침대에 눕혀 봤더니, 밖으로 발이 한 뼘 이상 나왔습니다.

먼저 휴게소 공중화장실, 즉 '해우소(解憂所, 근심을 푸는 곳)'를 저희 부부가 살 조그만 주택으로 바꾸었습니다. 여자 화장실은 응접실 겸 부엌과 식당으로, 남자 화장실은 작은 방 두 개로 쪼갰습니다. 집이 좁아 천정을 지붕까지 높이고 줄이 긴 전

하여 지혜와 총명과 지식과 여러 가지 재주로 정교한 일을 연구하여 금과 은과 놋으로 만들게 하며 보석을 깎아 물리며 여러 가지 기술로 나무를 새겨 만들게 하리라 내가 또 단 지파 아히사막의 아들 오홀리압을 세워 그와 함께 하게 하며 지혜로운 마음이 있는 모든 자에게 내가 지혜를 주어 그들이 내가 네게 명령한 것을 다 만들게 할지니(출애굽기 31:1-6).

하나님의 영을 그에게 충만하게 하여 지혜와 총명과 지식과 여러 가지 재주로 정교한 일을 연구하여 금과 은과 놋으로 만들게 하며 보석을 깎아 물리며 여러 가지 기술로 나무를 새겨 만들게 하리라(출애굽기 31:3-5, cf. 35:30-36:1).

등과 스포트라이트를 달았더니 작은 갤러리가 되었습니다. 방이 모자라 천정 한 쪽은 막아 다락방을 넣고 아이들이 자게 했습니다. 17평치고는 제법 쓸모 있는 아늑한 집이 되었습니다.

우리는 거기에 "백암당(白庵堂)"이란 이름을 붙였습니다. 서울 후암동 집에서 쫓겨날 위기를 맞았을 때, "모자라는 돈은 내가 다 책임지겠습니다."라고 하신 장로님의 호(號)가 '백암(白庵, '흰 수풀' 혹은 '하얀 초막')'인데, 그분의 사랑을 기억하고 싶었기 때문에 그렇게 붙였습니다. 그 이름대로 겨울에 눈이 오면 백암당은 나무 숲 속에 숨어 있는 하얀 초막이 됩니다. 저희 가족 다섯 명이 거기에서 12년을 살았습니다.

나중에 김북경 목사와 신디아 사모가 그 집에서 1년을 사시며 수많은 청년들을 먹이고 상담하셨습니다. 비록 집은 작지만 벽이 두꺼워 라브리에서는 가장 따뜻한 집입니다. 그분들이 가신 후에는 캐나다에서 선교하다가 오신 진성 목사와 슬아 사모가 아인, 루아, 이안이를 데리고 그 집에서 약 18개월을 사셨습니다. 지금은 삼원 간사가 거기에 머리를 두고 있습니다.

본채 북쪽 아래층에 있던 우동 코너(23평, 76㎡)를 부부 간사 숙소로 바꾸었습니다. 종철, 진숙 간사 부부가 머물 집이라 두 분의 의견을 많이 참고하여 고쳤습니다. 작은 방 두 개에 부엌과 화장실을 넣고, 계곡과 호수가 보이는 곳에는 응접실을 만들고 한식 미닫이문을 달았더니 제법 운치 있는 집이 되었습니다. 본채로 통하는 문만 닫으면 가장 아늑하고 사생활이 보호되는 집이라, 젊은 간사들이 무척 좋아했습니다. 나중에 홍석홀과 통하는 문을 이불장으로 가리고 '나니아'란 이름을 붙였습니다.

정훈, 기숙 간사가 수지와 사무엘을 데리고 약 2년, 은철, 은하 간사가 가희, 한희를 데리고 약 2년을 그곳에서 살았습니다. 나중에 저희 부부가 다 큰 세 아이를 데리고 그 집에 들어갔습니다. 그때는 이미 위층에 있던 도서관을 다른 곳으로 옮기고 아래층과 계단으로 연결하여 복층을 만든 후였습니다. 위층에는 방 4개와 화장실을 하나 넣었는데, 방이 모두 작습니다. 그렇게 위 아래층을 한 집으로 만드는 데는 15년이 걸렸습니다. 복층 공사는 한 권사님이 아파트를 줄이고 보내 준 헌금으로 동서조경 사장이신 정지인 집사님이 공사해 주었습니다.

본채 남쪽 끝에 있던 아래층 식당(40평, 132㎡)은 손님 숙소로 바꾸었습니다. '바닷가재' 요리와 '한식'을 팔던 곳이라 제법 큰 방 3개와 작은 방 하나를 만들 수 있었습니다. 처음에는 거기에 약 12명이 잘 수 있으리라 생각했으나 해가 갈수록 1인실을 달라는 사람도 늘고 여러 사람들과 같이 방을 쓰는 것을 불편스럽게 생각하는 사람들이 늘어나면서 10명도 겨우 잘 때가 많아졌습니다.

그리고 원래 있던 부엌을 고쳐서 마주 보며 일하는 '아일랜드식 부엌(Island Kitchen)'을 하나 만들었으나, 몇 년 후에는 큰 부엌살림을 맡을 사람도 없고 부부 손님들에게 드릴 방이 없어서 그 자리에 부부 방을 꾸몄습니다. 부부 방을 만들고 남은 자리에는 남녀 공동 화장실을 만들었습니다. 처음에는 한 식구처럼, 사용하라고 남녀 공용을 만들었으나, 같이 사용하는 데서 오는 불편함을 호소하는 사람들이 많아서 고칠 날을 기다리고 있습니다.

드디어 크리스마스 이브가 되었습니다. 새로운 공간에서 성탄절을 맞이한 것입니다. 저희 부부와 세 아이는 화장실을 개조한 백암당에 입주했습니다. 작은 케이크를 하나 샀습니다. 꿈만 같았습니다. 옆집에 사는 수필가 부부를 초청하여 조촐한 성탄절 파티를 했습니다. 촛불을 켜고 예수님의 생일을 다 같이 축하하고 기도를 마치고 눈을 떠 보니 냄새나던 화장실은 간데도 없고 아름답고 작은 저택이 보였습니다. 먼저 우리는 하나님께 감사기도를 올렸습니다.

- 하나님 아버지, 예수님을 우리에게 보내 주셔서 감사합니다. 그리고 1년 전만 해도 우리가 이 화장실 집에 앉아서 성탄절 케이크를 먹을 줄은 상상도 못했습니다. 비록 월 20만 원을 내기는 하지만, 거의 공짜로 이 집에서 일할 수 있도록 허락해 준 홍석 사장과 그 부모님의 굳은 마음이 움직이도록 온갖 수고를 다한, 이제 옆집 친구들이 된, 수필가 부부와 그 모든 과정을 매우 부드럽고 세미하게 인도해 주신 성령님에게 감사를 드립니다.

주님, 우리에게 쥐나 잡고 건물 리모델링이나 하라고 여기에 내려오게 하신 것은 아니지요? 해우소(解憂所)가 변하여 작은 저택이 되고, 우동 코너가 변하여 예쁜 아파트가 되고, '바닷가재' 식당이 변하여 손님 호텔이 되는 것을 우리 눈에 똑똑하게 보여 주신 것처럼, 길을 잃고 방황하는 청년들이나 가슴에 멍이 든 청년들이 여기에서 새 사람이 되는 역사를 보게 해 주세요. 특히 이 백암당이 수많은 청년들이 이야기꽃을 피우고 진리를 논하는 작은 도산서원이 되게 해 주세요.

그때 왜 기도에 "도산서원"이 나왔는지 모르지만, 아마 퇴계 선생님이 방 하나, 마루 하나, 부엌 하나가 전부인 세 칸짜리 작고 초라한 집에서 도산서원을 시작했다는 말을 듣고는 그렇게 기도한 것 같습니다. 백암당은 도산서원에 있는 기와집처럼 운치가 있는 집은 아니지만, 크기가 거의 비슷했습니다. 잘 알려진 것처럼, 퇴계 선생님은 그 세 칸짜리 작은 집에서 360명의 제자들을 길러 내었습니다. 우리는 도산서원에 비교할 수 없지만 많은 '예수 제자'를 기르리라 다짐하며 성탄절 파티를 마쳤습니다.

그때 들어간 공사비는 1억 2천만 원이었습니다. "본래 공사 예산보다 20%는 더 써야 집이 된다."는 말이 맞는 것 같았습니다. 집 주인이 라브리가 원하는 대로 집을 고쳤더라도 그만한 돈은 들어갔을 것이고, 그렇게 했다면 라브리가 월세 200만 원을 지불해야 했을 것입니다. 모든 공사비는 서울 라브리 하우스를 판돈으로 충당했습니다. 분명한 것은 4년만 살다가 돌려줄 집이라고 생각했으면 그만한 돈을 절대로 투자하지는 않았을 것이라는 것입니다.

그러나 입주 공사는 시작에 불과했습니다. 양양에 이사온 그 다음 해인 2002년 가을에 몰아닥친 태풍 루사와 2003년에 불어 온 태풍 매미가 할퀸 상처를 복구하는 데도 많은 돈이 들어갔습니다. 여러 교회가 도와주었지만, 그 후에도 주유소 철거, 옹벽 공사 등 계속해서 돈이 들어갔습니다.

특히 주유소 건물(별채) 내, 외부공사는 한울교회 고영진 집사의 손이 닿지 않은 곳이 없습니다. 그 앞에 있는 데크도 부천예인교회(정성규 목사)에서 만들어 주었습니다. 그 밖에도 예인교회는 사무실 책장, 본채 뒤쪽 처마공사도 해 주셨습니다.

청년들이 무척 좋아하는 '나무집, 트리하우스'는 송탄중앙침례교회의 정지인 집사가 청년들을 위해 선물해 준 숲 속의 기도처입니다. 한 권사님 헌금으로 도서관을 고쳐 나니아와 계단으로 연결된 복층 주택을 만들어 주신 분도 정지인 집사와 동서조경 팀입니다.

내 마음은 딱딱한 조개였소

술 팔던 집을 공동체로 변경하는 것은 생각보다 어려웠습니다. 인테리어 전문가들이 집을 고친다고는 했지만 미흡한 데가 많았습니다. 첫 학기를 시작할 날은 코앞에 왔는데 숙소에는 침대도 넣지 못했습니다. 돈이 바닥이 났기 때문입니다. 거기다가 날씨까지 무척 추웠고 눈도 많이 왔습니다.

2002년 1월 4일 아침, 양양 라브리가 첫 학기를 개학하는 날입니다. 이미 연말이 되기 전에 12명이 등록을 마쳤습니다. 서양 라브리에서는 침대에 맞게 손님들이 가득하게 오면 "풀 하우스(Full House)"라고 합니다. 우리도 풀 하우스를 기대했습니다. 그러나 막상 나타난 사람은 6명밖에 없었습니다. 어떤 사람은 아무 연락 없이 나타나지 않았습니다. 눈도 오고 춥기도 했으니 그럴만 하다고 생각하고 온 사람들과 역사적인 새 학기를 시작했습니다.

그러나 며칠이 지나자, 눈길을 헤치며 사람들이 하나둘씩 찾아오기 시작했습니다. 목사, 장로, 선교사들만 아니라 "가나안 신자들(교회에 '안' '나' '가'는 신자들)"과 불신자들과 구도자들도 찾아왔습니다. 그렇게 한 사람, 한 사람이 다녀가다 보니 2002년 1월 4일에서 2월 중순까지 5주 동안 무려 110명이나 다녀갔습니다. 서울에서는 한 주에 다녀갈 숫자가 5주간에 다녀간 것입니다. 그러나 그것은 양양에서는 기적이었습니다. 하나님의 손길이 아니고는 불가능한 일이었습니다.

> 5주간을 처음부터 끝까지 함께 보낸 손님은 모두 4명, 일주일 이상 머물다 간 사람은 6명, 하룻밤에서 일주일 미만을 머물다가 간 사람은 30명이 넘으며, 잠시 방문하거나 한 시간 강의를 듣고 간 사람들을 다 포함하면 5주 동안 110여 명이나 됩니다. 그중에는 복학을 앞두고 진로를 걱정하는 대학생들도 있었고, 대학생들을 돕다가 지친 간사들이나 선교지로 가기 전의 선교사 후보생, 쉼이 필요한 목사, 신학도, 불신자 그리

고 회의자들도 있었습니다(인경, 2002년 2월 기도편지 중에서).

2002년 겨울에 찾아온 한 청년은 교회를 섬기는 대학부 임원이 있었습니다. 그는 어릴 때부터 예수님을 믿은 모태 신앙인이었습니다. 그러나 언제부터인가, 마치 아무것도 먹지 못하고 굶은 사람처럼, 마음속에 뭔가 채워지지 않는 영적 공허함에 시달리고 있었습니다. 그는 "도대체 내 문제의 원인이 무엇일까?" 고민하다가, 나름대로 자가진단(自家診斷)을 했습니다.

- 나의 우울질이 문제야.

처방도 스스로 내렸습니다.

- 감정을 풍부하게 하는 영적인 체험을 많이 하자.

그리고는 철야기도도 많이 하고, 단기 선교도 갔다 왔습니다. 그러나 "일어섰다고 생각하면 넘어지고, 정신 차렸다고 생각하면 다시 엎어지기를 반복했고, 마치 비눗방울이 터지는 것처럼 누가 무슨 말을 하면 감정 주머니가 쉽게 터졌다."고 합니다.

그러나 라브리에서 공부하는 중에 자신의 진단에 오류가 있었다는 것을 깨달았습니다. 자신이 지금까지 신앙의 내적인 성장보다는 청년부 임원으로 열심히 활동하고 많은 사람들을 만나고 돕는 등 외적인 증거를 만드는 데 정신이 없었다는 것을 깨달았습니다. 즉 "경건의 모습은 있었으나 경건의 능력은 없다."는 것을 깨달았던 것입니다. 그리고는 가슴을 치며 깨달은 글을 썼습니다.

> 나는 오랜 전통을 자랑하는 교회를 다니며 신앙생활을 했는데, 남들이 보기에는 별 문제가 없는 사람이었다. 경건한 척하고 모든 모임에 열심이었으니까. 하지만 나의 삶에는 변화가 없었고 작은 시험에도 쉽게 넘어졌다. 나는 경건의 모양만 이쁘게 꾸미기에 바빴지 경건의 능력은 없었다. 그런데 라브리에서 책을 읽다가 뒤통수를 한 대 얻어맞는 느낌이 들었다.
> "신앙의 외적인 증거를 만드는 일은 하나님의 명령에 순종하는 것보다 쉽다."
> 나는 감정이 풍부한 것을 신앙의 전부라 생각했기 때문에 지·정·의의 톱니바퀴가 잘 돌아가지 못했고, 특히 '지성'은 녹슬대로 녹이 슬어 있었다. 게다가 나는 철학, 역사에 대해 무관심했는데, 그런 것들은 엘리트들만 공부하는 것이라고 생각했다. 나의 잘못된 고정관념 때문에 다양한 지적 경험보다는 좋아하는 관심 분야에만 편중돼 있었다.
> 나는 신앙과 지성을 견고하게 해 줄 수 있는 키(Key)로써 성경적 세계관의 절실한 필요성을 발견했다. 감사하다. 내가 여태까지 알지 못했던 주의 법을 넓게 알 수 있는 길을 찾게 되

어서 말이다. 그러면 이제 나는 구체적으로 어떻게 살아갈 것인가? 성경을 보는 초점을 나에게만 두기보다는 하나님의 말씀이 모든 영역(정치, 경제, 예술)을 통합하고 있다는 것에 초점을 두어 그 메시지에 맞는 포괄적이면서도 세밀한 나만의 적용이 있어야 하겠다.

내 마음은 딱딱한 조개였소.
그러나 진리의 주께서 이 세상에 주신 지식을 통해
이 조개의 마음을 두드린다면,
이것은 머지않아 열릴 것이오.
지금은 비록 작은 틈새만 있지만 말이오.
난 아오.
나의 조개껍질과 같았던 딱딱한 마음이
'쫙' 하는 명쾌한 소리를 내며 벌어질 날을….
그땐 그 안의 기이한 진주의 비밀을 더 많이
알 수 있겠지.
난 기대하오.
지금보다 더 나은 견고한 성경적 세계관 위에 서 있어
어떤 모진 풍파에도 흔들리지 않을 것을 말이오.
이제 조금씩 나를 사랑할 수 있을 것 같소.
(한 청년부 임원, 2002년 겨울에)

영하 15-17도를 오르내리는 엄동설한에, 이런 정직한 구도

자들과 한 집에서 먹고 살며 그들의 변화를 지켜 볼 수 있었던 것은 라브리 간사들의 특권이었습니다. 때로는 식탁에서, 때로는 공부하던 도서관에서, 때로는 일하다가, 때로는 부엌일을 돕다가, 때로는 늦은 밤 토론에서, "찾았다." "이거다." "유레카"라는 함성이 터져 나올 때마다 간사들도 덩달아 즐거웠습니다.

비키니 아가씨

어느 해 날씨가 아주 좋은 초여름에, 늘씬한 아가씨가 제법 큰 여행 가방을 끌며 라브리에 들어왔습니다. 도착하자마자 던지는 질문이 심상치 않았습니다.

- 매일 계란 13개를 삶아 줄 수 있습니까?
- 담배를 피워도 됩니까?
- 술을 한 잔 해도 괜찮습니까?
- 춤을 좀 출 수 있습니까?

"다 가능하지만 절제를 못하면 금지시킬 수 있다."고 설명을 해 주었습니다. 다행히 자기 절제를 잘해서 금지시킨 것은 아무것도 없었습니다. 다만 계란 흰자만 자기가 먹고, 노른자를 개에게 던져 주어서 우리 집 개들이 과식하는 것이 문제였습니다. 담배꽁초는 재떨이에 잘 버리고, 술은 없으니 못 마셨고, 춤은 실컷 추도록 내버려 두었습니다.

그런데 문제는 의상이었습니다. 라브리에서는 자기가 입고 싶은 옷을 마음대로 입습니다. 그 아가씨도 어느 날 아침부터 여름 해수욕장에서나 입는 비키니 같은 짧은 옷을 입고 나오기 시작했습니다. 가슴 라인이 훤히 들여다보이고, 배꼽도 노출되고, 바지는 팬티같이 짧았습니다. 패션은 그 아가씨의 자유였습니다.

"판사들도 미인에게는 형량을 줄여 준다."는 소문이 있듯이, 노동 시간이 되면 남자들이 그 아가씨를 서로 도와주는 바람에 할 일이 없어졌습니다. 남자들에게 "일찍 일어나라." "화장실을 깨끗하게 사용하라."는 말을 일체할 필요가 없었습니다. 솔선해서 다 "착한 남자들이" 되어 주었습니다.

외출하는 날은 남자들이 서로 그 아가씨의 옆 자리에 앉으려고 차 옆에 줄을 섰습니다. 하루는 휴일이 되어 화진포로 놀러가게 되었는데, 서로 같이 앉으려고 난리를 피우는 바람에 결국 나이가 많은 부부가 그 차에 탈 수밖에 없었습니다. 차를 가져온 남자 청년이 자기 운전석에 앉고 조수석에는 그 아가씨를 모셨습니다. 그 청년의 운전대를 잡은 손은 떨렸고 목소리도 떨렸습니다.

− 미인을 옆자리에 모시게 되어 영광입니다.

운전대에 앉자마자 내뱉은 이 말 한 마디 때문에, 그 청년은 몇 주 동안이나 놀림거리가 되었습니다. 남자들이 극성스러울 정도로 손을 떨며 흉내를 내었기 때문입니다. 여자들도 기가 막히는지 평소에는 잊고 살던 '곁눈질의 파워,' '흘기는 눈매'를 자연스럽게 보여 주었습니다. 같은 또래의 어떤 여자들은 자기도 모르게 '질투의 화신'이 되어 노골적으로 비아냥거리기도 했습니다.

- 자연이야 성형이야?

자연 미인이라고 보기에는 너무나 흠잡을 때가 없는 몸매였고, 성형 미인이라고 보기에는 너무나도 자연스러웠기 때문입니다. 오죽했으면 모처럼 다니러 오신 70대 할머니가 자기 남편이 혹시라도 시험에 들까 봐 "옷을 좀 바꿔 입고 나오세요."라고 정중하게 부탁을 하더니, 바꿔 입고 나온 옷도 중요 부위만 가린 옷이었기 때문에, "당신이 조심하세요."라고 남편을 단속하는 수밖에 없었습니다. 그가 라브리에 온 것 자체가 논란거리였습니다. 우선 룸메이트와 친해지는 것부터 쉽지 않았습니다.

룸메이트 : 라브리에는 왜 오셨나요?
비키니 : 왜요? 저는 라브리에 오면 안되나요?
룸메이트 : 오면 안되는 사람이 어디 있겠어요? 다만 내가 보기에 안 오셔도

될 사람 같이 보여서요.

비키니 : 그러면 라브리에는 못생긴 사람들만 와야 된다고 정해져 있나요?

룸메이트 : 잘생긴 사람들만 와야 된다는 것도 없지요.

비키니 : 그러면 됐네요. 내가 온 건 옷 때문인데요. 3주만 라브리에 버티다가 집에 가면 아빠가 내가 입고 싶은 옷을 한 벌 사 주시기로 했거든요.

룸메이트 : 비싼 건가요?

비키니 : 싼 건 몇 십 만 원짜리도 있지만 비싼 건 몇 백 만 원짜리도 있어요. 아직 어떤 걸 사 달라고 할지 마음을 정하지는 안했지만, 이왕 얻어 입을 바에는 명품을 사 달라고 해야 되겠죠? 라브리에서 이렇게 개고생도 하고 있는데….

룸메이트 : 개고생하고 있다고요?

비키니 : 그럼요. 담배도 실컷 못 피우고, 술도 잘 못 마시고, 오늘은 화장실 청소를 하느라 개고생을 하지 않았어요?

룸메이트 : 개고생이라고요? 비키니 님은 서서 물만 부어 주는 것처럼 보이던데, 그게 개고생이면 내일은 진짜 빡센 걸 좀 해 봐야 되겠군요. 집에서 화장실 청소를 한 번도 안 해 봤죠?

비키니 : 그걸 어떻게 알았죠?

그러던 어느 날 담당 간사가 고민을 털어놓았습니다. "비키니 아가씨는 담배 피우고 춤추는 것 외에는 아무것도 관심이 없어 보이는데, 어떻게 복음의 접촉점을 찾아야 할지 모르겠다."고 말입니다. 한 간사가 엉뚱한 제안을 했습니다.

– 둘이서 마당에 나가서 같이 걸어보는 것은 어떨까요? 얼굴과 몸매는 모델같이 예쁜데 걸음걸이가 조폭같이 걷는 것이 이상해요. 예수 믿는 것도 중요하지만 건강을 위해 걷는 것도 고치고 술 담배부터 좀 끊으라고 해 보지요?

어느 날 아침부터 유리창에는 청년들이 조롱조롱 매달렸습니다. 두 여자가 마당에서 패션쇼를 벌이고 있었기 때문입니다. 머리가 희끗희끗한 간사가 두 팔을 흔들며 앞장서서 걷고 있고, 그 뒤를 20대 비키니 아가씨가 뒤따라 걷고 있었습니다.

그날부터 라브리 마당의 주차선이 '런 웨이(run way)'가 되었습니다. 옛날 휴게소 시절에 아스팔트 위에 그어 놓은 선이 똑바로 걷는 연습을 하는 데는 제격이었습니다. 그러기를 며칠, 한참 걷던 비키니 아가씨가 간사에게 물었습니다.

> 비키니 : 간사님은 참 이상해요. 이렇게 걷기만 하다가 나를 전도하는 것은 잊어버리시는 것은 아니에요? 우리 아빠는 저에게 '몸은 다 썩을 것이니까 중요하지 않지만 영은 하나님과 영원히 살 것이기 때문에 중요하다는 것을 라브리에서 잘 배워서 오라.'고 하셨거든요.
> 간사 : 아마 아가씨 아빠는 라브리가 그런 것을 제일 싫어한다는 것을 모르셨나 봐요. 하나님은 영만 만드신 분이 아니라 몸도 만드신 분이므로, 라브리는 둘 다 중요하다고 가르칩니다. 예수님은 인간의 영도 살리셨지만 몸도 치료하셨잖아요?
> 비키니 : 성경에서 정말 몸도 중요하다고 가르치나요?

간사 : 물론이죠. 만약 몸이 중요하지 않다면 왜 하나님께서 영만 가지고 귀신처럼 살도록 하지 않고 몸도 같이 만드셔서 먹고 마시도록 하셨을까요? 영만 중요하고 몸은 아무것도 아니라고 생각하는 것을 이원론이라고 합니다.

비키니 : 이원론이 뭔지 모르지만, 그게 우리 엄마 아빠의 생각을 병들게 했군요.

간사 : 엄마 아빠만 잘못 생각한 것이 아니라, 한국 교회의 많은 성도들이나 지도자까지도 그렇게 생각하고 있어요. 사랑의교회 옥한흠 목사님도 그것을 잘 아시고, '목사들이 설교만 하고 제자훈련을 안 하면, 즉 이원론의 문제를 잘 가르치지 않으면, 성도들을 이원론의 노예로 만들 수 있다.'고 말씀하신 적이 있대요.

비키니 : 거기에 대해 성경을 좀 가르쳐 주실 수 있으세요?

간사 : 물론이지요. 오늘 당장 시작할까요?"

그렇게 해서 두 사람은 '예수님은 누구인가?'부터 차근차근 공부하며 마지막 일주일을 보내게 되었습니다. 3주가 다 지나, 비키니 아가씨가 아버지에게 전화를 하고는, "아버지 소원대로 내가 예수님을 믿게 되었어."라고 이야기했습니다. 아버지가 깜짝 놀라 자동차 트렁크에 딸이 좋아하는 과자와 라브리에 줄 쌀 한 포대를 싣고 달려 왔습니다. 울산에서 양양으로 말입니다.

아빠 : 네가 예수님을 믿게 됐다는 것이 정말이냐?

비키니 : 그럼. 그렇지만 나는 아빠가 믿는 예수님을 믿지 않고 성경에 있는 예수님을 믿을 거야. 예수님은 영만 구원하러 오신 분이 아니라 몸도 고쳐 주신 분이라는 것을 왜 안 가르쳐 줬어? 아빠는 예수님이 하신 일 중에 반쪽만 믿는다는 것을 알고나 계신가?

아빠 : 뭐라고? 이 녀석이….

비키니 : 어느 백화점으로 갈까?

13장 산속
작은
도서관에서
일어난 일

처음에는 "서향묵미각(書香墨味閣)"*이 부럽지 않았습니다. 라브리에도 '책 냄새와 잉크 맛'을 좋아하는 책벌레들이 왔기 때문입니다. 어떤 청년은 독서삼매(讀書三昧)에 빠져서 밥 먹는 것도 잊어버릴 정도로 책에 빠졌습니다. 어떤 청년은 "이 도서관에 있는 책을 다 읽기 전에는 집으로 돌아가지 않겠다."며 호기를 부리기도 했습니다. 그런 소리를 들을 때는 기분이 참 좋았습니다.

책을 보내 주는 분도 많았습니다. 권오익 형제, 김북경 목사, 김재현 박사, 백민현 집사, 한윤경 목사, 홍치모 교수…. 저희 부부도 평생 모은 책을 기증했습니다. 그렇게 모인 약 5,000권으로 "김북경 신디아 도서관"을 만들었습니다. 모경 간사는

---

* "서향묵미각(書香墨味閣)"은 다산 정약용이 36세 때인 1797년에 황해도 곡산 도호부사로 부임했을 때, 두 아들을 위해 한 수레 가득히 책을 싣고 가서 공부방을 직접 꾸며 주고는 '책 향기와 먹 맛을 느끼는 방'이라는 뜻으로 붙여 준 공부방 이름이었습니다. 라브리 간사들의 '밴드' 이름으로 쓰고 있는 "사향심미각(思香心味閣)," 즉 '생각의 향기와 마음의 입맛을 느끼는 공간'이란 말은 다산이 자기 아이들을 위해 지어 준 '서향묵미각'을 패러디한 것입니다.

열 손가락이 꽁꽁 어는 것도 모르고 일일이 분류하고 목록을 작성했습니다.

책을 읽지 않는 이유

그러나 어느 날부터 침대에 누워서 책을 읽는 청년들이 생기더니, 나중에는 '스타벅스'처럼 푹신한 소파에 앉아 커피를 한 잔을 마시며 아이패드나 노트북으로 책을 읽고 싶다고 하더니, 요즘은 책도 버리고, 노트북도 버리고 하루 종일 스마트폰만 끼고 사는 학생들이 생기기 시작했습니다. 한번은 이런 일도 있었습니다.

> 간사 : 제가 추천한 책을 읽어 보셨어요?
> 학생 : 아직 못 읽었는데요.
> 간사 : 책 내용이 너무 어려워서 못 읽었나요?
> 학생 : 아니요. 책 표지 그림이 마음에 안 들어서요.
> 간사 : 그렇다면 한 페이지도 안 읽었다는 말이잖아요?
> 학생 : 인터넷에서 검색해 보아서 무슨 내용인지는 알아요.

사실 그 학생은 책장도 열어 보지 않았습니다. 대신에 인터넷을 검색해서 책 내용이 무엇인지는 대충 읽어 보았답니다. 그게 요즘 학생들의 독서 습관입니다. 하드 카피 책을 읽을 생각도 하지 않지만, 인터넷을 통해 읽었다고 하지만 줄거리 정도만 파악할 정도입니다. 책을 읽으며 무슨 감동을 느꼈다거나, 저자에 대한 궁금증이 생겼다거나, 명문장을 암송해 보는 것 따위는 애초부터 없습니다.

아마 그래서 요즘 출판사들이 '콘텐츠'보다 '표지'에 그렇게도 신경을 많이 쓰는가 봅니다. 읽히는 것이 목적이 있겠지만, 우선 책을 사도록 해야 읽히기 때문입니다. 그러면 왜 청년 학생들이 책을 손에 잡지 않을까요?

첫째, 스마트폰 때문입니다. 요즘 청소년들은 컴퓨터와 아이패드, 스마트폰 등 전자기기들을 끼고 삽니다. 약 30년 전에, 컴퓨터 시대를 연 빌 게이츠가 "나는 조그만 개인용 컴퓨터에서 새로운 세계와 인생을 발견하도록 하겠다."고 장담할 때부터, 그는 이런 날이 올 줄을 알았던 게 아닌가 생각합니다. 왜냐하면 그는 자기 자식들이 17세가 되기 전에는 스마트폰을 안 사주었다고 했거든요. 아마 그는 자기 아이들의 손가락이 스마트폰으로 중독되기 전에, 책장을 넘기는 재미를 먼저 익히게 해 주려고 한 것이 아니었을까요? 그러나 많은 부모는 그것을 몰랐습니다.

둘째, 재미없는 책들이 많기 때문입니다. 요즘은 책마다 종이의 질도 무척 좋아졌고 사진도 많아졌습니다. 그러나 시각적이고 자극적인 내용만 많아졌지 지적인 호기심을 자극하면서도 유쾌한 재미를 유발하는 책들은 그리 많지 않습니다. 톨

킨의 『반지의 제왕』처럼 잠자고 있는 상상력을 자극하지도 못하고, 루이스의 『나니아 연대기』나 『순전한 기독교』, 『스쿠르테이프의 편지』처럼 숨어있는 창의성을 깨우지도 못합니다. 롤링의 『해리포터』를 읽은 아이들이 그보다 재미없는 책들을 손에 들까요?

셋째, 수준에 맞지 않는 책을 주기 때문입니다. 여러분은 키가 큰 손님이 오면 그 사람에게 맞는 침대를 줍니까? 아니면 침대에 맞게 그 사람의 다리를 자릅니까? "프로크루스테스 침대"라는 말을 들어보셨나요? 그리스 신화에 따르면 프로크루테스는 강도였는데, 아테네 바깥 언덕에 집을 짓어 거기에 철 침대 하나를 준비하고는, 지나가는 행인들을 붙잡아 그 침대에 누이고는 행인의 키가 침대보다 크면 그만큼 잘라내고 행인의 키가 침대보다 작으면 억지로 맞추어 죽였다고 합니다. 선생님들이 학생들에게 책을 추천할 때나 어른들이 아이들에게 책을 추천할 때, 그 학생과 아이의 독서량, 지적 수준, 관심 분야, 특별 취향 등에 맞게 추천하지 않고 자기가 아는 책이나 좋아하는 책을 추천하기 때문입니다.

넷째, 책 읽는 습관을 배운 적이 없기 때문입니다. 집에 책은 많은데 책 읽어 주는 부모가 없고, 각종 비싼 책으로 도서관을 가득 채워놓기는 하지만 책 읽어 주는 선생님을 찾아보기는 쉽지 않습니다. 애초에 책은 장식용이거나 과시용이었지 독서용이 아니었기 때문입니다. 우리는 "몇 권이나 소장하고 있느냐?" 하는 도서 보유량에만 관심이 많지, "얼마나 읽었느냐?"고 하는 독서량에는 별 관심이 없습니다. 성경책도 마찬가지입니다.

다섯째, 창의적이고 통합적인 사고에 관심이 없기 때문입니다. 미국 시카고대학교는 80여 명의 노벨수상자를 배출한 학교로 유명한데, 신입생들에게 인문학 교양도서 100권을 읽히는 것이 그 비결이라고 합니다. 로버트 짐머(Robert J. Jimmer) 총장의 말입니다.

> 특정 부문의 기술을 가르치면 단기적 성과를 낼 수 있다. 그러나 복잡한 문제를 풀 능력을 갖춘 리더를 만들려면 인문학적 소양을 길러야만 한다.

암기식 공부나 입시위주 공부가 창의적이고 통합적인 사고를 죽인다는 것을 알면서도, 우리는 입신양명(立身揚名)을 포기하지 못하고 있습니다.

먼저 짧은 글을 읽히라

요즘은 신문은커녕 인터넷이나 텔레비전 뉴스도 안 보는 사람들이 많습니다. 그래서 등장한 것이 '카드 뉴스'라는 것입니다. '카드 뉴스'란 카드만 한 사진 한 장에 뉴스 제목만 적혀 있는 초간단 뉴스입니다. 아마 앞으로는 '카드 뉴스'도 안 보는 사람들이 많을 것입니다. 뉴스 자체에 관심이 없는 사람들이 많기 때문입니다.

라브리에서는 위에서 만나 본 사람들처럼, 인생의 의미와 진리 탐구에는 관심이 있지만 자기 우물 안에 갇혀서 넓은 바다를 보지 못한 청년들이나 책 읽는 것에 별 관심이 없는 사람들을 위해 대화를 많이 나누거나, 중요한 글들을 '문서 파일' 혹은 '에세이 파일' 형식으로 만들어 읽히고 있습니다. '문서 파일' 혹은 '에세이 파일'은 몇 가지 장점이 있습니다.

첫째, 두꺼운 책을 추천하기에 앞서 독후감이나 에세이를 읽는다는 기분이 들도록 합니다. 처음부터 책을 읽으라고 하면 안 읽지만, 가벼운 독후감이나 에세이 파일 하나를 추천하면 금방 읽고 난 후에 추천하지도 않은 다른 파일을 찾는 청년들이 많습니다. 그렇게 재미가 붙으면 여러 개를 읽고 가는 청년들이 있습니다. 만약 그런 파일을 열 개만 읽는다면, 책 한 권을 읽는 것과 같은 효과가 있습니다.

둘째, 청년들의 주된 관심사나 현실 문제에 적절한 글들을 선정합니다. 꼭 읽어야 하는 중요한 책들은 우리 주변에 널려 있지만, 때로는 장황하거나 지루한 책들이 많습니다. 그래서 지루하다는 생각이 들기 전에 다 읽을 수 있는 20페이지 내외의 분량으로, 특히 청년 대학생들의 고민에 대답을 줄 수 있는 내용의 글을 선정해서 읽기 편한 글씨로 인쇄하여 파일을 만듭니다.

셋째, 단편적인 대답을 얻고 끝나지 않고 다른 책을 읽고 싶거나 토론을 하고 싶은 마음이 생기도록 하는 글을 고릅니다. 물론 고민에 대한 대답을 금방 얻을 수 있으면 다행이지만, 그보다는 좀 더 생각하고 싶은 마음을 불러일으키거나, 그 분야의 다른 책을 읽고 싶은 충동이 생길 수 있도록 하거나, 간사들과 상담하고 싶은 마음이 생기도록 자연스럽게 유도하는 글들을 비치합니다.

넷째, 청년들이 좋아할 '핫한 주제' 혹은 관심분야의 에세이를 선정합니다.

> 동성애를 어떻게 볼 것인가?
> 차별금지법
> 성형수술은 어디까지 해도 좋은가?
> 신체 접촉 : 스킨십은 어디까지?
> 주초문제 : 과연 술 담배는 죄인가?
> 불의한 조직에서 어떻게 살아남을 것인가?
> 간사님, 기도가 막혔어요.
> 고통의 원인은 무엇인가?(악의 문제)
> 인지부조화 : 사람은 왜 진실을 잘 안 믿을까요?
> 사람의 생각은 어떻게 작동하는가?
> 바른 영성이란 무엇인가?

다섯째, 정기적으로 다른 주제의 글로 바꿉니다. 아무리 좋은 글이라도 오래 두면 식상하기 마련입니다. 왜냐하면 가끔 오는 청년들만 아니라 자주 오는 청년들이나 방문자들을 위해서라도 새로운 주제의 글들을 업데이트하는 것이 필요하기 때문입니다. 새로운 주제라고 해서 언제나 새로 쓴 글일 필요는 없습니다. 오래 전에 쓴 글이라도 현대 교회와 사회에 적실성이 있는 글이면 좋습니다.

물론 파일을 읽는 것보다 훨씬 재미있는 것은 그룹으로 책을 읽는 것입니다. 책을 혼자 읽으라고 하면, 대부분의 청년들은 며칠이 지나도 안 읽습니다. 그때에는 몇 페이지라도 같이 읽는 것이 좋습니다. 보통 "돌아가면서 읽는다."라고 하거나 한자말로 "윤독(輪讀)"이라고도 하지요. 같이 돌아가면서 읽다 보면 지루하지도 않고, 서로 "와! 그런 내용이 그 속에 있었나요?"라는 탄성이 섞여 책 내용에 대한 관심이 증폭됩니다.

어려운 책일수록 혼자 읽으면 안 됩니다. 그때에는 같이 읽고, 이야기하며, 공부하는 것이 최고입니다. 그래서 우리는 강릉, 삼척, 양양에 있는 몇몇 친구들이 모여서 쉬운 신학책 읽기 모임도 한 적이 있습니다. 거기에는 치과 의사, 변호사, 사장, 목사, 유치원 원장 등 다양한 사람들이 참석했습니다. 필리핀에서 온 스테파니도 혼자 읽었으면 어쩌면 루이스와 카이즈의 책을 제대로 이해하기 힘들었을 것입니다.

라브리에는 스테파니와 같이 이미 예수를 잘 믿는 청년들이 기독교 세계관을 공부하러 오면, 『쉐퍼의 삼부작』, 『C. S. 루이스의 순전한 기독교』, 『로마서』 등을 공부합니다. 물론 공부 모임에 예수를 안 믿는 청년들이 들어오면 시간이 더 걸리기는 하지만 서로에게 매우 유익합니다.

몇 년 전에는 DCTY에서 야심차게 낸 『충돌하는 세계관』을 청년들과 같이 공부했는데, 아주 재미있었습니다. 그 책은 저희 부부가 적극 추천해서 낸 책이라 나오자마자 '비교 세계관학의 교과서'라 자랑했더니 여러 명이 자원을 했습니다. 책이 너무 두꺼워 다 읽지는 못하고 철학, 윤리학, 정치학 부분만 읽었는데, 기독교적 세계관에 기초한 영적 분별력을 세우는 데 많은 도움을 주었습니다.

사실 그 책은 저자가 미국 고등학생들을 위한 세계관 공부 교과서로 만든 것이라서 내용이 그리 어렵지는 않았습니다. 청년들을 사랑하시는 김북경 목사가 참석하기도 하셨고 한번은 공부를 인도해 주셔서 청년들의 눈을 넓히는 데 큰 도움이 되었습니다. 그리고 철학을 전공한 기진이도 큰 도움이 되었습니다. 아무리 밤이 긴 산골이지만 『충돌하는 세계관』을 혼자 읽으려고 했다면 중간에 집어던지고 말았을 것입니다.

책은 읽는 사람을 변화시키는 능력이 있습니다. "책 중의 책"이라고 할 수 있는 성경은 수많은 사람들을 변화시켰습니다. 그중에서도 구약에 나오는 다니엘은 책의 사람이었고 책으로 변화된 사람입니다.

다니엘은 바벨론 제국과 메데 페르시아 제국에서 고위 공직 생활을 한 당대의 지도자로서 그리고 한 사람의 신앙인으로서 급변하는 국제 질서 속에서 하나님의 섭리와 계획이 무엇인지 알고 싶었습니다. 보통 다니엘이 국제질서에 대해 영적 통찰력을 얻는 길은 꿈이나 환상이나 독서였습니다. 그러나 고위공직자로서 바쁜 하루를 보내면서도 하나님의 책을 가까이 했는데, 아마 말년에는 성경 독서를 통해 지혜를 더 많이 얻게 된 것 같습니다.

메데 페르시아 제국의 다리오 왕이 새로운 제국을 건설하던 그 해에 그가 읽은 책은 선지자 예레미야가 쓴 서책이었습니다. 그는 예레미야가 쓴 책을 읽다가 "유대 백성의 포로기간이 70년이 되리라"는 말씀을 읽고는 그 말씀이 비로소 성취되고 있다는 것을 깨닫고 크게 놀라게 됩니다(예레미야 25:11,12). 그는 책을 읽고 눈물을 흘리고 회개하며 영적 각성을 했는데, 나라와 백성들의 불의와 부패를 원통하게 여기고 슬퍼하면서 기도했습니다. 그는 자기 죄뿐만 아니라 다른 사람의 죄, 민족과 국가의 죄까지 회개하며 하나님의 자비하심을 구했습니다.

더욱 놀라운 것은, 그가 독서를 통해 하나님의 비밀스런 계획을 알게 되었다는 것입니다. 하나님은 다니엘에게 세계 역사의 변화와 유대 민족의 장래에 대한 원대한 청사진을 보여주셨습니다. 하나님은 기도하고 성경을 읽는 사람에게는 비밀이 없습니다. 다니엘은 수백 년 후에 일어날 이 모든 것을 다 듣고 알게 되었습니다.

다니엘은 그 자신이 하나님의 뜻을 다른 사람들에게 알리는 통로, 즉 계시수령자(啓示受領者), 유대인에게만 갇혀 있던 그리스도의 구원에 대한 복음을 바벨론 사람과 메데 페르시아 사람들에게 전하는 다리가 된 것입니다. 독서를 통해 얻은 깊은 영적 통찰력입니다.

성경을 읽다가 예수 믿는 청년

C. S. 루이스가 이야기했듯이, "좋은 책은 소리 내어 읽기가 편한 책"입니다. 소리 내어 읽을수록 재미있고, 읽고 난 후에는 긴 여운을 주는 책이 좋습니다. 특히 쉽게 공감되고, 생각할 것이 있고, 더 읽고 싶은 충동을 주는 책이 좋습니다. 살아 있는 책은 읽는 사람의 지성만 아니라 영혼을 살립니다. 그것이 라브리의 성경 읽기입니다. 한 청년이 명인에게 물었습니다.

청년 : 협동간사님이라면 라브리의 프로그램을 잘 아시겠군요. 일주일 중에 제일 재미있는 시간이 언제입니까?
명인 : 이상하게 들리실지 모르지만, 제 개인적으로는 성경을 같이 읽는 시간입니다.
청년 : 영화 보는 시간이 있다고 하는데 그게 아니고요? 보통 성경을 읽는 시간이 수면제를 먹은 것처럼 가장 졸리는 시간이라고 말하지 않습니까?
명인 : 한 번 참석해 보세요.

성경 읽기 시간은 공동체 가족들이 다 같이 모여 성경을 읽는 시간입니다. 그 시간에는 누구나 참석할 수 있습니다. 예수를 오래 믿은 사람들도, 아직 안 믿는 사람들도, 아무리 성경을 많이 아는 목사나, 장로, 강도사, 사모들도 안 믿는 사람들과 같이 성경을 읽습니다.

원하면 간사들의 자녀들도 참석합니다. 초등학교 1, 2학년도 참석해서 더듬더듬 같이 읽습니다. 외국인들은 자기 나라 말로 된 성경을 읽을 수도 있습니다. 그러나 외국인들이 한글 성경을 잘 읽으면 박수를 받습니다.

한 사람씩 돌아가며, 열 절도 읽고, 스무 절도 읽고 한 장 전체를 다 읽기도 하는데, 자기가 읽고 싶은 만큼 읽으면 됩니다. 그러나 윤독(輪讀)의 재미와 품위를 위해서는, 짧게 읽을수록 모임이 가라앉지 않고 활발해집니다. 물론 성우 같은 낭랑한 목소리를 가진 사람은 더 많이 읽을 수 있도록 격려하기도 하지만, 신령한(?) 목사님들처럼 목이 쉰 사람은 몇 절도 길게 느껴질 때가 있습니다.

읽는 방법도 다양한데 어떤 사람은 교과서 읽듯이 또박또박 읽기도 하고, 어떤 사람은 창을 읊듯이 읽기도 하고, 어떤 노인은 천자문을 외우듯이 어깨를 좌우로 흔들며 읽습니다. 책은 한글 개역에서 현대인의 성경, 공동번역 등 매우 다양하며, 취향에 따라 영어, 헬라어, 히브리어, 중국어, 스페인어 성경도 읽습니다. 읽다가 목이 마르면 차나 커피도 마실 수 있고, 누가 '홈메이드 과자'를 구워 오면 나누어 먹기도 합니다. 드문 경우이기는 하지만, 성경 읽기 후에 '라면 파티'를 벌인 적도 있습니다.

제일 재미있는 순간은 읽다가 이해가 안되거나 의문이 생기면, 질문을 할 수 있고 누구든지 거기에 대답을 할 수 있는 시간입니다. 성경을 잘 아는 신자가 질문하고 성경을 아무것도 모르는 비신자가 대답한 적도 있습니다. 가끔은 질문과 토론 시간이 너무 진지하여 초저녁에 시작해서 자정이 지나도 마치지 못한 날도 있습니다. 한번은 불신자들과 민수기와 신명기를 읽었는데 시간마다 얼마나 재미있는 질문과 토론이 많았던지, 성경 읽기 시간을 끝내기가 미안한 밤이 많았습니다. 가끔 오래 예수를 믿은 청년들의 무덤이 되기도 합니다. 다음과 같은 해프닝도 있었습니다.

> 교회 청년 : 간사님, 예수님은 모세의 법이 신약에서 다 완성되었다고 말씀하신 것으로 아는데, 오늘날도 구약을 읽어야 하는 이유가 뭡니까?
> 청년 구도자 : 제가 대답해도 될까요? 구약이나 신약은 예수님을 기점으로 전후로 나눈 것에 불과하지 메시지는 결국 같지 않을까요? 그러니까 한 권에 묶여 있는 것이 아니겠습니까?
> 교회 청년 : 예수님도 믿지도 않는 네가 뭘 안다고 대답을 해?
> 청년 구도자 : 너는 그것도 모르고 여태 예수님을 믿었다는 말이냐?
> 교회 청년 : 믿지도 않는 새끼가?

한번은 나이가 좀 많은 능청스러운 청년들과 레위기를 읽었는데, 배꼽을 잡고 웃은 구절이 있었습니다. 특히 예수님을 믿지 않는 청년들이나 성경 읽는 것을 별로 좋아하지 않는 청년들은 이런 구절이 나오면 절대로 지나가는 법이 없습니다.

> 능청 아저씨 : 오늘 성경을 보니, 부부 싸움을 하다가 남자의 거시기를 잡아당기면 손을 자르라고 했는데, 정말 손이 잘린 여자가 있었을까요?
> 장난 아저씨 : 얼마 전에 해외토픽에 보니 한 여자가 남편의 거시기를 5분간 꽉 잡았더니 정말 죽었대요. 그 경우에는 손을 자르는 것으로 부족하고, 죽여야 되지 않을까요?
> 능청 아저씨 : 그런데 그 남자는 거시기가 아파서 죽은 것이 아니라 고함치다가 숨이 막혀 죽었다고 하지 않았어? 그런 경우에는 살인보다는 과실치사 정도니까 여자의 두 손을 자르는 것으로도 충분하지 않을까요?
> 장난 아저씨 : 그렇다면 지금도 혹시 손에 깁스를 했거나 붕대를 감은 여자들이 길에 다니는 것을 보면 남자들이 멀리 피하는 것이 좋겠군요?
> 앙칼 아가씨 : 성경을 읽으면서 그런 엽기적인 생각을 다 하다니, 이런 사람들과 같이 성경 읽는 것은 시간 낭비라는 생각이 갑자기 드네요.
> 능청 아저씨 : 말씀을 적용하라며?

그런 짓궂은 질문과 토론이 시작되면, 하품 하던 사람들까지 눈을 동그랗게 뜨고 "옳소." "좋소."라고 고함치며 끼어듭니다. 그러나 그런 질문에 대답하느라 밤을 새울 필요는 없습니다. '잠 깨우기 토론'이라 생각하면 됩니다. 성경을 같이 읽을 때의 최고 유익은 성경을 재미있게 읽을 수 있다는 것입니다. 누구나 성경 읽는 것이 언제나 "꿀과 송이 꿀"처럼 달면 좋은데 아무리 믿음이 좋은 사람이라도 그렇지 않을 때가 많습니다. 그럴 때는 같이 읽으면 지루하지 않고 하나님의 말씀을 들을 수 있습니다.

원주 성서유니온에서 일하는 이준호 목사가 선물해 준 랜돌프 리처즈와 브랜든 오브라이언(Randolph Richards and Brandon J. O'brien)이 쓴 『성경과 편견』이라는 책과 함께 성경을 읽으면 텍스트를 우리의 세계관에 맞게 왜곡하거나 성경의 구절의 의미를 축소하거나 문맥을 무시하는 오류를 줄일 수 있습니다.

성경을 읽다가 예수님을 믿는 사람들이 나오는 것도 큰 유익입니다. 라브리에서 성경을 읽다가 예수 믿은 청년도 한둘이 아닙니다. 그중에 한 청년이 사랑의교회에서 세례를 받기 전에 쓴 "신앙고백문"을 보내온 청년이 있었습니다.

> 저는 7년간 사귀던 남자 친구와 헤어진 후에, 가슴이 찢어질 듯한 고통 가운데서 더 이상 희망도 행복도 보이지 않아서, 매일 죽고 싶은 나날을 보내고 있었습니다. 그때 언니의 소개로 라브리를 찾게 되었습니다. 부부 간사님과 헬퍼로 일하던 언니가 반갑게 맞아 주었습니다. 라브리에는 일주일에 한 번씩 성경을 읽는 시간이 있었는데 그 시간이 처음엔 성경을 접해 보지 않아 지루하고 힘든 시간이었지만 서서히 시간이 지날수록 하나님이 어떤 분인지 알 수 있는 시간이 되었습니다. 하나님을 생각하면, 죄를 범하면 무조건 벌을 내리는 무서운 분

으로만 인식하고 있던 저에게, 복음서를 통해 사랑이 너무나 많으신 하나님이란 것을 그때서야 느낄 수 있었습니다.

하나님이 구원을 위해 외아들 예수님을 세상에 보내셨고 우리의 죄로 인해 예수님이 고통스럽게 돌아가셨다는 것을 직접 눈으로 귀로 들으니 하나님께 너무나 감사하고 은혜롭고 죄송했습니다. 그 후로 내면이 조금씩 변하게 되었고 기도가 서툴렀지만 나지막이 "하나님 아버지~"라고 부르기만 해도 들어주시고 사랑받고 있다는 것을 조금씩 느낄 수 있었습니다. 그때 당시 기도 제목이 남자친구보다 하나님을 더 사랑할 수 있게 해 달라고 기도를 드렸는데 지금은 하나님 없이는 살 수 없을 정도로 하나님을 너무나 사모하게 되었습니다(사랑의교회 청년, 2008년 6월).

성경을 같이 읽는 것만으로도 행복한데, 이런 청년들이 나오면 날듯이 기쁩니다. 성경 읽기를 마친 후에 적극적인 반응을 보인 사람이 또 있었는데, 그중의 하나가 아르헨티나에서 온 예리였습니다. 예리는 부에노스아이레스대학교 약학과를 졸업하고 약사 시험에 합격한 약학 박사였는데도, 라브리에서 공부하다가 에스라성경대학원대학교에 가서 성경을 더 깊이 연구하고 석사 학위도 받았습니다. 성경을 읽고 나면 반응도 모인 사람들만큼이나 다양합니다.

– 저는 중학교를 졸업한 후로 소리 내서 책 읽기는 오늘이 처음입니다.

- 성경이 이렇게 재미있는 책인 줄을 정말 몰랐습니다.
- 설교 듣는 것보다 말씀이 더 잘 이해되는 것 같아요.
- 나는 영혼이 깨어나는 기분이 들었습니다.
- 하나님의 비밀을 조금이나마 알아낸 기분입니다.
- 성경을 좀 더 깊이 연구해 보고 싶군요.

정직한 세 구도자들

가만히 있어도 땀이 팥죽같이 흐르는 한 여름, 모두가 산으로 바다로 해외로 여행가는 계절이 되었습니다. 여름 사역을 다 마치고 휴가 차, 한 여자 목사 후보생이 찾아왔습니다. 신학교도 졸업하고 배울 만큼 배운 사람이지만, 마치 스폰지처럼 혹은 솔로몬의 듣는 귀를 가진 사람처럼, 간사들과 친구들의 말을 주의 깊게 들었습니다. 그리고는 "나는 우물 안의 개구리였다."는 놀라운 고백을 남기고 갔습니다.

> 나는 우물 안에 빠진 개구리처럼 12년을 살았다. 내가 빠진 첫 번째 우물은 엄격한 율법주의 영성이었다. 온갖 종류의 종교적 금기들이 많았다. 이것은 누가 시켜서가 아니라 우물 속에 있는 문화이며 자연스러운 것이었다. 예를 들어서 옷 입는 스타일, 헤어스타일, 예배드리는 태도, 말하는 태도, 서로 교제 간의 예의, 조직과 행정의 운영, 재정의 사용 등 마치 유대인

들이 율법 외에 613개의 조항을 더 만들어 지켰던 것처럼, 각종 금기 사항들이 나를 얽어매었다.

내가 빠진 두 번째 우물은 이원론적 영성(인격적인 아름다운 관계의 상실)이었다. 나는 수많은 예배, 다양한 교회 봉사, 계속되는 이벤트, 새벽기도, 성경공부, 제자훈련 등 여러 가지 코스들을 만들어 놓고 돌렸다. 그러나 나의 딜레마는 교회에서 열심을 많이 내는 사람일수록 가정과 직장에서는 신임을 잃어버린 사람들을 많이 만났던 것이다. 이들은 교회 안에서는 최고의 일꾼이요, 신실한 권사님, 장로님, 집사님, 청년인데도 교회 밖의 평판은 교회에 미쳐있는 종교 중독자이거나 다른 사람들과 어울리지도 못하고 재미가 없는 그리스도인들이었기 때문이었다.

내가 빠진 세 번째 우물은 반지성주의였다. 하나님은 내가 신학교에 들어갈 즈음에 왜 어머니를 교통사고로 갑자기 데려가셨을까? 그 사건 이후 두 동생이 믿음을 잃어버리고 하나님을 떠난 것을 어떻게 받아들여야 하는가? 어머니 사고와 큰언니 수술, 재산 문제로 인한 가족 간의 갈등에 대해 대답은커녕 "믿음이 없는 소리를 하지 말라."는 말 앞에서 몸부림쳐야 했다. 성경을 진리라고 말하면서 대답을 찾지 말고 무조건 하나님을 믿으라고 한 것은 앞뒤가 맞지 않는 소리였다.

이제 우물 안에서 벗어나 보니 세상은 역사와 문화, 영성의 거대한 바다를 이루고 있다는 것을 알았다. 내가 살던 우물과는 비교도 되지 않는 거대한 진리의 바다. 기독교 세계관이라는 바다였다. 우물은 나를 안전하게 보호해 준 것은 사실이다. 그러나 안전하다고 옳은 것은 아니다. 이제라도 사역의 방향을 새롭게 잡게 되어서 감사한다. 라브리에 도착했을 때 침대 위에 누가 놓아둔 쪽지에 "라브리에 오신 목적을 이루시길 바랍니다."라는 글귀가 나에겐 그대로 이루어졌다. 이 점에서 기도해 주고 도와주신 모든 간사님들께 사랑의 빚을 졌다. 하나님께서 목회 열정을 다시 주신 것을 감사하다(진심, 2006).

진리(眞理)는 세상을 바로 보게 하는 영적 분별력이며, 사람을 변화시키는 원동력입니다. 무엇보다 진리는 험악한 세상에서 말씀대로 살아가도록 하는 추진력입니다. 그러나 대부분의 청년들은 이런 진리에 무관심합니다. 혹시라도 진리를 찾는 청년들이 있다고 하더라도 참 자유에 이르는 데는 실패합니다. 왜 그럴까요? 진리를 찾는 길을 잘못 들었거나 진리를 찾았다고 했으나 잘못된 진리를 찾았기 때문입니다.

아주 똑똑한 청년이 하나 왔습니다. 부산에서 제일 크다는 한 교회 청년부 담당 목사께서 보내 준 청년이었습니다. 그는 부모님을 따라 교회를 다니지만, 절에도 들락거리고, 유교와 도교에도 관심을 갖고 있었습니다. 그는 "종교는 보험에 드는 것과 같다."고 생각하고 있었습니다. 기독교만 믿지 않고 여러 종교를 같이 믿는 것이 내세에 대한 확실한 투자가 될 것이라고 생각하고 있었습니다. 식탁에서 이런 말까지 나누었습니다.

다원주의자 : 혹시 간사님도 보험을 하나만 듭니까? 요즘 세상에 보험을 하나만 드는 사람이 어디 있습니까? 여러 가지 보험을 들어 두어야 무슨 일이 생기면 보험금을 여러 개 탈 수 있잖아요? 나는 불교와 유교에는 확실히 보험을 들어 두었으니 이번에는 기독교에 보험을 들러 왔습니다.

간사 : 보험법에 의하면 같은 병으로는 두 가지 세 가지 보험을 탈 수 없다는 '중복 보험 금지 조항'이 있다고 들었는데, 제가 틀렸으면 이야기해 주세요. 그건 그렇고 가장 좋은 보험을 골라 하나만 제대로 들면 되지 뭘 그렇게 복잡하게 사세요?

다원주의자 : 역시 간사님은 잘 모르시는 것 같군요. 자본주의 사회가 좋다는 것이 뭡니까? 자기가 들고 싶은 만큼 중복이든 삼복이든 들 수 있습니다. 종교도 마찬가지인데, 세계적인 종교 지도자인 달라이라마도 '지금은 영적 다원주의가 필요하다.'라고 말했고, 도올 김용옥 박사도 같은 이야기한 줄로 압니다.

간사 : 도올 선생님이 일전에 '나는 기독교도 믿지 않지만 불교에서도 구원을 기대하지 않는다. 내가 인류의 모든 고전을 탐색하고 모든 종교의 성전을 이해하려고 한 뜻은, 바로 경전의 진정한 이해를 통하여 인간이 경전으로부터 자유로워질 수 있다는 신념에 있는 것이다.'라고 했더군요. 달라이라마나 도올 선생이나 '대청봉에 오르는 길은 여러 가지이고, 대청봉 꼭대기도 알고 보면 여러 가지이다.'라는 말이잖아요?

다원주의자 : 엄밀하게 말하면 대청봉에 오르는 가장 좋은 길은 두 개가 있을 수 없고, 대청봉 최정상도 알고 보면 여러 개가 있을 수 없다는 말씀이죠? 종교다원주의의 맹점을 잘 지적하시군요. 확실한 보험을 하

나만 확실하게 들면 된다는 말씀처럼 들리는군요. 한번 생각해 보겠습니다.

그 청년은 한 마디로 포스트모던 종교관과 진리관을 갖고 있었는데, 달라이라마와 도올의 영향으로 종교 간의 차이나 구원의 유일성 그리고 절대적인 진리가 있다는 것을 전혀 인정하지 않았습니다. 그는 예수님을 유일한 구원의 길로 인정하기보다는 단지 여러 종교적 위인(偉人) 혹은 성인(聖人) 중에 하나로 이해했습니다.

문제는 다원주의가 아니라 그 청년의 머리에는 '절대주의의 부재', 혹은 '상대주의의 유령'이 그 청년의 가슴 속 깊이 파고들어가 있었던 것입니다. 오스 기니스(Os Guinness)가 잘 지적했듯이, "다원주의는 우리의 적이 아니다. 우리의 진짜 적은 상대주의이다."라고 한 것이 바로 이것입니다.

알고 보니 그 청년은 서울대학교 경영학과를 다니다가 "앞으로는 한의학과가 더 전망이 밝다."는 말을 듣고는, 재수를 해서 한의대로 옮긴 야심찬 청년이었습니다. 학교의 특성상 교수님들은 불교, 유교, 도교 사상을 많이 가르쳤고, 몇 년 동안 그런 강의를 듣다보니 자기도 모르게 동양적 상대주의에 깊이 빠지게 된 것입니다. 대학을 졸업할 즈음이 되자, 중용(中庸), 중도(中道), 중정(中正)이 그의 인생철학이자 사고의 기준이 되어 버렸습니다. 좋은 졸업장을 하나 얻으려다가 영혼을 팔았던 것입니다.

꼬박 3주가 걸렸습니다. 돕던 간사가 능력이 부족했기 때문입니다. 3주는 "모든 것이 중용이다." 혹은 "모든 것이 상대적이다."라는 세계관을 뒤집는 데 걸린 시간입니다. 그리고 "중립은 없다." 혹은 "절대라는 것이 있다."고 인정하는 데 걸린 시간입니다. 상대주의를 그냥 두고 "예수님을 믿겠느냐?"는 말을 꺼내 봤자, 다원주의를 정당화해 주는 것밖에 아무 소용이 없었기 때문입니다.

감사하게도 그는 정직한 청년이라, 절대를 인정하고 나니 모든 것이 실타래처럼 풀리기 시작했습니다. 유일신도 받아들이게 되고, 예수님도 의미 있게 다가왔습니다. 몇 달 후에 아버지가 전화하시고는 "요즘은 아들 녀석이 나보다 더 교회에 열심이다."라는 말을 해 주었습니다.

여성철학자 낸시(Nancy Piercy)가 라브리에서 예수를 믿게 된 이유를 여기에 소개하고자 합니다. 앞의 청년과 차이점이 있다면, '절대 진리'라는 것은 없다는 것이 지독한 다원주의자의 고민이었다면, 낸시는 기독교 진리가 실재와 일치하는가 하지 않는가 하는 것이 주된 고민이었습니다. 그리고 둘 다 고민을 많이 했지만, 낸시가 지독한 다원주의자보다 더 치열한 고민을 거쳐서 예수를 믿게 되었다는 것입니다.

낸시는 『완전한 진리』(*Total Truth*, 복있는사람)를 쓴 우리 시대 최고 여성 철학자 중의 한 명입니다.* 그는 1970년대에 스위스

---

* 낸시가 쓴 다른 책은 다음과 같습니다. 『세이빙 다빈치』(*Saving Da*

라브리에서 프란시스 쉐퍼를 만나서, 성경이이야말로 종교만 아니라 인생과 온 우주의 궁극적 질문에 대한 유일하고도 참된 진리라는 것을 발견한 후에, 지금까지 라브리에서 만난 남편 리차드와 함께 그것을 변증하고 교육하는 데 전념하고 있습니다. 다음은 인경이 『완전한 진리』를 읽고, 낸시가 라브리에서 기독교를 믿게 된 이유를 간단히 요약해 본 것입니다.

> 첫째, 낸시는 라브리에서 기독교는 인간의 경험과 완전히 일치한다는 것, 즉 실재에 직면하는 법을 배웠다. 라브리 저녁 식탁에서 자주 나눈 대화의 소재 중 하나는 진리의 객관성이었다. 그것은 우리가 태어나는 순간부터 좋든 싫든 배우게 되는 교훈이라고 우도(Udo)가 말하곤 했다.
> 어린 아기가 어린이용 침대 모서리로 기어가서 나무 빗장에 머리를 부딪히는 순간, 고통을 느끼면서 실재가 객관임을 배운다. 아장아장 걷는 아이가 높은 의자를 뒤로 젖히다가 바닥에 나뒹구는 순간, 우주에 객관적 구조가 있음을 배운다. 실재는 우리의 주관적 욕망에 따라 스스로를 구부리지 않는다. 이는 성인들조차 고통스럽게 배우는 교훈이다. 그러므로 우리는 주관주의를 초래하는 철학적 입장을 모조리 자신 있게 거부할 수 있다. 왜 그런가? 그 이유는 그것이 일상적인 경험이

Vinchi, 복있는사람), 『과학의 영혼』(*Soul of Science*, SFC), 『완전한 확신』(*Finding truth*, 복있는사람)

날마다 우리에게 가르쳐주는 것을 설명하지 못하기 때문이다. 경험의 자료와 긴장 관계에 있다는 말이다.

그것은 인간의 자유를 하나님의 형상의 한 측면이라는, 이성적으로 일관된 설명을 제시한다. 만일 궁극적 실재가 의지와 선택 능력을 지닌 인격적인 하나님이라면, 인격을 지닌 인간도 더 이상 결정론적 세계에 사는 부적응아가 아니다. 기독교는 자유뿐 아니라 자유에서 유래하는 인간의 다른 측면들—창의성, 독창성, 도덕적 책임, 사랑—도 설명해 준다. 인간의 인격성 전반에 대한 설명은 기독교 세계관만이 제공할 수 있는데, 그 출발점이 바로 인격적인 하나님이기 때문이다. 우리는 인간 본성이 지닌 최고의 이상을 확증할 목적으로 상층부로의 비이성적 도약을 시도할 필요가 없다. 그런 이상들은 기독교 세계관으로만 논리적으로 완전히 일관되기 때문이다.

둘째, 낸시는 라브리에서 기독교는 진리를 객관적인 것으로 취급한다는 것을 배웠다. 즉 세계는 하나님의 창조이지 생각이 만들어 낸 것이 아니라고 한다. 창조 교리는, 객관적이고 외적인 세계가 그 본래의 구조와 설계를 지닌 채 존재하고 있다는 우리의 신념을 뒷받침해 주는 논리적 근거를 제공한다. 더 나아가 창조주는 침묵을 지키고 있지 않다. 그분은 성경 안에 있는 신적 계시를 통하여 우리에게 말씀하셨다. 하나님은 모든 것을 있는 그대로 보시고 아시기 때문에, 그분의 말씀으로 우리에게 전달하는 내용은 객관적이며 믿을 만한 지식의 토대이다.

오늘날처럼 주관주의와 상대주의가 만연하고 있는 포스트모던 시대에 이것은 혁명적인 주장이 아닐 수 없다. 우리는 포스트모던주의자가 말하듯이 "언어의 감옥"에 갇혀 있지 않다. 그들이 말하는 언어란 언어로 표현된 신념체계를 의미하는데, 그것을 그들은 역사와 문화적 진화의 산물에 불과한 것으로 간주한다. 이런 과격한 역사주의에 대해, 기독교는 반대의사를 표명하면서 하나님이 친히 말씀하셨으므로 우리가 초역사적인(transhistorical) 진리에 접근할 수 있다고 주장한다.

셋째, 낸시는 라브리에서 도덕적 딜레마와 자기 판단의 중요성을 배웠다. 인간은 어쩔 수 없이 그리고 불가피하게 도덕적 판단을 내릴 수밖에 없는데, 비성경적 세계관들은 그에 대한 근거를 제공하지 못한다는 점이다. 불신자가 자신의 도덕적 본성에 따라 어떤 것을 옳거나 그르다고 선언할 경우, 그는 자기의 철학에 모순 되게 행동하는 셈이고 실은 그것을 비난하는 것이나 다름없다.

당신이 자기는 진짜 옳고 그른 것을 믿지 않는다고 말하는 사람을 발견할 때마다, 그 동일한 사람이 잠시 후에 이 문제로 되돌아가는 것을 보게 될 것이다. 그가 당신에게 한 약속을 깨뜨릴 수도 있는데, 만약 당신이 그에게 약속을 지키지 않으려고 하면 그는 당신이 잭 로빈슨이라고 말하기도 전에 '그건 불공평해'라고 불평할 것이다.

C. S. 루이스의 글에서 인용한 것이다. "그렇다면 우리는 진짜 옳고 그른 것이 있음을 믿지 않을 수 없는 것 같다"고 결론짓는다.

사람들은 때로 합산을 잘못 할 수 있는 것처럼 옳고 그름에 대해 실수할 때도 있지만, 그것이 취향과 의견의 문제가 아닌 것은 곱셈표가 그렇지 않은 것과 마찬가지다.

그러면 옳고 그름에 대한 불가피한 신념을 뒷받침하는 논리적 근거는 무엇인가? 객관적 도덕에 대한 유일한 근거는 거룩한 하나님의 존재인데, 그분의 성품이 도덕적 표준에 대한 궁극적 토대를 제공하기 때문이다. 기독교는 왜 우리가 도덕적 피조물인지를 설명해 주며, 우리의 도덕의식이 타당함을 확증해 준다. C. S. 루이스도 낸시와 같은 진리를 깨달은 사람이다.

L´Abri(피난처, 문규, 2008년 1월)

고민 있는 자,
외로운 자, 상처 입은 자,
누구든지 다 오라.

깊고 푸르른 동해 바다와

우람한 설악산 자락이
포근하게 품어 주는 피난처로

무엇이든지
정직한 질문을 하라.
정직하게 대답할 것이다.

함께 고민하며, 토론하며, 노동하며,
때론 어린 아이처럼 뛰놀며,
동심의 자유와 낭만을 느낄 수 있는 곳

시간이라는 가장 귀한 선물과
이해와 사랑이라는 값진 보물을
아낌없이 주는 피난처
맑은 공기 한 가득 들여 마실 땐
삶의 희망이 가슴에 부풀고,
달콤한 물 한 모금 목에 축일 땐 삶의 고통이 해갈되는 곳

설악산보다 더 높은 하나님의 지식
동해 바다보다 더 깊은 하나님의 지혜
하나님의 진리 위에 굳게 세워진 피난처

진리가 이 세상 모든 사람들에게 울려 퍼질 때까지

그래서 진리가 자유케 할 그날이 오기까지
주님 오실 날까지 영원하여라. 피난처여!

14장 먹인다는
말의 의미

방울토마토, 부추, 상추, 파, 풋고추, 호박을 키웁니다. 가끔 들깨, 오이, 옥수수도 심어 보지만, 심는 만큼 먹을 것이 나오지 않아 자주 심지는 않습니다. 표고버섯은 새로운 시도입니다. 모두 유기농이고 무공해이고 무농약 채소입니다. 그러나 여기까지가 간사들의 솜씨입니다. 배추 농사는 벌레를 키우는 것인지, 배추를 키우는 것인지 모를 정도로 어려워서 진작 포기했습니다. 동네 어르신들은 우리가 아직 퇴비를 만들 줄 몰라서 그렇다는 분도 있고, 게을러서 그렇다는 분도 있는데, 아마 둘 다 맞는 이야기인 것 같습니다.

"공동체의 중심은 부엌이다"라는 말의 대가

처음에는 먹을거리를 손수 키워 보리라 다짐하고 텃밭을 크게 만들었습니다. 그러나 농사짓는 것은 생각만큼 녹녹하지 않았습니다. "농사보다 청년들을 돕는 것이 우선이다."라는 평계로 텃밭을 줄였습니다. 손이 별로 안 가는 몇 가지만 키우고,

나머지는 시장에서 사다 먹습니다. 주로 양양 전통시장 안에 있는 '구빈이네'나 농협 마트 등을 이용합니다. 가끔 5일 장에 나가서 할머니들이 머리에 이고 나오시는 싱싱한 채소를 사오기도 합니다. 그런 싱싱한 채소가 음식이 되고 사랑이 되는 곳이 부엌입니다.

집집마다 부엌은 가족들이 가장 자주 드나드는 곳입니다. 그곳에 냉장고가 있기 때문만은 아닙니다. 엄마가 있기 때문입니다. 혹은 아빠가 있기 때문입니다. 물론 배가 고플 때는 먹을 것을 찾아서 드나드는 곳이지만, 기쁠 때나 외로울 때나 엄마나 아빠에게 이야기를 하고 싶어서 찾아오는 곳입니다. 물론 어떤 때는 배가 고프지 않더라도, 집에서 무슨 일이 일어나는지 혹시 무슨 음식이 준비되고 있는지 알고 싶어서 그냥 지나가는 곳이기도 합니다.

그래서 이디스 쉐퍼(Edith Schaeffer) 여사는 "공동체의 중심은 부엌이다."라는 말을 자주 했습니다. 우리나라 속담에 "부엌에서 인심 난다."는 말과 같은 말입니다. 이디스 여사는 부엌에서 아이들과 놀기도 하고, 상담도 하고, 타자기로 편지도 쓰고 책도 썼으니, 그에게는 부엌이야말로 밥만 하는 곳이 아니라 그의 교실이었고, 사무실이었고, 상담소였습니다. 그런 점에서 부엌이 공동체의 중심이란 말이 어떤 대가가 지불되어야 하는지 누구보다 잘 알았던 분입니다. 어떤 대가냐고요?

첫째, 육체적인 피곤입니다. 아무리 젊고 부엌일을 좋아하는 간사라도 일주일에 수십 명씩 밥을 대접하면 지치기는 마찬가지입니다. 이미 식사 준비로 지친 상태에서 식탁에 앉는 경우가 많습니다. 어떤 간사들은 식탁에 앉았지만 밥숟가락이 입에 올라가지 않을 때가 있습니다. 팔도 아프고, 허리도 아프고, 온몸이 힘들기 때문입니다. 어떤 간사는 어깨뼈가 내려 앉기도 했습니다. 물론 음식점을 운영하는 분들과는 비교가 안 되지만, 평생 동안 부엌에서 일한 사람들이 호소하는 모든 고통을 간사들도 다 앓고 있습니다. 스위스 라브리에서 30여 년간 일하다가 은퇴한 그레그와 리스비(Greg & Lisby) 간사는 다음과 같을 말을 해 주었습니다.

> 라브리 간사들이 하는 일이 어떤 것인지 내가 산술적으로 한 번 계산을 해 보았어요. 지난 30년 동안 우리는 약 5,000번 손님들을 우리 집에 초대했어요. 한번에 10명을 초대했다고 계산하면 약 50,000명을 대접했던 것입니다. 그 말은 내가 약 50,000개의 접시와 약 20,000개의 냄비를 씻었다는 말이지요. 포크 나이프와 커피 잔을 몇 개 씻었는지는 말하지 않겠습니다(그레그, 2016년 4월).

만약 30년 일한 그레그와 리스비 부부는 어느 정도 라브리가 안정이 된 후에 다른 간사들과 같이 일을 했는 데도 이렇다면, 설립 초기부터 40년도 넘게 일한 프란시스와 이디스 쉐퍼 부부는 얼마나 더 그릇을 많이 씻었겠습니까? 한국 라브리 간사들은 외국 라브리에 비해 배나 더 밥상을 차렸으니, 얼마나 그릇을 더 씻었는가는 주님만 아실 것입니다.

둘째, 많은 시간을 보내야 합니다. 식단을 짜는 것부터 시간이 들어갑니다. 식재료를 구입하는 데도 시간이 들고, 음식을 준비하는 데도 시간이 소모되고, 밥을 같이 먹으며 이야기하는 데도 시간이 듭니다. 먹인다는 것은 다음의 모든 과정에 간사들의 시간을 투자하는 것입니다.

> 식단 짜기 · 장보기 · 다듬고, 씻고, 썰기 · 조리하기, 맛내기 · 상차리기 · 대화하고 토론하기 · 상치우기 · 설거지, 부엌 정리하기

식단을 짤 때는 영양, 사람들의 기호, 예산, 능률을 고려해야 합니다. 장보는 것도 보통 일이 아닙니다. 바로 앞에 슈퍼가 있는 것도 아니라 양양 읍내로 시장을 나가야 하고, 공산품을 사기 위해서는 속초나 강릉까지 다녀와야 할 때도 있습니다. 조리하는 시간도 적어도 2-3시간 이상이 투자되지 않으면 10인분의 밥이 나오지 않습니다. 만약 한 간사가 30년 동안 라브리에서 일을 한다면 도대체 몇 시간을 식탁 준비에 보내게 될까요?

셋째, 신경이 쓰입니다. 찾아오는 손님들마다 식성도 다르고 기분도 다 다르기 때문에, 일일이 신경 써서 밥을 해 준다는 것은 정신적으로 보통 스트레스가 아닙니다. 어떤 사람들

은 "먹는 밥에 숟가락을 하나 더 얹으면 되는데 뭘 그리 신경을 쓰느냐."라고 편하게 말하지만, 신경 쓰이지 않는 대접이라는 것이 가능할까요?

본래 마음에서부터 손님을 대접하기 전에는 좋은 밥상을 차리기 어렵습니다. 먼저 손님에게 마음의 공간을 내어 드려야, 비로소 맛있는 밥상도 차려 드릴 수 있기 때문입니다. 그런 의미에서 밥상은 단지 음식만 차리는 것이 아니라 마음을 차리는 것입니다.

한번은 영국에서 한 여자 청년이 왔는데, "나는 글루텐 알러지입니다. 밥, 빵, 감자를 먹을 수 없습니다."라고 해서 간사들이 그런 것이 안 들어간 음식을 해 주느라 혼이 났습니다. 그러나 나중에 알고 보니 글루텐 문제가 아니라 자기를 위해 특별 준비된 음식, 즉 관심 받고 사랑받고 싶었던 것이었습니다. 그때는 얄미워서 그렇게 못해 주었는데, 지금 생각하면 그가 원하는 충분한 관심과 사랑을 차려 주지 못한 것이 후회가 됩니다.

넷째, 사생활이 노출되는 것입니다. 주부들이 "제일 보여 주기 싫은 것이 부엌이다."란 말을 하듯이, 부엌을 개방한다는 것은 간사들의 사생활, 부부관계, 아이들의 삶 등이 다 개방되는 것을 말합니다. 가정을 개방하다 보면, 먹인 숫자만큼 말도 많아집니다. 사람들이 음식만 먹고 가면 얼마나 좋겠습니까? 그러나 온갖 질문이 쏟아집니다.

- 결혼했느냐?

- 왜 안했느냐?

- 언제 결혼했느냐?

- 어떻게 결혼했느냐?

- 아이는 몇이냐?

- 아이들은 뭘 하느냐?

어떤 간사는 "이런 질문 때문에 미치겠다."는 사람도 있었습니다. 대답을 하지 않으면 "왜 안하느냐?"고 묻고, 대답을 해 주면 말을 퍼트리기 때문입니다. 특히 간사들도 쉬어야 할 때가 있고, 식사 대접을 못할 때가 있어서 손님들을 돌려보내야 할 때가 가장 힘듭니다. 요즘은 다른 선약이 있거나 쉬어야 된다거나, 사정이 생겼다고 이야기하고 양해를 구하면, 이해해 주는 사람들이 많아서 얼마나 좋은지 모릅니다.

다섯째, 위험합니다. 초대교회 때에도 사도들이 "공궤(table serve)"에 열심을 내는 사이에 유대파 과부들과 헬라파 과부들 사이에 싸움이 난 적이 있었듯이(사도행전 6:1-7), 열심히 밥을 대접하다 보면 부엌에서 예상치 못한 싸움이 벌어지기 쉽습니다. 불평과 이상한 소문과 문제가 생길 수 있습니다.

사실 식탁은 공부한다는 티를 내지 않고도 공부할 수 있고, 뭔가 가르친다는 티를 내지 않고도 교육을 시킬 수 있다는 "밥상머리 교육"의 최상의 기회입니다. 그러나 그만큼 위험하기도 합니다. 특히 잘못된 사상이나 신학, 철학이 식탁에 올라올 때가 그렇습니다. 요즘은 심심찮게 동성애, 종교다원주의, 민족주의 등이 올라옵니다.

"한살림"의 먹거리 운동이나 불교의 사찰 음식은 존중받아야 마땅하지만, 그들의 음식 철학은 동학의 "사람이 곧 하늘이다(인내천, 人乃天)."라는 생각이나 불교의 연기론(緣起論)이 혼재되어 있으므로 주의가 필요합니다.

> '사람'과 '자연'이 모두 공경해야 할 '한울생명'에 합일된 하나의 생명이기 때문에 한울님과 같이 공경해야 한다. 우리 민족의 마음에 있는 한울님은 삼라만상 속에 충만하고 인간과 더불어 있는 지극히 가까우면서도 그윽하고 아득한 우주의 궁극적인 실재인 것이다. 한울님은 이해의 대상이 아니라 그 안에 동참하면서 나누어 받아 체험할 수밖에 없는 한(大) 생명인 것이다. 동학사상은 하늘과 사람과 물건이 다같이 '한 생명'이라는 우주적인 자각에서 시작하여 우주의 생명을 모시고 키워 살림으로써 모든 생명을 생명답게 하는 체천(體天)의 도를 설파하였다.*

그들이 좋은 음식문화를 만들어 내는 데에 크게 기여하고 있는 것에는 매우 감사합니다. 그리고 그들이 환경운동에 끼치는 좋은 영향력도 긍정적으로 평가해야 합니다. 그러나 그

---

*『죽임의 문명에서 살림의 문명으로 한살림 선언 다시 읽기』중에서

들의 잘못된 자연주의 사상까지 함께 먹어서는 곤란합니다. "한살림"에 많은 빚을 진 사람으로서 하는 말입니다.

여섯째, 비난과 욕입니다. 밥해 주고 비난을 듣거나 욕을 얻어먹는 것입니다. 아무리 밥을 잘 해 줘도 욕하는 사람들이 있기 마련입니다. 음식이 잘 안되어 조마조마하던 차에, 안 먹거나 먹기 싫다고 하는 것까지는 좋으나, 욕까지 할 때는 아무리 겸손한 간사라도 화가 납니다. 다음과 같은 소리를 들을 때는 뺨이라도 때려 주고 싶습니다.

- 뭘 이런 음식을 내 놓느냐?
- 내가 이런 걸 얻어먹으려고 여기까지 온 줄 아느냐?
- 질긴 수입고기를 주시면 어떻게 먹으란 말이냐?

그래서 어떤 청년은 라브리에서 가장 힘든 시간은 식탁이라고 하소연한 적이 있습니다.

- 나는 라브리가 다 좋은데, 낯선 사람들과 음식을 앞에 두고 이야기하는 것이 제일 힘듭니다.

아마 '혼밥'을 많이 먹은 사람들일수록 더 힘들 것입니다. 특히 음식에 까다로운 사람들이나 난처한 질문을 해대는 사람들과 밥을 같이 먹는 것은 고난이고 전쟁입니다. 그것은 간사들에게도 마찬가지입니다. 준아 간사의 기도편지를 읽어 보겠습니다.

> 7주간 계속 되었던 지난겨울 학기에는 찾아오는 이의 발걸음이 끊이지 않았습니다. 매주 평균 10여 명이 머물렀고, 1월 9일부터 12일까지는 20여 명의 IVF 신입간사들이 와서 기독교 세계관을 공부하였습니다. 그들과 벌였던 격렬한 식탁 토론들이 기억에 남습니다. 식사 준비로 이미 지친 상태에서 그들의 질문에 답하고 토론에 집중하는 것이 때로는 제 능력 밖의 일처럼 여겨질 정도로 힘들었습니다. 그러나 이 시대의 젊은이들이 얼마나 진리에 목말라 하는지, 자신들의 수치와 죄책감을 해결해 주고 일그러졌던 인간성을 올바르고 건강하게 회복시켜 줄 하나님을 그토록 알고 싶어 하고 닮고 싶어 하는 모습 앞에서는 온 힘을 다하지 않으면 안되었습니다(준아 간사, 2003년 3월 기도편지).

밥을 한 그릇 대접하는 것은 큰 보람입니다. 땀 흘려 일을 하고 왔거나, 열심히 공부하고 온 청년들이 밥그릇을 시원하게 비울 때, 이 보다 더 좋을 수가 어디 있습니까? 비록 감사의 마음을 세련되게 표현하지 못할지라도, 밥 먹는 얼굴을 보면 말을 안 해도 알 수 있습니다. 아마 준아 간사도 밥을 해 주고도, 감사하다는 말을 못 듣거나, 밥 먹으면서 하는 이야기들이 마치 '배가 산으로 올라갔다가 바다에 빠지는' 것과 같이 우왕좌왕 할 때는 난감했을 것입니다.

하루 이틀이면 몰라도, 그런 날이 거듭되면, 설거지를 하다가 울음이 터져 나왔거나, 접시를 집어 던지고 싶었을 것입니다. "내가 왜 여기에서 밥해 주고 이런 더러운 꼴을 당하나?"라는 생각과 함께 말입니다. 그런 날은 여지없이 '간사들이 차리지 않은 밥'이 놓인 날입니다. 열심히 준비해서 차린 밥은 사라지고, 지나친 농담과 싸늘한 비난과 힘든 토론이 주식(主食)이 된 날입니다.

일곱째, 혼자 있을 시간이 부족한 것입니다. 식사 준비가 너무 힘들거나 식탁 토론이 엉망이 되는 날은 옛날 수도사들이 현명했다는 생각이 들 때가 있습니다. 금식을 선포하거나 식탁 토론을 금지한 것입니다. 수도사들은 음식을 금하고 기도에 집중하거나, 식사를 기도의 연장으로 보았기 때문에 침묵하는 것이 좋다고 생각한 것입니다.

유대 광야에 있었던 데옥티스투스(Theoctistus) 수도원에서는 "식당에서 공동체 식사 중에는 대화를 금지한다."는 규정이 있었다고 합니다. 그리고 베네딕트(Benedictine) 수도원 규약 제39-41장에 보면, 과식하는 것과 식사 시간에 늦게 참석하는 것을 엄히 경계했습니다.

만약 식사 시간에 두 번 이상 늦으면 공동 식사에 참석하지 못하게 했고 혼자 식사하는 벌을 받았으며, 그동안은 포도주가 금지되었다고 합니다. 아마 그때 포도주는 오늘날 커피처럼 중요한 기호 식품이었던 것 같습니다.

라브리에서 18개월간 식탁을 열심히 섬기다가 캐나다로 돌아간 진성 선교사는 "대화나 토론보다 더 힘든 것이 있습니다. 그것은 바로 '다섯 가지 악한 식사 습관' 때문입니다."라고 말한 적이 있습니다.

과식(過食, 너무 많이 먹는 것)

속식(速食, 너무 빨리 먹는 것)

탐식(貪食, 너무 먹는 것을 밝히는 것)

미식(美食, 너무 소문난 음식만 먹는 것)

호식(好食, 너무 비싸고 좋은 음식만 먹는 것)

사실 이런 '다섯 가지 악한 식사 습관'은 요즘도 여전하다고 생각합니다. 특히 탐식, 미식, 호식이 유행하는 잘못된 음식 문화 속에서, 라브리에서 간사들이 손수 지은 집 밥을 대접하는 것이 얼마나 고생스러운 일인지를 아는 분은 다음과 같은 제안을 내 놓기도 했습니다.

— 우리도 밥만 먹고, 식탁 토론을 하지 않는 것이 어떻겠습니까?

— 라브리부터 악한 식사 습관 다섯 가지를 추방하는 운동을 펼치는 것이 어떻겠습니까?

— 다섯 가지를 금지하는 것이 힘들면, 야식, 외식, 간식부터 금지하는 것이 어떻겠습니까?

— 식사 준비하는 간사와 식탁 토론을 인도하는 간사로 나누는 것이 어떻겠습니까?

— 밥하는 것이 힘드시면 주방에서 일할 분을 고용해서 식당 체제로 하는 것이 어떻겠습니까?

식탁 대화와 토론

라브리와 예수원(Jesus Abbey)은 닮은 점이 많습니다. 그중에 세 가지만 말한다면 다음과 같습니다. 첫째는 라브리와 예수원은 둘 다 물 맑고 산 좋은 강원도에 있습니다. 라브리는 양양에, 예수원은 태백에 있습니다. 예수원이 먼저 강원도에 터를 잡았고, 라브리가 끼어 들어왔습니다. 둘째는 라브리나 예수원은 성령의 능력과 인도하심에 의지해서 살려고 노력합니다. 성령으로 일하고, 성령으로 전하고, 성령으로 살려고 노력합니다. 셋째는 손님들에게 밥을 먹이고 재웁니다.

한번은 예수원 가족들이 라브리를 방문해 주신 것에 너무나 감사하여, 라브리 가족들이 태백으로 답방(答訪)을 갔습니다. 영국에서 오신 신디아 사모와 이정실 교장이 동행을 했고, 박경옥, 이춘성 간사와 기진이가 같이 갔습니다. 마침 우리가 간 날은 김장하는 날이라 잔칫날같이 바빴습니다. 저희가 평소에 존경했던 대천덕 신부와 현재인 사모의 묘소에 꽃 한 다발을 바치고 싶다고 했더니, 벤 신부가 직접 산소까지 인도해 주었습니다.

처음에는 커다란 무덤이 있기에 그것이 대천덕 신부님 내외분의 합장 묘소인줄 알았습니다. 알고 보니, 그 무덤은 예수원 초창기에 일했던 한 집사님의 묘이고, 무덤 주변에 돌로 쌓은 담벼락 한 구석에 조그만 구멍을 파고 거기에 보일듯 말듯 두 분의 유골함을 모셨더군요. 목숨 바쳐 일한 이 나라에, 한 평이라도 아끼시려고 담벼락 속에 누워 계시다니 눈물이 앞을 가렸습니다.

풍성한 식사를 대접 받은 후에, 라브리에서 준비해 간 떡을 나누어 먹는 동안, 인경이 '냉소주의(cynicism)'에 대해 강의할 기회를 가졌습니다. 강의가 끝나자마자, 여러 사람들이 질문을 했습니다. 그중에 벤 토리(Ben Torrey) 원장께서도 손을 들고 질문을 했습니다.

> 벤 : 오늘 예수원에서 식사를 같이 해서 아시겠지만, 우리는 20분이면 식사 시간이 다 끝납니다. 그런데 라브리에 갔다 온 우리 예수원 가족들이 말하기를, 라브리에서는 식사 시간이 한 시간은 보통이고 두 시간이 넘을 때도 있다고 하는데, 왜 그렇게 밥을 오랫동안 먹습니까?

좋은 질문이었으나 돌아올 길이 멀어 간단히 대답을 하고 헤어졌습니다.

> ― 라브리에서 식사 시간이 긴 것은 쉐퍼 부부로부터 내려오는 전통입니다. 쉐퍼는 세계 각처에서 온 젊은이들이 밥 먹는 시간에 서로 인사도 하고 친해지기도 좋고, 어려운 이야기를 쉽고 편안하게 공부하기 좋은 시간이라고 생각했습니다. 일부러 밥을 오래 먹는 것이 아니라 재미있는 이야기를 하다 보면 식사 시간이 길어지기 일쑤입니다. 그리고 천천히 먹으면 소화가 잘 되잖아요?

한참 지난 후에, 이번에는 벤 원장이 라브리를 방문했습니다. 두 번째 방문이었습니다. 그러나 그때는 미국 친구들을 데리고 오는 바람에 식탁 토론을 왜 길게 나눌 수밖에 없는지 말할 필요도 없었습니다. 벤 원장의 친구들이 너무나 재미있는 분들이라, 두 시간이 훌쩍 지나갔기 때문입니다. 인경이 미리 준비한 편지를 전해 주는 수밖에 없었습니다.

1. 예수님이 식탁에서 제자들이나 많은 사람들과 다양한 주제의 대화를 나누셨는데, 특히 성만찬을 잡수시며 나누셨던 날의 대화는 상당한 시간이 걸리셨을 것으로 봅니다. 그러나 성경은 예수님께서 식탁에서 많은 이야기를 나누신 것을 알려 주지만 얼마나 길게 대화를 나누셨는지는 가르쳐 주지 않습니다.
2. 종교개혁가 마틴 루터의 식탁 토론 전통을 이어 갑니다. 루터의 『식탁 토론』이란 책은 주로 루터가 신학생들이나 찾아온 손님들과 식탁에서 나눈 대화를 루터의 제자가 받아 적은 것인데, 토론의 내용을 보면 짧은 시간에 토론할 수 있는 주제들이 아니었습니다.
3. 식탁에 참석한 사람들이 공평하고 자유롭게 이야기를 나누려면 시간이 많이 요구됩니다. 밤을 샐 만한 열띤 토론은 여러 사람들이 식탁에서 농담하며 편안하게 나눈 작고 복잡한 질문으로 시작하는 경우가 많습니다.
4. 따분하고 지루하기 쉬운 일상에서 벗어나기 제일 좋은 방

법은 맛있는 음식을 먹으며 재미있는 이야기를 주고받으며 시간을 보내는 것이라고 생각합니다. 한국에는 식탁에서는 말을 적게 하거나 조용해야 한다는 습관이 있는데, 그런 문화를 고치면서도 창조적인 생각을 자극하기 좋은 기회가 식탁 토론이기 때문입니다.
5. 정직한 질문이나 심각한 질문을 격려하려면 시간이 좀 더 필요합니다. 식탁 토론은 기독교와 상관없는 질문이란 있을 수 없다는 것을 과시할 수 있고, 모든 질문에 대한 답은 최종 권위인 성경에 있다는 것을 믿기에 가능합니다.

이 글을 쓰는 저희는 지금 스위스 라브리 응접실에 앉아 있습니다. 방금 매년마다 열리는 국제라브리위원회에 참석한 간사들과 함께 열띤 점심 식탁 토론을 마쳤습니다. 새로 생긴 브라질 라브리를 도울 수 있는 길이 무엇인지 저마다 다른 의견을 내고 장단점을 토론했습니다. 라브리 식탁에는 지난 60년 동안 지켜온 기본적인 몇 가지 원칙이 있습니다.

1. 식사 준비는 간사들의 각 가정을 중심으로 준비하는 것이 원칙이나, 필요할 경우에는 모든 가족이 한꺼번에 식사할 수 있는 '전체 식사' 혹은 '중앙 부엌(main kitchen)'을 운영할 수도 있습니다.
2. 식사를 준비한 가정의 간사가 식탁 상석에 앉는 것이 원칙이나 손님에게 부탁할 수도 있습니다. 협동간사들이나 학

생, 손님들에게 식탁 대화를 맡길 수는 있으나 토론은 주도하지 않도록 권합니다. 식탁 토론의 신학적 책임은 간사들에게 있습니다.
3. 식탁 상석에 앉은 분은 가능하면 모든 사람들에게 공평하게 이야기할 수 있는 기회를 주어야 하며, 한두 사람이 식탁 토론을 주도하거나 자기주장을 너무 강하게 펼쳐서 식탁 분위기를 해치지 못하도록 조심해야 합니다.
4. 공식 식탁 토론은 각 지부의 형편에 맞게 횟수를 정하되, 하루에 한 번 정도 점심이나 저녁 식사 시간에 할 것을 추천합니다.
5. 일상적인 식사 시간은 두 시간을 넘기지 않도록 하는 것이 원칙이나, 필요하면 다른 간사에게 양해를 구하고 연장 토론 혹은 강의로 확대될 수 있습니다. 영국 웨스트민스터 채플의 로이드 존스 박사(Dr. Martin Lloyd-Jones)가 스위스 라브리를 방문했을 때는 새벽까지 토론이 연장된 적도 있습니다.
6. 만약 난해한 질문이나 민감한 토론이 있었을 때는 대표 간사나 간사회의에 보고하고 기도하고 의논할 것을 권합니다.
7. 그러나 가장 중요한 것은 식탁 경영을 어떻게 하느냐 하는 것이 아니라 식탁에 참석한 사람들이 서로 사랑을 느끼고 존중을 받도록 하는 것이라는 것을 잊지 말아야 합니다.

예수님의 식탁

예수님은 식사를 즐길 시간이 없을 정도로 바쁘셨지만, 가능하면 다양한 사람들과 함께 밥을 드셨습니다. 당시에 가장 천대 받던 세리(세무 직원)와 바리새인 서기관들과 그리고 죄인들과 함께 식사를 하셨습니다. 예수님은 강의보다도 식탁에서 아주 중요한 자신의 사명을 밝히시기도 했는데, 그중에 하나가 "나는 죄인을 부르러 왔다."고 말씀하신 것입니다.

> 또 지나가시다가 알패오의 아들 레위가 세관에 앉아 있는 것을 보시고 그에게 이르시되 나를 따르라 하시니 일어나 따르니라 그의 집에 앉아 잡수실 때에 많은 세리와 죄인들이 예수와 그의 제자들과 함께 앉았으니 이는 그러한 사람들이 많이 있어서 예수를 따름이러라 바리새인의 서기관들이 예수께서 죄인 및 세리들과 함께 잡수시는 것을 보고 그의 제자들에게 이르되 어찌하여 세리 및 죄인들과 함께 먹는가 예수께서 들으시고 그들에게 이르시되 건강한 자에게는 의사가 쓸 데 없고 병든 자에게라야 쓸 데 있느니라 나는 의인을 부르러 온 것이 아니요 죄인을 부르러 왔노라 하시니라(마가복음 2:14-17).

예수님은 바리새인의 집에 들어가서 점심 식사를 같이 하는 중에, 사회적인 부조리와 위선자의 모순을 지적하시기도 했습니다. 식탁에서 비판적인 이야기를 하면 자칫 밥맛이 없어질 수 있지만, 그렇다고 논쟁을 피하지도 않으셨습니다. 밥을 먹기 전에 손은 씻으면서 마음은 더러운 것을 보시고는 "마음부터 청결하라."고 가르치셨습니다. 그것은 "산상보훈"으로 알려진 천국 복음의 하나인 "마음이 청결한 자는 복이 있나니 그들이 하나님을 볼 것임이요(마태복음 5:8)."라는 말씀과 일치하는 메시지였습니다.

> 예수께서 말씀하실 때에 한 바리새인이 자기와 함께 점심 잡수시기를 청하므로 들어가 앉으셨더니 잡수시기 전에 손 씻지 아니하심을 그 바리새인이 보고 이상히 여기는지라 주께서 이르시되 너희 바리새인은 지금 잔과 대접의 겉은 깨끗이 하나 너희 속에는 탐욕과 악독이 가득하도다 어리석은 자들아 겉을 만드신 이가 속도 만들지 아니하셨느냐 그러나 그 안에 있는 것으로 구제하라 그리하면 모든 것이 너희에게 깨끗하리라(누가복음 11:37-41).*

그리고 예수님은 언제 누구와 밥을 같이 먹을지를 계획하시

---

* 물론 예수님이 손수 식사를 준비하신 것이라기보다는 다른 사람들이 준비한 식탁에 참석한 경우가 많았습니다. 그러나 부활 후에 게네사렛 호숫가에서 제자들을 위해 음식할 불을 준비한 것이나 엠마오 가는 길에서 떡을 떼신 것 등을 보면, 부엌일이나 요리에도 능숙하셨던 분이 아니었을까 생각해 봅니다.

고 준비하시기도 하셨습니다. 특히 제자들과 최후의 만찬 겸 성찬식을 준비하라고 지시하기도 하셨습니다(마가복음 14:17-26). 그리고 부활 후에도 제자들과 함께 드셨고(누가복음 24:30-31, 40-43, 요21:12-13; cf. 사도행전 1:4, 10:41), 장차 하늘나라에서도 같이 먹으리라고 약속하셨습니다(요한계시록 3:20). 예수님의 식탁 철학을 몇 가지만 살펴보겠습니다.

1. 예수님의 식탁은 하나님께서 이스라엘 백성들을 광야에서 40년 동안 만나와 메추라기로 먹이신 것(출애굽기 26장)을 재현하신 것인데, 그것은 지금도 우리가 매일 먹을 것을 공급하시는 분이 하나님이시라는 것을 보여 주셨습니다.
2. 예수님은 식탁 때문에 욕도 많이 먹었습니다. 지도자들이 앞장서서 욕했습니다. "어찌하여 예수가 세리와 죄인들과 함께 먹는가?(마가복음 2:16)" "이 사람이 죄인을 영접하고 음식을 같이 먹는다(누가복음 15:2)." "저가 죄인의 집에 유하러 들어갔도다(누가복음 19:7)." "먹기를 탐하고 포도주를 즐기는 사람이요 세리와 죄인의 친구로다(마가복음 11:19; 누가복음 7:34)."
3. 예수님은 욕을 얻어먹으면서도 여러 차례 세리들이나 죄인들이나 이방인들과 같이 식사를 나누셨습니다. 그것은 하나님 나라의 시민들은 동등하며 누구나 한 자리에서 평등하게 교제할 수 있다는 것을 포기할 수가 없었기 때문입니다.
4. 예수님은 제자들과 최후의 만찬을 같이 즐기시며 기독교의

대표적 성례(聖禮) 중의 하나인 성찬식을 만드시고, 자신의 살과 피까지 죄인들을 위해 다 바칠 것이라는 것을 가르쳐 주셨습니다. 그것은 예수 자신이 "멜기세덱과 같은 제사장"이라는 것을 보여 주신 것인데, '멜기세덱'은, 다른 사람들의 제물을 받아서 대신 제사 하는 다른 모든 제사장들과 다르게, 자기자신을 제물로 바치는 제사장이었습니다.

5. 예수님은 식탁을 통해 장차 하나님의 나라에서 맛볼 영원한 영적 교제의 모형을 보여 주셨습니다. 한 상에 둘러 앉아 먹고 마시는 것은 단순히 배만 불리는 것이 아닙니다. 서로 사랑하고 섬기고 즐기는 '코이노니아(koinonia)'는 교제의 절정이며, 그것은 하나님 나라의 주요한 특성입니다.

예수님이 그렇게 하신 것처럼, 식사를 대접할 때는 지혜가 필요합니다. 특히 요즘과 같이 청년들이 "먹기 싫다." "알러지가 있다.", "배가 아프다."는 말을 하는 사람들이 많을 때에는 더욱 그렇습니다. 이런 청년 세대에게 밥을 해 주는 것은 시부모님에게 식탁을 대접하는 것이나 소문난 요리사에게 밥을 대접하는 것보다 더 어렵습니다.

그러면 청년들이 왜 그런 말들을 자주 할까요? 진숙 간사가 그 이유를 두 가지 짚어 보았습니다. 첫째는 요즘 청년들은 식습관이 안 좋다는 것이고 둘째는 어릴 때부터 스트레스를 너무 많이 받으며 자라서 그렇다는 것입니다. 간사들은 밥만 하는 사람들이 아닙니다. 식단을 짜기 전에 청년들이 건강하지 못한 이유를 분석해 봅니다.

어떤 여학생 세 명은 공부하는 일 말고는 별로 해 본 적이 없는지라 일하는 시간을 매우 싫어했습니다. 꼭 여학생들이라고 해서 일을 힘들어하는 것은 아닌 것 같습니다. 이곳에 찾아오는 학생들이 대부분 20대 초반의 젊은이들인데도, 자꾸 머리가 무겁다는 둥, 팔이 저리다는 둥, 몸 여기저기가 아프다는 학생들이 많은 것을 보면, 여기에는 무슨 문제가 있는 것이 분명합니다.

'왜 저렇게 몸이 약할까?' 곰곰이 생각해 보고 나서 저는 몇 가지 결론을 내렸습니다. 우선, 요즘 젊은이들의 식생활에 문제가 있다고 봅니다. 청년들은 흔히 '나는 젊으니까 건강에 문제가 없다'는 생각으로 패스트푸드나 자극적인 음식을 많이 먹습니다. 특히 밤늦게 많이 먹고 아침은 굶는 경우도 허다하구요. 이런 식습관은 불규칙한 생활 습관에서 비롯된 경우가 많습니다. 항상 무엇에 쫓기듯 허겁지겁 바쁘게 살아가는 청년들은 주문한 지 1분 만에 나오는 햄버거와 콜라, 프렌치프라이의 유혹을 거부하기 어렵습니다. 또 이들은 저녁에 대부분 친구들을 만나 호프집에서 맥주와 안주로 배를 채우고, 밤늦게 집에 돌아와 컵라면으로 출출한 배를 채웁니다. 이런 생활을 계속하다 보면 아무리 항우장사라 하더라도 자기도 모르는 사이에 조금씩 온갖 질병들에 건강을 갉아 먹히고 맙니다.

또 한 가지, 젊은이들이 건강할 수 없는 이유는 어릴 때부터 너무 많은 스트레스를 받고 자라기 때문인 것 같습니다. 학교도 들어가기 전부터 하루에 대여섯 군데 학원을 '순례'하고, 항상 '공부해라', '좋은 대학에 가야 한다.'는 부모님들의 잔소리가 귀에 못이 박혀 고등학교까지 '인간다운' 삶을 누리지 못하는 우리 대한민국의 학생들은 열이면 열, 모두 무언가에 눌려서 기를 펴지 못하고 20년을 보냅니다. 거기에다가 가정불화가 심한 가정에서 심한 언어 폭력과 물리적 폭력을 받고 자란 아이는 청년이 되어서도 정서가 불안하고 몸도 많이 아픈 것을 봅니다.

지난 학기 라브리에 왔던 학생들도 비슷한 경험을 하고 자란 사람들이었습니다. 특별히 병이 없는데도 자꾸 "아프다."고 하고, 집중해서 책을 읽지 못하며, 자신의 문제를 해결할 힘과 의지가 부족한 사람들의 경우, 어떻게 도와야 할지 아주 난감합니다. 제 생각대로라면 앞으로 이런 학생들이 더 많이 찾아올 텐데, 저희 라브리 간사들이 더 지혜를 모아야 할 때가 아닌가 생각합니다. 21 세기의 '상처입고 나약한 신세대'를 도우려면, 1960년대 쉐퍼가 한 것처럼 '도피했던 이성'을 되찾아 주는 일만으론 부족한 것 같습니다. 하나님께서 저희 라브리 간사들에게 이들을 보살필 힘과 사랑, 지혜를 주시기를 기도합니다(진숙, 2003년 6월 기도편지 중에서).

밥보다 중요한 것

밥을 대접하기에 바쁘다 보면 더 중요한 것을 잊어버리기 쉽습니다. 식탁에 앉으면 벌써 피곤한 경우가 많기 때문입니다. 밥을 준비하는 데 육체적이 힘이 더 필요했다면, 식탁에서 마음을 주고받는 데는 감정적인 노동이 필요하고, 식탁 토론을 인도하는 데는 정신적인 힘이 더 필요하기 때문입니다.

보통 한 끼 식사를 대접하려면 적어도 2-3시간 이상 집중적인 노동력이 투자되어야 밥이 나오는데, 손님들이 많을 때는 시간이 더 필요합니다. 거기다가 호스트로서 식탁 토론까지 인도하려면 식사 준비부터 마칠 때까지 보통 4-5시간 동안 육체노동+감정노동+정신노동까지 같이 해야 됩니다.

그래서 밥을 많이 해 본 간사들일수록 밥하는 것보다 더 어려운 것이 식탁 토론이라는 것을 잘 압니다. 청년들은 밥상에 지적인 질문만 갖고 오는 것이 아닙니다. 사랑과 위로 등 심리적인 필요를 채우기 위해 오는 경우도 많습니다. 민정이라는 학생이 그것을 맛보았던지 성탄 카드에 이렇게 쓴 것만 보아도 알 수 있습니다.

- 그동안 제가 먹은 것은 사랑이었습니다.

청년들만 아니라 어른들이나 아이들도 밥상에 둘러앉을 때는 밥만 아니라 사랑을 기다립니다. 배가 고파서 밥상을 마주

하기도 하지만 그보다 더 배고픈 것은 사랑입니다. 그것은 라브리 간사들도 알고 모든 부모들이 다 아는 사실입니다. 밥으로 배를 불리는 것은 쉽습니다. 그러나 사랑으로 배를 불리는 것은 어렵습니다.

사랑은 밥이나 말로 되는 것이 아니라 가시적으로 보여 주어야 합니다. 인격적으로 대접받는 기분이 들도록 해 주어야 합니다. 라브리는 사랑으로 배 불리는 것이 어렵다는 것을 알기 때문에, 밥으로 사람을 속이지 않으려고 합니다. 밥으로 사람을 사려고도 하지도 않습니다. 밥값을 냈든지 못 냈든지 눈치 보지 않고 맛있게 밥 한 그릇을 비우도록 해 주는 것이 제일 중요합니다. 경옥 간사의 편지입니다.

> 민정 씨가 카드에 적어 준 "그동안 제가 먹은 것은 사랑이었습니다."라는 말은 라브리가 넉넉하지 않으면서도 정성껏 준비해 주었던 식사에 대한 분에 넘치는 인사가 아닐 수 없습니다. 그러나 우리 모두가 잘 알듯이 사람은 쉽게 자라지 않습니다. 자녀들은 부모의 힘, 지혜, 인내 등 부모가 가진 모든 것을 먹고 자랍니다. 라브리의 청년 학생들도 마찬가지입니다. 저희의 귀중한 시간, 사랑, 지혜 모든 것을 먹고 자랍니다.
> 급속도로 희어 가는 제 머리카락을 보며 저는 스스로를 위로하곤 합니다. "그래, 내 젊음을 먹으며 저들이 커 가는 거야. 늙어 가는 것에 대해 서운해 할 것이 아니라 그들에게 줄 영육의 양식을 내가 얼마만큼 가지고 있느냐가 중요한 거지."

그러나 가만히 생각해 보면 저희는 주는 것보다 얻는 것이 더 많습니다. (저희들은 밥 한 그릇 대접했으나) 그들은 다른 어떤 방법으로는 얻을 수 없는 '성숙'과 '보람'이라는 선물을 안겨 주고 떠납니다.

사람이 변화되는 데는 그 만큼의 대가와 희생이 요구됩니다. 사람은 이론만으로 변화되지 않습니다. 사랑이 동반되어야 합니다. 그런데 그 사랑이라는 것은 말로만 되는 것이 아니라 몸으로 행해져야 한다는 데 어려움과 함께 그 비밀이 담겨져 있습니다. 지난 성탄 축하 모임도 결혼한 라브리 친구들이 음식을 준비해 와서 학생들을 대접하는 시간이었는데, 사랑으로 진리를 말하는 기회였습니다(경옥, 2000년 12월 기도편지 중에서).

15장 양양의
3대 재난을
겪으며

매월당 김시습(金時習)이 지은 "현산의 꽃을 노래함"이라는 시를 보면, 양양은 '넓은 인심'과 '풍유' 그리고 '미인'이 자랑이었습니다.* 그에 앞서 고려 말에 하륜과 조준이 '하조대'에 와서 새로운 나라를 논하던 때만 해도 '바위'와 '소나무'와 '고요함'이 자랑이었습니다. 그러나 그 시절의 양양은 어디 갔는지, 요즘은 어디를 가나 '송이', '연어', '회' 뿐입니다. 전부 관광객들이 좋아할 먹을거리들이고 경제 마인드로 뽑은 3대 명물들입니다.

최근에는 양양공항, 동해고속도로에 이어, 서울양양고속도로가 개통되었지만, 송이도 많이 안 나고, 연어도 옛날 같지 않

---

*매월당 김시습은 당시 양양 고을 원님이었던 유자한의 융숭한 대접에 놀라 "현산의 꽃떨기를 노래함"이라는 제목으로 20편의 시를 지어 주고는 "현산은 실로 머물 만한 고을로 알겠습니다."라고 극찬했다고 합니다. 여기의 "현산"은 양양의 옛 이름이고, "꽃떨기"는 매월당에게 포도주를 따르던 16살 먹은 관기 유지춘이란 말도 있고 양양의 멋을 여인에 빗대어 한 말이라고도 합니다. 매월당은 그 꽃떨기가 "한 번의 미소로 백 마디를 속삭이고", "단장 않은 얼굴로도 사나이 마음 홀리거늘", "미녀는 아무래도 하늘의 작품일세"라고 노래했습니다. cf. 이문구, 『매월당 김시습』 중에서.

고, 회 손님도 다른 곳으로 많이 빼앗겼습니다. 거기다가 야심차게 추진하던 오색케이블카도 환경단체 압력에 중단되어 있어서, 마음도 우울하고 많이 아픕니다. 저희가 이사온 후에도 양양은 태풍에 할퀴기도 하고 폭설에 묻히거나 산불에 탄 곳이 많습니다. ·

태풍이 준 교훈

2002년 8월말에 불어 닥친 태풍 루사는 하루에 900mm의 비를 쏟아 부었습니다. 6·25 전쟁 때에도 피해를 입지 않았던 곳까지 초토화되었습니다. 10여 년이 지났지만 아직도 그 상처가 곳곳에 처참하게 남아 있습니다. 큰길 옆은, 다소 복구가 되었지만 그때 무너진 산사태 자리가 여전히 남아 있습니다. 도시에 사는 사람들은 수해 복구비를 한 번 내고 나면 다 잊어버리겠지만, 이곳 산골 마을 사람들은 "제대로 복구되려면 60년이 흘러도 모자란다."고 합니다. 라브리도 예외는 아닙니다.

2002년 8월 말에 불어온 태풍 루사 이야기를 잠시 해 보겠습니다. 이틀째 내린 폭우로 '백암당' 뒤에서 토사가 조금씩 밀려 내리기 시작한 것은 저녁 6시 경이었습니다. 저희 가족이 라브리 본채로 대피했고 이어 어두움이 깔렸습니다. 그 무렵, 종철 간사 집 앞에 있던 호수에는 이미 배수구로는 물을 감당할 수가 없는지 못둑 위로 물이 넘치고 있었습니다.

7시 경에는 전기와 물이 끊겼습니다. 차에 받혀 전봇대가 몇 개 넘어졌다고 합니다. 빗줄기는 줄어들기는커녕 점점 더 굵어졌습니다. 밤 10시가 막 넘자, 옆집 주유소 2층에 사시던 수필가 부부가 라브리로 피신해 왔습니다. 주유소 뒤의 산사태가 우려되었기 때문입니다. 주유소 아래층에 살던 황 소장에게 "주유소가 위험하니까, 라브리 본채로 들어오세요."라고 했더니, 정말 끔찍한 대답이 돌아왔습니다.

- 라브리 본채도 안전하지 않은데 우리가 왜 거기에 들어갑니까? 우리는 차라리 스타렉스(승합차)에서 밤을 새우겠습니다.

황 소장의 말도 일리가 있었습니다. 한 곳도 안전한 데가 없었습니다. 그는 라브리 마당에 스타렉스를 세우고 거기서 밤을 셀 준비를 했습니다. 여차하면 도망갈 생각이었던 것입니다. 우리는 스타렉스 같은 좋은 차도 없으니, 집안으로 물이 들어오지 못하도록 헌 이불을 꺼내 모든 문을 다 막고 기도하는 수밖에 없었습니다. 10여 명이 홍석홀에 촛불 하나를 켜고 둘러 앉아 하나님께 기도를 올렸습니다.

- 하나님 아버지, 너무나 무서운 밤입니다. 우리와 함께 해 주셔서 아이들을 공포로부터 지켜 주시고, 어른들에게도 마음에 평화를 주시기 바랍니다. 그리고 임신 중인 진숙 간사와 아기를 특별히 보호해 주시기 바랍

니다.

종철 간사가 한 치 앞도 보이지 않는 캄캄한 빗속을 뚫고 나가 계곡을 살펴보았습니다. 계곡 물이 점점 라브리 본채를 향해 불어나고 있었고, 부엌 뒷문으로 물이 들어오기 직전이라는 소식을 전해 주었습니다. 이불로 문을 막아 놓았지만 안심이 되지 않아서 우리는 급한 대로 합판 몇 장을 들고 나갔습니다. 집으로 물이 덜 들어오도록 합판으로 계곡 물의 방향이라도 좀 틀어볼 생각이었습니다.

그러나 그것은 너무나 짧은 생각이었다는 것을 금방 알게 되었습니다. 계곡에서 쏟아져 내려오는 급류가 너무 세서 계곡 쪽으로는 발을 옮겨 놓을 수도 없었기 때문입니다. 포기하고 옷을 털고 집 안으로 들어오는 순간, "쿵" 하는 소리가 났습니다. 우리는 처음에 천둥소리였거니 생각했습니다. 그것은 바로 우려하던 산사태라는 것이었습니다. 그때가 9월 1일 새벽 2시경이었습니다.

도서관 유리창이 깨지는 소리에 놀라 올라가 보니, 계곡에서 어마어마하게 큰 돌들과 아름드리 나무들이 진흙탕과 함께 떠내려오는 것이 희미하게 보였습니다. 호숫가에 있던 소나무들도 버티지 못하고 부러졌습니다. 순식간에 호수 둑이 터졌고 그 앞에 있던 데크도 다 부서져 내렸습니다. 호수 위를 지나가던 데크가 떠내려가면서 본채 정문 앞의 데크까지 다 부수어 놓았습니다.

봄이면 온갖 꽃이 피던 정원과 언덕도 엉망이 되었습니다. 금이 간 도서관 창문은 기진이가 종이박스와 비닐로 급히 막았습니다. 만약 종철과 인경 간사가 계곡 주변에서 조금만 더 꾸물거렸다면 어떻게 되었을까요? 경옥은 그날 밤에 얼마나 생명의 위협을 느꼈는지 기도 편지에 이렇게 썼습니다.

> 우리는 집을 포기하고 도망하고 싶어도 도망갈 길이 없음을 알고, 홍석홀에 촛불 하나를 피우고 둘러 앉아 기도를 하기 시작했습니다. 집이 문제가 아니었습니다. 이제는 죽느냐 사느냐가 문제였습니다. 저희의 생명과 집을 지켜 주시기를 그리고 임신 초기에 있는 진숙 간사와 아이의 생명을 온전히 지켜 주시기를 하나님께 부탁했습니다(경옥, 2002년 9월 기도편지에서).

놀라운 것은 그날 두 번째 생일을 맞은 한슬이가 얼마나 잘 자 주었던지 밤새 한 번도 울지 않았습니다. 만약 아이까지 울어 댔다면 어른들도 당황하지 않고 조용히 보내기는 쉽지 않았을 것입니다. 사실 그날 밤에는 '어른들'이라고 하는 저희도 가족이나 친구들이 없었다면 공황 상태에 빠졌을지 모릅니다. 그 정도로 무서운 공포의 밤이었습니다.

하나님이 저희의 기도를 들으셨는지, 새벽 4시경이 되어서 빗줄기가 약해졌고 집안에 비가 새던 곳들도 더 이상 새지 않았습니다. 모든 것을 하나님께 맡기고 오지 않는 잠을 억지로 청했습니다. 휴학하고 집에 와 있던 기진이와 모든 남자들은 집안 곳곳을 둘러보느라 거의 뜬 눈으로 밤을 새웠습니다.

날이 밝자 저희는 지난밤에 하나님께서 라브리를 보존하시기 위해 얼마나 놀라운 기적을 일으키셨는지를 발견하고 또 한 번 놀랐습니다. 전쟁터와 다름없는 사태 속에서 라브리 건물을 지키신 것입니다. 어른 키보다 큰 바위들, 뿌리째 떠내려 온 나무, 누런 진흙탕이 마당을 가득 메우고도 모자라 찻길까지 막아 버렸습니다. 라브리 정문 앞에 있던 아름다운 데크는 형체를 알아볼 수 없을 정도로 부서졌습니다.

김종철, 박진숙 간사가 살았던 나니아는 창문 바로 앞까지 바위와 나뭇가지가 밀려왔습니다. 데크가 쓸려나간 것 외에는 창문 하나만 파손되었고 물 한 방울도 집 안으로 들어오지 않았습니다. 만약 집 옆에 있던 호수 둑이 터지지 않았다면 집이 계곡 물에 휩싸였을 것입니다.

놀라운 것은 수만 톤의 바위와 흙과 물이 떠내려갔음에도 본채 건물은 하나도 손상되지 않고 그대로 보전되었다는 것입니다. 데크만 부서졌습니다. 그러나 어떻게 해야 할지 난감하기 짝이 없었습니다. 진숙 간사는 다음 달 기도 편지에서 복잡한 감정을 이렇게 썼습니다.

> 태풍이 지나간 다음 날 아침, 처음에는 비가 그친 것과 무사히 살아남은 것에 감사를 드렸습니다. 그러나 감사함은 금방 사라지고 대신 절망감이 그 자리를 차지하였습니다. '어떻게 이

많은 흙과 바위, 나무들을 치울 것이며, 파손된 데크는 어떻게 고칠 것인가? 거기에 필요한 돈과 인력은 어디에서 구할 것인가? 얼마나 시간이 지나야 라브리가 온전한 모습을 되찾을 것인가' 하는 물음과 걱정들이 마음에 가득 차오르는데, 좀처럼 해답은 없는 것 같아 보였습니다(진숙, 2002년 10월 기도편지에서).

겨우 라면으로 아침을 때우고, 사태를 살펴보고 대책을 논의하고 있는 중에 낯선 사람이 흙더미를 타넘고 와서 문을 두드렸습니다. 온몸이 진흙투성이였고 몰골이 말이 아니었습니다. 죽음의 계곡이나 지옥에서 방금 나온 사람 같이 보였습니다. 거의 탈진한 상태였습니다.

- 물 한 잔만 주세요.

물 한 잔을 단숨에 다 들이켜고 나더니, 정말이지 반갑지 않은 소식을 전해 주었습니다.

- 먹는 물과 양식을 아끼세요. 양양으로 가는 길은 정다운마을 뒷산이 무너져 막혔고, 구룡령 길은 떡마을 고개가 무너져 막혔습니다. 나는 가족의 생사가 궁금해서 목숨을 걸고 산을 타고 양양으로 가고 있습니다.

그 사람이 해 준 말이 기분은 좋지 않았지만 큰 도움이 되었습니다. 정확한 상황을 알게 되었기 때문입니다. 사실 그날부터 3일간은 전기가 들어오지 않았습니다. 라브리는 전기가 들어오지 않으면 물도 못 쓰고, 샤워도 못하고, 화장실 변기 물도 나오지 않고, 밥하는 전기렌지도 못 씁니다.

3일 후에, 뉴스를 듣고 자원봉사자들이 달려왔습니다. 길이 막혀 오지 못하고 있던 준아 간사와 지난 학기까지 협동간사로 수고한 명옥 그리고 지난 학기 학생이었던 춘성과 안산에서 내려온 정곤 형제 등이 일을 돕겠다고 달려왔습니다. 장로님 두 분도 작은 도움이 되고 싶다며 올라오셨습니다.

그러나 먹을 물도 없고, 불도 없었습니다. 하나 밖에 없는 가스만 사용이 가능했습니다. 우리는 긴급 간사회의를 열고 학기를 정상 운영할 수 없으므로, 학생들과 손님들에게 등록금을 돌려주고 한 학기 동안 문을 닫기로 결정했습니다. 그리고 간사들이 월급 받는 것을 미루고 현재 있는 돈의 범위 내에서 흙더미부터 치우기로 결정했습니다. 마당에서 큰 길로 나가는 길이라도 뚫어야 했으니까요.

밤낮 없이 덤프트럭이 오가며 토사만 200트럭을 실어 냈습니다. 어느덧 종철 간사 집 앞 데크가 복구되고 현관도 새로 생겼습니다. 사라진 호수 대신에 옹벽을 쌓아 계곡의 물길도 정리했습니다. 정원과 언덕에서 자갈을 주워 내는 일을 자매들이 맡았는데, 그야말로 인내와의 피나는 싸움이었습니다. 진흙투성이 마당을 청소하는데도 며칠이 걸렸습니다. 2003년, 2006년에도 비슷한 수해가 있었으나 루사와 같은 큰 피해는 아니었습니다.

약 50여 일 간, 남자 간사들은 하루 종일 등짐을 지거나 톱질을 하거나 흙과 돌을 옮겼습니다. 여자 간사들은 하루 종일 밥을 하느라 라브리 학기 때보다 더 바빴습니다. 포클레인 기사들과 수해 복구를 위해 온 자원봉사들에게 하루 5번, 즉 식사 3번과 간식 2번을 대접해야 했기 때문입니다. 간사들은 모이기만 하면 잠 이야기로 꽃을 피웠습니다.

- 나는 저녁 먹고 바로 잠들었다.
- 나는 저녁 식사를 기다리다가 잠이 들었다
- 나는 온몸이 쑤셔서 한숨도 못 잤어.

모두 온몸에 파스를 바르고도 일을 해야 했고, 몸살이 나도 아프단 소리도 못했습니다. 때로는 하던 일이 덜 끝나면 등불을 켜고도 일을 마쳐야 했고, 소나기가 내려도 할 일은 해야 했습니다. 마치 느헤미야와 함께 예루살렘 성벽을 수축하던 사람들처럼 말입니다. 그들은 언제 쳐 들어올지 모르는 적의 위협이 있었기 때문에, 일꾼의 절반은 창을 잡고 일꾼의 절반만 일을 했습니다. 밤에도 등불을 켜고 일한 덕분에 52일 만에 성벽재건을 완성했습니다. 자기 집도 짓지 않은 채 말입니다.

- 우리 손으로 라브리를 다시 세운다.

우리도 비슷한 생각으로 있는 힘을 다했습니다. 돈이 없어서 소수의 기술자들을 제외하고는 외부 인력을 쓰지 않고 우리 손으로 직접 라브리를 다시 세우지 않으면 안되었습니다. 막노동이나 노가다보다 더 힘든 일이었지만, 아무도 힘들다는 소리를 하지 않았습니다. 파스 냄새나 약 봉지를 보고 얼마나 힘든지 서로 다 알았으니까요.

그러나 갈등도 있었습니다. 아무리 예루살렘 성벽을 재건하듯이 하나님을 위해 일한다고 생각했지만, 하루 종일 기분 좋게 일한 것만은 아니었습니다. 때로는 전쟁이었습니다. 육체적인 노동과 피로와의 전쟁, 복구비와의 싸움, 일하는 사람들 사이의 심리적인 갈등도 있었기 때문입니다.

평소에는 잘 보이지 않지만, 힘든 일을 해 보면 인간성의 밑바닥이 보이게 마련입니다. 느헤미야와 같은 리더십이 없는 것에 대한 불만, 복구 방법에 대한 여러 사람들의 의견 차이, 과도한 노동량에 비해 휴식이 적은 것에 대한 불평과 보상 심리 등 각종 이해관계가 충돌한 현장에서 인간성이 드러나기도 했습니다.

그때 복구 현장을 둘러보러 오신 같은 동네에 사시는 박병두 어르신의 한 마디가 큰 힘이 되었습니다. 그 어르신은 예수님을 안 믿으시던 분이었으나, 전쟁터 같은 라브리를 보시고는 대뜸 이렇게 말씀하셨습니다.

─ 자네들이 믿는 하나님이 이 집을 지켜 주신 것이 분명해. 아랫동네에는

안 무너진 집이 하나도 없어. 라브리 본채가 멀쩡한 건 기적인 줄 알어. 그리고 물과 싸우지 말어. 물과 싸워서 이긴 장사는 하나도 없다구. 계곡 앞에 호수와 데크가 뭐야? 그런 건 복구할 생각도 말어.

그 어르신만 아니라 자원봉사자들과 공사를 도와주러 온 포클레인 기사, 덤프트럭 기사, 그 밖에도 피해 현장을 조사하러 온 면 직원들이 한 마디씩 던지는 말들은 듣고 잊어버리기에는 너무나 뼈아픈 교훈들이었습니다.

첫째, 라브리는 험악한 산속에서 늘 자연재해에 노출되어 있습니다. 가끔 풍수(風水)를 좀 아신다고 하는 어른들이 라브리에서 오셔서 하는 첫 마디는, "배산임수(背山臨水)에, 좌청룡(左靑龍), 우백호(右白虎)의 명당일세."라는 말입니다. 즉 '뒤에는 산이 있고, 앞에는 강이 흐르고, 좌우 옆에는 산이 병풍처럼 서 있는 땅'이라는 말씀입니다.

그런 말씀을 하실 때마다, '하나님이 과연 명당을 주셨을까?'라는 반문을 자주 해 봅니까? 어찌 '루사'와 같이, 비록 60년 만에 찾아온 태풍이기는 하지만, 자연재해 앞에서 꼼짝 못하는데 명당이라 할 수 있겠습니까? 명당이 되기에는 뒷산이 너무 높고 계곡이 너무 가까우니, 2%가 모자라는 명당입니다. 건축학적으로 말하면 난개발이고, 환경적으로 말하면 반환경적이고 척박하고 험악한 땅이라 할 수 있습니다.

둘째, 계곡 물의 흐름을 막는 어떤 것도 만들지 말라는 것입니다. 필요하다면 물을 저장하기 위한 댐, 호수, 다리만 아니라 집도 얼마든지 지을 수 있습니다. 그러나 그것은 '루사'나 '매미'와 같은 초대형 태풍을 대비하지 않으면 오히려 큰 재난이 될 수 있습니다. 예를 들어, 태풍 전까지만 해도 라브리에는 계곡을 가로막은 조그마한 호수가 하나 있었습니다. 그 호수가 너무 보기에 좋았기 때문에 '루사' 후에만 해도 그대로 복원을 했습니다.

그러나 그 다음 해 '매미' 때 다시 부서지는 것을 보고는 복구를 포기했습니다. 과학자들이 말하는 대로 "태풍이 하나님의 대청소"라고 한다면, 두 번이나 청소 대상이 되는 호수를 구태여 설치하는 것은 어리석은 짓이라 생각합니다. 감사하게도 '루사'나 '매미' 때는 아슬아슬하게 라브리 본채를 피해 갔으나, 자칫 호수를 즐기려다가 집을 떠내려 보낼 수는 없지 않습니까? 그러나 고도의 건축학적 기술이 담보된 운치 있는 작은 호수라면 마다할 이유가 하나도 없습니다.

한 마디로 자연의 법칙을 거스르며 살지 말라는 말씀이었습니다. 장마철이나 태풍이 왔을 때에는 계곡의 폭이나 강수량 혹은 상황에 따라 그 흐르는 성질이 폭발적으로 증폭합니다. 상류에서 산사태가 났든지 둑이 무너졌든지 폭우가 쏟아졌을 때는 더 무섭습니다. 물고기는 아무것도 모르는 것 같지만 물과 싸우지 않는다고 하는데, 인간은 자꾸 물과 싸우려고 하다가 재난을 겪는 경우가 많습니다.

친구를 위해 목숨을 버릴 수 있는 사람

태풍 때 제일 고생한 사람은 종철 간사입니다. 현장 감독이어서가 아니라, 언제나 앞장 써서 일하고 힘든 일을 먼저 하는 습관이 있기 때문입니다. 점잖은 사람이라, 좀처럼 힘들다는 소리를 안 하는데, 하루는 맥주를 사 달라고 부탁을 했습니다.

- 목사님, 양양에 나가시는 길에 맥주를 좀 사다 주시겠습니까? 며칠째 허리도 아프고 어깨가 아파서 통 잠을 못 잤어요. 온몸에 파스를 발라도 소용이 없는 것 같아요. 어제는 몸살 약을 지어 먹었는데도 아침에 일어나기가 너무 힘들어서 오늘은 한 잔 하고 잠을 좀 푹 자려고요.

술을 마시지 않고는 잠을 잘 수 없을 정도로 온몸이 아팠던 모양입니다. '하루에 몇 시간 밖에 안 자고 공부한다.'는 사법고시보다, 몇 배나 더 힘들었던 것이 분명합니다. 한 달 이상 등짐을 지고 무거운 돌을 나르니, 아무리 운동으로 다져진 제법 튼튼한 몸이라도 버티지 못하고 몸살이 났습니다. 잠이라도 푹 자고 나면 좀 나을 텐데, 온몸이 쑤시니 잠을 잘 수가 없었던 것입니다. 당시의 생생한 상황이 진숙 간사가 보낸 기도 편지에 그대로 남아 있습니다.

지난 한 달간 라브리 간사들은 거의 막노동이나 다름없는 일을 하루 종일 해야 했습니다. 소수의 기술자들만을 제외하고는 전혀 외부 인력을 쓰지 않고 우리 손으로 직접 라브리를 다시 세우기로 했기 때문입니다. 이제껏 공부하는 것 말고는 별로 몸으로 하는 일을 해 본 적이 없는 제 남편은 한동안 몸에서 파스 냄새가 떠나질 않았고, 몸살 약을 먹어 가며 버텨야 했습니다. 인경 간사도 갑자기 근육을 많이 사용하니까 밤에 팔다리에 쥐가 나서 잠을 잘 이루지 못한다고 하셨습니다. 여자 간사들은 일꾼들 식사 대접과 간식 준비로 학기 때보다 더 바빴고, 도우러 온 손님들도 피곤에 지쳐 초저녁이면 곯아 떨어졌습니다(진숙, 2002년 9월, 기도편지 중에서).

하루는 정화조 탱크 일부가 무너져서 수리를 해야 할 일이 생겼습니다. 휴게소 시절에 파 놓은 라브리 정화조 탱크는 매우 커서 사방 10m에 깊이도 5m가 넘는 매우 위험한 장소입니다. 산더미 같은 흙을 삼키고도 끄떡없는 것으로 보아 빠지면 목숨이 위험한 탱크였습니다. 인간성은 선하기도 하고 악하지만, 의심과 죄를 이기지 못하면 파괴적이 되고 사랑하고 존경하면 목숨까지 버릴 수도 있습니다.

포클레인 기사 : 내가 포클레인으로 H빔을 정화조 탱크 속으로 내려줄테니 누구 한 사람이 내려가서 그것을 시멘트 옹벽 위에 올려놓아 줄 사람이 필요합니다.

사장 : 제가 내려가지요.

포클레인 기사 : 사장님은 다리도 아프고 힘도 부쳐서 안 돼요. H빔이 저래

도 무겁단 말입니다. 내 생각에는 힘센 부사장이 내려가는 것이 좋겠는데요.

부사장 : 맞습니다. 사장님은 우리 공동체 대표인데, 우리 사장님에게 무슨 일이 생기면 큰일 납니다. 어떻게 해야 하는지 저에게 가르쳐 주세요.

포클레인 기사 : 빨리 포클레인 바가지에 올라타세요. 내려가면 가르쳐 줄게요.

사장 : 안돼요. 지금 우리 부사장더러 포클레인 바가지를 타고 정화조 밑으로 내려가라는 말이에요? 이 사람은 사법연수원 휴학생이지만 공무원이고 변호사가 될 사람인데, 이 사람에게 무슨 일이 생기면 감옥에 갈 자신 있소?

포클레인 기사 : 사장님과 부사장님이 서로 못 내려가게 하면, 누가 내려가란 말입니까? 내가 내려갈까요?

부사장 : 바가지를 빨리 내려주세요.

포클레인 바가지를 타고 정화조 탱크로 내려간 사람이 이 세상에 몇이나 있을까요? 요즘은 법이 바뀌어 포클레인 바가지에 짐을 옮기는 것은 물론이고, 사람을 태워서도 안된다고 합니다. 만약 이 사람의 부모님이나 부인이 들으시면 큰일 날 노릇이지만, 그때는 달리 다른 방법이 없었습니다.

지금 생각해도 아찔합니다. 그러나 그가 참 용감한 사람이라는 것을 그때 알았습니다. 그리고 "사람이 친구를 위하여 자기 목숨을 버리면 이에서 더 큰 사랑이 없나니(요한복음 15:13)."라는 예수님의 말씀을 실천할 수 있는 사람이라는 것을 알았습니다.

공사판에서 우리는 서로 "사장님", "부사장님"으로 통했습니다. 식사와 간식을 담당한 여자 간사들은 "사장 사모님", "부사장 사모님"으로 통했습니다. 포클레인 기사도 그렇게 불렀고, 덤프트럭 기사도 그렇게 불렀고, 설비 전문가들도 그렇게 불렀습니다. 가끔은 우리끼리도 그렇게 불렀습니다.

공사가 다 끝나고 난 후에, 두 사람은 양양에서 제일 비싼 설악산 켄싱턴호텔 맨 꼭대기 층에 있는 와인 바에 올라갔습니다. 그동안 쌓인 애환이 한꺼번에 터져 나왔습니다. 마치 예루살렘 성벽을 재건하고 난 후에, 에스라가 율법 책을 낭송할 때에 울음바다가 되었던 것처럼, 두 사람은 밤이 깊도록 울고 또 웃었습니다.

어느 덧 가을이 성큼 다가왔습니다. 이제는 모든 것을 멈추고 쉴 때가 되었습니다. 일하고 싶어도 일할 수 없는 계절이 온 것입니다. 일단 응급조치를 마쳤으니 쉬는 것이 필요했습니다. 아직 곳곳에 잔디가 파헤쳐진 자욱이 그대로 남아 있고 산사태가 난 계곡은 큰돈을 필요로 하는 제방 작업을 기다리고 있었지만, 우선 학생들과 손님들이 찾아와서 공부하고 쉬는 데는 큰 지장이 없을 정도가 되었습니다.

예정대로 미국, 영국, 네덜란드, 스위스 라브리에서 간사들이 양양으로 모여들었습니다. 월드리더십포럼을 설악산 켄싱턴호텔에서 3일간 열었습니다. 그 후에 라브리에서 이사회도 하고, 전주에서 세미나를 열었습니다. 리더십포럼은 이롬그룹에서 모든 여비를 다 부담했습니다. 거기에는 여성 지도자는 물론이고 사장, 목사, 교수, 변호사, 의사 등 평생 만나기 힘든 각계 지도자 70명이 왔습니다. 죽다가 살아나서 그런지 멀리서 찾아온 손님들이 그렇게 반가울 수가 없었습니다.

폭설: 1.5미터나 오다

양양은 산과 바다와 하늘이 만나 하나 되는 곳입니다. 설악산 대청봉은 우리가 사는 양양군 서면 1번지입니다. 그 아래 한계령을 오르는 길에는 오색 주전골이 있는데 "한 잔만 들이켜도 10년을 더 산다."는 약수터가 있고 단풍이 절경입니다.

그리고 구룡령을 오르는 길에는 "6·25도 몰랐다."는 신비의 미천골 산책로와 갈천 약수터가 있습니다. 잠시만 차를 타고 나가면 넓은 동해 바다에 발을 담글 수 있고, 1,000년 고찰 낙산사 돌담길을 거닐 수 있습니다.

특히 언제든지 저녁 먹고 신문지 한 장을 마당에 깔고 누우면 온 우주가 자기 것이 됩니다. 내 별 자리도 확인하고 친구들의 별 자리도 묻다 보면 밤이 깊어가는 줄도 모릅니다. 도시에서 온 청년들은 하늘만 쳐다보고도 반합니다. 서울에서는 좀처럼 보기 힘든 '화이트 크리스마스'도 이곳 양양에서는 자주 맞이합니다.

2002년 성탄절 예배를 속초한울교회(강성오 목사)에서 같이 드리기로 한 날이었습니다. 그런데 새벽부터 폭설이 내렸습니다. 특별한 날이니만큼, 우리 가족과 종철 간사와 진숙 간사 가족 등 10여 명이 두 대의 차에 나누어 타고 일찌감치 눈길을 헤치며 출발했습니다.

그러나 보통 때면 30분이면 충분하던 길을 두 시간 이상 걸려 겨우 도착했습니다. 눈도 많이 왔지만 자동차 타이어가 펑크났기 때문입니다. 11시에 예배를 시작해야 하는데 1시간이나 늦어 12시가 되었습니다. 그런데 놀라운 사실은 아무도 자리를 뜨지 않고 그대로 기다리고 있었다는 것입니다. 한 시간 이상을 찬양과 기도로 우리를 내내 기다리고 있었던 것입니다.

예배 후에, 점심을 먹고 나오니 펑크 난 타이어가 말끔하게 수리되어 있었습니다. 알고 보니, 김태성 장로님이 카센터에 연락하여 고쳐 놓으신 것입니다. 문재용 집사는 몇 년째 라브리 마당의 풀을 깎아 주고 계시며, 고영진 집사는 시간이 날 때마다 집수리를 해 주십니다. 임대식 집사님은 자동차를 관리해 주고 계십니다. 강성오 목사의 배려와 우정이 맺어준 선물입니다.

눈은 하나님이 즐겨 사용하시는 마음 열기 선물인 것 같습니다. 때로는 설교 몇 편보다 청년들의 마음을 잘 열어 주니까요. 이것은 결코 지나친 말이 아닙니다. 인생의 중요한 기로에서 결단을 앞두고 있는 청년 대학생들이 자기가 안고 온 모든 고민을 다 잊어버릴 정도로 눈 놀이에 미치다시피 할 때가 많습니다. 자기 키보다 더 큰 눈사람을 만들기도 하고, 눈썰매를 타기도 하고, 눈싸움을 하기도 하고, 에스키모 사람들도 놀랄 만한 큼직한 이글루를 만들기도 합니다.

어느 해인가, 청년들이 이글루를 만들고는 그 안에서 몇 번인가 '라면 파티'를 했습니다. 경옥은 그 안에서 동네 아이들에게 영어를 가르치기도 했습니다. 이렇게 실컷 놀다보면 아무리 오래 묵은 스트레스라도 다 풀려 버립니다. 그 외에도 몸의 리듬이 살아나서 좋고, 서로 친해져서 좋고, 잠이 잘 와서 좋습니다.

무엇보다 이렇게 친해지고 나면 식탁이나 상담실에서 침을 튀기며 논쟁을 하더라도 서로 인격적으로 무시당한다는 느낌이나 모멸감을 느끼지 않습니다. 그리고 눈이 주는 더 큰 비밀이 하나 있는데, 그것은 이렇게 신나게 놀고 이야기하다 보면 어느덧 자기 문제가 작아 보이기 시작한다는 것입니다. 그리고 자연의 아름다움 앞에서 하나님의 능력이 얼마나 큰지 눈을 뜨게 됩니다.

그러나 눈이 아무리 많이 와도 숲 속의 겨울은 외롭기 마련입니다. 사람들이 자기 마음을 열지 않으면 그렇습니다. 아무리 난로에 불을 피워대도 체감 온도가 낮은 이유가 그것입니다. 자기 문제에 움츠려 들어 있기 때문입니다. 더 큰 손을 보지 못하기 때문입니다. 아무리 눈이 퍼붓는 아름다운 곳이라도 불꽃 튀는 그 무엇이 없으면 얼음집처럼 스산해지기 마련입니다.

그러나 젊음과 낭만과 진리가 있으면 눈도 녹이고 얼음도 녹일 수 있습니다. 우정이 꽃 피고 정직한 토론이 살아 있으면 아무리 심심산골이라도 외롭지 않습니다. 매서운 영하의 날씨도 춥지 않습니다. 김치 하나만 놓인 밥상이라도 가난을 느끼거나 서글퍼 보이지 않습니다.

한밤중에 청년들의 잠자리를 둘러보다 보면, 마치 경쟁하다시피 코를 여기저기서 골며 자고 있거나, 자기 침대는 어디에 두고 남의 침대에 올라가서 다리를 서로 걸치고 잠들어 있는 모습을 가끔 봅니다. 청년들이 잠을 설치다니 어림도 없습니다. 외롭다니 턱도 없습니다.

잘 놀고, 잘 먹고, 잘 잔 다음 날에는 여지없이 도서관의 열기가 훅훅 거립니다. 뜨거운 커피를 한잔 들고 독서삼매경(讀書三昧境)에 빠진 놈, 조용히 눈을 감고 침묵 속에 잠긴 녀석, 테이프를 듣다가 싱긋이 웃는 놈, 대단한 걸 발견했는지 책상이 부서져라 내려치는 녀석, 책장을 넘기다가 "유레카", "이거다"라고 고함치는 놈, 라브리 간사들은 바로 그런 놈들을 무지 좋아합니다.

그러나 2014년 2월에 내린 공포의 폭설은 아무리 눈을 좋아하는 사람에게도 공포를 느끼게 했습니다. 기상청에서는 1.5m가 왔다고 했지만 라브리에서 가까운 어성전마을의 이장님 말로는 "내 키가 잠길 정도로 왔으니 2m 가까이 왔다."고 합니다. 경옥이 쓴 2014년 2월 기도편지를 보면 폭설이 어떤 것인지 짐작하고도 남을 것입니다.

마당의 눈을 치우는 것은 처음부터 포기했습니다. 사람이 다닐 만한 좁은 길만 집 앞뒤로 돌아가며 뚫었는데, 그것도 며칠이 걸렸습니다. 키 높이만큼 온 눈을 삽으로 퍼서 머리 위로 퍼 던지는 것은 여간 힘든 일이 아니었기 때문입니다. 온 가족이 밤마다 팔다리와 허리가 아파 잠들기가 힘들었지만, 가장 큰 문제는 그것이 아니었습니다. 지붕에 쌓인 수백 톤의 눈이 걱정되었기 때문입니다.

여러 가지 제설 방법을 연구도 하고 많은 사람들이 다양한 방법을 제안하기도 하였습니다. 늦은 밤에 양양소방서 대원들이 와서 보고는 햇빛으로 녹이는 방법 외에는 뾰족한 방법이 없다며 돌아가 버렸을 때는 눈앞이 캄캄했습니다. 그러나 약 열흘간 햇빛을 제대로 볼 수도 없었으므로 우리가 할 수 있는 일이라고는 집안에 난로를 때서 천장을 데우는 길밖에 없었습니다.

장을 보러 가기 위해 눈에 파묻힌 차를 꺼내는 데만 이틀이나 걸렸습니다. 의진이는 눈길을 뚫고 개 먹이를 주는 데만 한 시간씩 걸리곤 했습니다. 감사하게도 어제부터는 하루 종일 처마 끝에서 비 오듯이 눈이 녹아내리고 있습니다. 가끔 '쿵' 하며 지붕에서 눈덩이가 떨어지는 소리가 들려도 이제는 놀라지 않고 반갑게 들립니다. 눈이 다 녹고 나면 할 일이 많을 것 같습니다. 어제는 17일 만에 처음으로 쓰레기를 내다 버릴 수 있었습니다. 속이 다 시원하더군요(경옥, 2016년 2월 기도편지 중에서).

나뭇가지가 찢어지는 소리, 처마가 무너지는 소리, 기둥이 삐걱거리는 소리가 난지 약 3주 후에야, 드디어 눈이 녹아내리기 시작했습니다. 눈이 다 녹는데도 3주가 더 걸렸습니다. 이번에 건물의 안전이 심리적으로나 영적으로 매우 중요하다는 것을 절감했습니다. 눈이 조금 올 때는 하나님께 맡기고 잠을 청했습니다. 그러나 와도와도 너무 많이 오니 좀처럼 깊은 잠을 잘 수가 없었습니다. "여호와께서 집을 세우지 아니하시면 세우는 자의 수고가 헛되며, 여호와께서 성을 지키지 아니하시면 파수꾼의 깨어 있음이 헛되도다."(시편 127:1)라는 말씀이 실감났습니다.

막내아들이 눈길을 내느라 허리가 아프다고 하기에, 시간이 지나면 나을 줄 알았는데, 나중에 MRI를 찍어 보니 허리가 심각하게 탈골되어 있었습니다. 허리만 고장난 것이 아니라 처마도 일부 무너졌습니다. 부천예인교회(정성규 목사) 구제팀이 와서 수리를 해 주고 갔습니다. 부친으로부터 배관 공사를 등 넘어 배웠다는 김영훈 목사는 별채의 노후 수도관이 동파되었다는 소식을 듣고 급히 달려와서 수도관을 새로 깔고 1, 2층의 부엌과 화장실을 새로 단장해 주고 돌아갔습니다.

아마 라브리도 지구 온난화와 이상 기후에 대비해야 할 것 같습니다. 태풍, 폭설 문제를 자연 재해 문제로만 볼 것이 아니라 공해, 미세먼지 등과 함께 환경적인 대안을 모색해 봐야 하는 시점이 아닌가 생각합니다. 라브리 시설도 전반적으로 점검하고, 피해 상황을 둘러보러 오신 신재용 감사가 제안한 것처럼, 라브리 마당을 콘크리트로 지상 1층, 지하 1층으로 구조 변경하는 방안을 고려해 볼 필요가 있다는 생각이 듭니다. 라브리 본채는 나무로 지은 집이라 재난에 매우 약하거든요.

화재: 라브리를 태울 뻔하다

2016년 1월 16일 오후, 나무 난로가 과열되어 라브리에 불이 날 뻔했습니다. 감사하게도 큰 화재로 번지지 않았습니다. 양양으로 이사온 후로 화재 공포가 누적되고 있던 차에 벌어진 일이라 그 트라우마는 한동안 갈 것 같습니다. 기억하실지 모르지만 강릉, 고성, 속초, 양양은 봄이 되면 동해안에서 불어오는 건조한 바람 때문에 작은 산불이 많습니다.

특히 2005년 4월 4일에 발생한 양양 낙산사 산불이 미친 트라우마가 소름끼치듯이 다시 생각났습니다. 낙산사에 불이 났을 때는 저희 가족이 모처럼 안식월을 몇 달 얻어서 큰 아들이 있는 밴쿠버에 있을 때인데, 라브리를 지키던 춘성 간사의 황급한 전화를 지금도 잊을 수 없습니다.

— 라브리에서 불과 4km 밖에 떨어지지 않은 관동대 뒤 화일리에서 산불이 났는데, 지금은 강풍이 어디로 불지 모른다고 합니다. 만약 라브리 쪽으로 바람이 불면 순식간에 불바다가 될 가능성이 있습니다.

본래 산불이란 강풍을 타고 번지는데, 당시 보도를 보면 "최대 풍속 24m/sec"이었다고 하니, 3분 안에 라브리까지 올 수도 있었을 텐데, 아마 춘성 간사가 저희 부부를 안심시키려고 그렇게 말한 것이 아닌가 생각합니다. 그때 1,300년 역사를 자랑하는 낙산사가 큰 피해를 입었고, 라브리에서 협동간사로 일한 적이 있는 주동 형제 부모님이 사시던 물치리의 집도 탔습니다.* 춘성 간사가 산불 진압이 끝난 후에 5월에 보낸 편지를 보면 당시의 상황이 얼마나 다급했는지 알 수 있습니다.

> 저는 양양에 불이 났을 때 일 년 동안 받을 전화 양보다 더 많은 전화를 받았습니다. 급한 상황에도 걸려오는 전화에 정신이 없었습니다. 그래서 짜증도 났고 전원을 꺼 놓을까 생각도 했습니다. 하지만 생각을 전환해 보니 라브리를 기억해 주는 수많은 기도의 동지들을 볼 수 있었습니다. 재정이 힘이 들 때, 학생이 없을 때, 집을 사야 할 때, 일할 일꾼이 없을 때 누구 하나 기도하는 사람이 없는 것 아니냐고 투정할 때도 있었습니다. 하지만 이런 투정꾼인 저에게 하나님은 쉴 새 없는 전

---

* 2005년 양양 산불은 강풍을 타고 화일리에서 바닷가로 진행되었는데, 수만 평의 야산과 1,300년이 넘은 고찰 낙산사(의상대사가 671년 창건)를 태우고 끝났습니다. 당시 이재민 165세대 420명이 발생하였으며, 관동대 기숙사에 있던 학생 700여 명도 긴급 대피했습니다. 그때 산불로 인한 피해는 산림 973ha, 낙산사 동종, 원통보전, 홍예문 등의 유적 17점 소실, 건물(주택 163, 상가 69, 창고 및 부속사 등 312) 544동, 비닐하우스 19동, 축사 30동, 농기계 650대, 등 230억 상당의 피해가 발생했습니다.

화 폭격으로 저의 바벨탑을 폭파시켰습니다. 그래서 저는 감사의 기도를 드렸습니다. 지금 저는 "내가 홀로 외로울 때 누군가 널 위해 기도하네."라는 찬양을 부르며 여러분을 생각합니다. 평안하세요(춘성, 2005년 5월 기도편지 중에서).

그때부터 10년이란 세월이 흘렀습니다. 그러나 화재 트라우마는 태풍이나 폭설보다 오래 가는지, 10년 전 화재 충격이 아직도 남았는지, 잠을 자다가 여러 번 깰 정도로 '사고 후 증후군'이 심했습니다. 아직도 올해 1월에 불날 뻔한 일만 생각하면 가슴이 두근거리지만 기억이 생생할 때 몇 자 적어 놓으려고 합니다.

그날도 아침부터 난로를 피웠습니다. 날씨가 매서웠기 때문입니다. 집에는 라브리 간사 가족 12명 외에도, 루이스의 『순전한 기독교』 읽기에 참석했던 청년 21명 중에 6명이 아직도 머물고 있었습니다. 인영 선생, 윤석 선생 그리고 몇 주째 같이 지내는 은하 씨 그리고 필리핀에서 온 스테파니, 아르헨티나에서 온 훌리안 등이 방에서 쉬고 있었습니다. 마침 러시아에서 온 줄리아는 한국어 시험을 보러 춘천에 가고 없었습니다. 혜진이에게 영어를 배우러 온 학생도 두 명이나 홍석홀 격실에 앉아 있었습니다.

아침부터 잘 타던 난로가 갑자기 화력이 신통찮아 보이기에, 아마 젖은 나무 탓이거니 생각해서 난로의 바람 문(뎀프)을 열어 놓고 씨름을 하던 중이었습니다. 진성 선교사가 지나가

다가 "젖은 나무라 연기가 많이 나죠?"라고 염려를 해 주기에, "네. 그렇다고 뎀프를 너무 오래 열어 놓으면 연통이 과열되기 때문에 조심하고 있습니다."고 말하고 난 후, 불과 10분이 지나지 않은 때였습니다.

갑자기 연통 꼭대기에서 나무가 타는 소리와 함께 불꽃이 튀기는 것이 보였고, 연통도 불붙은 장작처럼 벌겋게 달아올랐습니다. 그것은 모두 순식간에 일어난 일이었습니다. 마침 윤석과 은하도 청소를 하러 나왔다가 같이 서서 불꽃이 튀는 것을 보았습니다. 정말 위기일발의 순간이었습니다. 1초가 급한 때였습니다. 그때 인경이 제일 먼저 찾은 사람은 진성 선교사였습니다. 난로 옆에서 이야기하며 놀고 있던 은하와 윤석에게 고함을 쳤습니다.

– 진성 선교사님을 빨리 불러 주세요.

두 사람이 번개같이 밖으로 뛰어나갔습니다. 인경은 나니아의 문을 열고 아이들에게 집 밖으로 대피하라고 고함을 치고, 격실에서 영어 수업을 하던 혜진에게도 학생을 데리고 빨리 바깥으로 나가라고 말하고는, 예문실 응접실에서 기타를 치며 놀고 있던 사람들에도 빨리 집 바깥으로 대피하라고 고함을 쳤습니다. 무슨 영문인지도 모르고, 한겨울에 모두 바깥으로 뛰어나갔습니다.

그때 인경은 난로 옆에 세워져 있는 소화기를 들었습니다.

15년간 비치해 두었지만, 라브리에서는 한 번도 사용해 본 적이 없는 빨간색 소화기였습니다. 안전핀을 뽑고는 불꽃이 튀기는 연통과 난로를 향해 쏘았습니다. 한 통을 잠간 사이에 다 쏘았습니다. 불씨를 꺼야 된다는 생각밖에 없었기 때문입니다. 그리고 과열된 난로가 터지면 불을 걷잡을 수는 없었을 것이라는 직감 때문이었습니다.

다른 소화기를 찾는 중에 진성 선교사가 달려왔습니다.

— 지붕 위를 봐 주세요.

한 마디에 지붕 위로 번개같이 뛰어올라 갔습니다. 뜨거운 김과 연기가 무럭무럭 나는 굴뚝에 호스로 물을 뿌려 굴뚝을 식혀 주었습니다. "아직도 연기와 열기가 계속 올라온다."며 잔불을 꺼 달라는 진성 선교사의 전화를 받고 난 후에 남은 소화기를 난로에 다 쏘았습니다. 나중에 들어보니, 호스를 지붕까지 던져도 잘 올라가지 않아 홍시를 따는 긴 장대에 매달아 올렸다더군요. 그리고 맨발로 지붕 위로 올라갔더군요.

— 이제 불씨가 다 꺼진 것 같습니다.

아래층에서도 지붕 위에서도 같은 말이 들려왔습니다. 그 말을 듣고야 정신을 차려보니, 홍석홀이 처참했습니다. 폭설이 온 듯, 홀 전체가 하얀 가루로 뒤덮여 있었습니다. 소화기 두

통을 다 쐈으니까요. 집이야 엉망이든 말든, 화염에 불타지 않고 하얀 가루로 덮힌 홍석홀이 오히려 반갑기만 했습니다.

물을 한 잔 마시고 있는 사이에, 기진이가 마스크를 가져왔고, 드디어 청소가 시작되었습니다. 기진, 은하, 윤석, 의진이 분말 가루가 자욱한 홀에 마스크만 쓰고 들어가서 청소를 시작했습니다. 한 시간 이상이 걸려 청소를 마쳤습니다. 그런 소동을 치루는 동안에도 몇 사람은 무슨 일이 있었는지 모르고 자고 있었습니다. 나중에 그 사람들에 대한 책임 소재와 차후 대피 요령을 토론하는 과정에서 세 가지 해석이 나왔습니다.

1. 대피하라는 소리를 듣지 못해서 깨지도 못했고, 대피할 기회조차 가지지 못했다. 이것은 대피 명령이 제대로 전달되지 않는 것이므로 위험하다. 다음에는 대피하지 못한 사람들이 없는지 2차, 3차 확인이 필요하다.
2. 루이스 독서회로 지친 사람들이 일어나 봐야 큰 도움도 안 될 테니까, 화재가 더 번지지 않는 한 깨우지 않는 것이 좋겠다고 생각해서 안 깨웠다. 화재가 번졌을 경우에는 인명 피해가 날 수도 있는 위험한 결정이었다.
3. 혹시라도 위급 상황을 이기지 못하고 패닉(공황) 현상에 빠지는 청년들이 있으면 곤란하니까 소식을 들은 사람들만 조용히 일을 처리하는 것이 좋겠다고 생각했다. 효율적인 발상이기는 하나 위험하기는 마찬가지다.

일주일동안 20여 명에게 밥해 먹이느라 초죽음이 된 경옥도 일어나서 2층 복도 청소를 했고, 청소가 다 끝난 후에는 모든 청년에게 포도주를 한 잔씩 대접해 주었습니다. 크리스틴 폴(Christine D. Pohl)이 잘 지적한 것처럼, "공동체는 서로 모순되는 것처럼 보이는 기쁨과 고통, 위기와 평화가 뒤얽혀 있는 곳이다."라는 말이 맞는 말입니다.

그날 밤 인경은 몸도 마음도 너무 피곤하여 일찍 잠자리에 들었으나 몇 번이나 놀라 잠을 깨곤 했습니다. 불타는 굴뚝이 눈앞에 아른거렸기 때문입니다. 일어날 때마다 문득 화재에서 구출해 준 하나님의 은혜가 뼈에 사무쳐서 눈물이 났습니다. 그리고 그 어느 때보다 라브리 가족이 고맙게 느껴졌습니다. "홈 베이스(가정에서 하는) 선교의 파워가 이런 거구나."라는 생각이 절로 났습니다.

'잘 훈련된 소방수들'이라도 감당하기 힘들 정도로 어려운 일을 거뜬히 해 냈습니다. 불평 한 마디 없이 질서 정연하게 움직여 준 가족이 너무 고마웠습니다. 만약 가족들이 순간적으로 패닉 현상에 빠지거나 불순종하거나 자기 목숨만 건지자고 도망을 갔다면 어떻게 되었을까 생각해 보면 아찔합니다. 당시에 현장에 있었던 윤석 선생이 이틀 후에 남긴 편지 중에 일부를 여기에 옮깁니다.

> 화재 진압 중에 가장 인상적이었던 부분은 위기 중에 인경 간사님이 저를 안아 주셨는데, 그때 저는 인경 간사님 마음속에

있는 두려움이 느껴졌습니다. 그렇지만 서로가 서로를 안을 때 마음과 마음이 서로 연결되는 느낌이었습니다. 그러면서 간사님의 짐을 서로 나누어지는 기분이었습니다. 그러면서 가족이란 말없이 그 자리를 지켜 주는 것이라는 것을 알게 되었습니다. 라브리는 손님 스스로가 이 공동체의 가족이 되기를 진실로 갈망할 때 피난처의 따뜻함을 온전히 누릴 수 있는 것 같습니다. 왜냐하면 가족이란 "삶을 함께 살아 내는 것"이기 때문입니다(윤석, 화재 후에).

화재 위기 원인은 여러 가지라 생각합니다. 지나치게 연료비를 아끼려고 난로를 무리하게 피웠고, 젖은 장작을 사용한 것이 직접적인 문제였습니다. 20여 명이 참석한 루이스 책 읽기 때만 아니라 겨울 학기가 시작된 후 3주째 거의 매일 난로를 피웠더니 태산 같이 쌓아 놓았던 마른 나무가 동이 난 것입니다. 100만 원이면 마른 나무를 한 차 살 수 있었는데도, 돈을 아끼려고 하다가 채 마르지도 않은 나무를 사용한 것이 화근이었습니다.

그리고 이번 화재는 예고된 사고였습니다. 젖은 나무를 때면 연통이 쉽게 막힐 수 있다는 것을 생각하지 못하고 불을 계속 피웠기 때문입니다. 지난겨울 뒤에 연통 청소를 분명히 했다고 하지만, 이번 겨울 학기를 시작한 후로 매일 난로를 피웠고, 아침에 불을 피울 때는 잘 탔지만 젖은 나무를 때면 그을음 때문에 연통이 쉽게 막힐 수 있다는 것을 충분히 고려하지 못했습니다. 연통 상부가 벌겋게 불타오른 것은 그 부분이 막혔을 가능성이 많고, 난로의 바람 문 기능을 과신한 탓일 수도 있습니다.

무엇보다 인경의 무지와 게으름 탓이 컸습니다. 겨울이 오기 전에 마른 장작을 충분히 준비하지 못한 것도 잘못이고, 봄에 연통 청소를 했다는 것을 믿은 것도 실수이고, 젖은 나무를 사용한 것도 잘못이고, 시스템 난로의 '뎀프(굴뚝)' 기능을 과신한 것도 잘못입니다. 총체적인 과오요 실수입니다. 실수를 많이 했더라도, 인경이 난로 관리를 했으니까 망정이지, 만약 의진이나 다른 사람들이 난로를 관리할 때 이런 문제가 생겼다면 어떻게 되었을까? 생각만 해도 아찔합니다. 경옥은 이번 일로 난로를 철거하자고 합니다. 인경이 찬성하지 않을 리가 없습니다. 태풍과 폭설과 화재, 이 3대 재난이 라브리와 미숙한 저희 부부를 날마다 단련시키고 있습니다.

16장 양양 집에서 쫓겨날 위기

이렇게 청년들과 놀고 공부하고 실수하다 보니 4년이 눈 깜짝할 사이에 지나갔습니다. 그러나 큰일이 났습니다. 돈을 모으지 못했기 때문입니다. 집을 구입하기로 약속한 2005년 11월 1일은 눈앞에 다가왔고, 그 마지막 몇 달은 지나간 4년보다 더 길게 느껴졌습니다.

연초에 이사회에서는 4년 전에 계약한 라브리 본채를 사는데 8억 원만 아니라, 소음 때문에 주유소(2억 5천만 원)까지 사지 않으면 안된다는 의견에 동의하고, 전체 기금 10억 5천만 원을 모으기로 결의한 바가 있습니다. 물론 4년 전에 이전할 때, 보증금과 중도금 1억 원은 이미 지불했으니, 9억 5천만 원만 모으면 됩니다. 만약 주유소를 포기한다고 하더라도 7억 5천만 원을 준비해야 합니다. 그것도 엄청나게 큰돈이었습니다.

한국 라브리 이사회에서는 은행 대출을 검토해 보았으나, 매월 들어오는 헌금을 봐서는 도저히 이자를 감당하기 힘들기 때문에 일찌감치 포기했습니다. 그러나 계약 만료일이 다가올수록, 국제라브리의 재정 원칙인 "재정적인 필요는 사람들에게 요청하지 않고 하나님께 기도한다."는 말이 얼마나 대담한 믿음을 요구하는 것인가를 깨닫고 전율하기 시작했습니다.

10억 원이 얼마나 큰돈인지 아니?

왜 전율했느냐고요? 재정적인 불안이 현실화되기 시작했기 때문입니다. 집값 문제가 계약만료일이 가까워 올수록 가슴을 누르기 시작했습니다. 기도 시간만 아니라 노동, 식사, 강의 시간에도 준비 상황에 대한 질문이 종종 터져 나왔습니다. 특히 식사 시간마다 거의 빠짐없이 질문이 쏟아졌습니다. 그렇다고 기도 부탁을 안 할 수도 없는 노릇이었습니다. 정훈 간사가 보낸 편지를 옮깁니다.

> 안으로는 국내외로부터 손님들이 많이 와서 주일 채플에 약 40여 명이 모일 정도로 북적거리고 있습니다. 그러나 외부적으로는 라브리 사역에 큰 도전이 있습니다. 라브리 건물을 구입하는 일 때문입니다. 라브리 기도 가족 여러분이 잘 아시다시피 라브리는 현재 양양에 있는 건물을 임대 중이고, 10월 말까지 약 7억 5천이라는 잔금을 치러야 하는 과제가 남아 있습니다. 이뿐만 아니라 실제로 이 지역 서광농협에서는 저희 건물 옆에 있는 주유소 건물을 사기로 결정을 하고 행정적인 절차를 밟으려 하고 있습니다. 10월 말까지 잔금을 치르지 않으면, 라브리 본채와 그 옆 주유소 건물이 어떻게 될지 아무도

모릅니다. 정말 한치 앞을 내다볼 수 없는 심정으로 10월 말까지 하나님을 의지하며 살아야겠다는 다짐만 할 뿐입니다. 기도 가족 여러분께 기도 부탁을 드립니다(정훈, 2005년 8월 기도편지 중에서).

시간이 다가올수록 평소에 가까이 지내던 후원자들이나 가족들과 연락하는 것도 조심스러워졌습니다. 본래 위급한 일이 생기면 가까운 분들이 가장 부담을 느끼고 신경을 많이 쓰게 되는 것은 인지상정입니다.

간사들은 될 수 있으면 기도 편지를 보내는 것 외에 일체의 개인적인 안부 전화까지 삼가기로 했습니다. 다음과 같은 이유에서였습니다. 첫째, 개인적인 안부 전화가 '돈 달라는 소리'로 들릴까 봐 염려되었습니다. 둘째, 가까운 분들에게 '기도 외에 헌금 부담을 주는 것은 옳지 않다.'고 생각했습니다. 셋째, 기도해 주시는 것도 감사한 데 근심까지 안겨 드리고 싶지 않았습니다. 넷째, 집을 못 사면 다음에 살 수 있지만, 한 번 잃은 사람은 다시 얻기 힘들다고 생각했습니다.

대신에 자세한 내용의 기도편지를 보냈습니다. 어떤 기도 가족은 솔직한 기도 부탁에 감사를 표해 주었습니다. 어떤 가족은 개인적으로도 기도하겠지만, 교회나 단체에 속한 믿음의 가족들과 같이 기도하겠다는 소식을 알려 주었습니다. 어려운 일이 생기면 대부분 침묵하기 쉽기 때문에, 적절한 위로의 한마디는 침묵보다 몇 배나 더 힘이 됩니다.

간사들은 가을 학기 내내 청년들을 돕느라 바빴습니다. 그중에는 골치 아픈 청년들도 있었는데, 차라리 그들을 돕는 것이 집 문제로 골몰하는 것보다는 훨씬 쉬웠습니다. 큰 위로가 된 손님도 계셨습니다. 영남대학교 공대 교수이시며, 대구 동부교회에서 시무하는 김상태 장로께서 같이 기도해 주시고 때로는 필요한 행정적 조언도 주셨습니다. 힘들 때 같이 있을 사람들이 있어서 얼마나 큰 힘이 되었는지 모릅니다.

2005년에 들어와서는 매달 기도편지마다 라브리 집을 구입할 재정을 위해 기도 부탁을 드렸습니다. 이사회에서도 그 길밖에 없다는 것을 알고 기도편지를 쓰도록 간사들에게 허락했기 때문입니다. 그러나 매달 돈 이야기를 하는 것은 간사들에게는 큰 부담이었습니다. 특히 마지막 달이 되어 오면서 기도 부탁은 강도가 더 높아졌습니다. 우리는 한국과 전 세계 라브리에 9월 26일 하루 동안 기도해 달라고 긴급 부탁을 했습니다. 긴장도 격해지고 경옥의 편지도 직설적이었습니다. 그만큼 다급했습니다.

> 매달 필요한 경비도 부족한 라브리가 무슨 수로 이 돈을 준비하겠습니까? 지난 4년간 돈을 모으려 했지만 여의치 않았습니다. 간사들이 생활비조차도 제대로 받지 못하는 터에 그나마 푼푼이 모아 두었던 돈은 수해 복구에 다 썼습니다. 물론 아직도 복구해야 할 곳이 남아 있는 상태입니다. 비록 경제적으로 궁핍하다 할지라도, 저희는 산골짜기까지 찾아오는 이 땅의

방황하는 젊은이들과 먼 한국까지 바다를 건너 진리를 찾아 미국, 영국, 터키, 인도 등 외국에서 오는 열방의 영혼을 위해 계속 일하고 싶습니다. 살아 계신 하나님을 만나 죽어 가던 생명이 살아나고 힘을 얻는 것을 보는 것이 저희의 보람이요 소망입니다.

사랑하는 기도 가족 여러분! 풍랑 가운데 간사들만 내버려 두시겠습니까? 만약 그래야 한다면 예수님이 하실 일을 바라보며 조용히 기다리겠습니다. 우리의 싸움은 광풍과의 싸움이 아니기 때문입니다. 광풍은 예수님이 잔잔케 하실 것입니다. 그러나 우리는 의심과 낙심 그리고 불신과 싸우며 믿음을 잃지 말아야 합니다. 풍랑이 걷히고 높고 파란 가을 하늘이 드러나는 날, 하나님이 여전히 살아 계시다는 것이 온 세상에 드러날 것입니다. 그리고 우리는 모두 그 하나님께 찬양과 영광을 돌리며 무릎을 꿇게 될 것입니다(경옥, 2005년 9월 기도편지 중에서).

여러 곳에서 자발적인 기도 운동이 일어났습니다. 우리는 기도밖에 다른 길이 없다는 것은 알았지만, 전 세계의 믿음의 동역자들이 이렇게까지 적극적으로 동참해 줄지는 몰랐습니다. 미국과 캐나다 라브리에서 먼저 기도에 불을 붙여 주었습니다. 금식하며 기도하겠다는 연락을 보내온 것입니다. 먼저 미국 보스톤 라브리에서 딕 카이즈 간사가 제일 먼저 편지를 보냈습니다.

Dear InKyung, Along with the other branches we are having a day of prayer for your branch on Monday Sept. 26. If there are any specific things you would like us to pray for apart from the obvious need for money, then perhaps you could send me an e-mail. Yours(Dick Keyes).

지면 관계상 여기에 모든 편지를 옮기지 못했으나 미국 로체스터, 영국, 네덜란드, 스위스, 호주, 캐나다 라브리에서도 같은 시간에 같은 마음으로 기도에 동참했습니다. 네덜란드 라브리는 누구보다 걱정하며 기도했다고 합니다. 국내에서는 설립 초창기부터 라브리 이사로 수고해 오신 양영전 목사(마산재건교회)께서 제일 먼저 기도의 불을 당겨 주셨습니다.

라브리를 사랑하는 분들에게

한국 라브리의 현재의 형편을 알리며 기도를 요청합니다. 오늘(화) 새벽기도회 후에 이 메일을 열어 보니 성인경 목사님이 보내 주신 여러 통의 편지들이 있었습니다. 그 편지들은 한국 라브리 형편을 전해들은 전 세계의 라브리 가족들이 9월 26일(월) 하루를 금식하며 기도하는 날로 정했으니 같이 기도하자는 내용이었습니다.

라브리(L'Abri, 불어로 피난처라는 뜻) 공동체는 현대 사회에서 날로 편만해 가는 세속적 시대정신과 사상적 전투에 긴요하게 쓰임 받고 있는 선교단체입니다. 그들은 살아 계신 하나님과 성경은 하나님이 계시하신 절대 진리이자 인생의 모든 문제 해결의 원리를 제시함을 믿으며, 그 하나님은 역사 가운데서 삶의 모든 영역과 각 개인의 삶 가운데서 구체적으로 반응하시는 인격적인 분임을 고백하는 선교단체입니다. 그 신앙고백 위에 굳건히 서서 기독교 진리로 신앙을 넘나드는 현대 세속 사조들과 맞서면서, 진리를 찾아 방황하는 자들을 열린 마음으로 어떤 문제이든, 어떤 질문이든 그것이 정직한 질문이라면 관심을 가지고 대화하며, 기독교 진리만이 참된 진리(The true Truth)임을 받아들이도록 영적 피난처 역할을 감당하고 있습니다. 라브리 공동체는 사람이든 홍보매체이든 자신들의 존재와 사역을 선전하지도 않으며, 손을 벌려 도움을 요청하지도 않으며, 간사나 배울 학생을 보내 달라고 홍보하지 않습니다. 살아 계신 하나님께서 그분의 계획과 필요에 따라서 필요한 것, 필요한 사람을 보내 주실 줄 믿고 기다립니다. 현재의 삶에 충실하며, 때에 따라 기도편지를 보내면서 서로의 형편을 나누며 살아 계신 하나님께 기도할 따름입니다.

한국 라브리가 지금 중대한 고비를 맞이하고 있습니다. 여기의 중대한 고비란 우리가 생각하기 쉬운 '위기(crisis)'를 뜻하진 않습니다. 앞으로 한국 라브리 사역 방향에 큰 영향을 미칠 '고비'가 될 것이라는 의미입니다. 사랑하는 여러분, 라브리를 위해서 아래와 같이 긴급기도모임을 알리오니 기도를 부탁드립니다. 오는 9월 26일(월) 하루를 금식하며 저녁 8시에는 전 세계 라브리 가족들이 한국 라브리 공동체를 위해 기도하는 날로 정했습니다. 한국에서도 "분당 꿈이있는교회", "마산재건교회", "전주 시냇가에심은교회", "양양 라브리"에서 같은 날 저녁 8시에 기도회 모임을 가지게 될 것입니다. 함께 기도해 주시길 바랍니다.

기도 제목

1. 한국을 비롯한 전 세계에 흩어져 있는 주님의 신실한 라브리 가족들의 기도모임을 축복하소서.
2. 4년 전에 강원도 양양에 마련한 공동체 건물과 부지 구입을 위해서 기도합시다. 계약마감일은 10월 말이며 필요한 액수는 9억 5천만 원입니다.
3. "오직 주만 바라보나이다(역대하 20:12)."라는 여호사밧의 마음으로 주님의 손길을 기다리며 기도합시다.
4. 만약 양양에 있는 그 장소가 하나님의 사역을 위해 필요한 장소라면, 10월 중으로 "넉넉히 채워 주시옵소서." 그리고 한국 라브리 역사와 사역에 놀라운 전환점을 이룰 기적을 보여 주소서.
5. 아울러 열린 마음을 주사, 주님의 응답에 순종하는 믿음을 주옵소서. 아직은 이 장소는 아닙니까? 더 적절한 장소를 주시기 위함입니까? 하나님의 뜻은 어디에 계시옵니까?
6. 어려운 시기에 사역자인 성인경 목사님 가족과 간사들에게 용기를 주시고 잘 감당케 하시며 마음에 평강을 주옵소서.

양영전 올림

황성주 이사도 편지를 보냈습니다. 그렇게 해서 긴급기도 모임을 지역마다 열었습니다. 좋은 일로 기쁨을 나누어도 부담이 되는 것이 선교단체인데, 재정적인 부담을 안겨드렸으니 집은 고사하고 기도의 동지들을 잃어버릴까 봐 걱정이 되었습니다. 그러나 기도를 부탁한다고 돈 달라는 것은 절대 아닌 것과 마찬가지로, 돈을 내지 못해도 기도로 도울 수 있다는 것을 분명히 알릴 필요가 있었습니다.

'뿔나팔'을 불 때가 된 것입니다. 예로부터 이스라엘 백성들이 전쟁에 나가거나 아주 급한 일이 있을 때에는 언제나 비상나팔을 불었습니다. 하나님은 주무시지 않지만 우리의 사정을 알려 드려야 하고, 잠자는 기도 가족들도 깨워야 했기 때문입니다. 예수님이 제자들에게, "너희가 내 이름으로 무엇을 구하든지 내가 행하리니 이는 아버지로 하여금 아들로 말미암아 영광을 받으시게 하려 함이라 내 이름으로 무엇이든지 내게 구하면 내가 행하리라(요한복음 14:13,14)."고 하신 말씀이 바로 뿔나팔을 불면 주님이 일하시겠다는 약속입니다.

C. S. 루이스는 그의 『사자 마녀 옷장』이란 동화책에서, 산타가 '수잔'이라는 여자 아이에게 크리스마스 선물로 뿔나팔의 효능에 대해 이렇게 말했습니다.

— 네가 급한 도움이 필요할 때는 언제든지 이 나팔을 불렴. 그러면 아슬란 님이 와서 도와주실 거야.

여기에 나오는 "아슬란(Aslan)"은 위엄과 능력을 겸비한 '숫사자'인데, 종종 예수님에 비유됩니다. 분당, 마산, 네덜란드, 스위스, 미국, 영국, 캐나다까지, 라브리를 사랑하는 모든 사람들이 하나님께 뿔나팔을 불었습니다.

라브리를 위한 긴급기도모임

일시	장소	전화
9월 26일 (월) 오후 3시, 오후 8시	꿈이있는교회(담임 : 황성주 목사) 경기도 성남시 분당구 야탑동 아미고타워 8층	031-622-0191
9월 26일 (월) 오후 8시	양양 라브리 강원도 양양군 서면 논화리 169-6	033-673-0037
9월 26일 (월) 오후 8시	마산재건교회(담임 : 양영전 목사) 경남 마산시 회원동 449-1	055-248-5156
9월 26일 (월) 오후 8시	시냇가에심은교회 전북 전주시 완산구 효자동 1가 562-8	017-644-6674

마지막 한 달의 영적 전쟁

평소에도 마찬가지지만 어려울 때는 지도자들, 즉 이사회나 당회가 더 중요합니다. 중요한 방향을 설정해 주기 때문입니다. 계약 만료를 딱 한 달 앞둔 9월 29일에, 한국 라브리로서는 처음으로 제주도에서 이사회가 모였습니다. 주유소까지 구입하려면 9억 5천만 원이 필요한데, 겨우 1억 3천 9백만 원밖에 없었기 때문이었습니다. 그중에 1억 원도 약속 헌금이었지, 현금으로 가지고 있는 것이 아니었습니다. 온 세계에서 뿔나팔을 불었지만, 집을 사기에는 턱없이 모자라는 돈이었습니다.

상황이 이런데 어떻게 제주에서 이사회를 가지게 되었느냐고요? 현실적으로는 저희 부부가 제주열방대학에서 강의하고 있었기 때문입니다. 큰일을 앞두고 도망다닌 것이 아니라 약 1년 전에 약속한 상해 코스타와 상해한인연합교회에서 강의를 마치고, 양양으로 돌아올 시간도 없이 곧 바로 열방대학에서 강의를 하고 있었습니다. 그것은 두 사람의 무언의 결단이기도 했는데, 아무리 집 문제가 시급하고 중요하지만, 청년들을 만나는 것을 중단하지 않겠다는 것이었습니다. 만약 라브리가 집을 못 사더라도, 청년 사역을 그만 두지는 않겠다는 의지의 표현이기도 했습니다.

시기적으로는 이사들의 중대 결단이 필요한 때였습니다. 앞서 9월 26일에 있었던 기도 모임에 대한 평가도 필요했고, 더 중요한 것은 기도 모임을 가진 이후에도 누구 하나 집을 살만큼 큰돈을 내겠다는 사람이 없었기 때문에 최악의 순간을 맞이할 마음 준비가 필요했습니다. 회의실과 침실은 황성주 이사가 제주 서귀포에 있는 한 호텔을 예약해 주셨고, 항공료는 이사들이 자비로 내셨습니다. 육지에서 황성주, 양영전 이사가 오셨고, 명예이사로 위촉되신 김북경 총장께서 신디아 사모를 모시고 같이 참석하셨습니다. 여섯 명이 머리를 맞대고 저녁 시간을 다 보내고 난 후에 드디어 자정이 다 되어서야 이사님들의 지혜가 모아졌습니다.

- 마지막 한 달만 더 기다리며 주님의 인도하심을 받자.

다른 이사들은 호텔에 주무시고, 저희 부부는 열방대학 기숙사로 돌아왔습니다. 아직 맡은 강의가 남아 있었기 때문입니다. 언뜻 보면 제주까지 와서 괜히 이사들의 의견 차이만 확인한, 매우 '비생산적 고비용 회의'처럼 보였던 것이 사실이었습니다. 그러나 우리가 뿔나팔을 불던 때부터, "하나님의 인도"에 한 걸음씩 순종하는 사람이 있었다는 것을 누구도 몰랐습니다. 그것을 알아차리는 데는 한 달 이상이 걸렸습니다.

양양에 돌아오니 벌써 10월이 되었습니다. 나쁜 소식과 좋은 소식이 둘 다 기다리고 있었습니다. 나쁜 소식이란 오랫동안 기다려 주신 집 주인이, 라브리가 돈이 절반도 준비되지 못했다는 것을 아시고는, 더 이상 기다리지 않고 다른 데 팔겠다고 연락을 한 것입니다. 그리고 계약 연장이나 이사 연기는 불가능하다고 못을 박았습니다. 다른 데는 동네에 있는 농협인데 라브리를 사서 펜션사업을 하겠다는 것이었습니다. 서울에 있는 한 치유센터도 관심을 갖고 있다고 했습니다.

할 수 없이, 4년 전 계약서를 제시하지 않을 수밖에 없었습니다. 계약서에는 "보증금 1억 원은 중도금에 해당하며"라는 말이 있었는데, 부동산 법에 의하면, 중도금을 낸 재산에 대해서는 아무리 집 주인이라고 하더라도 계약자의 허락 없이 아무에게나 팔수도 없고, 집에서 쫓아낼 수도 없다는 것입니다. 그렇다고 계약서를 핑계로 집도 사지 않으면서 이사도 나가지 않겠다고 잔꾀를 피우는 것은 도리가 아니었습니다. 계약서를 설명하고는, 이사를 몇 달만 연기하게 해 달라고 부탁했습니다. 주인은 한 달만 기회를 더 주겠다고 약속했습니다.

좋은 소식도 있었습니다. 서울에 있는 소망교회(김지철 목사)에서 "우리 교회가 라브리의 위급한 소식을 듣고 도울 수 있는 방법을 찾던 중에, 라브리가 4년 전에 계약한 조건대로 집을 구입해서, 2-3년 동안 라브리가 빌려 쓸 수 있도록 돕고 싶다."는 반가운 소식을 보내 주었습니다. 제주에서 돌아온 직후에, 양양 라브리를 잠시 들린 소망교회 목회자들에게 차를 한 잔 대접하며 우리의 사정을 말씀드린 것이 그런 놀라운 제안으로 돌아온 것입니다.

저희는 지금까지 한 번도 생각해 보지 않은 제안이라, 하나님께서 전혀 새로운 방법으로 라브리를 구해 주시려나 보다 하고, 교역자들에게 고맙기도 하고 마음이 크게 들뜨기도 했습니다. 물론 집 주인에게는 라브리의 양해가 없이는, 다른 사람과 매매 계약을 할 수 없다는 것을 다시 한 번 상기 시키지 않을 수 없었습니다. 그리고는 소망교회에 기회를 주시면 좋겠다는 부탁을 하고, 라브리 이사들이 급하게 다시 모였습니다. 이번에는 용산에 있는 안종철 연구원 집에서 이사, 간사, 연구원들이 연석회의로 모여, 소망교회의 제안을 받아들이기로 의견을 모았습니다. 그러나 안타깝게도 당회에서 논의는 했지만 구입 결정이 되지 않아서 없던 일이 되고 말았습니다.

설상가상으로 기다리다 지친 집 주인이, "그래서 교회는 믿지 않는다."며 괜히 교회를 싸잡아 욕하기 시작하더니, "라브리를 구입해서 펜션 사업을 하고 싶다."는 농협의 제안에 다시 귀가 솔깃해지기 시작했습니다. 농협은 주유소뿐만 아니라, 라브리 본채를 구입해서 펜션업을 할 의사가 있다고 했습니다. 그리고 "치유센터를 세우고 싶다."는 어느 병원 직원들이 집을 둘러보러 왔습니다. 그 병원은 라브리가 계약한 값보다 두 배를 더 주겠다고 했답니다.

그러던 어느 날, 선교단체 IVF(김중안 대표)로부터 "소망교회가 도와주려다가 못한 일을 우리가 하고 싶습니다. 단지 라브리의 계약 조건으로 우리가 집을 살 수 있으면, 라브리가 다른 곳으로 이사갈 때까지 사용하도록 해 드리겠습니다."라는 놀라운 제안을 받았습니다. 전국에 있는 거의 모든 IVF 지부를 다니며 강의한 적이 있기 때문에, 그런 부탁을 거절할 이유가 전혀 없었습니다. 소망교회에 이어, 두 번째 받은 똑같은 제안이었습니다. 집주인과 IVF를 연결해 주고 나니, 이제 집 문제는 우리의 손을 떠난 것처럼 보였습니다.

그때부터 인경의 마음이 조금씩 흔들리기 시작했습니다. 여태까지는 어린 아이들처럼, 하나님에게 깡을 피우는 기도를 해 보기는 했어도, 하나님에게 섭섭한 마음을 가진 적은 한 번도 없었습니다. 그러나 소망교회, 농협, 치유센터, 이제는 IVF

가 사서 라브리에 빌려 주겠다는 말을 들으면서부터는 인경 입에서 한 번도 안 하던 기도가 튀어나왔습니다.

― 주님, 이번 일로 저는 주님께 매우 섭섭한 마음이 듭니다. 섭섭한 정도가 아니라 솔직히 원망도 생기고 화도 납니다. '술 팔던 집을 기도하는 집으로 바꾸어 주세요.'란 말은 거짓말이었나요? '라브리가 이 집을 가질 수 있도록 무엇을 도와드릴까요?'라고 했던 말은 사탄의 속임수였나요? 심야 기차를 타고 와서 집을 둘러보던 열 명의 청년들이 '이 집은 우리가 찾는 조건에 너무 잘 어울린다. 좋아도 너무 좋다.'는 말을 할 때, 왜 그들의 입을 틀어막지 않으셨나요? 서울 라브리 하우스를 판 모든 돈을 여기에 퍼 부었는데, 4년만 일하고 말라면 한 명을 전도하는 데 얼마나 비싸게 쳤는지 아세요? 못 하나를 박을 때도 수십 년 후에 이 집에서 공부할 청년들을 생각하며 조심스럽게 박았는데, 이 집으로 펜션으로 돈을 벌게 하겠다고요? 두 번의 태풍과 온갖 재난에서 구해 주신 분이 주님이라고 생각했는데, 이제 와서 우리를 쫓아내시고 다른 사람들에게 이 집을 주시겠다고요? '내 눈과 마음이 항상 여기에 머물겠다.'고 하신 약속은 거짓말이었나요? 온 세상에서 라브리 가족이 뿔나팔을 불었는데, 하나님은 귀머거리라서 못 들었나요, 아니면 듣고도 못 들은 체 하시는 겁니까? 팔든지 말든지, 다른 사람들에게 주든지 말든지 마음대로 하세요. 그러나 지금 쫓아내시면 저는 라브리 일을 더 이상 하지 않겠습니다. 이것은 주님에게 공갈을 치거나 협박하는 것이 아니라 저의 각오와 원망과 좌절을 솔직하게 말씀드리는 것뿐입니다.

이런 기도를 집에 앉아서 한 게 아닙니다. 남몰래 라브리에서 가까운 장승리 탄광촌의 구석진 곳이나 계곡의 낭떠러지에 차를 세워 두고 한 기도입니다. 한동안은 입맛이 없어서 밥도 먹는 둥 마는 둥 했습니다. 이와 같은 내적인 갈등은, 저희 부부만 아니라 라브리를 위해 기도하고 사랑하던 모든 분들의 영적 싸움이었습니다.

에스라성경대학원대학교의 총장으로 수고하던 김북경 목사는 기독개혁신보(합신교단신문, 2005. 10.1, 11.26)에 기고하신 글에서 "사막의 오아시스, 라브리에서 보여 주신 또 하나의 기적"이라는 글에서 당시에 저희들이 씨름했던 믿음의 갈등을 누구보다 잘 표현해 주셨습니다.

> 나는 이번에 여러 가지 믿음의 형태를 경험하였다. 애굽 병사들의 추격을 받으면서 도망하는 이스라엘 백성들의 조마조마했던 믿음을, 아니 의심과 절망이 가득 찬 믿음 없는 믿음을 맛보았다. "하나님이 해결해 주시겠지." 하는 막연한 믿음. "하나님, 라브리의 체면은 어떻게 되라고 돈을 안 보내 주십니까?"라고 항의하는 믿음. "하나님이 주권자이시니까 좋으실 대로 하시지요." 하는 마음 편한 믿음도 가져 보았다. '내가 어떤 기적을 일으킬지 조용히 지켜 보아라.' 하시는 하나님의 음성을 들으면서 조용하지 못했던 나의 믿음이 다시 한 번 테스트 당한 것을 경험했다(김북경, 합신교단신문 기고문에서).

"믿음의 대장"이라 생각한 김 총장도 이렇게 흔들리셨다니 우리들에게는 그것이 오히려 위로와 큰 힘이 되었습니다. 그런 어른도 흔들리는데, 젊은 간사들의 믿음이 흔들리지 말라는 법이 어디 있겠습니까? 정신을 차려야 했습니다. 간사들의 마음부터 다잡아야 했습니다. 그래서 시작한 것이 지난 4년간의 라브리 사역 전반을 반성하고 회개하는 시간이었습니다. 만약 문을 닫아야 할 이유가 있으면 닫아야 한다는 절박한 마음으로 여러 가지 의견을 나누었습니다. 수십 가지 의견들이 오고 갔지만, 누구도 "여기쯤에서 집을 포기하고 이사를 나가자."는 말을 하지 않았습니다.

우리는 섭섭하기도 하고 화도 났지만, 현실을 있는 그대로 인정하고 기도하며 하나님의 때를 기다릴 수밖에 달리 다른 길이 없었습니다. 그것은 가난의 문제도 아니었고, 악덕 주인의 문제도 아니었고, 기도 부족의 문제도 아니었습니다. 약속의 문제였고 법적인 문제였고, 아버지의 섭리 문제였습니다. 우리도 예수님처럼 "내 뜻대로 마옵시고 아버지의 뜻이 이루어지기를 바라나이다(누가복음 22:42)."라는 기도를 드릴 때가 된 것입니다. 공부하던 청년들도 다 집으로 돌아가고 북적거리던 손님들도 다 돌아갔습니다. 가끔 찾아오는 손님들을 대접하는 것밖에 우리가 할 일은 없었습니다. 마지막 한 달은 하루하루가 영적 전쟁이었습니다.

한 신사를 위한 부흥회

11월 4일 저녁, 계약만기일도 며칠 지난 후에, 집 주인에게 양해를 구하고 하늘만 쳐다보고 있던 어느 날이었습니다. 연세가 지긋하신 두 부부가 라브리를 방문하셨습니다. 김정식 장로 부부와 친구 부부였습니다. 차를 한 잔 대접해 드렸더니 한 시간 정도 머물며 담소를 나누었습니다. 김 장로보다는 친구 분이 질문을 많이 하셨습니다.

- 건축가가 볼 때는 어떤지 몰라도, 내 눈에는 제대로 지은 집 같은데 어떻소?
- 요즘 이런 집을 지으려면 50억 원이 들어도 못 지을 것 같지 않소?
- 이런 산속에서 성 목사 부부가 하는 일이 무엇이요?

때가 때이니만큼, 집 구입에 대해 무슨 말씀을 하실 줄 알았으나 아무 말씀도 없이 돌아가셨습니다. 그런데 바로 그 다음 날 새벽에 김 장로께서 전화하시고는, 집을 자기가 살 수 있도록 당장 주선해 달라고 부탁을 하셨습니다. 왜 김 장로께서 이 집을 사시려는지, 이 집을 어디에다 사용하실 것인지에 대해서는 물어볼 필요가 없었습니다. 김 장로도 말하지 않았고 저희도 물어보지 않았습니다.

마침 저희는 그날 저녁부터 서울에 있는 재건영등포교회에서 토요일, 주일 아침 예배, 주일 오후 특강 등 세 번이나 말씀을 전할 예정이었기 때문에, 영동고속도를 달리는 내내 조그마한 프라이드가 임시 사무실이 되었습니다. 홍석 사장과 여러 통의 전화가 오고 간 후에, 월요일 11시에 매매계약을 맺기로 약속을 했습니다. 하루가 아까운 시점에, 왜 하나님께서 저희를 재건영등포교회로 보내셨는지 다 알 수가 없지만 세 가지는 확실했습니다.

첫째는 하나님께서 사방에 라브리를 위해 기도하는 사람들이 얼마나 많은지, 두 눈으로 똑똑히 보라고 보내신 것이 아닌가 생각합니다.

둘째는 유학간 아들 방을 내어 주시며 정성으로 대접을 하신 이정구 장로 부부를 사귈 기회를 주신 것이라 생각합니다.

셋째는 계약을 성사시키기 전에 집 주인을 아침 일찍 만나서 위로할 필요가 있었기 때문이 아닌가 생각합니다.

주일 오후에 영등포교회 집회를 마치고 종로에 있는 여전도회관에 와서 잠을 자고, 일찍감치 일어나서 밥을 먹고 있는데 심상치 않은 사태가 벌어졌습니다. 11시에 만나기로 한 집 주인 홍석 사장이 아침 일찍 찾아왔기 때문입니다. 밥을 먹는 둥 마는 둥 숟가락을 놓으며 오늘 계약이 쉽지 않을 것이라는 위기의식이 닥쳐왔습니다.

그날 아침, 저희는 고달픈 인생을 살아온 한 남자의 가슴 속에 묻어 두었던 쓰라린 고난(苦難)을 보았습니다. 라브리에 팔려고 했던 것보다 두 배나 오른 거품 가격 앞에서 방황하는 음란한 물욕(物慾)도 보았습니다. 속고 속이는 세상의 부조리에

치가 떨릴 정도의 깊은 절망(絶望)도 보았습니다. 거의 파산에 직면한 어려운 경제 상황에서도 4년 전에 한 약속을 지키기 위해 애쓰는 한 신사의 신의(信義)를 보았습니다.

집 매매 계약을 주선하러 왔다는 것도 잊어버린 채 그리고 김 장로와 정훈 간사가 바로 길 건너편에서 기다리고 있다는 것도 까맣게 잊어버린 채, 지하 커피숍에서 한 신사를 위해 부흥회를 열었습니다. 셋이서 울고 웃다가 보니, 계약 예정 시간을 훌쩍 넘기고 말았습니다.

아마 그 시간이 없었다면, 홍석 사장은 그날 계약할 용기를 내지 못했을지 모릅니다. 아마 김 장로를 만나지도 않고 집으로 곧 바로 돌아가고 말았을지 모릅니다. 점심시간이 거의 다 되어서야, 길 건너편에 있는 정림건축 회장실에 도착했습니다. 그때 홍석 사장과 김 장로의 대화 내용입니다.

> 홍석 사장 : 늦어서 죄송합니다. 성 목사로부터 이야기를 들었습니다만, 그저께 밤중에 양양에 오셔서 차 한 잔만 마시고 가신 후에 하루 만에 결정하셨다고요? 집만 아니라 산도 26,000평이고, 거기다가 주유소 건물도 있는데, 하나도 제대로 둘러보시지 않고 계약하셔도 되겠습니까?
>
> 김 장로 : 제가 집을 자세히 둘러보지는 못한 것은 사실입니다만, 평생을 건축가로 산 사람이라 한 눈에 보면 어떤 집이라는 것쯤은 좀 알지요. 그리고 친구를 데리고 간 이유도 있었고요. 매매한 후에 집도 보고 산도 보러 다시 가보려고 합니다. 곧 점심시간이 되니까 바로 계약부터

할까요?

홍석 사장 : 장로님이 필요해서 사시는 것도 아니고 라브리를 돕기 위해 사시는데, 이렇게 서두르실 필요가 있습니까? 지난번에 소망교회도 라브리를 위해 산다고 해 놓고는 없던 일로 한 적이 있고요. 죄송하지만 계약금이나 중도금 혹은 막대금은 언제쯤 지불하실 생각이신지요?

김 장로 : 제가 미덥지 못하다는 말씀처럼 들리는데요? 오늘 계약금으로 OOO를 드리고, 등기가 넘어오는 대로 중도금과 막대금을 일시에 지불하겠습니다. 집 문제 때문에 라브리 간사님들의 마음고생이 이만저만이 아니지 않습니까? 계약금으로 OOO를 준비했는데, 이만하면 되겠습니까?

홍석 사장 : 김 장로님의 생각을 몰랐습니다. 일반적인 부동산 거래는 보통 몇 달이 걸리기 때문에 오해한 것 같습니다. 조금 전까지만 해도, 제가 매매계약서를 쓸 마음 준비가 안되어 있었기 때문에, 인감도장은 갖고 있지만 인감증명서를 떼 오지 않았습니다. 곧 바로 다녀오겠습니다.

김 장로 : 제가 오후에는 다른 약속이 있으니, 너무 늦지 않게 와 주시면 감사하겠습니다. 여기 성 목사 부부와 점심 먹고 기다리고 있겠습니다.

그 후에는 일사천리였습니다. 홍석 사장과 김 장로는 마치 몇 달 동안 거래를 합의해 온 사람들처럼, 매매 대금, 계약 금액, 잔금 지불 등 단 한 가지 사안에도 의견충돌이 없이 너무나 쉽게 의견이 모아졌습니다. 아마 김 장로께서 계약금을 예상보다 많이 제시했고, 그것도 현금으로 준비한 것이 큰 도움이 된 것이 아닌가 생각합니다. 계약서를 다 작성하고 난 후에 도장을 찍는 것만 남겨 놓고 서류 준비를 위해 잠시 쉬기로 했습니다.

홍석 사장이 경기도 가평까지 갔다 오는 데에 다시 두어 시간이 더 걸렸습니다. 중간에 홍석 사장의 마음이 흔들리는 것을 예방하기도 하고, 시간 절약을 위해 정훈 간사가 모시고 다녀왔습니다. 인경은 총회교육부에서 주관한 특별 세미나가 있어 도장 찍는 현장에는 참석하지 못하고 정훈, 경옥 간사가 증인이 되었습니다. 드디어 주유소 건물과 땅까지 포함하여, 10억 5천 만 원에 컨트리타운의 모든 재산이 김 장로에게 팔렸습니다. 10억 5천만 원은 미국 돈으로 환산하면 약 백만 불($1,000,000)에 해당합니다.

계약한 날이 11월 7일(월요일)이었으니, 김 장로께서 라브리를 다녀가신 날로부터 불과 3일 만에 이루어진 전격적인 일이었습니다. 4년을 기다린 일이, 불과 3일 만에 끝나다니 믿을 수가 없었습니다.

요즘도 우리는 자주 "홍석홀"에서 티타임을 갖습니다. 거기에는 보는 이마다 찬사를 아끼지 않는 3층 높이의 기둥 네 개가 있는데, 아무도 솔로몬 성전의 두 기둥의 이름이었던 '보아스'나 '야긴'과 같은 이름을 붙여 주지 않았지만, 저희는 한 신사의 고난(苦難), 물욕(物慾), 절망(絶望), 신의(信義)를 그 기둥에서 느낍니다. 그리고 만약 50년 후 혹은 50년 미만이라도, 홍석 사장이나 그 자녀들이 와서 "우리 집을 다시 사고 싶습니다."라는 말을 하기를 기다리고 있습니다.

청년들의 복음화를 위해
이 집을 잘 사용해 주세요

행정적인 절차가 다 끝나자마자, 김 장로께서 포도주를 몇 병 사들고 집을 둘러보러 오셨습니다. 밤늦게 차 한 잔 마시고 간 것이 다였기 때문에, 집을 제대로 둘러보지 못한 것은 물론이고 집 뒤에 있는 산이나 별채 주유소 사무실은 본 적도 없었기 때문입니다.

김 장로께서 오신다기에 간사들이 조촐한 저녁 식사를 겸한 파티를 준비하고, 그동안 같이 기도해 준 양양에 있는 수리교회 강형선 목사와 중앙감리교회 전인석 목사와 그 두 교회 성도들과 함께 감사예배를 드리기로 했습니다. 강형선 목사가 기도를, 전인석 목사가 짧은 설교를 했습니다.

그날 모인 하객 중에는 산골 동네의 꼬부랑 노인들만 아니라 중학생, 고등학생들도 있었습니다. 김 장로께서 사 오신 포도주를 한 잔씩 마시고는 모두들 얼마나 기뻐했는지 모릅니다. 아마 그렇게 맛있는 포도주를 마시는 것은 평생 처음이었을 것입니다. 그날 밤에 아이들의 입에서 "아마 천국잔치가 이런 걸 거야."라는 소리도 나왔습니다. 김 장로는 감사예배 후에 딱 몇 마디를 남기셨습니다.

– 저는 이 집이야말로 라브리를 위해 예비된 집이라고 생각합니다. 이 집을 청년들의 복음화를 위해 잘 사용해 주시기 바랍니다. 다만 이 집은 목조건물이니 화재를 조심하시기 바랍니다.

축하객들은 "아멘"으로 화답했습니다. 10억 5천 만 원짜리 집을 "아멘" 한 마디로 무료 사용권을 얻다니 놀랄 일이 벌어진 것입니다. 감사패나 아무런 선물도 드리지 못했습니다. 단지 그날부터 이름이 없던 2층 까페에 이름이 생겼습니다.

김정식 홀

라브리에 드나드는 사람마다, 그분의 청년 복음화 열정을 기억해 주기를 소원하는 뜻을 담았습니다. 제일 기뻐한 사람들은 청년이었습니다. 몇 사람의 감사 편지를 여기에 소개합니다.

눈물이 흐르네요.
참 기뻐서 눈물이 나네요.
슬픔을 기쁨으로, 절망을 소망으로 바꾸신 주님의 은혜가 놀라울 따름입니다.
항상 그러셨듯이, 가장 선한 방법으로 이끄시네요.
남은 가을 학기는 가장 은혜로운 학기가 될 것을 생각하니 그곳에 있을 학생들과 손님들과 간사님들이 부럽고 샘이 나려

합니다. ㅎㅎ

좀 전에 이를 닦으면서, 하나님께 좀 더 세게 떼를 써야겠다 생각했었는데,

멋있게 감사기도를 하고 자야겠습니다(서울에서 은미).

와우 하나님께서 또 이렇게 응답하시네요.

주유소까지 사게 되다니

(마당에다) 이제 국제적인 족구장을 만드는 일만 남았습니다.

하하

정말 살맛나네요.

하나님을 믿는다는 것은 참 매력적인 일입니다(경기도에서 인영).

라브리가 처했던 여러 가지 어려운 상황과 성 목사님과 라브리를 사랑하는 모든 이들의 염려와 간절한 간구에 대해서 자세히 들었습니다. 하나님의 선하신 뜻에 따라 모든 일이 은혜롭게 해결된 데에 대해 감사드립니다. 건물 구입비로 보내 드린 헌금은 돌려 주려고 하지 마시고 라브리 사역에 유용하게 사용하시길 바랍니다(오만에서 양종식).

목사님, 저도 김정식 장로님 같은 분들의 뒤를 이어 가고 싶습니다. 그분의 이야기는 제게 큰 도전과 감명을 주었습니다. 저도 작은 부자가 되어서 큰 사람들이 챙기지 못하는 작은 일들

을 돕고 싶습니다. 저는 하나님의 손 안에 이 일을 놓고 왔습니다. 이제 그분께 달려있고, 그분이 하실 것입니다(북경에서 효태).

정말 축하할 일이군요. 그동안 정말 애 많이 태우셨죠? 속이 숯검댕이가 된 것 아니신지요? 이제 좀 한숨 돌리시고, 잠도 잘 주무시고 맛있는 것도 많이 드셔서, 기력을 회복하시길 바랍니다. 한편으로는 아쉬움이 남기도 하지만, 또 진작 좀 이렇게 해 주시지 왜 그렇게 오래 끄셨나 싶기도 하지만, 결국 하나님께서 현재 라브리에 가장 적합한 방식으로 해결해 주셨다고 생각합니다.

몇 년이 되었든, 간사들이 마음 편하게, 라브리를 찾아오는 학생들과 손님들만을 생각하며, 사역에 집중할 수 있다면 그보다 더 좋은 일은 없겠지요? 성 간사님과 박 간사님을 비롯, 김정훈 간사님, 신기숙 간사님, 이춘성 간사님 그리고 수연 씨 모두 정말 애 많이 쓰셨습니다. 아마 엊저녁에 축배를 드시지 않았을까 싶은데, 아니라면 곧 축하 파티를 여시겠죠?

간사님들과 얼싸안고 같이 기쁨을 나누고 싶은데 아쉽네요.^^ 간사님들, 사랑합니다. 당신들의 영원한, 열렬한 응원자가 전국 곳곳, 아니 세계 곳곳에 포진해 있음을 늘 잊지 않으시길 바랍니다. 저희 집에서도 이번 달 포럼에 축배의 잔을 높이 치켜들까 합니다. 시간 되시면 오세요. 맛있는 프랑스 와인 준비해 놓을게요(일산에서 진숙).

국제라브리의 가족들도 무척 기뻐했습니다. 미국 로체스터라브리의 래리 스나이더(Larry Snyder)는 "길에 나가 춤을 추며 기뻐할 일"이라고 했고, 캐나다 라브리의 더글라스 커리(Douglass Curry)는 "소망교회가 산다고 할 때는 레아를 얻는 줄 알았더니 김 장로가 샀다는 것은 라헬을 얻은 것과 같다."고 좋아했으며, 화란 라브리 대표이며 국제라브리 회장인 빔 리트께르크(Wim Rietkerk)는 "라브리를 위한 복음"이라는 찬사를 보냈습니다.

영국 라브리의 돈 달(Dawn Dahl) 간사는 "너무 기뻐서 어떤 말을 해야 될지 모를 정도로 감사하다."고 했으며, 저희들의 오랜 친구인 존과 질 바즈(John & Jill Barrs)는 "나도 춤을 추고 싶다."고 알려 왔습니다. 미국 보스톤 라브리의 딕 카이즈(Dick Keyes)는 "지난 몇 달 동안 모든 일이 현재 진행형이나 미래형이었으나 이제는 과거형이 된 것을 축하한다."고 했습니다.

형식상 라브리와 김 장로는 '부동산임대차계약'을 맺었습니다. 임대차계약 보증금은 일억 원으로 했는데, 홍석 사장에게 드렸던 보증금 일억 원을 받아서 다시 맡긴 것입니다. 주유소는 당분간 양양서광농협에 임대를 주기로 하고, 임대 수입으로 들어오는 월 120여만 원은 라브리에 헌금해 주셨습니다. 단지 주유소에 나오는 재산세는 임대료에서 충당하기로 하였습니다. 그때 나눈 대화 중의 일부입니다.

간사 : 장로님의 사랑에 대단히 감사합니다. 그런데 어떻게 이런 생각을 하

시게 되었습니까?

김 장로 : 이런 생각이라니요?

간사 : 장로님이 전부를 구입하셔서 라브리에 무료로 빌려 주시는 아이디어 말입니다.

김 장로 : 소망교회에서 아이디어를 얻었지요. 소망교회가 구입해서 라브리에 빌려 준다는 말을 듣고, '나도 구입해서 라브리가 사용하도록 해 줄 수도 있겠구나.'라는 생각을 했지요.

간사 : 그런데 왜 우리는 라브리가 전액 헌금을 모아서 구입한다는 생각밖에 못했을까요?

김 장로 : 나도 처음에는 그런 생각밖에 못했지요.

어느 누구도 김 장로가 그런 말씀을 해 주실 때까지는, 우리가 뿔나팔을 불던 바로 그 순간부터 혹은 그 전부터, 하나님께서 김 장로의 마음을 움직여서 약속 헌금을 하도록 하셨고, 그다음에는 소망교회가 하는 일을 지켜보게 하셨고, 마지막에는 직접 행동에 나서도록 하셨다는 것을 알아차리지 못했습니다. 하나님의 인도에 한 발짝씩 순종하신 김 장로의 모습이 아름다웠습니다.

김 장로는 1935년 평안남도 평양에서 태어났으며, 어릴 때부터 모친을 따라 예수님을 믿었다고 합니다. 해방 직후에 북한 공산 치하에서는 더 이상 신앙을 지키기 어렵다는 것을 알고, 가족과 함께 빈손으로 서울에 내려와 신문팔이를 하며 대

광고등학교와 서울대학교 건축과를 졸업했습니다. 그는 모교에서 7년간 조교수로 재직했으며, 그 후에 형님과 함께 정림건축을 설립하여 지금까지 전국에 수많은 작품을 남기셨습니다.*

김 장로 외에도 힘을 다해 헌금을 해 주신 분들이 많았습니다. 강형선, 김종철, 사랑의병원 직원, 조은주, 양종식, 유동식, 이근우, 이정구, 이춘성, 무명 2명, 약속 헌금 2명 등이 보낸 헌금이 1억 3천 930만 원이나 되었습니다. 그분들에게 "김 장로께서 집을 사셨으므로 헌금을 돌려드리겠다."고 편지를 보냈더니, 약속 헌금자 외에는 한 분도 도로 돌려 달라는 분들이 없었습니다.

이사회의 결정으로, 그 헌금을 본채 앞 데크를 고치는 데 사용하기로 했습니다. 그동안 한 푼이라도 집값을 모으느라, 나무가 썩어 발이 빠질 정도로 위험했지만 손을 대지 못한 지 오래였습니다. '캐나다산 백향목(시다)'으로 마루를 고쳤더니 집이 얼마나 아름다웠는지요! 인경은 수리비가 걱정되어 시멘트나 빨간 벽돌로 고치고 싶어 했으나, 김 장로의 조언대로 나무

---

* 정림건축과 김정식 장로의 손길을 거친 대표적인 작품은 국립박물관, 청와대, 인천국제공항, 상암경기장, 김대중컨벤션센터 등이 있으며, 교회 건물은 노량진교회, 기독교100주년기념관, 무학교회 등입니다. 그 밖에도 이화여자대학교, 연세대학교, 신라대학교, 평양과학기술대학교 등에 많은 작품을 남겼습니다. 송도국제도시아쿠아리움, 평양나눔종합검진센터, 중국 청도 소주의 코리아타운 등은 김 장로의 후배들이 창조한 것들입니다. 요즘은 DMP 회장, 목천김정식문화재단 이사장으로 건축아카이브 구축과 친환경 건축에 특별히 관심이 많습니다. 가족은 조종례 사모와의 사이에 딸 셋과 사위들 그리고 손자, 손녀들이 있습니다.

로 고쳤더니 새 집이 되었습니다.

 2005년 12월 10일 토요일 오후 3시-5시, 서울 종로구 창신2동에 있는 성터교회(방인성 목사 시무)에서 조촐한 감사 예배를 한 번 더 드렸습니다. 바쁘신 중에도 김한식 장로, 홍치모 교수, 김대준 사장, 이근우 장로, 방인성 목사 등 그동안 라브리를 위해 기도해 주시던 많은 분들이 모였습니다.

 에스라성경대학원의 총장이신 김북경 목사와 신디아 사모 그리고 황성주 박사 부부 등 라브리 이사들도 거의 다 모였습니다. 추운 날인데도 어린 아이들을 데리고 온 혜원 씨와 진숙 씨, 사천에서 올라 온 명옥 씨와 약혼자 완영 씨, 춘천에서 올라온 주동 씨 그리고 미국 사우스다코타에서 경옥의 동생인 경숙도 날아왔습니다.

 김북경 목사의 설교와 박성민 씨의 특송, 신디아 사모의 회고, 인경의 PPT 경과 보고, 김정식 장로의 간단한 인사 등으로 예배를 마치고 다과를 같이 즐겼습니다. 우리는 그날, 하나님은 신실한 사람들을 통해 일하신다는 것을 다시 한 번 절실히 깨달았습니다. 단지 그날 밤에 김정식 장로 내외분에게 감사패는커녕 작은 꽃바구니도 하나 드리지 못했던 것이 못내 아쉽습니다. 지나치게 절제된 감사를 전하는 것으로 우리의 마음을 전할 수밖에 없었는데, 예배 전에 김 장로의 협박성 멘트가 있었기 때문입니다.

 – 만약 나에게 간증을 하라거나, 상패를 주거나, 어떤 축하 순서라도 넣

으면 참석하지 않겠습니다. 예배를 드리려거든 나에게 초점을 맞추지 말고 하나님께 초점을 맞추기 바랍니다. 나는 그동안 기도해 주시고 수고하신 분들에게 감사 인사를 드리려고 참석하는 것뿐입니다.

그 후 1년이 지난 2006년 성탄절에 김 장로 내외분의 초청으로 오래만에 서울에 올라갔습니다. 식탁을 마주하자마자, 현재 라브리가 사용하는 건물과 토지를 라브리에 헌납하시겠다는 의사를 밝히셨습니다. 저희는 너무 놀라서 뭘 먹었는지 기억도 나지 않습니다. 김 장로는 부인 조종례 사모와 함께 기도하시는 중에 결정하신 것이라고 하시며, 두 분은 이 땅의 청년들과 백성들을 구원하는 일을 라브리가 해 주기를 바라며 하나님께 드린다고 하셨습니다.

헌납 내용은 라브리가 현재 사용하고 있는 양양군 서면 논화리 169-6의 약 1,500평의 땅과 집입니다. 여기에는 라브리의 본채, 저희 부부가 살던 백암당, 넓은 마당까지 포함되었습니다. 이런 크리스마스 선물을 받다니! 평생에 받아본 모든 선물보다 더 큰 크리스마스 선물이었습니다.

전 세계에 있는 모든 라브리의 가족이 다시 한 번 축하하며 하나님께 영광을 돌렸습니다. 제일 먼저 네덜란드 라브리의 리트께르크(Wim Rietkerk) 회장의 축하 편지가 도착했습니다.

> 이것은 하나님의 놀라운 선물이며 모든 라브리 가족을 위한 뜻깊은 격려이다.

한 가지 놀라운 점은, 그때 헌납 받은 집은 라브리가 5년 전에, 8억 5천만 원에 계약한 바로 그 재산이었습니다. 저희를 양양으로 부른 수필가 부부가 말한 것이 그대로 응답된 것입니다.

> 저희를 이곳에 보내신 더 큰 이유는, 또한 라브리의 10년에 걸친 기도를 들어주시기 위함이었습니다. 저는 컨트리타운에 와서, 이곳이 하나님 나라를 확장하는 데 쓰임 받도록 기도하였는 데 기도할수록 확신이 들었습니다. 그러나 이런 외진 시골에서 과연 어떤 방법으로 기도가 이루어질 것인지 궁금하기도 하였습니다(수필가 예문).

쫓겨날 위기에서 무료로 사용하는 것도 말로 다 할 수 없이 감사한데, 4년 전에 계약했던 집과 땅을 그대로 헌납받다니! 당시에 저희가 읽고 있던 성경의 표현대로라면 지옥에서 살아온 기분 혹은 다음과 같은 표현이 적절할 것 같군요.

– 주님께서는 내 통곡을 기쁨의 춤으로 바꾸어 주셨습니다.

> 주님, 주님께서 나를 수렁에서 건져 주시고, 내 원수가 나를 비웃지 못하게 해 주셨으니, 내가 주님을 우러러 찬양하렵니다.
> 주, 나의 하나님, 내가 주님께 울부짖었더니, 주님께서 나를

고쳐 주셨습니다.

주님, 스올에서 이 몸을 끌어올리셨고, 무덤으로 내려간 사람들 가운데서, 나를 회복시켜 주셨습니다.

주님을 믿는 성도들아, 주님을 찬양하여라. 그 거룩한 이름을 찬양하여라.

주님의 진노는 잠깐이요, 그의 은총은 영원하니, 밤새도록 눈물을 흘려도, 새벽이 오면 기쁨이 넘친다.

내가 편히 지낼 때에는 "이제는 영원히 흔들리지 않겠지." 하였지만,

아, 태산보다 더 든든하게 은총으로 나를 지켜 주시던 주님께서 나를 외면하시자마자 나는 그만 두려움에 사로잡히고 말았습니다.

주님, 내가 주님께 부르짖었고, 주님께 은혜를 간구하였습니다.

내가 죽은들 주님께 무슨 유익이 되겠습니까? 내가 죽어 구덩이에 던져지는 것이 주님께 무슨 유익이 되겠습니까? 한 줌의 티끌이 주님을 찬양할 수 있습니까? 한 줌의 흙이 주님의 진리를 전파할 수 있습니까?

주님, 귀를 기울이시고 들어 주십시오. 나에게 은혜를 베풀어 주십시오. 주님, 주님께서 나를 돕는 분이 되어 주십시오.

주님께서는 내 통곡을 기쁨의 춤으로 바꾸어 주셨습니다. 나에게서 슬픔의 상복을 벗기시고, 기쁨의 나들이옷을 갈아입히셨기에

내 영혼이 잠잠할 수 없어서, 주님을 찬양하렵니다. 주, 나의 하나님, 내가 영원토록 주님께 감사를 드리렵니다(시편 30편, 새번역).

17장 십 년을 하루같이

역시 소문은 빠른 것 같습니다. 이웃에 사는 동네 어른들이나 우체국 직원들, 인근 지역의 목회자들이 축하를 해 주었습니다. 라브리 집을 사려고 했던 농협 직원들까지도 축하를 해 주었습니다. 특히 동네 어른들만 아니라 라브리에 찾아오는 손님들을 만나면 새로운 인사말이 생겼습니다.

- 서울 사람이 그 집을 사 줬다면서요? 이제 쫓겨나지 않아도 된다니 다행입니다. 그런데 그 김 장로란 사람이 도대체 누굽니까?

문고리가 닳을 정도로 찾아온 방문자들

어떤 청년은 그것 때문에 간사들을 놀리기도 했습니다.

- 간사님들은 오시는 분마다 똑같은 질문에 계속 대답하는 것이 지겹지도 않으세요? 차라리 녹음을 했다가 틀어드리는 것이 어떠세요?

솔직히 말하면 한 번도 지겹게 느껴본 적이 없습니다. 오히려 누가 물어보면 더 신나서 이야기했습니다. 마치 "한국 라브리는 어떻게 시작되었고, 언제부터 양양에서 일하기 시작했습니까?"라는 질문에 대답할 때와 마찬가지입니다. 그런 질문에 대답할 때 저희가 지겨웠을 거라고요? 아니요.

첫째, 우리는 언제 길거리로 나 앉을지 모르던 그때의 절박한 상황을 한시도 잊을 수 없습니다. 절박하면 지겹지 않습니다.

둘째, 아무런 혈육도 아닌데 도와주신 것이 너무나 고맙습니다. 감사하면 지겹지 않습니다.

셋째, 비록 반복된 질문이지만, 누가 하든 정직한 질문에는 정직하게 대답해야 할 책임이 있습니다. 정직한 질문에 답하는 것은 지겹지 않습니다.

넷째, 질문의 주제는 같았지만 질문하는 사람이 다르기 때문에 언제나 다르게 대답하려고 노력했습니다. 다르게 대답하면 지겹지 않습니다.

다섯째, 듣고 대답하면서 다시 한 번 하나님의 선물과 은혜를 상기할 수 있으니 좋잖아요? 은혜를 받으면 지겹지 않습니다.

경옥의 표현을 빌리면, "2006년은, 일찍이 들어 보지 못했던 놀라운 기적의 소식과 그 현장을 보러 오는 사람들의 격려와 함께 시작했다."는 말이 잘 어울립니다. "기적은 기적을 낳는다."는 말이 있듯이, 이번에는 라브리에서 일어난 한 어머니의 기도 이야기를 나누고 싶습니다.

몇 년 전부터 라브리에 방이 모자랄 때마다 손님들을 보내던 펜션 하우스가 하나 있었습니다. 라브리에서 그리 멀지도 않고, 밤이나 낮이나 쉽게 드나들 수 있는 56번 국도변에 있고, 깨끗하고 아담한 집이라 손님들이 무척 좋아했기 때문입니다.

아들과는 인사는 했으나, 갈 때마다 어디 갔는지 잘 보이지 않았습니다. 노부모가 인부를 데리고 펜션을 운영하고 있었습니다. 자주 가다 보니, 노부모를 사귀게 되었습니다. 손수 담근 건강차도 주시고, 커피가 좋다고 하면 금방 내려 주셨습니다. 그리고 맛있는 것이 있으면 나누어 주시기도 하고, 채소를 키우면 갖다 주시기도 했습니다. 그런데 마지막에는 소매를 붙잡고 늘 같은 부탁을 했습니다.

― 우리 아들을 위해서 기도해 주세요.

그때마다 저희는 모니카가 만났던 한 초대교회 감독의 말로 대신했습니다.

― 그를 내버려 두세요. 아들을 위해 하나님께 기도만 하세요. (혼자 책을 읽거나 일을 하다가). 스스로 자신의 오류에 눈을 뜨면, 하나님에게 등을 돌리고 살고 있는 자기를 발견하게 될 것이요.

몇 년이 지나도 아들의 마음이 변함이 없자, 이번에는 부탁이 좀 달라졌습니다.

> – 내가 기도는 하고 있지만, 우리 아들을 만나서 예수 믿으라고 꾸짖어 줄 사람이 없으니 그 아이가 어떻게 정신을 차리겠소? 자기 마음대로 살다가 결혼도 망쳤는데, 이러다가 사업도 망치고 인생도 다 망칠까 걱정이 돼서요.

부탁은 간곡했으나 꾸짖기는커녕, 만나는 것도 힘든데 어떻게 예수를 믿으라고 하겠습니까? 저희는 그때마다 상투적인 대답을 하는 것으로 자리를 피하곤 했습니다.

> – 걱정하지 마세요. 이렇게 눈물 흘리며 기도하는 어머니가 계시는데 그런 분의 자식이 망할 리 있겠습니까?

유명한 아우구스티누스의 어머니 모니카가 만났던 감독의 말로 대답을 대신했던 것입니다. 그러다가 라브리를 헌납 받은 후에 데크를 교체할 일이 생겼기에 그 모친의 아들에게 공사를 맡기기로 했습니다. 그분의 아들이 "에스엠 하우징(SM HOUSING)"이라는 양양에서는 소문난 펜션전문건축업을 하고 있었기 때문입니다.

공사를 하면 일만 하는 것은 아닙니다. 간식도 나누어 먹고, 식사도 같이 하고, 가끔은 회식도 하기 마련입니다. 그때마다 일하는 인부들 이야기도 듣고, 공사를 맡은 사장님 가정사와 아픈 사연도 듣게 되고, 김 장로 이야기도 하곤 했습니다. 그러던 어느 날, 공사가 마무리 되어 가던 시점에, 자기가 담근 포도주를 몇 병 갖고 와서 나누어 마시고는 이런 말을 했습니다.

- 지난 한 달 동안 일하면서 들어보니, 그 김 장로라는 분은 신앙의 자유를 찾아서 북한에서 빈손으로 내려와서 참 열심히 사셨더군요. 신문팔이까지 하시던 분이 인천국제공항 설계까지 하셨다니 말입니다. 저도 살아온 세월이 부끄럽지만 그분이 믿는 하나님을 믿고 열심히 한 번 살아 보고 싶습니다.

제일 기뻐한 사람이 누굴까요? 그의 모친이었습니다. 어머니의 눈물의 기도가 기적을 일으킨 것입니다. 한 사장이 예수님을 믿게 되었다는 소문은 삽시간에 속초까지 퍼졌습니다. 속초교회 성도들의 주선으로, 얼마 후에는 믿음 좋은 미인을 만나 결혼도 했습니다. 인경이 낙산비치호텔에서 결혼식을 주례했는데, 당시에 라브리에 머물고 있던 청년, 손님, 간사 등 약 20여 명이 평상복을 입고 가서 '당신은 사랑받기 위해 태어난 사람'이라는 축가를 불렀습니다. 중간에 네 살짜리 한희와 세라가 멋진 '솔로'를 했습니다. 그때 받은 질문 공세들입니다.

- '라브리'라는 보컬팀은 언제부터 활동한 팀인가요? 양양에 이런 유명한 보컬이 있는 줄 몰랐는데요?

– 팀원들의 옷이 왜 이렇게 제 각각이죠? 어떤 분은 체육복이고, 어떤 분은 등산복이고, 어떤 분은 신사복인데, 이게 새로운 트렌드인가요?

"네 새로운 트렌드입니다."라고 대답하고는 밥을 잔뜩 얻어먹고 왔습니다. 한 사장은 모친이 다니던 유서 깊은 양양감리교회에 등록해서 예수님을 잘 믿고 신실한 일꾼이 되었습니다. 양양감리교회가 새 예배당을 건축할 때, 자기 사업을 중단하고 1년간 건축 감독을 맡았습니다. 재능기부를 한 것입니다. 지금은 양양을 떠나 고향인 경기도 일산 근방에 가서 건축 사업을 계속하고 있습니다.

2006년 여름에 다녀간 사람들 중에, 탱화(幀畵)를 많이 그리던 성룡 화백이 예수님을 믿기로 작정한 것도 우리에게 큰 격려가 되었습니다. 라브리에서 몇 주를 보내고 화실로 돌아갈 때 나눈 이야기가 기억납니다.

화백 : 내가 예수님을 믿기로 했지만, 아직도 99%만 기독교인인 것 같은데 그래도 됩니까?
간사 : 아니요. 99% 기독교인은 100% '비'기독교인이라는 말과 같습니다. 1%를 채우고 가셔야 되겠는데요.

그러나 그를 라브리에 추천해 준 여자 전도사로부터 전해 들은 말 덕분에 마음을 놓았습니다. "나한테는 자기가 100% 기독교인이라고 말하던데요." 성룡 화백이 두 번째 라브리를 찾아왔을 때는 그림을 한 점 안고 왔습니다. 나뭇가지 위에 서 있는 '어린 양' 그림이었습니다. 젊을 때 미술을 전공하셨던 신디아 사모가 멋진 해석을 달아 주셨습니다.

- '이새(다윗 왕의 아버지)의 줄기에서 한 어린 양이 나오리라(이사야 11:1).'라는 말씀을 형상화한 수작이다.

그 여름 학기에는 문고리가 닳을 정도로 많은 사람들이 찾아왔습니다. 손님들이 다 돌아가고 난 후에 보니, 고장나지 않은 데가 없었습니다. 화장실, 부엌, 식탁, 의자, 침대, 컴퓨터까지도 고장이 났습니다. 설상가상으로 태풍이 불어와서 수도 펌프와 모터 그리고 컨트롤 박스도 교체해야 했습니다. 손님들에게 방학을 빼앗긴 아이들도 쉬고 마당의 개와 고양이도 쉬어야 했습니다. 휴식을 갖기 전에 간사들과 여름 사역을 정리해 보았습니다.

첫째, 구도자와 신자들이 조화를 이루었습니다. 예수를 잘 믿는 젊은이들이 성경적 세계관을 공부하기 위해 찾아오기도 했지만, 예수를 전혀 모르는 구도자들이 찾아온 것은 매우 고무적인 현상이라고 생각합니다. 그중에는 어릴 때 예수님을 믿다가 신앙을 잃어버린 청년들이나 문제의식이 전혀 없는 청년들도 다녀갔지만 역사의식도 있고 자신의 진로와 진리를 진지하게 탐구하는 젊은이들도 왔다 갔습니다.

둘째, 한국인과 외국인의 조화도 아름다웠습니다. 대다수는 한국 청년들이었지만 간혹 미국인, 영국인, 아프리카인, 남미 사람 등 외국인들이 와서 한국 학생들과 잘 어울려 공부한 것도 보기에 좋았습니다. 물론 언어와 음식 때문에 같이 지내는 것이 쉽지는 않지만 서로 조금만 이해의 폭을 넓히면 매우 재미있게 살 수 있습니다. 특히 몇 주를 같이 살다 보면 다양한 문화와 사상을 배울 수 있는 좋은 기회가 됩니다. 가끔은 서로 친해져서 같이 놀러 다니기도 합니다.

남미 콜롬비아에서 온 '후안(Juan)'이란 청년은 중국에서 공부하다가 방학을 맞아 양양 라브리에 와서 한 달을 보내고 갔습니다. 그는 한국 청년들과 웃통을 벗고 근육 자랑도 하고 팔씨름도 할 정도로 친근감이 넘치는 청년이었습니다. 그러나 그가 남기고 간 말은 아직도 가슴이 아픕니다.

– 콜롬비아에서 제일 좋은 커피는 한국인들이 다 마시는 것 같군요. 우리나라에서 한 번도 마셔보지 못한 최상급 아라비카(Arabica)인 수프레모(Supremo)와 엑셀소(Excelso)가 여기에 있어서 놀랐습니다.

스페인어와 중국어 밖에 모르던 후안을 도울 수 있었던 것은 아르헨티나에서 온 승혁, 예리 씨 부부가 있었기 때문입니다. 예리 부부는 2년 동안 라브리를 돕다가, 지금은 아르헨티나로 돌아가서 현지 교회를 세우고 그 나라 사람들을 돕고 있습니다.

셋째, 남자와 여자 비율도 좋았습니다. 일반학기 중에는 여

학생들이 다소 많았지만 세계관학교까지 합하면 남녀 비율이 거의 반반이었습니다. 미혼과 기혼 비율도 좋았습니다. 이번에도 한 커플이 생길 것 같아서 후속 소식을 기다리고 있습니다. 3주를 함께 지내면 3년을 데이트한 것보다 더 잘 알게 된다는 라브리에서 수많은 커플이 생긴 것은 공동체가 준 부수적인 축복이었습니다.

넷째, 장학생과 생활비를 내는 학생들의 비율이 알맞았습니다. 경제사정 때문에 생활비를 못내는 학생들이 여러 명 있었으나 생활비를 준비한 학생들이 더 많았고 장학금도 들어왔습니다. 하나님께서 사람들을 보내실 때는 돈도 같이 보내 주시는 것 같습니다. 돈이 없어서 라브리에 오지 못하는 사람이 없도록 기도해 주시기 바랍니다.

다섯째, 공부하러 온 사람들과 일하러 온 사람들도 조화를 이루었습니다. 온누리교회는 계곡복구 작업과 누전공사비를 도와주었고, 상해한인교회는 청년들을 보내 옹벽공사를 도와주기도 했고 추가 옹벽공사비까지 남겨 주었습니다. 휴가를 바쳐 라브리 계곡 복구를 도와준 청년들도 있었습니다. 상규와 박훈이 그들입니다. 비지땀을 흘리며 일하던 그들이 있었기에, 도서관에서 공부하던 학생들은 더 열심을 낼 수 있었습니다.

여섯째, 자원 봉사자들(Helper)이 많았습니다. 아르헨티나에서 온 승혁, 예리 씨 부부는 몇 학기째 방학마다 돕고 있습니다. 이번에는 승혁의 부친까지 오셔서 돕고 가셨습니다. 미국에서 공부하는 의현이나 목사고시를 합격해 놓은 진심이도 세계관학교를 도왔습니다. 봉사자들이 없이 그 많은 사람들을 어떻게 먹이고 재웠을지 생각만 해도 아찔합니다.

일곱째, 나이든 사람과 어린 사람들 간의 대화도 좋았습니다. 17세 고등학생부터 정년퇴임을 하신 교수님도 다녀가셨습니다. 특히 이화여대에서 평생 제자들을 키우셨고 이슬람선교의 개척자이신 전재옥 박사님도 며칠 지내다 가셨습니다. 교수님은 어린 학생들과 잘 지내시며 그들의 질문에 일일이 대답해 주시는 등 좋은 스승이 어떤 분인지를 가까이서 목도할 기회를 주셨습니다. 세대 차이는 결코 나이 차이가 아니라 생각 차이라는 것을 다시 한 번 확인한 좋은 시간이었습니다.

여덟째, 두 차례에 걸쳐 40여 명이 참석한 기독교세계관학교도 하나님의 조율이었다는 것을 고백합니다. 참석한 사람들뿐만 아니라 강의가 매우 좋았습니다. 뒤돌아보니, 지난여름은 수해, 시설 고장, 학생 등록 취소 등 고난도 많았지만 은혜와 열매가 더 넘쳤습니다.

10대에서 50대가 함께 어울리고

2007년 1-2월에도 많은 사람이 같이 살다 보니 하루하루가 전쟁이었습니다. 샤워할 물이 모자라거나 음식이 모자라거나 각자의 습관과 인식 차이로 인해 공동체 생활이 쉽지만은 않았기 때문입니다. 특히 참석한 사람들의 관심 분야에 맞추어 강의 수위나 일정을 조절하는 것이 만만치 않았습니다. 그때의 기도편지를 보면 얼마나 다양한 사람이 왔는지 알 수 있습니다.

> 해병대에 지원한 진우가 군에 가서 예수를 배신하지 않도록 기도해 주시기 바랍니다. 같이 공부하던 청년들과 간사들이 돈을 모아 작은 반지를 끼워 주었습니다. 힘들 때마다 예수님과 우리를 생각해 보라는 부탁과 함께 조촐한 파송식도 가졌습니다.
>
> 고등학교 2학년 나이에 기독교세계관학교에 두 번이나 참석한 시언이가 홈스쿨링을 통해 반듯하게 자라도록 기도해 주시기 바랍니다. 지난겨울에 라브리를 다녀간 청년들 중에 몇 명이나 커피숍 공부모임을 만들었는지 모르겠지만, 형대와 같이 책을 사랑하는 청년들이 다른 사람들을 잘 도울 수 있기를 기도해 주시기 바랍니다.
>
> 지금쯤 지현이는 라브리에서 배운 세계관과 창세기의 능력을 가지고 대학 새내기의 푸릇푸릇한 꿈을 꾸며 캠퍼스에 첫발을 디디고 있을 것입니다. 지현이만이 아니라 "캠퍼스의 지적, 영적 싸움에서 잘 버티도록 기도해 주세요."라는 대학생들의 말을 기억해 주시기 바랍니다. 준영이는 예수님을 "천국의 사냥개"라고 비유한 멋진 편지를 보내왔습니다. "예수님은 우리 모두를 천국으로 데려가기 위해 쫓아오실 사냥개입니다."

대학 졸업을 앞둔 정금이와 지우도 생각납니다. 정금이가 서울에 돌아가서 보낸 편지입니다.

양양에서 올라와서 막상 강남 터미널에 도착해 서울 땅에 발을 디디고 보니 날이 참 맑았습니다. 삶에서의 일탈을 마친 후 일상으로 복귀할 때 흔히 느끼던 착잡한 감정이 아니라, 무언가를 시작하고 싶어 근질거리는 느낌이 찾아왔습니다. 오랜만에 겪는 느낌이었습니다.

잠시 다녀간 사람들 중에는 강의마다 예리한 질문을 퍼부은 형섭, 영휘, 남석, 나영, 지영이가 기억납니다. 그들의 질문이 없었다면 강사들로부터 우리가 얻을 수 있었던 지식의 절반은 놓쳤을 것이 분명합니다.

법대를 졸업하고 영화감독 수업을 받은 민영, 의대생 선영, 여론조사 기관 "갤럽"에 근무하는 희정, 스마트폰을 디자인하던 컴퓨터를 라브리에 기증해 준 승명, 고아들을 위해 그룹홈을 운영하는 영주, 진로를 모색하고 있는 은혜, 연지, 철학 석사 논문을 마치고 온 소연, 어린 자녀들로부터 잠시 쉬러 온 지원 씨도 생각납니다.

부산에서 영어학원을 경영하는 한 자매는 천주교를 믿는 엄마의 믿음을 점검하기 위해 모친을 비행기로 모시고 찾아오기도 했습니다. 일산의 빛과소금교회(신동식 목사) 청년 10명은 민박을 하며 3일간 동양사상을 청강하고 돌아갔습니다.

3주 동안의 겨울 학기에 이어, 16-20일까지 기독교세계관학교가 열렸습니다. 30여 명이 등록하여 근처의 펜션 '산울림'을 빌려 라브리와 펜션을 오가며 진행하였습니다. 이번 세계관학교에는 호주 라브리의 간사요 웨스턴시드니대학교의 천체 물리학 교수이기도 한 프랭크 스투트만(Frank Stootman)이 "성경과 과학", "지적 설계" 등의 강의를 해 주었습니다(경옥, 2007년 2월 기도편지 중에서).

감사하게도 성령께서 힐링이 필요한 청년들을 지속해서 보내 주셨습니다. 몇 주간씩 머무는 장기 학생들도 있었지만 한 주간 혹은 며칠만 머물다 간 단기 학생들도 40명이 넘었습니다. 다양한 학생들을 만날 수 있었던 것은 매우 좋았으나 이부자리 준비는 물론이고 강의와 대화에 연속성을 유지하기가 힘들었습니다.

그리고 대학생이 주류를 이루던 예년과 달리, 갈수록 나이든 청년들이나 장년들도 많이 찾아오고 있습니다. 거기에 따라 강의와 토론이 다양하고 폭이 넓어서 매우 좋았으나 프로그램이 모든 사람들을 만족시키기도 어려웠고 개인 상담이나 개인지도도 여의치 않았습니다.

2007년 여름에는 라브리 숙소가 좁아 이웃의 민박이나 펜션 하우스에 머물거나 양양 속초 지역에서 휴가를 보내다가 강의만 들으러 온 방문자도 약 200여 명이 넘었습니다. 그들 중에 어떤 사람은 강의만 듣고 간 것이 아니라 때로는 라브리의 밀린 일들도 처리해 주고 헌금도 주고 가셨습니다. 그러나 일부는 '노는 분위기'를 조성하는 사람들이 있어서 장기 학생들의 공부에 방해가 되기도 했습니다.

헝가리, 콩고, 파키스탄에서 온 외국인들로 인해 생활이 매우 풍성했습니다. 8주 중에 약 2주를 빼고는 늘 외국인이 있었기 때문에 학생들과 이웃 교회 성도들이 타문화 사람들을 사귈 수 있는 좋은 기회가 되었지만 영어로 대화하고 강의하며, 그들의 입맛에 맞는 음식을 준비하는 것이 쉽지 않았습니다.

재미있는 일들도 많았습니다. 하루는 생일을 맞이한 사람이 세 사람이나 된 적이 있었고, 더운 날에 왔다가 우리의 형편을 보고 에어컨을 한 대 사주고 간 교회도 있었고, 한 예비 PD는 15분짜리 다큐멘터리 영상을 선물해 주기도 했습니다. 특히 주님의 세미한 음성을 듣고 새로운 인생길에 들어선 사람들이 많았습니다. 여름을 같이 보내고 상해로 돌아간 대학생 '미소'가 보내온 편지입니다.

> 비록 짧은 시간이었지만, 가장 중요한 것을 깨달았습니다. 믿음을 지키기 위해 얼마나 노력해야 하며, 죄를 짓지 않기 위해 또 얼마나 노력해야 하는지, 어쩌면 마냥 아이 같아서 습관적으로 짓는 죄들도 많았고 거기에 대해 너무나도 쉽게 회개했던 거 같아요. 예수님의 십자가의 죽음을 보잘 것 없이 여긴 너무나도 이기적이었던 지금까지의 저의 태도를 바라보며, 이렇게 큰 것을 그래도 늦지 않은 시기에 알게 됨에 감사했어요. 상해로 돌아가기 전 막바지 여름에 참 큰 선물을 하나님께로

부터 받은 것 같아서 너무나도 기쁜 마음을 가지고 더욱 민감하게 믿음을 지키기로 긴장된 마음을 가져 봅니다. 점점 더 어두워져 가는 이 세상 속에서 더 밝은 빛이 되기 위하여 노력하고, 더 이상 우유를 마시는 어린아이가 아닌, 더욱더 딱딱한 음식들을 씹고 소화시킬 수 있는 멋진 하나님의 성숙한 자녀가 되기 위해 노력하고, 열심히 공부함으로 학생이라는 신분에서 매일매일 주어진 삶 가운데서 하나님의 뜻을 이루는 자가 되도록, 어렵고 힘들어도 열심히 더 열심히 노력하겠습니다. 두 주간 동안 아프리카에 대해 많은 것을 가르쳐 주고 간 콩고 청년과 4주 동안 지내다가 오늘 아침에 떠난 파키스탄 청년이 기억납니다(미소, 2007년 여름에).

우아한 50대 현옥 여사는 아들, 딸 또래의 청년들과 한 주간을 보내고 난 후에, 그 시간이 헛되지 않았는지 야무진 각오를 다졌습니다.

- 50대를 무의미 하게 넘기지 않으려면 이제부터라도 예수님을 제대로 믿어야 되겠어요.

집에 돌아가자마자 상큼한 편지를 보내오셨습니다.

따뜻하고 긴 식사 후의 '테이블 디스커션(식탁 토론)', 간사님의 정성스러운 웰빙 식단, 찻주전자를 들고 식탁을 돌아와 차를 따라주면서 "이건 우리 집 전통이에요."라고 자랑스럽게 이야기하던 의진 군, 착하고 진지하고 성실했던 정원, 현준 두 젊은이, 도서관에서의 공부시간, 맑고 투명한 강원도의 하늘 등…….

제가 누린 가장 긴 호사였습니다. 온전히 나 혼자만을 위한 고민과 휴식과 충전의 시간들… 손 하나 까딱하지 않고 여러 끼니의 멋있고 맛있는 식사를 받아먹었습니다. 감사합니다. 납치된 동포들로 나라가 시끄럽고 어렵습니다. 이런저런 이야기들을 접하며 기독교 세계관에 대해 깊이 생각해 보게 됩니다. 하나님은 어떤 분이신가? 악과 고통의 문제, 그 원인과 의미는 무엇이며 순간과 상황에 어떻게 대처하고 살아가야 할 것인가? 하나님과의 교제 후, 생각과 마음이 더 많이 복잡해졌다고 고백한다면 야단치시려나요?

하지만 그 '복잡함'이 싫진 않습니다. 때늦은 그 고민의 양과 질이 제 삶을 보다 나은 삶으로 이끄시리라, 주님이 기특해 하시고 쓰다듬어 주시리라 기대합니다. 교회 다닌다더니, 뜨겁고 시끌벅적한 기도원이라도 다녀온 건 아닌가 하는 주변사람들의 우려(?)에 쉽게 이야기하자면, 카톨릭으로 치면 피정 같은 거라고 대답해 주었습니다. 맞나요?^^(현옥, 2007년 여름에)

사람들이 이렇게 왔다 갔다 하면 돈도 많고 먹을 것도 넘칠 것 같지요? 그렇지 않습니다. 손님들이 많을수록 먹이는 것이 제일 큰일입니다. 무더운 여름 어느 날, 한 교회에서 "청년 40여 명이 라브리를 방문하고 식사 후에 강의를 듣고 싶다."는 연락을 해 왔습니다. 더위에 지쳐 누워 있다가 겨우 일어난 경옥의 참담한 말 한 마디와 거기에 대한 인경의 대답이 한동안 라브리에 회자되었습니다.

> 경옥 : 청년들이 오겠다니 감사한 일이지만, 쌀도 떨어졌고 돈도 떨어져서 오라고 할 수가 없어서 미안하네.
>
> 인경 : 먹을 것도 모자라고 돈도 안 생기는 이 짓을 하느라 세상에서 가장 아름다운 아내를 죽이게 생겼구나.

저희 부부의 이런 농담을 듣고 있던 청년들이 "울고 싶다가도 웃음이 절로 난다."며 며칠이나 놀려댔습니다. 그런 피맺힌 농담을 하며, 우리는 다시 일어났습니다. 그런 날에 제일 반가운 사람은 청년들의 위로입니다.

며칠 동안 깊은 고민에 빠져 있던 한 청년이 선물이라며 시를 한 수 건넸습니다. 정제된 언어 속에 담긴 사랑에 큰 감동이 밀려왔습니다. 소리 내어 읊고 또 읊어 보아도 여기의 "당신"은 우리가 흔들릴 때에도 늘 계셔야 하는 곳에 계시는 주님이었습니다.

그곳에 계셨습니까?(무명, 2009년 5월)

찾아드는 발길 없어
맥없는 외로움만이
덩그러니 방 한켠에 던져져 있을 때에도
그곳에 당신 계셨습니까?

발붙일 곳 알지 못해
정처 없는 분주함만이
슬그머니 앉은 자리 감싸올 때에도
그곳에 당신 계셨습니까?

목 놓아 외쳐 보아도
소리 없는 공허함만이
부지런히 메마른 벽 울리우는
그곳에 당신 계셨습니까?

거친 바닥 쓸어 보아도
감정 없는 따가움만이
어김없이 고단한 몸 조여 오는
그곳에 당신 계셨습니까?

당신 어찌 그곳에 계십니까?

그 쉼이 없는 기다림

나 이제야 마주하고

때늦은 손길로 한 송이 불을 밝혀 봅니다.

50개국 청년들이 한 상에 어울리다

양양으로 이사한 이후로 외국인들이 종종 찾아왔습니다. 어떤 날에는 외국 청년들만 5-6명이 머물던 날도 있었습니다. 한국 청년들은 한 명도 없이 말입니다. 그런 날은 잘 하지 못하는 영어로 상담하고, 영어로 강의하고, 양식을 먹어야 했습니다. 처음에는 2-3개국 청년들이 모여도 부담이 되었는데, 나중에는 7개국, 10개국 청년들이 와도 한국 청년들만 있는 것보다 훨씬 재미있었습니다. 한번은 차를 타고 어디를 가다가 기진이가 재미있는 질문을 했습니다.

기진 : 요즘 외국인들이 제법 많이 찾아오는 것 같은데, 지금까지 한국 라브리에 몇 개국 청년들이 왔다 갔는지 기억하세요?

아빠 : 아니. 한 번도 세어 본 적이 없어서 모르겠지만, 네가 궁금해하니까 유럽에서 온 사람부터 시작해 볼까? 영국에서 누구누구, 네덜란드에서 온 누구누구."

기진 : 약 40-50개국은 되겠는걸요.

아빠 : 전 세계에 몇 개 나라가 있니?

기진 : 약 237개국이요.

아빠 : 유엔에 가입한 나라가 그렇게 많니?

기진 : 아니요. 유엔 회원국은 그보다 적어요. 현재 약 193개국이 가입된 것으로 압니다. 중화민국이라는 타이완도 그렇고, 팔레스타인도 아직 유엔 승인이 나지 않았고, 그런 나라가 많아요.

아빠 : 그러면 우리는 유엔 회원국 청년들만 기다리자.

기진 : 아니 10개국 청년들이 라브리에 오는 걸 기도하고 계신 줄로 알았는데 그렇게 많아요?

아빠 : 그건 하루에 10개국 청년들이 라브리에 오는 걸 말하는 거야.

  몇 년 전까지만 해도, 서부 아프리카에서 양양까지 오는 데는 나흘이 걸렸습니다. 나흘이나 걸려서 양양을 찾아오다니! 성령의 인도가 아니고는 있을 수 없는 일이었습니다. 라브리를 다녀간 서부 아프리카 청년들 중에 가나, 나이지리아, 라이베리아, 콩고 출신들이 있었는데, 대부분은 서울에서 공부하거나 한국에서 일하는 사람들이었습니다. 그러나 가나 공화국에서 온 청년들은 자기 나라에서 여러 나라를 둘러 한국 라브리로 찾아온 청년들이었습니다.

  그들이 도착하는 날, 우리도 감격하고 그들도 감격했습니다. 한 청년은 도착하자마자 인사도 겨우 하고 잠이 들었는데, 먹지도 않고 24시간 이상을 자고 일어나더니 겨우 정신을 차렸습니다. 우스운 일이지만, 우리 동네 어르신 중에 한 분은 "왜 그 토인들이 다시 안 오지? 정말 새카맣더군 그려. 밤에 만나면 몰라보겠지?"라는 말을 곧잘 하십니다.

그중에 "보탱(Boateng)"이라는 '가나공화국' 청년은 고등학교 수학 교사로 일하던 사람인데 매우 똑똑한 청년이었습니다. 자기 말로는 "고향에 가면 나는 왕자다."라고 자랑하곤 했습니다. 거짓말은 아닌 듯, 한번은 강의를 통역해 준 의현이라는 한국 청년에게 손가락에 끼고 있던 금반지를 하나 빼 준 적도 있었습니다. "왕자가 주는 통역비"라나요. 그때가 계기가 되었는지 의현이는 지금 아프리카에서 사업을 하고 있습니다.

보탱은 라브리에서 쉐퍼의 "변증학(apologetics)"을 공부했습니다. 학기를 마치기 전에, "나도 변증학으로 무장을 해서 전도를 많이 하고 싶다."고 해서 한국에 있는 어느 신학교 석, 박사 통합 과정에 추천해 주었습니다. 결국 공부를 끝내고 박사학위를 받았다고 합니다.

한번은 보탱의 추천으로 가나 사람 두 명이 라브리를 다녀갔습니다. 한 사람의 이름은 "임마누엘(Emmanuel)"이었는데, 그는 가나교회 장로였으며 유엔평화유지군으로 이스라엘과 레바논에서 17년을 복무한 바가 있는 베테랑이었습니다. "레브림(Lebrim)"은 은행원이었는데 의사표현을 아주 정확하게 할 줄 알고 신앙이 매우 보수적인 사람이었습니다. 그들이 한 말을 지금도 잊을 수 없습니다.

— 라브리에서 가르치는 복음을 수입하기 위해 찾아왔습니다.

우리는 서부 아프리카 국가들의 오랜 고난의 역사에 대하여 많은 이야기를 나누었습니다. 이야기를 듣다가 같이 웃기도 하고 같이 울기도 했습니다. 우리도 일본에 국보급 보물과 값비싼 자원은 물론이고 노동자, 위안부 징용 등 이루 말로 다 할 수 없이 많은 수탈을 당했지만, 가나는 우리보다 수십 배 더 약탈을 당한 나라라는 것을 알고 화가 치밀어 올랐습니다.

미국이나 영국에서 온 아프리카계 미국인들도 라브리를 종종 다녀갔습니다. 한동안 우리나라 영어 교육 정책을 돕기 위해 수만 명의 영어 원어민 선생님들이 한국에 머물고 있었는데, 아프리카계 미국인들도 휴가 때나 주말에 마땅히 갈 만한 곳이 없었는지 라브리를 찾아왔습니다. 외로웠기 때문입니다.

친구도 없고, 가족도 없으니 외로울 수밖에요. 그래서 저희들이 "제일 외로운 날이 언제냐?"고 물어 봤더니 "크리스마스"라고 해서 그들만을 위한 파티를 열기도 했습니다. 그때 참석했던 "블레이크(Blake)"라는 아프리카계 미국인은 파티에 왔다가 간 이후에, 서울대학교 대학원에 입학하여 석사 학위를 받고 귀국했습니다.

그중에서 앤디와 린지 패튼(Andy and Lindsey Patton) 부부는 1년간 주말마다 찾아온 사람들입니다. 그들은 미국 미주리대학교를 졸업한 소설 작가들인데, 2009-10년 사이에 강릉에서 원어민 교사로 근무하며 주말마다 라브리를 찾아왔습니다. 그들은 원어민 교사를 지원할 때, "한국 라브리와 가까이 있고 싶어서 강릉에 있는 학원을 일부러 선택하였다."고 합니다.

그들은 강릉과 양양 근방에 근무하는 미국인 원어민 강사들을 라브리에 데리고 오는 일을 아주 중요한 일로 생각했습니다. 한번은 술값을 헌금한 적도 있었습니다. 경기도에 있는 한 회사가 예수를 안 믿는 직원 약 150여 명을 라브리로 유급 휴가를 보내 준 적이 있는데, 그 이야기를 듣고는 양양의 명주, 머루주를 대접해 달라고 준 것입니다.

그 후 1년이 지나, 인경이 미국 로체스터 라브리에서 국제 라브리 이사회에 참석했을 때, 그 부부를 다시 만났습니다. 한국에서 원어민 교사 생활을 마치고 귀국해서 대학원을 다니다가 라브리 이사회 동안 간사들을 도와주기 위해 자원봉사를 하고 있었던 것입니다. 그 부부는 맛있는 차와 음식으로, 무거운 주제를 가지고 토론하고 있는 이사들의 피로를 풀어 주었습니다. 어느 날 저녁, 앤디와 린지가 조용히 인경에게 다가오더니 할 말이 있다고 했습니다.

> – 저희 부부가 중요한 결정을 두 가지 했는데 첫째, 우리가 한국에서 원어민 교사로 번 돈의 십일조를 한국 라브리에 헌금하고 싶습니다. 그리고 당신들과 같은 무리에 속하고 싶어서 언젠가 국제라브리 간사가 되고 싶습니다.

첫 번째 결정에 대해서는, "한국에서 번 돈이지만 꼭 한국 라브리에 헌금할 필요가 없다."고 했으나, 기어코 한국에 헌금하고 싶다고 하기에 받아들였습니다. 그러나 두 번째 결정인 라브리 간사가 되고 싶다는 말은 너무나 뜻밖이었습니다. 보통 어느 단체든지 이사회나 지도자들의 모임을 섬기다 보면 실망할 일이 많은데, 그 부부는 "이사들과 같은 무리에 속하고 싶은 마음에서 간사를 지원하겠다."니 놀라지 않을 수 없었습니다. 인경은 "지금 다니고 있는 대학원을 졸업하고 난 후에, 두 분이 일하고 싶은 라브리에 지원해 보라."고 조언해 주었습니다.

그때의 결정은 결코 감정적인 결정이 아니었습니다. 그들은 대학원을 졸업하자마자, 영국 라브리에 간사 지원을 했고, 지금은 영국 라브리 펌프 하우스에서 살며 청년들을 돕고 있습니다. 회의 차 영국 라브리에 갈 때마다, 그 부부가 사는 펌프 하우스에서 자곤 하는데, 우리는 늦은 밤까지 할 이야기가 참 많습니다. 국제라브리 간사들이 모이면 "그 부부는 언젠가 한국 라브리로 돌아갈지 모른다."는 말을 자주 하지만, 아마 미국 사람들이라 한국 라브리에 와서 일하기는 쉽지 않을 것입니다. 그러나 외국인 간사들을 발굴한 것만으로도 저희는 매우 행복합니다.

헝가리에서 온 바나바(Banabas)는 엔지니어답게 라브리의 구석구석을 손보아 주었습니다. 그가 손댄 곳은 몇 년이 지나도 아직도 튼튼합니다. 그가 마당 하수구에 시멘트 작업을 해 놓은 것은, 아마 일부러 뜯어 내지 않는 한, 수십 년이 더 가도 아무 일이 없을 것입니다. 그는 2011년 1월부터는 협동간사로, 공부도 하고 일도 도왔는데, 대학생들이나 한동대학교 교수 등과 잘 지냈습니다.

그리고 『이성에서의 도피』, 『그러면 우리는 어떻게 살 것인가』와 같은 쉐퍼의 책을 공부했습니다. 한 가지 안타까운 것은 바나바는 장기 체류 비자가 없어서 휴식 기간 중에 일본이나 중국을 방문해야 했습니다. 일본에 갔을 때는 지명근, 박복순 선교사 집에 머물며 도움을 받았고, 중국에 갔을 때는 김효태 장로 집에 머물며 21세기교회의 도움도 받았습니다. 그가 만든 헝가리 음식 '굴라쉬'와 매운 고추잼 맛이 그립습니다.

러시아에서 온 줄리아는 처음에는 연세대학교에 다니며 방학 때마다 라브리에서 공부하고 갔습니다. 그러다가 2015년 여름에는 라브리에 와서 세례를 받고 가더니, 지금은 라브리에 살면서 아세아연합신학대학교 대학원을 다니고 있습니다.

줄리아는 자기 나라 말인 러시아어 외에도 일본어, 영어, 독어, 한국어 등 5개국어를 듣고 말할 정도로 언어에 탁월한 능력을 갖고 있습니다. 그러나 외교관이 되기보다는 사람을 구하고 돕는 상담사가 되고 싶어 합니다.

줄리아는 라브리에 머그컵도 갖다 놓고, 러시아 초콜릿도 갖다 주었지만, 더욱 놀라운 것은 10개국 청년들을 라브리로 데리고 온 것입니다. 2016년 4월에 원주에 있는 외국인교회 청년 약 20여 명을 데리고 왔는데, 구성원들의 국적을 조사해 보니 인경이 30여 년간 꿈꾸던 10개국 청년들이었습니다.

미국 4명, 인도 1명, 필리핀 2명, 방글라데시 2명, 가나 1명, 에티오피아 1명, 케냐 2명, 브라질 2명, 러시아 1명, 한국 5명.

서울이나 큰 도시에서는 10개국 청년들이 모이는 것이 쉬울지 몰라도 강원도 산골짜기에서 그렇게 모이는 것은 매우 드문 일입니다. 그날은 너무나 기뻐서 하루 종일 입을 다물지 못했습니다.

작년에는 미국 버지니아에서 온 "후안(Huan)"이라는 한 흑인 청년이 단 하루만 머물다가 갔지만 예수님을 영접했습니다. 그는 처음부터 라브리를 방문하려고 한국에 온 것이 아니라 드라마 촬영지인 춘천, 인제, 속초를 둘러보다가 우연히 라브리에 들렀다고 했습니다. 알고 보니 그는 "한드광(한국 드라마에 미친 사람)"이었는데, 영어 자막이 없이도 한국 드라마를 볼 수 있을 만큼, 한국 배우들과 한국 문화를 좋아했습니다. 지금 생각하면, 성령님이 그 청년을 위해 두 가지를 인도해 주셨다는 것이 거의 확실합니다.

첫째는 일부러 휴가를 내어 양양으로 보내 주셨습니다. 한국을 찾아온 시기는 성탄절이나 부활절 휴가 기간도 아니고 여름 휴가철도 아니라 9월 말이었습니다. 드라마를 보다가 한국에 가고 싶은 생각이 들자, 회사에 일주일 휴가를 내고 불현듯이 한국에 왔습니다.

둘째는 마음 문을 활짝 열어서 보내 주셨습니다. 간사가 그를 만난지 30분도 안되어, 닭똥 같은 눈물을 뚝뚝 흘리며 예수님을 영접했습니다. 물론 하루 전 날 잠시 들렀을 때 차도 한 잔하고 늦은 점심 식사를 하고 갔지만, 성령님이 그의 마음을 준비해 주시지 않고서야, "주 예수를 믿으라. 그러면 너와 네

집이 구원을 받으리라."는 말씀을 어떻게 그대로 받아들이고, 오랫동안 믿지 않던 예수님을 믿겠다고 같이 기도까지 할 수 있었겠습니까? 그는 빌립보 감옥의 간수처럼, 성령님이 예수님을 믿을 준비를 다 해서 보내 준 심령이었습니다.

잘생긴 한 미국 청년이 기독교대학을 졸업하고 한국에 영어 교사로 처음 부임했을 때만 해도 '선교사의 마음'으로 아이들을 가르쳤습니다. 예수님의 사랑에 가슴이 불타지 않고는 할 수 없는 일이었습니다. 그러나 해가 갈수록 한 번도 벌어 보지 못한 많은 돈이 생기자, 이태원에 가서 흥청망청 쓰며 이런저런 죄를 많이 짓다가 하나님도 잊어버리고 살았습니다.

휴가를 내서 양양에 내려왔습니다. 오랜만에 성경 공부도 하고 기도도 했습니다. 어느 주일날, 예배를 드리는 중에 너무나 뜨겁게 울며 회개를 하는 바람에 교인들을 놀라게 했습니다. '선교사의 마음'을 되찾은 것이 분명했습니다. 나중에 그 청년은 아버지와 함께 만돌린과 기타를 들고 와서 '작은 음악회'를 열어 주고 갔습니다.

스티브 프라이스(Steve Price)가 2007년경에 일주일간 머물다 간 적이 있습니다. 그는 『조선에 부르심을 받다』(*Chosen for Chosun*, 코리아닷컴)라는 토마스 선교사 전기를 출간한 스텔라 프라이스 씨의 남편입니다. 그는 북한에 가서 의료 봉사를 하고 미국으로 돌아가기 전에, 대통령조찬기도회에 참석할 때까지 약 1주일간 시간이 남아서 라브리를 온 것입니다. 그는 다른 청년들과 똑같이, 라브리 뒷산의 비탈길을 오르내리며, 나무와

꽃을 많이 심어 주고 갔습니다.

그는 본래 영국 웨일스 출신이지만 미국 메사추세스주 보스턴시 고든코넬신학교 근처에서 의사로 오랫동안 일하던 사람입니다. 그는 미국 동부 뉴잉글랜드 지방의 25,000명의 의사 중에 가장 뛰어난 의사 25명 중에 들기도 했으며, 고든코넬신학교 대부분의 교수들의 주치의를 하던 분이었습니다. 약 10년 전, 우연한 기회에 고향 웨일스를 방문했다가 하노버교회를 방문했는데, 바로 그 교회가 겨우 27세에 평양에서 순교한 토마스 선교사를 파송한 교회라는 것을 알고는 충격에 빠졌다고 합니다.

그는 그 충격으로 병원 문을 닫고 북한 선교와 세계 선교를 위해 일하기로 작정을 했습니다. 제2의 토마스가 되기로 작정한 것입니다. 150년 전에 사랑하는 아들을 한국으로 보낸 토마스의 아버지가 묻혀 있는 그 교회가 지금은 텅텅 비어 가고 있기 때문입니다. 그는 당장 토마스 선교사가 어린 시절을 보낸 하노버교회 사택을 매입해서 그곳에서 살면서 책도 쓰고 전도도 하고 교회 사찰을 하고 있습니다. 거기에서 제2의 평양 대부흥과 웨일스 대부흥을 기다리며 기도하고 있습니다. 장로교 통합측에서 한국인 목사님을 그 교회에 담임목사로 파송했다는 이야기를 듣고 매우 기뻤습니다.

로버트 토마스 선교사(Robert Jermain Thomas, 1839 1866)는 한국 교회 최초의 순교자입니다. 그런데 요즘 토마스 선교사에 관한 논란이 일고 있습니다. 첫째는 그가 여태까지 알고 있던

"한국 개신교 최초의 선교사요 순교자"냐 아니면 무역선 통역관으로 왔던 "제국주의 무리에 속한 앞잡이냐"는 것과 두 번째는 한국 선교 원년을, 아펜젤러와 언더우드가 입국한 1885년보다 약 20년 앞서고, 의사 알렌의 입국보다 18년 앞선, 토마스가 순교한 1866년으로 앞당겨야 하는가 하는 것입니다.*
프라이스 박사의 말을 좀 들어보겠습니다.

> 나는 평양을 여러 번 다녀왔는데 그때마다 토마스 선교사를 더 사랑하게 되었다. 비록 그가 통역관으로 미국 배를 타고 한국에 왔다가 죽었지만, 그것 때문에 그의 죽음이 순교가 아니라고는 한 번도 의심해 본 적이 없다.
> 토마스가 런던대학교를 23살에 졸업하고 앙글리라는 도시의 작은 기독교 학교에서 교사로 있을 때 캔저 출신의 캐럴라인 카프리라는 자매를 만나 결혼하고, 곧 바로 런던선교회에 선교사를 지망하여 둘 다 상해로 왔다. 유산 후유증으로 캐럴라인을 잃고 실망과 고통과 슬픔 속에 쌓여 선교사직을 사임하고 해상 세관의 통역관으로 일을 하였다. 그러나 선교를 포기한 적은 없다. 그 증거는 토마스가 조선과 가까운 산동반도 연대에 살면서 새로운 선교지로 조선을 정하고 한국어를 배운 것이다. 그때 그는 조선에 성경이 필요하다는 것을 알고 스코

---

* 고무송 박사는 2016년 3월 21일 열린 "저메인 토마스 선교사와 그의 시대"라는 제25회 한국장로교신학회 정기학술대회에서 150년 전에 토마스 선교사는 "불나비 같은 존재"로 순교한 것이라고 주장했습니다.

트랜드 성경공회에 있는 친구의 도움으로 성경을 가지고 은둔의 나라로 들어가기로 결정했다. 1865년에는 서해안을 돌며 전도 하다가 파선을 당한 적이 있으며, 1866년에는 미국 배의 통역관으로 대동강으로 들어왔다. 이런 토마스 선교사의 행동을 두고 표현할 수 있는 말은 '무모함, imprudence, foolishly bold'이라는 단어 밖에 없다. 그러나 때로는 하나님께서 이렇게 무모한 사람도 사용하신다는 것을 알아야 한다.

1905년 토마스의 희생이 다시금 기억되기 시작했습니다. 평양신학교 교장인 사무엘 모펫(마포삼열) 선교사와 오문환 목사가 토마스 선교사를 기리기 위해 3가지 사업을 진행했습니다. 첫째는 토마스 선교사의 일대기를 쓰는 것입니다. 둘째는 토마스 선교사가 순교했던 자리에 기념교회를 세우는 일이었습니다. 셋째는 서해안 앞바다의 섬 동네에 복음을 전하기 위해 배를 만들기로 했습니다.

1905년에 결정한 것이 마침내 1932년에 열매를 맺게 되었다. 토마스가 순교한 장소라고 추정되는 곳에 기념교회를 세우게 된 것이다. 다음은 그때 토마스의 친구가 일하던 스코틀랜드 성경공회에서 제공한 기념교회 머릿돌에 쓰였던 글귀이다. "순교자의 피가 기독교의 씨앗이다. 한 알의 밀이 땅에 떨어져 썩지 아니하면 결코 열매를 맺을 수가 없나니.
토마스기념교회를 세운지 약 70년이 지나, 김진경 총장이 북한 정부가 제공한 대동강 변 군부대가 있던 자리에 평양과학기술대학교를 세우려고 기초공사를 하던 중에 교회 종을 하나 발굴했다. 종을 씻어 보니, "토마스기념교회"라는 글씨가 새겨져 있었다. 그 자리가 바로 1932년에 세운 토마스선교사 기념교회가 있던 자리였던 것이다. 북한 사람들은 토마스를 잊었으나 하나님은 토마스를 잊지 않았던 것이다(알고 보니, 그 땅은 평양과학기술대학교를 무료설계했던 건축가 김정식 장로가 김진경 총장과 함께 북한 최고위층을 만났을 때 "이 땅이 학교부지로 최적지"라고 주장하여 허락받은 땅이었다.).

유급휴가를 얻어온 월급쟁이들

경기도에 있는 한 독일계 하드웨어 회사 직원 117명이 유급휴가를 얻어서 라브리에 왔습니다.* 한꺼번에 온 것이 아니라 매주 4박 5일간 5-7명씩 나누어서 몇 달에 걸쳐 왔습니다. 117명 중에는 나이가 많은 중견 간부들도 몇 사람 있었으나

---

* H사는 2007년 봄과 가을에 74명, 2010년 봄에 43명, 등 총 117명의 직원을 라브리로 유급휴가를 보내 주었습니다. H사 경영주는 기독교인이었으며, 한 직원이라도 전도하고 바로 믿도록 하고 싶은 마음으로, 큰 손해를 감수하며 매주 5-6명의 직원들을 라브리에 보내 주셨습니다. 그 기간에는 전 이랜드 사장이며 아둘람 대표인 신갈렙 선교사가 강의와 토론을 많이 도와주었으며, 미국에서 온 원어민 교사들인 앤디와 린지는 머루주 값도 주고, 강의도 도와주었습니다.

대부분이 20-30대의 젊은 청년들이었습니다.

  그중에는 결혼한 사람들도 있었지만 미혼자들이 많았습니다. 예수님을 믿는 사람들도 있었지만 안 믿는 사람들이 더 많았습니다. 그들이 도착하자마자 내뱉은 말들입니다.

> – 나는 회사에서 여기에 올 때, 사표를 써서 주머니에 넣고 왔습니다. 만약 라브리에서 누구든지 강압적으로 기독교를 믿으라고 강요하거나 회사에서 교회를 안 나간다고 불이익을 주면 사표를 내려고 합니다.
> – 우리 회사는 100년을 써도 끄떡없는 세계 최고의 하드웨어를 만듭니다. 그러나 아무리 좋은 기계라도 몇 년만 쓰고 나면 버리는데, 고장이 나서 버리는 것이 아니라 싫증이 나서 버리지요. 여자나 종교도 마찬가지가 아닐까요?
> – 결혼한 선배들을 보니 제가 생각하는 것보다 부부싸움을 자주 하더군요. 그리고 부부싸움의 원인이 섹스더군요. '하자.' '하지 말자.' 그런 것 있잖아요? 그래서 저는 결혼하기 전에 속궁합 시험을 보려고요. 설마 기독교가 그런 문제에 대해서까지 알기왈부하지는 않겠죠?
> – 어느 식당에서 목사, 변호사, 경찰이 밥을 먹고 난 후에 누가 밥값을 냈는지 아세요? 목사는 기도했으니 안 냈고, 변호사는 나중에 어려운 일이 있을 때 도와주겠다며 안 냈고, 경찰은 공무원이라 접대비를 쓸 수 없다며 안 냈답니다. 세 사람이 서로 밥값은 안 내고 꾸물거리기만 하니 결국 식당 주인이 밥값을 낼 수밖에요.
> – 라브리 밥상에 올라오는 고기는 전부 구두 밑창을 씹는 것 같이 질긴 것밖에 없군요. 이빨이 빠지지 않고 밥을 다 먹을 수 있을지 걱정이 됩니

다. 옛날에 독일에서 하드롤을 먹다가 입천장이 다 벗겨진 적이 있는데, 아무리 라브리가 가난하다고 하지만 너무 싸구려 고기를 주시면 임플란트 값을 물어내야 할지 몰라요.

— 정말 답답해서 말씀 드리는데, 목사님과 우리는 코드가 전혀 다릅니다. 우리가 여기에서 철학을 논한다고 며칠 만에 바뀔 것 같아요? 어림도 없습니다. 우리는 애새끼들과 마누라를 먹여 살리기 위해 하루하루 먹고 살기도 바쁜 사람들인데, 자꾸 인생이니 진리니 하며 끝장 토론을 하려고 하지 말고 적당한 선에서 끝내 주시죠?

이 밖에도 상당히 진한 농담들이 많이 오고 갔습니다. 농담은 노동시간이나 밥을 먹을 때는 물론이고 하물며 강의 시간도 가리지 않았습니다. 모두가 탁구 치듯이 농담을 주고받았습니다. 농담이나 유머는 서로 간에 긴장도 풀고 마음을 여는 효과가 큽니다. 그러나 때로는 그 속에 뼈가 있습니다. 비판과 철학이 담겨 있기 때문입니다. 하루 일정을 마무리 하려는 어느 날 저녁, 한 청년이 간사의 옷자락을 붙잡으며 농담하듯이 이런 질문을 했습니다.

청년 : 목사님, 이제 공식 프로그램이 다 끝났으니 맥주를 한 잔 하고 자도 되겠습니까?

목사 : 농담이시지요? 하루 종일 농담을 많이 하셔서 죄송하게도 어떤 말씀이 농담인지 진담인지 모르겠군요. 만약 진담이라면, 맥주를 마셔도 되는지 저에게 여쭤어 봐 주셔서 대단히 감사드립니다. 물어보지도

않고 마시고 사고 친 분들이 많았거든요. 만약 농담이라면 바로 침대에 들어가시면 좋겠습니다.

청년 : 농담이라니요? 저희들은 '사고(事故)'라는 단어 자체를 모르는 사람들입니다. 하드웨어 회사에 근무하기 때문에 누구보다 '사고예방훈련'을 많이 받았거든요. 설마 '사고' 친 놈들이 저희 회사 직원들은 아니었죠? 도대체 어떤 새끼들이 비싼 술을 마시고 사고를 쳤단 말입니까?

목사 : 지나간 사람들에 대한 이야기는 하지 않는 것이 저희 원칙이라서 말씀드리지 못해 죄송하군요. 그런데 일체 사고를 안친다는 사람들이 '연수 중 음주 금지'라는 사내 원칙을 어기고 맥주를 차에 숨겨 오는 사고'를 치셨군요. 그러나 저러나 얼마나 사 오셨어요?

청년 : 두 박스 밖에 안 됩니다. 소주 몇 병 하고요. 목사님도 한 잔 하시겠습니까?

목사 : 맥주 두 박스에 소주 몇 병이라? 그걸 다 마시려면 밤을 새야 되겠군요. 밤을 새면 내일 늦게 일어나실 테고, 그렇다면 내일 정상적인 일정을 진행하기가 힘들겠는데요. 그러면 밤새 그걸 다 마시고, 내일 회사로 바로 돌아가시는 것이 좋겠는데요?

청년 : 목사님, 무슨 말씀을 그렇게 하십니까? 내일 우리가 회사로 바로 돌아가면 끝장입니다. '연수 중 무단이탈'은 퇴사입니다. 그리고 도대체 누가 밤을 샌다고 했나요? 지난주에 온 팀은 새벽 4시까지 마셨기 때문에 그 다음날 일정에 지장을 주었지만, 저희는 2시 전에 치우고 내일 일정에 전혀 지장을 주지 않도록 하겠습니다.

목사 : 뭐라고요? 지난주에 왔던 팀이 4시까지 술을 마셨다고요? 아침부터

피곤하다고 하기에 전날 산책로를 뚫느라 너무 힘들어서 그런 줄 알고 강의도 짧게 했는데, 이제 알고 보니 밤새 술을 마시고는 꾀병을 부린 거잖아요?

청년 : 앗, 목사님은 모르셨어요? 저희들은 목사님이 허락해 주신 줄 알았죠. 그러면 지난주에 온 팀은 목사님께 물어보지도 않고 마셨다는 말입니까? 그 자식들은 예의도 없는 놈들이었구먼. 야, 지난주 팀장이 누구였어?

목사 : 제가 지난주에 무슨 일이 있었는지 조사해 보기 전에 이제 그만 하시죠. 대신에 원어민 선생 부부가 기증한 양양 최고의 머루주를 한 잔 대접할 테니, 그걸 한 잔씩 하시고 내일 일정에 지장이 없도록 바로 자러 가시는 것이 어떻겠습니까?

청년 : 뭐라고요? 원어민 선생 부부가 저희들을 위해 술을 기증했다고 하셨습니까?

목사 : 그럼요. 여기에서 멀지 않는 강릉에서 영어 교사를 하고 있는 '앤디와 린지 패튼(Andy and Lindsey Patton)'이라는 미국인 부부가 여러분이 하루 종일 일하고 공부하고 난 후에 피로회복제로 한 잔씩 드리라고 머루주 값을 주었거든요. 제가 국제라브리에 머루주 값을 기증 받았다고 보고했더니, '마음이 좁은 미국 남부 보수주의자들이 들으면 라브리에 헌금을 안 할지 모르니 조심하라.'고 하더군요. 그건 그렇고, 머루주의 환상적인 맛을 보시면 아마 맥주는 오줌 맛이라는 것을 알게 될 거예요. 이 머루주는 프랑스 포도주보다 훨씬 맛있는 하우스 와인인데 정력에도 좋다는 소문이 있습니다. 왜냐하면 우리 동네 아줌마들이 남편들을 위해 산머루에 온갖 좋은 것을 다 넣어 만든 수제

와인이거든요. 아마 지금쯤은 제 아내가 맛있는 안주도 준비했을걸요. 양양 최고의 머루주와 소맥 중에 하나를 고르세요.

청년 : 소맥대신에 머루주를 마시라는 말씀이잖아요? 그러나 아무리 머루주가 맛있다고 해도 목사님과 술을 마시면 술맛도 떨어지고 안주도 축내실 테니, 술만 주시고 목사님은 주무시러 가시지요?"

목사 : 제가 '안주 귀신'이라 이거죠?

청년 : 아이고 죄송합니다. 그런 뜻이 아니고요.

목사 : 그러면 트렁크에 실려 있는 맥주를 제 아내에게 지금 갖다 주시면 내일 아침에 그걸로 맥주 빵을 만들어 드리겠습니다. 맥주 빵이라는 것을 드셔 본 적이 있습니까?

청년 : 맥주로 빵도 만듭니까?

목사 : 얼마나 맛있다고요. 맥주 뚜껑을 한참 열어 두든지 살짝 가열을 하면 알코올이 증발되는데, 그렇게 김을 뺀 맥주를 '플랫 비어(flat beer)'라고 합니다. 물 대신에 그걸로 빵을 반죽하면 맛이 끝내 주지요.

머루주 향기에 취했는지 모두 일찍 잠자리에 들었습니다. 다음날 아침 식사 시간에, 라브리 뒷동네에서 MT를 하고 있던 서울 사랑의교회 청년들과 함께 약 90여 명이 '맥주 빵'으로 아침 식사를 했습니다. 그 청년은 '맥주 빵 기증자'가 되어 여러 사람으로부터 박수를 받고는 머리를 쓱쓱 긁으며 일어서서 재미있는 고백을 털어 놓았습니다.

청년 : 저는 어제 밤에 술이 없이도 잠을 잘 수 있다는 것을 처음 경험했습

니다. 목사님이 주신 머루주가 어디 술입니까? 쥬스지요. 그러나 낮에 산책로를 뚫느라 피곤해서 그런지, 설악산 정기가 가득한 술이어서 그런지 단숨에 곯아 떨어졌습니다. 그리고 오늘 아침에 평생 처음으로 '맥주빵'이란 것을 먹으며, 저희들끼리만 마시고 기분 낸 것보다 이렇게 많은 분들이 기분 좋아하시는 것을 보니, '이런 게 행복이구나.'라는 생각이 들었습니다. 앞으로 라브리에 올 때마다 여러분이 맥주 빵을 실컷 드실 수 있도록 하겠습니다.

솔직히 그때 얼마나 많은 사람들이 예수님을 믿게 되었는지 저희는 모릅니다. 다녀간 분들 중에 나중에 개인적으로 다시 찾아온 분들도 있고, "내 아들이 인생의 목적을 못 찾고 있는 것 같다."며 어린 아들을 보내 준 분들도 있었고, 친구에게 라브리를 소개해 주신 분들도 있었습니다. 그분들이 남긴 말들은 식탁에서 종종 배꼽이 빠지도록 만들었습니다. 그들의 명언들을 몇 가지만 여기에 남깁니다.

- 우리가 라브리에 올 때 1등급 안심 스테이크를 기대하고 온 사람은 아무도 없습니다. 요즘 하루에 몇 만 원을 내고 공부하고 잠자고 집 밥 세끼를 얻어먹을 데가 어디 있겠습니까? 라브리에서 먹은 정갈한 음식은 제 평생 처음 먹어본 것들입니다. 사모님 채소 요리가 스테이크보다 나았습니다.
- 목사님, 우리가 강의 시간에 눈감고 있어도 신경 쓰지 마시고 계속 말씀 하세요. 우리는 월요일 아침 조회 때마다 한국에서 설교를 제일 잘하

기로 소문난 지구촌교회 이동원 목사님의 방송 설교를 듣다가도 다 조는데, 목사님이 이 목사보다 설교를 더 잘 할 수 있으세요?

— 우리가 간사님들의 말씀에 아무 반응을 안 보이는 것 같지만 실제로는 많은 도움을 받고 갑니다. 그러니까 간사님들이 우리의 겉모습이나 무반응만 보고 너무 실망하지 않으시기 바랍니다. 하나님도 외모를 보지 말고 속마음을 보라고 했다면서요?

— 다른 사람들은 술, 담배 때문에 교회를 못 간다고 하는데, 저는 그런 것 때문에 교회에 못 나가는 것이 아닙니다. 저는 일주일 내내 열심히 일하고 그 시간에 잠자느라고 교회를 못 갑니다. 일요일 아침이 되면 왜 그렇게 잠이 쏟아지는지 눈이 안 떠지는 걸 어떻게 합니까? 일요일 오후에 예배드리는 곳 없습니까?

— 라브리에서 사시는 간사님들을 보니 '이런 게 인생이 아닌가?'라는 생각이 들었습니다. 가족들과 오순도순 살면서 낮에는 채소밭도 가꾸고 집도 고치고 밤에는 같이 공부도 하고 성경도 읽고 영화도 보고 하는 것이 너무나 좋았습니다. 집에 돌아가면 저도 텔레비전 끄고 이렇게 한 번 살아 보고 싶습니다.

18장 라브리의
팀워크
협동사역

라브리는 팀워크, 즉 국제라브리위원들과 이사들(members & trustees)과 기도 가족들(praying families)과 간사들(workers)이 서로 협동 사역하는 공동체입니다. 1955년에 프란시스 쉐퍼와 이디스 여사가 라브리를 시작할 때부터, 라브리의 설립목적이 하나님이 살아 계시다는 것과 그분의 말씀이 진리라는 것을 일을 같이 하는 간사들과 형제들 간의 사랑을 통해 과시하는 것임을 밝힌 바가 있습니다.

그러나 팀워크는 생각보다 어렵습니다. 팀워크가 잘 되면 천국이지만, 팀워크가 잘 안되면 지옥입니다. 라브리 60년 역사에, 잘 안 될 때가 많았기 때문에, 지옥과 같은 이런저런 애환도 많았습니다. 그러면 먼저 국제라브리위원회와 이사 그리고 기도 가족을 소개하고, 전임 간사에 대해서는 다음 장에서 이야기하겠습니다.

국제위원회와 이사회

국제라브리위원회는 현재 약 30여 명으로 구성되어 있으며, 라브리와 관련된 모든 사역을 의논하고 결정하는 최종의 결기구입니다. 위원회(members)는 라브리에서 3년 이상 전임간사로 일한 사람들로 구성되어 있으며, 매년 한 번씩 연례위원회(Members' Meeting)로 모입니다. 위원이 되기를 원하는 간사는 1년간 위원 후보자로 추천을 받은 후에 연례위원회의 결의로 정회원이 될 수 있습니다.

정회원이라고 해서 평생회원이 아니라 매년 열리는 연례위원회에서 재신임을 받아야 합니다. 최근에 위원회에서 결정한 중요 사안은 남아프리카 라브리(자료센터)를 설립하기로 결정한 것입니다. 토슨과 베라 말바크(Thorsten and Vera Marbach) 부부가 오래 전부터 기도하며 준비했는데, 이제 준비 요건이 갖추어졌다고 판단하여 만장일치로 결정한 것입니다.

– 아프리카 대륙 최초로 남아프리카공화국에 라브리를 세운다.

연례위원회는 부활절을 전후로 스위스, 영국, 네덜란드 라브리 등에서 돌아가며 모이며, 한국 라브리에서는 한 번도 모인 적이 없습니다. 저희는 1997년부터 매년 정회원으로 참석하고 있습니다.

국제이사회는 라브리를 대표하며 각 지부의 중요 사안들을 의논하고 지도하며, 결정 사항을 국제라브리위원회에 보고합니다. 국제이사회는 7인으로 구성되어 있으며, 국제라브리의 긴급한 사안에 대하여 의논하고 지도하며 결정합니다. 모이는 사람들이 적기 때문에, 여러 지부를 다니며 모이며, 한국 라브리에서도 2002년에 한 번 모인 적이 있습니다.

몇 년 전에 국제이사회가 결정한 중대 사안 중의 하나는 스웨덴 라브리를 폐쇄하고, 스웨덴 라브리 하우스를 판매한 집값을 브라질 라브리로 보내기로 한 것입니다. 캐나다 라브리를 밴쿠버 앞 바다에 있는 보웬(Bowen) 섬에서 빅토리아 섬으로 이사하도록 허락한 것입니다. 물론 그런 이사회의 결정은 모두 연례위원회에 보고되었으며 최종 결정을 받았습니다.

한국 라브리이사회는 우리나라의 사단법인 법과 국제라브리의 관례를 존중해서 구성되었습니다. 우리나라의 사단법인 법에 따르면 한국인이 다수가 되어야 합니다. 그러나 국제라브리의 관례를 따르면 이사장은 국제라브리 회장이 겸임하게 되어 있습니다. 그래서 한국 사단법인 법의 허용 범위 내에서, 이사장은 국제라브리 회장이 맡고, 가능하면 국제라브리 이사들이 한국 이사회에 많이 들어올 수 있도록 배려했습니다.*

---

* 2017년 6월 현재 한국 라브리 이사회 조직은 다음과 같습니다.
명예이사 : 김북경(Puk Koung Kim), 김정식(Jung Sik Kim), 빔 리트께르크(Wim Rietkerk), 회장 : 롭 루드윅(Robb Ludwick), 대표 : 성인경(In Kyung Sung), 이사 : 박경옥(Kyung Ok Sung), 리차드 카이즈(Richard Keyes), 황성주(Sung Joo Hwang), 양영전(Young Jon Yang), 김종철(Jong Chul Kim), 안종철(Jong Chul Ahn), 조크 맥그리거(Jock McGregor), 감

그것은 '견제와 균형(checks and balances)'이라는 민주 정치의 기본 정신을 적용한 것으로 모든 라브리의 이사회 구성은 비슷하게 이루어져 있습니다. 각 나라의 이사회가 성경의 원칙과 성령의 인도에 따르지 않거나, 인위적인 방법이나 타락한 권력에 휘말리는 것을 방지하기 위한 최소한의 예방수단입니다. 오랫동안 일한 다른 국제라브리 간사들과 마찬가지로, 인경도 2007년에 국제 이사로 선임되면서부터 2017년 현재 영국, 미국, 브라질, 호주 라브리의 이사, 네덜란드 라브리의 이사장을 맡고 있습니다.

한국 이사회는 간사 선임, 예결산보고 심의, 라브리 이전 및 집 구입 등 중요정책을 결정합니다. 한국 이사회는 그동안 간사들이 지원할 때마다 신중하게 결정해 주었습니다. 그리고 예결산도 매우 조심스럽게 다루어 주었습니다. 지난 25년 동안 한국 라브리 이사들은 중요한 결정을 많이 했는데, 그중에 공개할 수 있는 몇 가지 사례만 들면 다음과 같습니다.

1. 1995년에 무료로 빌려 쓰던 서울 후암동 라브리 집을 구입하기로 결정한 것이었습니다. 경매에 나온 집이라 싼 값에 구입했지만, 백암 장로님과 국내외 약 50여 명의 헌금으로 후암동 집을 샀습니다.
2. 2001년에 양양으로 이사하기로 결정한 것입니다. 매주 약

사 : 설동렬(Dong Ryul Seol), 신재용(Jae Yong Shin).

>   100여 명이나 찾아오는 청년들을 수용하기는 후암동 집이 너무 작았고, 닭장 같은 고시원에서 지내며 라브리로 공부하러 오던 청년들을 보고는 월세 20만 원에 현재의 양양 집을 빌려서 이사하기로 결정한 것입니다.
> 3. 2005년에 양양 라브리 집 주인이 다른 사람들에게 팔고 싶으니 이사를 나가 달라고 했을 때, 제주 서귀포에서 열린 이사회에서 "마지막 한 달만 더 기다리며 주님의 인도하심을 받자."고 결정했는데, 그 마지막 한 달이 거의 다 끝난 즈음에 김정식 장로가 집을 사서 라브리에 기증하셨습니다.

간사들이나 현장 목회자들이 재정문제가 생길 때마다 품는 희망 사항이 하나 있습니다. "이사회가 모이기만 하면 해결책이 나올 것이다." "당회가 모이기만 하면 돈이 나올 것이다."라는 기대입니다. 그러나 그것은 매우 낭만적인 생각이고, 순진한 기대이며, 이사들이나 장로들의 생리를 잘 모르는 바보 같은 생각이라는 것을 알아야 합니다.

재정 문제가 생길 때마다 알아서 척척 해결해 주는 이사회나 당회는 이 세상에 하나도 없습니다. 그리고 현장 사역자들과 이사와 장로는 마음이 척척 맞는 경우보다는, 돈이 들어가는 사안에 대해서는 반대하거나 이런저런 이유로 미루는 경우가 많습니다. 사사건건 발목만 안 잡아도 다행이라고 생각해야 합니다.

만약 간사들이나 목회자들이 처음부터 조직의 이런 생리를 알고 있으면 이사들이나 장로들에 대한 존경을 잃지 않으면서도 그들과 재미있게 일할 수 있을 것입니다. 저희 부부가 재미있게 일한 방법 중에 하나는 이사들에게 돈보다는 좋은 정책을 제안해 주시기를 기대하는 것입니다. 그리고 다수의 이사들이 찬성하면 움직이고 한 사람이라도 반대하면 기다리는 것입니다.

물론 때로는 여러 사람이 반대해도 밀고 나간 적이 있고, 한 사람이 반대해도 모든 계획을 포기한 적도 있습니다. 당연히 그런 일이 자주 있으면 서로 마음이 상하기 쉽지만 원칙적인 문제일 때는 고집을 피워야 합니다. 감사하게도, 저희 부부는 성령께서 이사들의 마음을 움직이시고 그들의 성숙한 결정을 통해 라브리를 끌고 가신다는 것을 실감하고 있습니다.

기도 가족

기도 가족은 라브리에서 가장 중요한 분들입니다. 기도 가족은 라브리를 위해 기도로 돕는 기도후원자와 헌금으로 돕는 재정후원자로 나눌 수 있습니다. 물론 기도와 재정을 다 같이 후원해 주시는 분들도 있고, 기도만 후원해 주시는 분들도 있습니다.

1. 기도 가족은 라브리의 영적 능력과 정신적 발전과 물질

적 필요를 위해 기도하는, 보이지 않은 가장 중요한 영적 동역자들입니다. 1990년에 한국 라브리자료센터를 시작할 때 가족과 친구들을 합하여 약 50여 명이었습니다.

2. 기도 편지는 라브리 기도 제목이나 소식을 보내 달라고 부탁하신 분들이나 라브리를 다녀가신 분들 중에 라브리의 사역에 관심을 가진 분들에게 보내 드립니다. 2017년 현재 약 1,000명에게 이메일과 우편으로 기도편지를 보내드리고 있습니다.

3. 기도편지는 매달 혹은 분기별로 한글 기도편지와 영어 기도편지를 보내드립니다. 주로 간사들이 한글 기도편지를 먼저 쓰고, 그것을 자원봉사자들이나 간사들이 영어로 번역해서 외국인들이나 한인 2, 3세들에게 보냅니다.

4. 그동안 영어로 기도편지를 번역해 주신 분들 중에 기억나는 사람들은 혜원, 기진, 경옥, 오익, 모경, 혜진, 은하 씨가 기억납니다. 이분들의 헌신적인 번역으로 한국 라브리 소식을 영어권에 신속하게 전할 수 있었습니다.

5. 한글과 영어 기도편지는 매번마다 홈페이지에도 올려놓기 때문에 누구라도 혹은 전 세계 어디에서라도 읽고 기도할 수 있습니다. 가끔은 전혀 낯선 사람들이 홈페이지에 있는 기도편지를 읽고 소식을 주는 분들이 있습니다.

6. 개인적으로 기도할 수도 있지만 여러 명이 같이 기도해 주시면 더 좋습니다. 마산재건교회(양영전 목사)의 '시온목장'은 여성도들이 모여 라브리를 위해 기도하는 모임인데, 라브리

기도편지를 받고 여러 사람이 같이 기도하기도 하고 가끔 특별 헌금을 모아 보내 주시기도 합니다.

7. 기도 가족들이야말로 라브리의 가장 중요한 지체들이며, 이분들의 기도가 없이는 하나님의 눈을 라브리에 묶어 둘 수가 없다고 봅니다.

> 여호와의 눈은 온 땅을 두루 감찰하사 전심으로 자기에게 향하는 자들을 위하여 능력을 베푸시나니 이 일은 왕이 망령되이 행하였은즉 이 후부터는 왕에게 전쟁이 있으리이다 하매 (역대하 16:9).

만약 청년 한 명이 거짓된 신념을 버리고 기독교의 진리 체계 위에 튼튼히 서기로 작정하거나, 형식적인 종교 생활을 버리고 주님과의 바른 영적 생활의 신선함을 되찾는다면 그것은 '천하보다 귀한 생명'을 얻은 것입니다. 그러나 '천하보다 귀한 생명'을 얻는 데 가장 중요한 것은 기도입니다. 라브리에 기도 가족이 가장 중요한 이유가 바로 여기에 있습니다.

간사들과 부모들과 친구들의 노력도 있지만, 한 청년이 라브리에 오는 것도 성령의 일이고, 그가 마음 문을 여는 것도 성령의 일입니다. 그리고 라브리에서 도움을 받고 좋은 교회에서 신앙생활을 바르게 하는 것도 성령이 하시는 일입니다. 때로는 라브리의 자료를 읽고 도움을 받아 믿음이 바로 서는 사람이 있는데, 그것도 성령이 하신 일입니다.

안녕하세요?

곧 추수감사절이 다가와서 라브리에 쌀과 고기를 조금 보냈습니다. 아내말로는 이번 주말이나 다음주 초에 도착할 것 같다고 하네요. 다음 주가 되어도 도착이 안 되면 알려주시면 감사하겠습니다.

매년 찾아오는 추수감사절인데, 점점 의미가 새로이 다가옵니다. 올 한 해 동안 열심히 일하고, 때때로 쉼을 즐기며 살게 된 것이 감사해서, 감사의 마음을 나누고 싶어서 라브리에도 조금 보냈습니다.

6월에 새로운 집으로 이사하여, 여름에 가족사진을 찍어 보았는데, 최근 저희의 근황이 궁금하실 것 같아 사진 한 장을 같이 보냅니다.

늘 건강하시고, 평안하시기를 바랍니다.

복기 드림.

기도 가족 중에는 기도로만 도와주지 않고 쌀도 보내기도 하고, 고기를 보내기도 하고, 가족 사진을 보내기도 하고 그러다가 돈을 보내는 분들도 생깁니다. 가족들 중에 재정까지 후원해 주시는 분들을 말합니다. 금융실명제가 시행되기 전에, 라브리 첫 후원자는 "홍길동"이라는 분이었습니다. 그때만 해도 가명으로 헌금을 보내는 것이 가능했습니다. 가명이든, 실명이든 이런 분들이 천국에 저축하는 마음으로 매달 힘써 헌금을 보냈습니다.

교회를 통해 협력해 주신 목사, 장로들도 많이 계십니다. 어떤 목사들은 당회를 설득하느라 몇 년이 걸린 분들도 계셨고, 개인 후원자들 중에는 자기 교회에도 헌금하고 라브리에도 헌금하느라 이중적으로 무거운 짐을 지신 분들도 있습니다. 어떤 분들은 교회에는 헌금을 못하고 라브리에만 헌금하다가 '찍힌 분들'도 있었습니다. 그런 분들의 희생적인 헌신이 없었다면 라브리는 벌써 문을 닫았을 것입니다.

라브리는 "재정적인 필요를 하나님께 기도하며, 사람들에게 후원을 요청하지 않는다."는 원칙을 가지고 있습니다. 한국 라브리도 그 원칙을 지키기 위해 누구에게도 개인적으로 헌금을 부탁하거나 요청하지 않았습니다. 저희들의 사정을 전해 듣고, 많은 분들이 헌금을 보냈습니다. 눈물 없이는 들을 수 없는 후원자들의 이야기가 있습니다. 그래서 우리는 '모든 헌금에는 이야기가 있다.'고 믿습니다.

- 이번에 제 남편이 돌아가시고 난 후에 아파트를 작은 곳으로 옮겼는데, 남은 돈을 라브리에 보냅니다(모 권사).
- 최근에 우리 가족은 남편이 일하는 회사의 사원 숙소로 들어가게 되어 전세금을 찾았는데, 그 일부를 라브리에 보냅니다(한 젊은 부부).
- 제 남편이 간식 값까지 아껴가면서 라브리에 헌금을 보냈기 때문에, 제 아이들이 라브리를 별로 안 좋아한다는 것을 라브리 간사님들은 아셔야 합니다(모 사모).
- 헌금이 많지는 않지만 간사님들이 명절 때 고기라도 한 번 구워 드시

라고 우리 구역 식구들이 푼푼이 모은 돈입니다(모 권사).

− 제 남편은 라브리에 헌금하고 난 후에 평생 다니던 직장에서 쫓겨났습니다. 회사 돈으로 헌금한 것도 아닌데 말입니다(모 사모).

− 미국에서 오신 손님이 젊은이들을 전도하는데 쓰라고 주신 헌금을 라브리에 보냅니다. 대학생 청년들을 전도하는 데 잘 사용해 주시기 바랍니다(모 대학교 교수).

− 라브리에 보내던 헌금을 요양원에 들어가시게 된 부모님에게 보내 드리게 되어 당분간 헌금을 못하게 되어 죄송합니다(한 청년).

− 라브리의 전기세를 줄이기 위해 이번에는 히트 펌프 설치비를 보냈지만, 전기세를 더 줄이려면 태양광 설치를 준비하는 수밖에 없습니다(모 장로).

− 지난 20여 년 동안 라브리에 헌금할 때마다 즐거웠는데, 이제 회사를 은퇴하게 되어 더 이상 헌금을 못하게 되어 슬픕니다(모 은퇴자).

현물로 도와준 사람들도 이루 말할 수 없이 많았습니다. 지면 관계상 다 소개할 수는 없어서 그중에 몇 사람만 생각해 보겠습니다. 후암교회 이근우 장로와 유례 권사는 때를 따라 선물을 보내 주셨는데, 그중에는 과자, 음식재료, 등 오지에서 일하는 선교사들이 필요한 것을 보내 주셨습니다. 전주제자교회 박용태 목사는 가을이면 김치, 과일 등을 보내 주셨습니다.

전남 보성에 있는 조성교회 오영복 목사와 사모는 '키위'도 보내 주시고 가끔 쌀가마니도 보내 주시다가, 한번은 "청년들에게 신선한 닭고기를 먹이고 싶어서"라며 천리 길을 마다않고 직접 운전해서 닭고기를 배달하신 적이 있습니다.

우리는 그날 닭고기를 먹은 것이 아니라 그들의 뜨거운 사랑과 우정을 먹었습니다. 작년에는 여름휴가를 내어 별채 내부 수리를 해 주고 가시더니, 올해는 손님이 많이 와도 괜찮을 정도로 커다란 신발장을 짜 주고 가셨습니다. 그렇게 땀 흘리며 고쳐 주신 공간에 아들 딸 같은 청년들이 지금도 이야기꽃을 피우고 있습니다.

맛있는 호두과자를 보내 주시는 윤해옥 권사와 박동우 장로 그리고 두 분의 따님을 잊을 수가 없습니다. 우리는 추운 겨울 내내 그분들이 보내 주신 맛있는 호두과자를 먹으며 얼마나 많은 이야기를 나누었는지 모릅니다.

가을 추수가 끝나면 자식같이 키운 쌀가마니를 보내 주던 한동대학교 출신 농촌 운동가 최문철 부부도 잊을 수 없습니다. 시장에 즐비한 과일들이 '그림의 떡'처럼 보이는 라브리 간사들을 위해 자기 고장에서 나는 신선한 과일을 보내 주신 분도 있습니다. 물론 모든 선물들은 현금으로 계산해서 국제 라브리 회계에 보고합니다.

『로마서』 16장 3-16절에 보면, 바울 사도가 하나님의 일을 도운 많은 사람들에게 감사하고 축복하는 인사말을 길게 쓴 적이 있는데, 저희도 바울 사도의 말을 빌려 같은 마음을 전하고 싶습니다.

(그들은) "예수 안에서 나의 동역자들"이었다.

(그들은) "내 목숨을 위하여 자기들의 목까지도 내 놓은 사람들"이었다.

(그들은) "처음 맺은 열매이고… 존중히 여겨져야 하는 사람들"이었다.

(그들은) "많이 수고한" 사람들이었다.

(그들은) "그리스도 안에서 우리의 동역자"들이었다.

(그들은) "그리스도 안에서 인정함을 받은 사람들"이었다.

(그들은) "내 어머니"와 같은 분들이었다.

(그들은) "내 형제들"이었다.*

---

* 너희는 그리스도 예수 안에서 나의 동역자들인 브리스가와 아굴라에게 문안하라 그들은 내 목숨을 위하여 자기들의 목까지도 내놓았나니 나뿐 아니라 이방인의 모든 교회도 그들에게 감사하느니라 또 저의 집에 있는 교회에도 문안하라 내가 사랑하는 에배네도에게 문안하라 그는 아시아에서 그리스도께 처음 맺은 열매니라 너희를 위하여 많이 수고한 마리아에게 문안하라 내 친척이요 나와 함께 갇혔던 안드로니고와 유니아에게 문안하라 그들은 사도들에게 존중히 여겨지고 또한 나보다 먼저 그리스도 안에 있는 자라 또 주 안에서 내 사랑하는 암블리아에게 문안하라 그리스도 안에서 우리의 동역자인 우르바노와 나의 사랑하는 스다구에게 문안하라 그리스도 안에서 인정함을 받은 아벨레에게 문안하라 아리스도불로의 권속에게 문안하라 내 친척 헤로디온에게 문안하라 나깃수의 가족 중 주 안에 있는 자들에게 문안하라 주 안에서 수고한 드루배나와 드루보사에게 문안하라 주 안에서 많이 수고하고 사랑하는 버시에게 문안하라 주 안에서 택하심을 입은 루포와 그의 어머니에게 문안하라 그의 어머니는 곧 내 어머니니라 아순그리도와 블레곤과 허메와 바드로바와 허마와 및 그들과 함께 있는 형제들에게 문안하라 빌롤로고와 율리아와 또 네레오와 그의 자매와 올름바와 그들과 함께 있는 모든 성도에게 문안하라 너희가 거룩하게 입맞춤으로 서로 문안하라 그리스도의 모든 교회가 다 너희에게 문안하느니라(로마서 16:3-16).

협동간사와 라브리의 다른 가족들

라브리의 공식적인 동역 체계는 국제위원회와 이사, 기도 가족, 간사밖에 없습니다. 그러나 각 지부의 필요에 따라서 특별 직분을 허락할 수 있습니다. 한국 라브리도 필요에 따라 '협동간사'도 두고, '거주 예술가(Artist in residence)', '거주 상담사(Counselor in residence)', '거주 선교사들(Missionaries in residence)', '영화비평 감독(Film Critic Director)' '연구비서(Study Secretary)', '객원 강사(Visiting Speakers)' 등 여러 가지 특별 직분을 두었습니다.

이런 특별 직임들은 조직의 단순성을 극복할 수 있는 비영리단체의 경영의 묘라고 할 수도 있습니다. 돌아보면 이런 분들의 헌신적인 도움이 없이는 전임 간사들이 결코 살아남지 못했을 것이고, 경제적으로나 영적으로도 매우 힘들었을 것입니다.

대구에서 큰 사업을 하시던 백민현, 박보경 집사는 일상적인 삶 속에서 "작고 가난한 것들을 가지고 부요하고 풍성하게 누리는 그리스도인의 삶을 전하고 싶은 마음"으로 양양에 올라왔습니다.

> 라브리는 저희 가족에게는 큰 기쁨이었고 선물이었던 것 같아요. 특히 겨울학기 학생들과 간사님께서 마련해 주신 제 생일파티는 오랫동안 잊지 못할 것 같습니다. 거창한 신학이론

이나 교리도 아니고 신령(?)하고 거룩한 종교적인 언어로가 아니라 구체적인 삶의 현장 속에서 소박하게 믿음을 삶으로 살아 내는 이야기. 저도 작고 가난한 것들을 가지고 부요하고 풍성하게 누리는 그리스도인의 삶을 주위에 전하고 싶다는 소망을 가지게 되었습니다(보경).

두 분은 예술가와 상담사로 많은 청년들을 도왔습니다. '거주 예술가'로서 라브리에 예술과 유머 그리고 평생의 경영 철학을 청년들에게 가르쳐 주었던 사업가 출신인 백민현 간사의 도움은 이루 말할 수 없었습니다. "백민현의 세계관 뒤집기", "미술품 경매" 등 다양한 강의는 아직도 많은 사람들이 좋아하는 글들입니다.

그리고 '거주 상담사'로서 혹은 '특수 교육가'로서, 박보경 간사는 수많은 사람들을 바른 길로 인도했습니다. 라브리에 온지 3년이 지나 일이 몸에 겨우 익을 때 즈음에, 딸의 공부를 위해 미국으로 떠나신 것이 못내 아쉽습니다.

그리고 캐나다에서 온 김진성 선교사와 김슬아 선교사는 약 18개월간 '거주 선교사'로 일을 했습니다. 진성 선교사는 인경 간사와 함께 강의 여행도 많이 했고, 집도 많이 뜯고 지었습니다. 그중에 예문실에 있는 '파우더 룸'은 수많은 손님들이 멋진 작품이라고 찬사를 아끼지 않고 있습니다. 그의 아들 이름을 붙인 '이안정'은 미완성으로 남겨 두고 떠났습니다.

'객원 강사(Visiting Speakers)'로서 김북경 목사와 신디아 사모는 2013년 가을부터 2014년 여름까지 약 1년간 저희 부부가 살던 백암당에서 지내셨습니다. 사모님은 80세가 넘었는데도 일주일에 한 번 이상 손님들의 식사를 대접해 주셨고, 목사님은 한 주에 하루는 천안 재건신학교까지 출강도 하셨고, 한 달에 한두 번은 서울 교회(국제장로교회)에 가서서 설교도 하셨습니다.

라브리에 오시기 앞서 김북경 목사는 런던한인교회에서 20년간 담임목사로, 에스라성경대학원대학교 총장으로 4년간 수고하신 바가 있습니다. 신디아 사모는 결혼하기 전에 스위스 라브리에서 간사로 일한 적이 있으시며, 영국이나 한국에서 수많은 한국 여성들을 도우셨습니다. 김북경 목사는 서울과 라브리에서 목회하실 때는 유언장을 써 놓고 일하셨습니다.

김북경 유언장(2013년 1월 10일)

김북경이 한국에서 병이 나거나 죽을 경우에 다음과 같이 병원 절차와 장례식을 치뤄 주기를 바랍니다.

1. 병이나 사고가 나서 코마 상태로 들어갔을 때 회생시키려는 모든 노력을 중지시킬 것.
2. 장기를 병원에 기증할 것.
3. 화장을 시켜서 가루는 양양에 있는 라브리 뒷동산에 뿌릴 것.

4. 장례식 경비는 최소한으로 할 것. 가장 싼 관(카드보드 관)과 내가 평상시에 설교할 때 입는 옷을 입힐 것.
5. 조의금은 받지 말되 혹시 받은 것 있으면 라브리에 기증할 것.
6. 나의 한국어 책은 모두 라브리에 기증할 것.

그리고 수년간 '라브리 영화 비평 감독'으로 세상에서 제일 재미있는 영화들을 보여 주신 전인석 목사와 맛있는 음식으로 청년들과 간사들을 시시때때로 먹여준 장혜원 사모도 생각납니다. 저희의 큰 아들 기진이는 '연구비서'로서 과학과 정치철학 분야에 강의와 도움을 주었습니다.

협동간사들(Helpers)이 없는 라브리는 생각할 수도 없습니다. 그만큼 큰 도움이 되었기 때문입니다. 양양에서 일한 협동간사들 중에 이명옥, 엄설희, 김주동, 이현우, 이예리, 이승혁, 허은경, 성혜진, 최정원, 김은미, 성의진, 바나바, 이예린, 나인주, 배서영, 이명인, 김영현, 박진경, 줄리아가 생각납니다.

라브리에서 협동간사들(Helpers)은 '장학생들'이며 '자원봉사자들'인데, 간사들을 도와 가면서 공부하는 동역자들입니다. 사실 이 협동간사들의 수고가 없이는 청년들을 잘 돕기 힘들 정도로, 자질구레한 일상적인 일들을 많이 도와주기도 하고 간사들의 친구가 되어 주기도 하고, 간사들과 손님들의 가교가 되어 주기도 합니다.

한번은 아침 식사를 맡은 간사가 깊은 잠에 빠져 있는 동안에, 은경이라는 협동간사가 손님들에게 아침을 대접하고도, 아무 말도 안 한 적도 있습니다. 나중에 우연한 기회에 알게 되었지만, 둘 다 자기 당번인 줄 모르고 그렇게 했다는 것입니다. 동역자의 마음이 없이는 불가능한 일입니다.

가끔 협동간사들이 전임간사보다 나을 때도 있었습니다. 정원 씨는 여러 학기 동안 협동간사로 수고했는데, 청년들의 질문을 "맛있는 초콜릿 같고 눈부시게 빛나는 보석과 같다."라는 표현을 한 적이 있습니다. 그런 말은 평생 라브리 일을 한 저희 부부도 들어 본 적도 없고, 그렇게 느껴 본 적이 없었습니다. 국제라브리의 어느 간사로부터도 그런 표현을 들어본 적도 없는 말이었습니다.

> 이번 학기에 왔던 현진 씨와 보희 씨가 던지는 질문 하나하나가 제게는 너무나 맛좋고 달콤한 초콜릿 같고, 눈부시게 빛나는 아름다운 보석 같았어요. 하나하나를 음미하는 데 그 향에 취할 것 같더라고요(정원, 2009년 12월 기도편지 중에서).

청년들의 질문을 이렇게 초콜릿이나 보석처럼 받아들일 수 있는 일은 아무나 할 수 있는 것이 아닙니다. 우선 겸손해야 하지만 청년들을 사랑하고 진리를 사모하는 마음이 없이는 불가능합니다. 이런 마음을 가진 사람은 청년들의 질문을 조심스럽게 경청하는 것은 물론이고, 그들에게 대답할 말을 찾기 위해 밤새 공부하지 않을 수 없을 것입니다. 정원 씨가 처음에 라브리에 왔을 때 한 말입니다.

> 나는 어릴 때는 이원론적인 영성에서 헤매다가 대학생 시절에는 '신의 음성'을 듣는 신비주의를 지나서 이제 청년이 되어 냉소주의에 빠지게 되었는데, 이렇게 되는 데는 불과 7년 밖에 걸리지 않았다(정원).

정원 씨는 열심히 공부하고 주옥같은 에세이를 많이 남겼습니다. 책으로 한 권 묶어도 남을 정도로 많은 양의 글을 썼을 것입니다. 때로는 간사들의 도움과 이해의 한계를 벗어나는 주제를 공부하기도 했습니다. 아마 앞으로도 정원 씨 같이 정직하고 열심 있는 협동간사를 만나기는 쉽지 않을 것입니다.

국제라브리 간사들 사이에는 "공부도 하지 않고 도움도 되지 않는 헬퍼는 허락하지 말아야 한다."는 말을 많이 합니다. 즉 장학금을 받으면서도 공부도 안하고 도움도 안되는 헬퍼들이 많아지고 있기 때문입니다. 그런 헬퍼들은 하나님이 보내주시는 돈을 낭비하는 것만 아니라 간사들과 다른 손님들에게 짐만 되기 때문입니다.

모래 떡 사건

라브리의 자녀들은 우리 공동체에 주신 하나님의 특별 선물이고 축복입니다. 그러나 귀한 만큼 상처를 가장 많이 받기 쉬운 가족입니다. 양양 라브리에서 자란 간사 자녀들은 한결이, 한슬이, 사무엘과 수지, 가희와 한희 그리고 아인이와 루아와 이안이 있었고, 라브리에서 갓난아이가 자란 적도 있습니다.

> 라브리는 봄과 함께 새로운 식구 하나를 즐거운 마음으로 기다리고 있습니다. 김종철, 박진숙 간사의 둘째 아이가 곧 태어나게 됩니다. 학기 중의 스트레스가 산모와 아이에게 너무 큰 영향을 주지 않을까 무척 걱정하며 기도해 왔었는데 지금은 산모와 아이의 체중도 정상 분만이 가능한 건강한 상태입니다. 아기의 얼굴을 보는 그 순간까지 하나님께서 건강하고 안전하게 이 가족을 돌보아 주시기를 기도해 주십시오. 또한 사람들의 귀여움을 독차지해 온 한슬이가 의젓하게 동생을 맞이할 수 있도록 어린 심령을 위한 기도도 잊지 말아 주십시오 (준아, 2003년 3월 기도편지 중에서).

이렇게 큰 기대 속에 태어난 한결이는 누나 한슬이의 특별한 사랑 속에 잘 자랐습니다. 둘은 모래 장난을 무척 좋아했습니다. 한번은 다섯 살 배기 누나가 모래 떡을 만들어 먹는 흉내를 내었습니다. 맛있다는 듯이 동생에게 자랑을 했습니다.

> 한슬 : 와, 이 떡 참 맛있다. 냠냠냠 너도 먹어 볼래?

두 살 배기 한결이가 그걸 가만히 보고 있다가 입맛을 다시기 시작했습니다. 급기야 누나에게 하나를 만들어 달라고 부탁을 했습니다.

   한결 : 누나 나도, 나도 하나, 나도 하나 먹고 싶어.

한슬이는 기다렸다는 듯이 싱긋이 웃으며 모래 떡을 큼직하게 하나 만들어 주었습니다. 한결이는 더 이상 참지 못하겠다는 표정으로 그걸 냉큼 씹어 먹었습니다. 한 입 가득히 넣고 얼굴을 잔뜩 찡그리고는, 입맛을 쩝쩝거리면서도 절대로 뱉으려고 하지 않았습니다.

   한슬 : 누나가 만들어준 모래 떡 맛있지?
   한결 : 응, 냠냠냠.
   한슬 : 누나한테 좀 남겨 줄래?
   한결 : 아니.

한결이는 고개를 설레설레 흔들며 마지막 남은 것까지 입에 틀어 넣었습니다. "오돌오돌" 씹을수록 맛있는지, 찡그리지 않고도 맛있게 먹고 있을 때였습니다. 그때 엄마 목소리가 들렸습니다.

   엄마 : 한결아 너 뭘 먹고 있니?
   한결 : 이거, 떡.

한결이가 입을 벌려서 씹다 남은 모래 떡을 보여 줬습니다. 많이 먹어서 그런지, 역겨워서 그런지 "꺼억, 꺼억" 하며 트림이 나오는 것까지도 참고 있었습니다. 입가만 아니라 온 얼굴에 모래가 잔뜩 묻어 있었습니다.

엄마 : 한슬아, 너 동생한테 뭘 먹였니?
한슬 : 떠억, 모래 떡.
엄마 : 뭐라고?

한슬이 엄마는 놀라기도 했고 화도 났습니다. 두 가지 때문입니다. 한결이가 모래 떡을 얼마나 먹었는지 모르고, 한슬이가 동생을 속였기 때문입니다. 지혜로운 부모들이라, 두 아이가 모래 떡 사건을 어린 시절의 장난과 추억으로 간직하는 방법을 가르쳐 주었습니다. 한결이는 "아무 거나 먹으면 안된다."는 것을 배웠고, 한슬이는 동생에게 "미안하다."는 말을 하고는, "두 번 다시 모래 떡을 동생에게 먹이지 않겠다."고 약속했습니다.

19장 새벽이슬 같은 청년들

한때는 미국 영화배우 제임스 딘이 청바지를 입고 나오면 반항을 의미한 때가 있었습니다. 그러나 지금은 찢어진 청바지도 예쁘게 봐 주는 시대가 되었습니다. 노랑머리, 빨강머리, 갈색머리, 파랑머리, 와인색머리도 자기 개성으로 칩니다. 그러나 몇 년 전까지만 해도 온몸에 한 문신이나 말총머리는 아직도 반항의 표시로 통했습니다. 라브리에는 그런 청년들이 많이 다녀갔습니다.

말총머리와 친구들

2010년 1월, 아침부터 말총머리는 친구들과 장작을 팼습니다. 땔감용 나무를 구하기 위해 산을 오르내린지 벌써 2주째입니다. 참나무 장작을 몇 짐이나 만들었습니다. 맨손으로 톱과 도끼만 들고 만든 장작치고는 최고 품질의 땔감입니다. 2주 전 티타임 중에 동네 할아버지가 오셔서 "올해는 양양 시장에서 참나무 한 트럭에 80만 원이나 나가니 장작을 아껴서 때라."는 말씀을 남겨 놓고 가셨습니다. 아마 말총머리는 그 말씀을 마음에 두었나 봅니다.

- 몇 주만 기다려 주시면 제가 나무 한 트럭을 하겠습니다.

말총머리는 약속 준수를 인생의 중요한 신조로 삼는 사나이입니다. 노동 시간을 이용하여 장작 만들기 대작전에 들어갔습니다. 라브리 뒷산을 돌아다니며 나무를 자르고 도끼로 쪼갤 동지들을 모으고 훈련을 시키는 것이 제일 중요했습니다. 며칠이 지나자 좋은 '장작 만들기 TF'가 구성되었습니다.

대학에서 핵물리학을 공부하고 있던 한 학생은 처음에는 하도 톱질이 서툴러 자기 손가락을 자를 것 같았는데, 며칠이 지나자 제법 잘했습니다. 마지막 휴가를 나온 최 병장은 자기 허리만 한 통나무도 무 썰듯 잘랐습니다. 한 장신대학교 신학대학원생은 도끼질을 배우는 것이 헬라어와 히브리어를 외우는 것보다 더 어려워 보였습니다.

유치원에서 어린 아이들을 돌보던 여 선생님은 톱 가는 솜씨가 매서웠습니다. 한 해외 선교단체 대표의 사무 비서로 일하던 자매는 자기 몸무게보다 더 나갈 만한 통나무를 산에서 등짐 지게로 일일이 져 내렸습니다. 라브리에서는 모든 일에 남녀차별이 없습니다.

동지들이 나무를 져 내리고 장작을 패는 동안, 말총머리는 아침 내내 도끼날을 갈았습니다. 날이 시퍼렇게 설 때까지 갈았습니다. 어설픈 동지들이 도끼날을 갈다가 손을 벨까 봐 제일 위험한 일에 솔선한 것입니다. 그러나 동지들의 장작 패는 솜씨가 영 마음에 안 들 때는 본인이 직접 팼습니다. 아무리 큰 통나무도 한 방에 "쩍" 갈라졌습니다. 그때 말총머리는 장작만 패지 않았습니다. 자기자신의 의심 많은 마음도 쪼갰습니다. 어느 날 오후에는, 친구들이 에세이를 발표하는 것을 가만히 듣고 있더니, 그동안 틈틈이 써 둔 "감정과 이성"이라는 에세이를 낭독했습니다.

> 말총머리 : 잠자리 한 마리가 있었다. 내 인생을 맞바꾸고 싶을 만큼 아름다운 잠자리가 있었다. 그 잠자리를 잡고 싶었다. 잠자리가 도망가면 어쩌나 하고 깊은 고민에 빠지기도 했지만, 나는 나의 감정을 주체하지 못한 채 잠자리에게로 손을 뻗고 있었다. 하지만 잠자리가 나를 깨물었다. 잠자리에게서 받은 실망은 컸지만, 내 스스로 그 잠자리를 포기할 수 있었다. 하나님께서 너무나도 자유로운 그 잠자리를 사람의 손에 잡히게 하고 싶지는 않으셨던 모양이다. 이처럼 나는 감정에는 센시티브 하지만 이성을 통한 객관적 접근에는 약하다는 것을 알았다.

기대 이상으로 시적이고 냉철한 분석이었습니다. 철학도(哲學徒) 답지 않게 문학적 비유도 아주 멋졌습니다. 아뿔싸, '장작만들기 TF' 동지들이 가만히 있지 않았습니다. 마치 장작을 패다가 쌓인 감정을 푸는듯, 따가운 논평이 쏟아졌습니다. 핵물리학도가 제일 날카로웠습니다.

핵물리학도 : 저도 이성과 감정의 관계를 완벽하게 규정 하는 것은 불가능하다고 생각합니다. 이성도 불완전하고 감정도 불확실하기 때문이죠. 불확실한 것을 완전하게 만들겠다는 것 자체가 모순이죠. 양 극단에서 한쪽만을 추구하였을 때의 여러 가지 문제점은 인경 간사님의 『진리는 살아 있다』라는 책에서 발견할 수 있죠. 개인적으로 이성과 감성은 서로를 보완하는 장치로서의 역할을 한다고 생각합니다. 잠자리를 잡고 싶다면 잠자리에 대해 공부해 보라고 했는데, 무엇 때문에 잠자리를 잡으려고 하는지 그 근본적인 의도는 왜 생각해 보지 않으세요?

핵심을 찌르는 간결한 논평에 모두들 입을 다물었습니다. 그러나 그 논평자를 주시하는 사람이 있었습니다. 지난 3주간 한 방을 썼던 룸메이트이고 '장작만들기 TF' 팀장이었습니다.

– 이 친구가 핵물리학을 공부하고 있다더니 어떻게 내가 전공한 헤겔의 변증법을 꿰뚫고 있단 말인가?

그러나 날카로운 비평에도 전혀 마음이 아프지 않았습니다. 그만큼 서로 친해졌고, 더구나 자기가 팬 참나무 장작 향기에 취해 있었기 때문입니다. 그러나 무거운 입을 열었습니다.

말총머리 : 이성과 감정의 우열 다툼 역사가 바로 서양 지성사(知性史)지요. 서양 철학은 한 마디로 이성을 우월시 하는 관념론과 감정을 우월시 하는 경험론이 대립한 역사입니다. 기독교 세계관적으로 볼 때, 우리

는 두 가지를 하나가 되도록 해야지 분리해서 이원론적으로 만들면 서양 꼴이 나는 것입니다. 완벽한 이성과 완벽한 감성이 어떤 것인지는 예수님의 삶을 바라보며 배우는 것이 좋습니다."

한 간사가 딴죽을 걸려고 무슨 말을 했으나, "오후 티타임이 마감됩니다."는 홍석홀지기의 벨 소리에 그만 자리를 떠나지 않을 수 없었습니다. 그날 밤에 로마서를 읽고 공부하는 중에 더 재미있는 일이 벌어졌습니다. 일할 때는 허리만 한 통나무도 단번에 쪼개던 최 병장이라는 친구가 질문을 했습니다.

> 최 병장 : 나는 교회를 한 번도 가 본 적이 없는 사람인데, 예수를 믿으려면 성경 전체를 다 공부해야 되는 겁니까?

예수 믿지 않는 최 병장의 갑작스러운 질문에 다른 간사들이 대답할 말을 찾고 있는 사이에 말총머리가 나섰습니다.

> 말총머리 : 나도 처음에는 성경을 다 읽어 봐야 예수님을 믿을 수 있을 것이라 생각했습니다. 그러나 라브리에서 배운 것은 창세기부터 요한계시록까지 성경 어디를 읽어 보아도 '믿음으로 구원받을 수 있다.'고 하는 메시지는 동일하다는 것을 배웠습니다. 그렇다면 우리는 성경을 다 읽어 보지 않고도 얼마든지 예수님을 믿을 수 있다고 생각합니다.

더 이상의 사족이 필요하지 않은 완벽한 대답이었습니다.

며칠 전의 말총머리와는 전혀 달랐습니다. 며칠 전까지만 해도, 친구들의 이런 질문에 끼어드는 법이 없었으니까요. 제법 자신감이 생겼습니다. 그리고 28년간 듣고 배운 하나님의 말씀이 꿈틀거리며 살아서 움직이기 시작한 것입니다.

폭설이 왔을 때는, '장작 만들기 TF'가 '이글루(눈집) 만들기 TF'가 되었습니다. 이틀 만에 집채만 한 이글루를 한 채 지었습니다. 며칠 동안 친구들과 밤낮으로 눈 벽돌을 만들더니, 허리를 굽히지 않으면 들어갈 수 없는 쥐구멍만 한 문이 하나 있는 이글루를 하나 만들었습니다. 교만한 사람은 아무도 못 들어가게 하려는 궁리였습니다. 그러나 그 안에 들어가면 천정도 높고 바닥도 꽤 넓었습니다.

라브리 마당에 겨울용 별채 하나가 생긴 것입니다. 먼저 '이글루 만들기 TF'가 그 안에 들어가서 라면을 끓여 먹었습니다. 경옥이 영어를 가르치는 아이들 6-7명도 그 안에서 컵 라면을 먹으며 공부를 하고 갔습니다. 호기심이 많은 우리 동네 우체부 아저씨는, 편지를 사무실로 배달하지 않고, 이글루 안으로 배달했습니다. 그 안에 한 번 들어가 보고 싶었기 때문입니다.

바깥은 영하 10도를 오르내려도 이글루 안은 매우 따뜻했습니다. 알고 보니 이글루 온도 유지에는 두꺼운 눈 벽돌이 큰 도움이 되었고, 허리를 굽혀야 들어갈 수 있는 조그마한 문도 도움이 되었고, 문의 방향이 바람이 부는 반대편인 남서향(南西向)인 것도 도움이 되었습니다. 이글루가 에스키모 사람들이 살림을 살 정도로 매우 과학적이고 아늑한 집이라는 것을 처음 알았습니다.

어느 날 밤 12시 경, 현관문을 잠그기 전에 바깥을 살펴보다가, 말총머리가 이글루 앞에서 벌벌 떨며 담배를 피우고 있는 것을 보았습니다. 간사가 말을 걸었습니다.

> 간사 : 날씨도 추운데 담배를 끊든지, 본인이 지은 이글루 안에 들어가서 피우든지 하는 것이 어때요?
> 말총머리 : 저는 라브리의 원칙을 지키고 싶습다.
> 간사 : 나는 아직 이글루에 무슨 법이 있다는 것을 들어본 적이 없는데 무슨 법이죠?
> 말총머리 : 실내금연법이요. 이글루도 라브리 땅 위에 세운 집이니까 라브리법이 적용되어야 하지 않을까요?
> 간사 : 왜 나는 자네가 그렇게 준법정신이 좋은 줄 몰랐네. 그 정신으로 '더 큰 법'을 좀 지키지 그러세요?
> 말총머리 : 더 큰 법이라니요? 그런 법이 라브리에 있는 줄 몰랐는데요?
> 간사 : 하나님의 법을 몰랐다고요?
> 말총머리 : 예?

설령 칼바람을 맞으며 담배를 피울지언정, 라브리의 법을 지키고 싶다는 사나이의 가슴에 고요한 성령의 바람이 불고 있었습니다. 시시한 금연법은 지키면서도 더 큰 법은 안 지키고 사는 바보 같은 삶을 더 이상 살아서는 안되겠다는 굳은 각오가 보였습니다. 오랫동안 목사의 아들로 살면서 기죽고 억

눌렸고 화석화된 그의 영혼이 깨어나고 있었습니다.

드디어 그날이 왔습니다. 이글루가 다 녹아내리기도 전에 '신앙과 이성의 관계', '모순의 절망에서 은혜의 기이한 빛으로'라는 에세이를 발표하더니, 예수님을 인격적으로 다시 믿기로 작정했습니다. 그리고는 "고향에 가면 친구들과 성경공부를 시작하겠다."는 다짐을 하며 집으로 돌아갔습니다. 실내금연법보다 '훨씬 더 큰 법'을 찾았기 때문입니다. 그가 쓴 "모순의 절망에서 은혜의 기이한 빛으로"라는 에세이 일부를 여기 옮겨봅니다.

> 내 자신이 얼마나 비논리적이고 모순투성이였는지를 알 수 있었다. 이성적인 판단만이 의미 있다고 생각하면서도 그 이성이 한계에 부딪히면 내가 부정했던 하나님에 대해 관심을 가졌었고 그리고 그 하나님에 대해서도 제대로 알지 못하면서 하나님을 부정하는 비이성적인 행동을 보였다. 그리고 역시 '이성이 제일'이라 쾌재를 부르면서도 내심 초자연적인 경험을 하지 못하는 것을 늘 아쉬워했었다. 이러한 나 자신에 대해 나는 항상 솔직하지 못했고 그저 감추려고만 했던 것 같다. 왜냐하면 그런 모순적인 나 자신을 인정하면 내 존재의 의미가 허물어질 것만 같았기 때문이었다.
>
> 그런데 라브리에 들어와 생활하면서 '밑져야 본전'이란 생각으로 조금 더 솔직해지기로 마음을 먹으면서 내 모습에 조금씩 변화가 일기 시작했다. 우선 다른 사람과 대화를 할 때 솔

직한 대화를 시작할 수 있었다. 그리고 그러한 대화를 통해서 또는 사색과 강의를 통해서 내가 그동안 가지고 있었던 의문들이 풀리기 시작했다. 그것은 내가 추구했던 '합리적이고 이성적인 노력의 산물'이기도 했지만, 내가 그토록 부정했던 '하나님의 도우심'이라는 생각도 들었다. 그렇게 뭔가에 대한 방향성이 보이기 시작할 무렵, 난생 처음으로 솔직하게 나 자신의 한계를 인정한 순간이 있었다. 지금까지 수없이 들어왔던 예수님의 십자가 복음을 다시 들으면서 그리고 그 복음의 진정한 의미가 무엇인지 구체적으로 알게 되면서, 죄인으로서의 인간이 얼마나 비참하며, 내가 얼마나 큰 죄인이었고 어리석었는지를 깨닫게 되었다(말총머리).

영화배우처럼 잘생긴 놈

처음에는 영화배우가 온 줄 알았습니다. 검정색 양복에 머리에는 노란색 물을 들였고, 목에는 나비넥타이를 맸고, 빨간 구두를 신고 있었습니다. 자기 딴엔 연극영화과 지망생이고, 최근에는 자기가 감독 겸 주연을 한 단편영화를 하나 출품한 적도 있으니 영화배우라 해도 안 믿을 사람이 없을 정도로 멋쟁이였습니다. 그날따라 찾아온 사람들이 많아 밤늦게야 그의 이야기를 들을 시간이 생겼습니다. 그런데 이야기를 채 시작하기도 전에 한 가지 부탁이 있다는 것입니다.

청년 : 영어로 말해도 되겠습니까?

간사 : 원하면 영어로 이야기하세요. 그러나 영어로 말하고 싶은 이유가 있으면 이야기해 주시겠어요?

청년 : 제가 영어로 말해야 하는 두 가지 이유가 있습니다. 간사님은 여기 대표이고 목사인데다가 나이도 많은 반면에, 나는 손님이고 예수도 잘 안 믿고 나이도 어리잖아요? 만약 내가 한국어로 하면 간사님에게 높임말을 써야 하지만 영어로 하면 높임말을 안 써도 되고 대등한 관계에서 이야기할 수 있으니 좋지요.

간사 : 라브리는 상하관계나 주종관계로 돌아가는 조선시대 같은 신분사회가 아니라 모든 사람들이 다 평등하니까 걱정하지 말고 편하게 이야기하세요. 그리고 둘째 이유는 뭐에요?

청년 : 둘째는 제가 지금부터 하려고 하는 이야기는 꽤나 심각한 이야기이므로 영어로 듣고 잊어버리는 것이 간사님의 정신건강에 좋을 것이기 때문입니다. 제가 하는 이야기는 한국어로 들으시면 나중에 자꾸 생각날지 모르거든요.

간사 : 나야 한국어로 들어도 잘 잊어버립니다. 어떤 이야기인지는 몰라도 영어로 듣고 더 빨리 잊어버리도록 하겠습니다. 단지 핵심부터 먼저 이야기하고 세부적인 것은 천천히 말씀해 주시겠어요?

청년 : Fuck You!(좆 까라 해, 씨팔놈, 존나), Asshole!(똥꼬놈, 시팔놈, 얼간이) Suck my dick!(내 좆이나 빨아라) I'm fucked up(나 좆 됐단 말이야) Lick her pussy!(그 여자 보지나 핥아라) Jesus Fucking Christ!(제기랄, 예수그리스도 씨팔놈)

"영어로 말해도 좋다."고 한 것이 엄청난 실수였다는 것을, 그 간사는 금방 깨닫기 시작했습니다. 그 청년이 영어로 말한다고 해 놓고는, 영어 욕을 토해내기 시작했거든요. 욕이 없으면 말을 하지 않았습니다. 욕으로 시작하고 욕으로 끝내지 않으면 말을 하지 않았습니다. 말을 시작할 때만 아니라 말을 마칠 때마다 욕을 서슴없이 내뱉었고, 수십 가지 욕을 번갈아 가며 토해 냈기 때문입니다.

"영어로 말하지 말라."고 하기에는 이미 늦었습니다. 영어로 하되, 영어 욕을 하지 말라고는 안 했기 때문입니다. 알고 보니, 무슨 말이든 자유롭게 하고 싶어서 영어로 말하고 싶다고 말했던 것입니다. 특히 한국어로 하면 다소 부담스러운 말들, 예를 들어 "목사님", "하나님"이라는 말을 하지 않으면서, "he", "his", "him"이란 말로 거침없이 욕할 수 있었기 때문입니다.

특히 자신에게 상처를 입힌 사람들의 이름을 언급할 때마다 질펀한 욕들을 마구 퍼질렀습니다. 안타깝게도 그날 밤에 그로부터 가장 더러운 욕을 얻어먹은 사람들은 가장 가까운 가족들이었습니다. 그가 가장 사랑해야 하는 사람들에게 가장 지저분한 욕을 퍼부어 댔습니다. 그만큼 그들에게 맺힌 것이 많았습니다. 그들이 상처를 줄 때마다 그는 자기 몸을 더럽혔고 죄를 지었습니다.

사실 그날 밤에 그의 입에서 쏟아져 나온 말은 인간의 언어가 아니었습니다. "언어(言語)"라고 하기 에는 너무나 더럽고 역겹고 지저분한 배설이었습니다. 식중독 환자의 '토사곽란(吐瀉癨亂)'과 같은 악성 설사였습니다. 도저히 걷잡을 수 없이 마구 쏟아져 내리는, 예의도 모르는 악성 설사였습니다. 얼굴은 영화배우같이 잘생겼으나, 그의 입은 시궁창과 같이 더러웠습니다.

> 간사 : 도대체 어디에서 그런 더러운 욕을 배웠어요? 영어 욕을 가르쳐 주는 미국 선생이라도 만났어요?
> 청년 : 영화죠. 미국의 저질 영화 몇 편만 보면 저절로 다 하게 되는 욕인데 배우긴 뭘 배워요?
> 간사 : 더러운 욕을 계속 듣고 있자니 내 기분이 더럽군요. '인격 침해'를 당한다는 생각도 들고요. 이런 말을 하는 것이 너무 늦었지만, 만약 지금부터 계속 욕을 하면 나는 더 이상 듣지 않겠습니다.
> 청년 : 노력하겠습니다만, 오늘밤만은 안 될 것 같군요.

'욕설 금지'라는 '지사제(止瀉劑)'를 응급 처방했지만 소용이 없었습니다. 한 번 쏟아지기 시작한 설사는 아무리 힘을 주어도 멈출 수 없는 것과 같이 말입니다. 사실 제일 좋은 방법은 나올 것이 다 나오도록 내버려 두는 것입니다. 어쩌다 어린 나이에 그렇게 인생이 꼬이게 되었는지 모르지만, 그에게 지금 필요한 것은 배설이었습니다.

누구나 마음이 심하게 상하거나 서러움이 북받치면 욕을 하게 마련입니다. 옥스퍼드대학교 교수였던 루이스(C. S. Lewis)는 자기 아내를 잃고 난 후에 "하나님은 생체 해부자."라고 욕한 적이 있다고 합니다.

고대 동방의 지혜자로 알려진 욥(Job)은 한 때, 하나님을 "잔인한 신", "범죄자"라고 욕한 사람입니다(욥기 3:23-26, 6:1-3, 7:11-21, 10:1-22, 13:17-28, 16:6-17, 19:1-12, 30:1-31, 40:8-12). 욥의 욕 중에 압권이 몇 가지 있습니다.

> 너희는 거짓말을 지어내는 자요, 다 쓸모없는 의원(돌팔이 의사)이니라(욥기 13:4).
> 이런 말은 내가 많이 들었나니 너희는 다 재난을 주는 위로자들이로구나(욥기 16:2).
> 그러나 이제는 나보다 젊은 자들이 나를 비웃는구나 그들의 아비들은 내가 보기에 내 양 떼를 지키는 개 중에도 둘 만하지 못한 자들(혹은 개만도 못한 자)이니라(욥기 30:1).
> 그들은 본래 미련한 자의 자식이요 이름 없는 자들의 자식으로서 고토에서 쫓겨난 자들이니라(욥기 30:8).

그날 밤, 간사는 한숨도 자지 못했습니다. 기분이 더럽고 토할 것 같았기 때문입니다. 아직도 어린 이 아이를 '욕쟁이'로 만든 더러운 어른들의 돈과 장난에 심리적 충격과 분노가 치밀었기 때문입니다. 간사에게 '외상 후 스트레스 장애(PTSD)'

와 같은 문제가 생긴 것이 분명했습니다.* 머리가 무겁고 가슴이 답답했습니다. 정신건강에 아주 안 좋은 놈을 만난 것이 분명합니다. 간사 입에서도 욕이 터져 나왔습니다.

- 별 쓰레기 같은 놈을 다 만났네.
- 이 새끼가 라브리를 미제 욕을 배설하는 화장실이라고 생각하나 봐.
- 내가 하수종말처리장 간수로 보이나?

배설이든, 회개든, 라브리는 과거를 털어 놓으려는 사람들을 조심합니다. 그러나 그날 밤에 깨달은 것은, 아마 이 청년은 자기의 아픈 과거를 이렇게라도 씻어 내지 않고는 자기자신을 있는 그대로 받아들이는 것은 물론이고 한 걸음도 앞으로 나아가지 못할듯 했습니다. 그야말로 상처 많은 방문객이 찾아온 것입니다. 때마침 임자헌 씨가 보내 준 정현종 시인의 '방문객'이라는 시가 생각나서 더욱 가슴이 아팠습니다.

---

*"외상 후 스트레스 장애(Post-Traumatic Stress Disorder)"는 갑작스러운 신체적인 손상과 생명의 위협을 받은 사고에서 심리적 외상을 받은 뒤에 나타나는 질환을 말하는데, 외상 후 스트레스 장애, 외상 후 증후군, 외상 후 스트레스 증후군, "트라우마"라고도 한다.

방문객(정현종)

사람이 온다는 것은 실은 어마어마한 일이다.
그는
그의 과거와 현재와
그리고 미래와 함께 오기 때문이다.
한 사람의 일생이 오기 때문이다.

부서지기 쉬운
그래서 부서지기도 했을
마음이 오는 것이다.
그 갈피를
아마 바람은 더듬어 볼 수 있을
마음.
내 마음이 그런 바람을 흉내 낸다면
필경 환대가 될 것이다.

문득 이 청년의 욕에는 뜻이 있을 것이라는 생각을 하게 되었습니다. '싱어송 라이터' 이길승 씨가 말했듯이, "욕은 친구 사이나 혹은 친밀한 사람 사이에 허물없이 주고받는 사랑과 축복 그리고 우정의 암호"입니다. 사랑의 암호, 축복의 암호, 우정의 암호 중에 이 청년의 욕은 무슨 암호일까요? 이 청년의 욕은 조난의 암호, 즉 '조난 신호(SOS)'처럼 들렸습니다.

- SOS, 나는 위로가 필요합니다!
- SOS, 제발 내 말 좀 들어주세요!
- SOS, 나를 좀 도와주세요!

침몰 직전의 배가 보내는 긴급 조난 신호 말입니다. 그러나 그 조난 신호가 얼마나 위급하고 심각한가는 그 다음 날 영화를 같이 볼 때까지는 알아차리지 못했습니다. 덴젤 워싱턴(Denzel Washington)이 감독하고 주연한 "앤트원 피셔(Antwone Fishier)"라는 미국 영화입니다.

우리는 얼마나 울었던지 눈이 퉁퉁 부르텄습니다. 그 청년도 울고 간사도 울었습니다. 영화를 보고 난 후에 늘 갖는 비평회 시간에 전인석 감독이 "한 소년의 아픈 마음을 배려하고 싶었다."는 말에 우리는 또 울었습니다. 알고 보니 그 청년은 상처투성이 소년이었습니다. 19세 소년, 어른이 되기에는 너무나 상처가 많았습니다.

욕설도 약이 되었고, 영화도 약이 되었고, 울음도 약이 되었습니다. 며칠 동안 욕하고 영화보고 우는 사이에 상처가 조금씩 낫기 시작했습니다. 기적이 일어나기 시작한 것입니다. 특히 영화 주제곡인 "*Who Will Cry For the Little Boy?*(외로운 소년을 위해 누가 울어 주리)"를 거의 외울 정도로 몇 번이나 되풀이해서 불렀습니다. 우리는 그 가사를 인터넷에서 검색해서 읽고 번역을 고치며 울고 또 울었습니다.*

며칠이 더 지난 어느 날 아침, 그 청년은 전혀 다른 사람이 되었습니다. 수염도 깎고 옷도 말끔하게 갈아입었습니다. 큰 입으로 빙긋이 웃으니 아무도 몰라볼 정도로 멋쟁이가 되었습니다. 영화배우 원빈이나 송중기 씨도 그에 비하면 추남에 불과할 정도였습니다. 새로운 인생을 살기로 작정한 것입니다.

---

* 영화 "앤트원 피셔(Antwone Fishier)"의 주제곡인 'Who Will Cry For the Little Boy?(외로운 소년을 위해 누가 울어주리)'를 울면서 번역한 가사입니다.

 외로운 소년을 위해 누가 울어 주리.
 버림받은 한 소년을 위해
 외로운 소년을 위해 누가 울어 주리.
 아무것도 가진 게 없는 한 소년을 위해
 외로운 소년을 위해 누가 울어 주리.
 잠잘 때 혼자 우는 한 소년을 위해
 외로운 소년을 위해 누가 울어 주리.
 자기 것이 아무것도 없는 한 소년을 위해
 외로운 소년을 위해 누가 울어 주리.
 불타는 모래 위를 걷는 한 소년을 위해
 외로운 소년을 위해 누가 울어 주리.
 어른 안에 있는 한 소년을 위해
 외로운 소년을 위해 누가 울어 주리.
 온갖 고통과 상처를 겪은 한 소년을 위해
 외로운 소년을 위해 누가 울어 주리.
 수백 번 죽고 죽은 한 소년을 위해
 외로운 소년을 위해 누가 울어 주리.
 착하게 살려고 애썼던 한 소년을 위해
 외로운 소년을 위해 누가 울어주리.
 내 안에서 울고 있는 한 소년을 위해.

영화배우 같은 청년 외에도 많은 청년들이 다녀갔습니다. 귀신이 들렸다고 보냈기에 알고 보니 정신질환자, 매일 환상을 본다고 해서 알아보니 공상을 즐기는 사람, 예언기도를 해주겠다며 온 사람, 자기 눈에는 다른 사람의 병이 다 보인다는 사기꾼, 입만 열었다 하면 거짓말을 하는 사람, 몰래 이단 전단지를 가방에 숨겨 온 사람, 게임 중독, 술 중독, 스마트폰 중독, 도박 중독, 섹스 중독에 빠진 사람 등.

우리가 감당하기 힘든 사람들이 찾아왔습니다. 그런 사람들은 상담사나 전문 병원에 소개해 주었습니다. 일부는 잠시 머물다가 가게 했습니다. 중독 전문 상담사인 린다 프록터(Linda Frocter)라고 하는 분은 50년 이상 임상 경험이 있는 분인데, 몇 년 전에 국제라브리위원회에 와서 하는 말에 우리 모두 큰 위로를 받았습니다.

> 중독자들을 위해서는 공동체 생활이 가장 좋은 치료법이다. 여러분들은 내부에 있어서 잘 모르겠지만, 중독자들이 가장 부러워하고 필요한 것이 바로 공동체이다. 왜냐하면 오늘날 가정이 깨지고, 친구가 없고, 교회도 안 가고, 사회생활도 안 하면서 생긴 문화적인 병이 바로 각종 중독이기 때문이다(린다 프록터, Linda Frocter).

새 사람이 되는 데 넘어야 하는 두 가지 장애물

 말총머리 총각이든, 영화배우 같은 청년이든, 중독자이든, 새 사람이 되기로 마음먹으면 반드시 건너뛰어야 하는 두 가지 장애물이 있습니다. 하나는 옛 습관에서 벗어나는 것이고 다른 하나는 값진 일에 헌신하는 것입니다. 아무리 새로운 마음을 먹었다고 하더라도 과거의 생활, 즉 옛 습관으로부터 깨끗하게 손을 씻지 못하면, 과거보다 더 나빠질 수 있다는 것은, 많은 영적 스승들이 하는 말입니다. C. S. 루이스의 『스크루테이프의 편지』에 보면, 졸병 귀신인 '웜우드'가 고참 귀신 스쿠르테이프에게 보고하는 장면이 바로 그걸 잘 가르쳐 줍니다.

> 졸병 귀신 : 대장님, 그동안 제가 돌보던 환자 청년이 예수님을 믿지 못하도록 온갖 공작을 다 했으나, 그만 예수님을 믿는 바람에 정말 상실감이 큽니다.
> 고참 귀신 : 네 환자가 기독교인이 되었으니 나도 몹시 착잡하구나. 그러나 절망할 필요는 없다. (왜냐하면) 그 환자의 정신적, 신체적 습관들은 여전히 우리 편이니까 말이야.

 새 사람이 되겠다고 작정한 청년들이 옛 습관을 고치는 것이 쉽지 않다는 것을 마귀는 잘 간파하고 있습니다. 어떤 면에서 옛 습관은 중독성이 강하기 때문에, 잠깐이었으면 몰라도 오랫동안 거기에 젖어 있었다면 뒤돌아가 버리기가, 즉 '백 슬라이드(back slide) 하기'가 십상입니다.

라브리에서 우리는 그런 청년들을 수도 없이 만났습니다. 회개하고 집에 돌아갔다가, 몇 달이 되지 않아 같은 죄를 짓고 찾아온 사람들, 새 사람이 되겠다고 다짐하고 집에 돌아갔다가 옛 사람처럼 살다가 다시 찾아온 사람들, 다시는 그렇게 살지 않겠다고 약속하고 갔다가 과거보다 더 지저분하게 살다가 온 사람들 말입니다. 오늘도 고참 귀신은 그런 청년들을 보면 "옛 습관은 아직 우리 편이야."라고 히히덕거릴지 모릅니다.

정말 새로운 인생을 살려면 꾀부리지 말고 살아야 하며, 그렇게 살기 위해서는 어떤 값진 일에 헌신해야 합니다. 새 사람이 되었다고 하면서, 잔머리나 굴리고 어려운 일을 요리조리 피하기만 한다면, 한편으로는 "교회 오빠" "착한 언니"로 불리지만 다른 한 편으로는 살짝살짝 말썽을 피우게 됩니다. 존 번연이 말한 "두 얼굴의 신사"처럼, 이중생활을 하기 시작한다는 말입니다.

그렇게 되면, 새 사람이 아니라 천대꾸러기가 됩니다. 다윗은 청년들을 "새벽이슬(the morning dew)"이라고 불렀습니다(시편 110:3). 흔히 '이슬'은 신선하고 청순하고 깨끗한 것을 상징한다고 생각합니다만, 성경에서는 '하늘에서 내려오는' 소중한 것이나 '하늘의 보물'이라고 합니다.

안타까운 것은 일부 청년들이 자기가 정말 소중한 "새벽이슬"이라는 것을 망각하고 꾀를 피우니까, '찬밥'이나 '봉', '천덕꾸러기', '돈이나 타 쓰는 놈들'로 취급됩니다. 청년들 스스로 그것을 불러들입니다.

헌신하지 않기 때문입니다. 험한 일은 피하고 편한 일이나 하려고 하고, 영적 전쟁이 필요할 때인데 도피하려고 하고, 희생하기보다는 잔머리나 굴리거나 말썽만 피울 때가 많기 때문입니다. 그러나 다윗이 청년들을 '새벽이슬'이라고 말한 이유는 그들이 예수님처럼 자발적으로 '즐거이' 헌신하는 사람들이었기 때문입니다.

> 어느 부잣집에 잔치가 열리게 되었는데, 그 집에 사는 동물들이 모두 모여 회의를 열었다고 합니다. 회의의 주제는 "이번 잔치에 누가 주인의 잔칫상에 올라갈 것이냐?"라는 것이었습니다. 의장 동물인 고양이가 가장 충직하게 보이는 누렁이 개에게 중대한 제안을 했습니다. (저희가 들은 이야기를 조금 각색했습니다.)
> "야 누렁아, 이 여름에 주인어른의 잔칫상에 네가 보신탕으로 나가는 게 어떻겠느냐? 여름에는 아무래도 보신탕이 제일 좋지 않겠니?"
> 누렁이가 대답했습니다.
> "내가 나가는 건 좋은데, 만약 내가 죽으면 이 부잣집 재산을 누가 지킬래? 밤낮으로 짖는 것이 얼마나 힘드는지 너희들이 알기나 해?"
> 강한 거부 반응을 본 의장 동물이 잠시 생각에 잠기더니, 살이 통통 오른 암탉에게 눈을 돌렸습니다.

"얘 통통아, 이렇게 더운 여름에는 삼계탕도 좋다는 데 네가 주인을 위해 희생하는 것이 어떻겠느냐?"
그러자 암탉이 말했습니다.
"나도 안 돼. 내가 없으면 누가 아침마다 주인을 깨우겠어? 그리고 누가 우리 주인에게 매일 영양분을 보충해 주겠니? 나 말고 매일마다 '완전식품'을 주인에게 진상할 수 있는 동물이 있으면 나와 봐."
의장이 대답을 듣고 보니, 누렁이의 말도 맞고 통통이의 말도 맞는 것 같았습니다. 그래서 이번에는 듬직한 황소를 달랬습니다.
"야 듬직아, 아무래도 이번 여름에는 소갈비가 제격인 것 같지 않니? 잔칫상에 소갈비보다 좋은 게 어디 있겠니?"
그러자 듬직한 황소가 바로 대꾸를 했습니다.
"야옹아, 너는 눈치도 없니? 내가 없으면 주인집의 이 많은 농사를 누가 짓겠느냐? 맨날 양지 바른 곳에서 낮잠만 자는 네가 밭을 갈고 짐을 실어 올래? 나 말고 수레를 끌 수 있는 놈이 있으면 한번 나와 봐."
평소에 듬직하다고 생각한 황소가 핑계만 둘러대는 것이 아니라 큰 소리까지 치는 것을 보니, 소갈비는 물 건너 간 것 같았습니다. 그때 야옹이가 아무 말 없이 점잖게 앉아 있는 꿀꿀이 돼지에게 고개를 돌렸습니다.
"야, 꿀꿀아 너는 왜 가만히 있냐? 다른 동물들의 변명이 들리지 않니? 너는 꼬리도 짧으니 제발 꽁무니를 빼지 말아다오.

너의 부드러운 삼겹살로 주인어른을 기쁘게 하면 어떻겠느냐?"

잠시 침묵이 흐른 후에, 돼지가 결연한 자세로 한 마디를 했습니다.

"물 끓이소."

청년 리더 모임, "커피의 정치학"

오래 전부터 마음속 깊은 곳에서 붙잡아 당기는 묵직한 밧줄이 하나 있었습니다. 고양이와 같은 심정이었습니다. "양양에도 헌신할 청년이 있을까?" "이 설악산 골짜기에서 청년 리더 모임을 할 수 있을까?"라는 생각입니다. 그도 그럴 것이 양양, 속초, 강릉에는 청년들이 별로 없습니다. 특히 청년 리더들이 없습니다. 그러나 감사하게도 시대의 아픔을 부둥켜안고 고민하며 내일을 준비하고 있는 청년들이 있었습니다.

미국 목사 고든 맥도날드(Gorden MacDonald)로부터 아이디어를 빌려 왔습니다. 드디어 2010년 가을에 평소에 알고 지내던 30-40대 청년들에게 연락을 했습니다. 솔직히 말해, 공부와 리더 훈련에 관심 있는 청년들을 찾는 것은 쉽지 않았습니다. 더구나 성경이나 기독교 세계관을 공부하며 시대적인 아픔을 토론하고 장차 리더가 되고 싶은 청년들을 찾는 것은 매우 어려웠습니다.

– 1년 동안 매주 주일 오후에 모여서 다양한 주제를 놓고 공부도 하고 글도 쓰고 강의도 하자.

하나님께서 7명을 모아 주셨습니다. 2010년 10월 24일, 참석자 명단이었습니다.

수연| 초등학교 교사, 교원대 대학원 석사
용환| 영동극동방송 방송부장, PD
지미| 영어 교사, 미국 시카고대학교 대학원 석사
혜미| 영동극동방송 품절녀, PD
준원| 전 LG 사원, 호주 션샤인대 MBA
현주| 테라로사 기획실장, 이화여대 졸업,
모경| 라브리 간사, 미국 매사추세츠대학교 석사
기타| 복수의 추천을 받은 자 1-2명

1. 모임의 목적 : 이 모임은 개인의 내적 치유나 위로가 목적이 아니며, 오직 영적 지도자 훈련, 즉 청년 리더 훈련을 목적으로 한다.

2. 참가자 조건 : 맥도날드가 말한 대로 "우리가 찾는 사람은 다음과 같다."를 참고했습니다.
 · 잘 배우는 사람 : 모임 내내 아무 말도 없이 앉아 있기만 하지 않으며, 정직한 질문을 던지고 정직한 대답을 찾는 사람

으로서, 다양한 생각을 내 놓으며 자기 의견을 제시하는 것을 두려워하지 않는 사람.
- 사회성이 좋은 사람 : 다른 이들을 배려할 줄 알고 존중하며, 지나치게 논쟁적이거나 거슬리는 말을 하지 않으며, 너무 과민해서 다른 이들과 잘 어울리지 못하는 사람과는 구별되는 사람.
- 리더에 소망이 있는 사람 : 진지하게 예수님을 따르며, 영적 성장을 위해 따로 시간을 내려고 노력하며, 다른 사람들을 섬기고자 하는 열망으로 리더로서 필요한 소양을 갖추기를 원하는 사람.*

3. 모임 이름 : 청년리더모임 : Leadership MBA Course

4. 모임 시간 및 기간 :
- 매주 2시간 - 4시간 미만(식사 시간 포함)으로 모인다.
- 1년간 약 38-40주간 모일 예정이다.
- 주일 오후에 모여 저녁 먹고 헤어진다.

5. 인도 : 성인경(라브리 대표), 박경옥(라브리 간사), 김원호(강릉연세치과의사), 방계원(삼척정신과의사) 외 지역 강사

---

* cf. www.ctpastors.com. *Ministry's Sweet Spot by Gordon MacDonald*. MSS의 이 내용은 한국 「크리스차니티 투데이」에서 번역한 바가 있습니다.

6. 모임 진행 방법 :
- 서로 자기 직장에 충실하고 영적으로 충만한 사람이 되도록 노력한다.
- 해당 주제를 미리 연구하고 와서 토론을 통해 서로의 생각을 날카롭게 만든다. 매주 추천도서나 관련 분야의 책을 한 권 이상(약 200페이지) 읽는다.
- 인도자는 해당 주제에 대한 문서화된 자료를 일주일 전에 메일로 나누고, 부족한 부분은 외부 강사나 참석자들의 강의 및 발제로 도움을 받는다.
- 부득이한 사정으로 결석을 할 때는 미리 알려야 하며, 무단 결석이 많은 사람은 모임에서 빠지도록 권면한다.
- 조용하고 오붓한 장소에서 모인다. 우선 라브리에서 모이도록 하되 참석자들이 가장 편리한 곳이나 초청이 있을시 장소를 옮길 수 있다.

리더 모임이 약 20주차가 진행되면서부터는 한 사람씩 자기가 쓴 글을 발표하거나 강의하는 기회를 가졌습니다. 다음의 글은 이현주 씨가 2009년 9월, 제29주차에 발표한 "커피의 정치학"이란 글입니다. 자세한 내용은 라브리 자료실에서 보기 바라며, 여기에는 현주 씨가 쓴 글 일부만 소개합니다. 현주 씨는 이화여자대학교를 졸업하고 서울 사랑의교회 청년부를 다니다가 강릉 테라로사 본사에 근무하고 있었습니다.

소비자가 동네 슈퍼마켓이나 커피숍에서 커피 한 봉지를 살 때 거기에 지불하는 가격은 단지 커피 원두값만이 아니다. 소비자가 커피와 만나기까지 발생한 모든 일, 즉 포장과 운송, 로스팅, 분류 및 등급, 가공 그리고 수확에 들어간 비용 모두를 지불하는 것이다. 생산자와 소비자 사이를 고리처럼 잇고 있는 일련의 경제활동을 가치사슬(value chain)이라고 한다.

가치사슬을 구성하는 사람들은 모두 나름대로 각자의 단계에서 커피에 부가가치를 발생시키는 일을 한다. 커피는 가치사슬을 따라 움직이면서 점점 가치가 더해지고, 외형적인 변화를 거치기도 하며(세척, 로스팅 등) 자리이동을 한다. 커피에 붙은 가치의 총액은 커피가 가치사슬을 따라 변화하고 이동하는 데 든 비용에 이윤 또는 자본증가분을 합한 것이 된다. 상품의 종류를 막론하고 가치사슬을 움직이는 동력은 이윤이고 가치사슬에 연관된 모든 사람들은 자기 몫의 이윤을 극대화하는 방향으로 움직인다.

자유시장 체제에서 가치사슬에 유입되는 돈은 궁극적으로 최종 소비자에게서 나온다. 가치사슬 상의 다른 이들은 모두 최종 소비자가 지불한 돈을 나눠 가진다. 소매상점에서 커피를 사면, 그 값 중 일부는 소매상에게 남고 나머지는 소매상이 도매로 사들인 볶은 커피 업체에 전달된다. 커피 업체는 받은 돈 중 일부를 생두 수입업자에게 지불하고 그중 일부가 다시 커피 생산국의 수출업자에게 간다. 수출업자가 생산지 중간거래상에게 넘긴 돈에서 중간거래상이 챙기고 남은 돈이 비로소 커피 농민에게 도착한다. 사슬이 길수록 지불한 돈은 더욱 산산이 흩어진다.

커피라는 농산품이 유난히 국제 경제에서 중요한 무역품목인 이유는 커피 가치사슬이 저개발 국가와 선진국을 연결하고 있기 때문이다. 가치사슬을 타고 커피는 저개발국가에서 선진국으로 이동하고 다시 같은 사슬을 타고 선진국의 돈이 저개발 국가로 흘러 들어간다.

세계에서 가장 가난한 나라에서 가장 가난하게 사는 사람들의 주 수입원이 이 사슬에 달려 있다. 대다수의 커피 생산국은 커피로 벌어들이는 달러로 대부분의 외화를 충당하기 때문에 후진국 경제에서 커피 가치사슬이 차지하는 자리는 굉장히 크다.

우리 손에 들린 커피 한 잔에는 다채로운 맛의 세계 뒤에 안타깝게도 현대 무역의 역사, 불공정한 권력관계, 가난한 농부들의 거칠거칠한 손길이 고스란히 들어 있다. "가난한 사람을 학대하는 자는 그를 지으신 이를 멸시하는 자요 궁핍한 사람을 불쌍히 여기는 자는 주를 공경하는 자니라(잠언 14:31)."라는 말씀은 그리스도인들에게 어떤 의무를 갖게 한다.

그 의무는 '공의, 공정'이라는 수식어가 현실과 맞아떨어지도록 해야 하는 의무다. 커피 가치사슬 안에서 공의와 공정한 거래가 일어날 수 있도록, 그 목적을 분명히 해야 할 때이다(현주, 2009).

20장 전임 간사

전임 간사들은 청년들과 같이 살면서 가르치기도 하고, 밥도 해 주고, 시설도 관리하는 3중적인 일을 하는 현장 책임자들입니다. 가르치기만 하면 좋은데, 청년들이 오면 밥도 해 주고 침대도 만들어 주고 같이 놀아 주기도 해야 합니다. 그것만 아니라 재정이 부족하다보니 전문적인 기술이 필요한 일 외에는 집 구석구석을 돌보는 것도 간사들의 할 일입니다.

한 사람을 위해 목숨을 건 사람들

양양 라브리에서 수고한 전임간사들은 임준아, 김종철, 박진숙(한슬, 한결) 이춘성, 김수연(지호, 지민), 김정훈, 신기숙(사무엘, 수지), 서은철, 김은하(가희, 한희), 최모경 간사입니다. 짧게는 2년, 길게는 5-6년 일하고 다른 일을 찾아 떠나셨습니다. 현재도 이충성, 이삼원, 박경옥, 성인경 간사가 일하고 있습니다.

그들은 세상 사람들의 눈으로 보면 하나같이 무자격자들이었고 무능력한 사람들이었습니다. 공부는 잘하는데 삽질을 할 줄 모르거나, 밥은 잘하는데 세상을 사는 눈치와 요령이 없었습니다. 그들은 모두 한국 최고의 인재들이었습니다. 하지만 고지대를 쳐다보지 않고 오직 저지대(低地帶) 삶을 살다간, 산골짜기에 쳐 박혀 죽도록 일만 한 충성된 일꾼들이었습니다.

그들은 쥐꼬리만큼 받는 월급에도 불평 한마디 할 줄 몰랐던 청빈한 선비들이었고 학자들이었습니다. 그들은 불같은 시험에도 잘 흔들리지 않는 연단된 인격을 소유한 성숙한 사람들이었습니다. 쉐퍼의 교훈대로 "순간순간 예수님의 십자가 능력을 믿으며 살고, 죄 짓는 것이 아니면 모든 것이 영적이라."고 생각했던 믿음의 사람들이었습니다.

그들은 루이스(C. S. Lewis)를 본받아 "하나님의 말씀대로 사는 것이 최고의 행복"이라고 생각하던 사람들이었습니다. 지쳐서 쓰러지면 자고, 자다가 일어나면 말씀을 전했던 "오늘 일하다가 내일 죽어도 좋다."고 각오한 헌신자들이었습니다.

그들은 여러 번 태풍과 화재와 폭설의 재난을 겪었고, 여러 번 먹을 것이 없어 굶었고, 쥐꼬리만큼 책정된 월급을 제대로 못 받는 날도 허다했습니다. 바울 사도의 고생에 비하면 아무것도 아니었지만, 강도의 위험과 낯선 사람들의 위험과 거짓 형제로부터 모함을 당하기도 했습니다.

> 그들이 그리스도의 일꾼이냐 정신 없는 말을 하거니와 나는 더욱 그러하도다 내가 수고를 넘치도록 하고 옥에 갇히기도 더 많이 하고 매도 수없이 맞고 여러 번 죽을 뻔하였으니 유대

인들에게 사십에서 하나 감한 매를 다섯 번 맞았으며 세 번 태장으로 맞고 한 번 돌로 맞고 세 번 파선하고 일 주야를 깊은 바다에서 지냈으며 여러 번 여행하면서 강의 위험과 강도의 위험과 동족의 위험과 이방인의 위험과 시내의 위험과 광야의 위험과 바다의 위험과 거짓 형제 중의 위험을 당하고 또 수고하며 애쓰고 여러 번 자지 못하고 주리며 목마르고 여러 번 굶고 춥고 헐벗었노라(고린도후서 11:23-27).

그들은 자기 부모나 동생들에게 그렇게 했다면 "효자 났네." "오빠 고마워." "언니 고마워."라는 소리를 많이 들었을 텐데, 낯선 청년들에게 밥해 주고, 빨래해 주고, 놀아 주고, 가르치고, 상담하고도 온갖 욕을 얻어먹은 바보 중의 바보들이었습니다.

그들은 바울 사도와 에이미 카마이클과 쉐퍼를 본받아 "세상의 더러운 것과 만물의 쓰레기"와 같은 사람들이 되기로 작정한 사람들이었던 것이 분명합니다. 물론 작정만 했지 솔직히 그렇게 살지는 못했지만 말입니다. 그러나 카마이클의 도나부르 공동체의 다음과 같은 '간사 정신'을 본받으려고 무척 애를 썼던 것은 사실입니다.*

---

* 에이미 카마이클(Amy Carmichael)이 인도에 세운 도나부르 공동체(Dohnavur Fellowship)는 약 1,000명에 달하는 고아들을 돌보는 곳이었습니다. "간사 정신"이란 도나부르에서 일할 의사, 간호사, 간사 등을 뽑을 때 사용한 '비수 같은 동역자 찾기 기준'을 말합니다. 카마이클은 "고집스

> 우리는 버려진 아이들을 돕는 사람들이지만 여기에서 일할 사람은 사려 깊은 지성에 연단된 성품을 가지고 있고 타고난 충성심이 있는 사람이어야 합니다. 교회에서 설교하는 것은 영예로운 일입니다. 그러나 설교하는 데는 찻숟가락의 은혜로도 족하나 도나부르(Dohnavur)에서 일하는 데는 강물 같은 은혜가 필요합니다. 당신은 정말 십자가의 삶을 살 의향이 있습니까? 만약 당신이 주님과 우리에게 십자가가 매력적이라고 말할 수 없는 한 오지 마십시오. 아주 천한 일이라도 그분의 이름을 위해 즐겁게 일할 수 있거든 오세요.

그들은 무엇보다 한 영혼을 살리기 위해 목숨을 건 전도자들이었습니다. 종철 간사는 '청년 한 명, 한 명의 변화와 질문이 얼마나 소중한지'에 대해 재미있는 '보고형' 기도편지를 쓴 바가 있습니다. 그의 편지를 직접 읽어 보겠습니다.

> 저희 부부는 7월에 라브리에 들어온 후로 이번이 세 번째 맞는 학기입니다. 매번 느끼는 일이지만, 우리가 일한 것 이상으로 학생들이 도움을 받고 변화되는 것은 신기합니다. 이렇게 성령님께서 일하시는 것을 경험하면서 산다는 것은 얼마

럽고 까다롭다."는 소리를 들으면서도 좀처럼 이 기준만은 양보하지 않았다고 합니다. 쉐퍼 부부는 라브리를 세울 때 중국 내지 선교사 허드슨 테일러와 50,000번 기도응답을 받았다는 조지 뮬러 그리고 에이미 카마이클로부터 '믿음 선교(Faith Mission)' 정신을 배웠습니다.

나 간사들에게 보람 있는 일인지 모르겠습니다. 우리가 일을 시작한 뒤로 여러 학생들이 다양한 질문들을 가지고 라브리를 찾아왔지만, 지난 세 학기 동안에는 직업 내지 소명의 문제로 고민하며 찾아온 학생들이 특히 많았습니다. 저는 이들을 도우면서 직업 선택의 기준이 되어야 하는 재능(달란트, 은사)에 대해서 성경에서 어떻게 말하고 있는지 살펴보았습니다(종철, 2003년 1월 기도편지 중에서).

그들은 고비용 저효율의 가치를 알았습니다. 청년들이 너무 많이 와서 방이 모자라서 미안할 때도 있지만, 때로는 한 명을 위해 다섯 명의 간사들이 밥을 해 줄 정도로 조용할 때도 있습니다. 가끔은 그 한 명이 없을 때도 많았기에, 그들은 생명의 소중함을 더 절감하곤 했습니다. 춘성 간사는 라브리가 '고비용 선교'를 하는 이유가 무엇인지 알았습니다. 한 명의 영혼이 천하보다 귀하기 때문입니다.

지난주에 라브리 가을 학기가 시작되었습니다. 그러나 저희 예상과는 달리 단 한 명의 학생만 찾아왔습니다. 그래서 한 사람을 위해 다섯 명의 간사들이 밥도 하고 강의도 하고 노동도 하고 있습니다. 어쩌면 힘들어진 경제에 청년들이 삶의 여러 문제들을 고민할 조금의 틈도 없이 돈의 노예가 되는 것 같아 마음 한 편이 아립니다. 하지만 한 마리의 양을 천하보다 소중히 여기시는 주님을 생각하며 아직도 많이 남아 있는 나머지

시간 중에 소중한 사람들을 더 보내 주시기를 기도합니다. 그러나 이런 시간을 기회로 여겨 주변 학교의 선생님들과 학생들을 초청해 음악회와 식사 대접을 하며 지역 속에서 라브리가 할 수 있는 것들을 찾고 있습니다(춘성, 2004년 10월 기도편지 중에서).

그들은 하나같이 성령에 민감한 사람들이었습니다. 진숙 간사는 "성령의 인도가 없이는 우리가 하는 일이 아무 소용없다."는 것을 진솔하게 고백한 바가 있습니다. 산골짜기까지 청년들이 찾아오는 것도 성령의 일이고, 온다 하더라도 마음을 여는 것 역시 성령의 일이라는 것을 고백합니다. 라브리에서는 청년들도 자라지만 간사들도 하나님 나라의 비밀을 더 배워 갑니다.

10주라는 긴 시간 동안 이곳에는 참 많은 청년들이 다녀갔습니다. 한 사람, 한 사람 돌아보며 '내가 그들을 제대로 도왔나?' 생각해 보니, 부끄러움과 안타까움이 밀려듭니다. 어떤 사람은 마음을 열지 않아 돕기 힘들기도 했고, 어떤 사람은 마음은 열었지만, 너무 많은 문제들을 안고 있어서 제 힘으로는 역부족이기도 했습니다. 나름대로 최선을 다한다고 했지만, 또 그 사람들이 말로는 "도움을 많이 받고 간다."고 했지만, 실제로 무엇을 얻고 돌아갔는지, 문제를 풀 해결의 실마리라도 찾았는지 모르겠습니다.

학기를 거듭할수록 더욱 분명하게 느끼는 것은, '내가 아니라 성령님이 일하신다.'는 사실입니다. 제가 아무리 애를 써도, 어떤 청년은 결코 마음을 열지도 않고 자신의 필요를 말하지도 않습니다. 그러나 어떤 청년은 반대로 너무 쉽게 자신의 문제들을 다 털어 놓고 조언을 구하지만, 제가 해 줄 수 있는 일이 별로 없는 경우도 있습니다.

결국 저에게나 제가 맡은 사람에게나 성령님이 일하시지 않으면 서로 변죽만 울리다가 아무 열매도 얻지 못하고 끝나고 마는 것입니다. 저를 비롯한 라브리 모든 간사들이 사람을 도울 때, 두려운 마음으로, 성령을 의지할 수 있도록 기도해 주시기 바랍니다. 그래서 아무도 이곳에 거저 왔다 거저 가는 일이 없도록 말입니다. 간사들이 청년들이 타고 떠나는 버스 뒤꽁무니를 안타까운 마음으로 바라보며 눈을 떼지 못하는 일이 없도록 기도 부탁드립니다(진숙, 2004년 6월 기도편지 중에서).

그들은 하나님 나라의 기쁨을 알았던 사람들이었습니다. 정훈 간사는 기독교세계관학교에 대한 관심을 한 번도 숨긴 적이 없었습니다. 학생들의 공부 열의 못지않게 정훈 간사의 강의 열정도 대단했습니다. 열심히 배우고 열심히 가르치는 것이 너무나 재미있었는지, "지금 천국 공동체의 맛을 보고 있지 않는가 하는 생각도 든다."고 할 정도로 흥분하기도 했습니다.

이번 여름 학기는 벌써 한 달 전부터 모든 등록이 마감될 정도로 여러 사람들이 관심을 보였습니다. 강의를 맡은 간사들이나 여러 강사님들도 여느 때와 다른 특별한 열정으로 강의를 준비해 주셨고 학생들도 이에 못지않게 열심히 배우고 있습니다. 15명 정도의 학생들이 아침 7시부터 밤 11시까지 강의도 듣고 일도 합니다. 아침과 저녁에는 주로 강의를 듣지만 오후에는 온몸이 땀에 흠뻑 젖을 정도로 일하며 밭도 매고 있답니다.

대부분 세계관학교 전체 일정인 3주 동안 있기로 작정을 하고 온 청년, 대학생들이기 때문에 어려운 강의와 일정도 잘 견뎌 내고 있습니다. 저희 간사들은 이번 세계관학교를 통해서 아무쪼록 여기에 온 청년 대학생들이 기독교 세계관의 맛과 실체를 맛보고 돌아가게 되기를 바라고 있습니다. 물론 수많은 강의를 이들이 다 소화해 내리라는 기대는 하지 않지만 적어도 성경적 진리대로 사는 멋과 대가를 알고 돌아간다면 그들이 속한 공동체와 교회에 큰 영향력을 발휘하지 않을까 하는 마음입니다(정훈, 2005년 8월 기도편지 중에서).

그들은 외국 사람들을 섬기는 고충을 알았습니다. 그러나 학생들이 마음껏 공부하도록 해 주려면 간사들이 죽도록 일을 해야 합니다. 기도도 하고, 밥도 하고, 빨래도 하고, 강의도 준비해야 합니다. 특히 외국인들이 오면 모든 강의를 영어와 한글로 준비를 해야 합니다. 그러나 그것이 말처럼 쉽지 않았습니다. 기숙 간사가 "한국 라브리도 국제화를 더 이상 미루어서는 안된다."고 한 것은 강의만 아니라 음식, 시설, 생활양식 등도 포함되었을 것입니다.

> 저희 가족에겐 두 번째 봄 학기였는데 적은 수의 학생과 조용히 보냈던 작년과는 사뭇 다른 학기였습니다. 여러 다양한 배경의 학생들이 찾아 왔고 많은 외국 학생들이 방문하기도 했습니다. 영어로 진행하면서 국제적인 라브리를 실감했지만 몇몇 한국 학생들에게 부담을 주어 미안하기도 하였습니다. 여러 학생들이 다녀갔지만 아프리카 가나에서 온 보탱 이야기를 잠깐 하겠습니다.
> 여기 있는 동안 가나에도 라브리 같은 기독교 공동체가 있으면 좋겠다는 생각이 들어서, 가나에 있는 자기 교회에 연락을 했다고 합니다. 그쪽 담임 목사님도 관심을 갖고 공동체를 경험해 보고 싶은 동료들을 더 보내기로 했답니다. 여름과 가을에 두 명씩 오기로 했답니다. 많은 외국 학생들이 오는 걸 보면서 이젠 한국 라브리도 더 이상은 국제화를 미뤄서는 안되겠다는 생각이 듭니다(기숙, 2006년 6월 기도편지에서).

그들은 간사들의 특권이 무엇인지도 알았습니다. 은철 간사는 다양한 청년들을 만날 수 있는 것을 최고의 특권이라고 생각했습니다. 그는 9년간 상해에서 한인연합교회를 섬기며 대학생, 청년 운동을 했으며, 거기에서 KOSTA(유학생수련회)와

MK(선교사자녀수련회)도 섬긴 바가 있습니다. 그는 청년들과 참 잘 어울렸습니다.

> 지난봄에 찾아왔던 청년들 이야기를 좀 하겠습니다. 어릴 적부터 신앙생활을 해 왔지만 대학원에서 생물학을 공부하다가 "하나님이 정말 계시는가?"라는 실존적 질문에 부닥쳐, 그 답을 찾기 위해 라브리에 온 동민 씨는 쉐퍼의 『참된 영성』(True Spirituality)과 루이스의 『순전한 기독교』(Mere Christianity)를 읽고는 "참된 기독교와 순전한 영성(True Christianity & Mere Spirituality)"이라는 멋진 글을 남기고 갔습니다.
> 국제선교단체에서 비서로 일하다가 온 경민 씨는 한 달 동안 라브리의 텃밭을 경작하면서 『인간, 하나님의 형상』을 읽느라 시간 가는 줄 몰랐고, 대전에서 외고를 다니다 잠시 휴학하고 온 다슬 양과 미국으로 진학을 하기 전 마지막 시간을 라브리에서 공부하게 된 하은 양은 라브리 역사상 처음으로 개설된 청소년 스터디 그룹에서 『이기적인 돼지, 라브리에 가다』와 『나의 세계관 뒤집기』로 인경 간사와 기초 세계관 공부를 했습니다.
> 미국에서 할머니와 함께 잠시 한국에 들렀다가 라브리에 온 나단(Nathan) 군은 "하나님 나라와 정의(Kingdom of God and Justice)"라는 주제를 공부하고 돌아갔고, 영어 강사로 일하다가 잠시 휴가를 내고 찾아온 보경 씨와 국제적인 NGO 사업부에서 열심히 일하다가 사흘간 라브리를 경험하고 돌아

간 연수 씨도 있었습니다(은철, 2009년 6월 기도편지 중에서).

그들은 '프라이버시(사생활)'를 내놓은 사람들이었습니다. 한 달에도 수십 명, 수백 명이 그들의 집을 들락거렸습니다. 손님들이 많을 때는 그들의 침실에도 밥상이 놓였고, 자정이 넘어서까지 상담을 하는 것이 비일비재(非一非再)했습니다. 주님께 모든 것을 바친 사람들이었습니다.

그들은 하나님으로부터 "동역자(고린도전서 3:9)"라는 소리를 듣는 것을 가장 영광스러운 칭찬이라고 생각한 사람이었습니다. 그러나 하나님은 때때로 성숙한 손님들이나 학생들로부터 위로의 말들을 많이 남겨 주셨습니다. 낯이 간지럽지만 몇 가지만 소개합니다.

- 나는 간사님들이 사는 것을 보고 독신을 포기했습니다. 그리고 간사님들의 아이들을 보고는 애를 안 낳겠다는 생각도 포기했습니다. 나는 이제 결혼해서 아이들을 많이 낳아야 되겠다고 생각하게 되었습니다.
- 라브리에서 지낼 동안 최고 축복은 간사님들이 해 주는 밥을 얻어먹으며 그들이 살아가는 모습을 가까이에서 매일 볼 수 있다는 것입니다.
- 여기에 사는 간사님들은 공기도 좋고 물도 좋아서 그런지 다들 건강해 보이는군요. 여자 간사님들은 본래 예쁘게 생긴 분들이 아닌 것 같은데 모두 얼굴이 밝고 예쁘게 보이시는 비결이라도 있습니까?
- 여기에 사는 간사님들은 가난해 보이지만 매우 풍족하고 행복하게 사시는 것 같군요. 저희 부부도 그렇게 한 번 살아보고 싶습니다.

– 우리 같은 회사원들은 장발(長髮)을 한다는 것은 상상도 못합니다. 그런데 여기 사시는 남자 간사들이 허리까지 내려오도록 머리를 길게 기르는 것을 보니 천국 생활이 따로 없는 것 같습니다.

그들은 이따금씩 찾아오는 "고통스러운 위로자들(miserable comforters)"이 한 마디씩 툭툭 던지는 비수 같은 말들도 아무 대꾸 없이 묵묵히 받아들여야 했던 쓸개도 없는 사람들이었습니다.

– 아들을 잘 키워 놓았더니 머슴같이 일하고 있어서 마음이 아프다.
– 내 며느리와 딸이 식모같이 일하고 있는 것을 보니 눈물이 난다.
– 당신 정도의 커리어라면 큰 교회에 가서 일할 수 있는데 왜 이런 산골짝에 처 박혀 있느냐?
– 어릴 때부터 공부를 잘 한다는 소리를 듣던 네가, 여기에서 가르치고 전도하는 일만 하는 줄 알았는데, 밥도 하고, 빨래도 하고, 밭도 매고, 예초도 하는 등 온갖 허드렛일도 같이 한다는 말이 무슨 소리냐?
– 네가 여기에서 바보같이 평생 썩어 봐야 누구 뒷바라지만 할 뿐이야. 후계자를 시켜 준다는 말이 없다면 일찌감치 떠나는 것이 좋을 거야. 너도 충분히 머리가 될 수 있는데 왜 꼬리 노릇만 하고 있느냐?

팬티 사건

오랜만에 몇 달간 안식월을 갖고 간사들도 쉬고 집도 쉬던 때였습니다. 그러나 "안식 기간이지만 찾아오는 손님들에게 차는 한잔씩 대접하자."고 한 것이 화근이었습니다. 산골 목회자 부부 성경공부를 마치고 겨우 좀 쉬려고 하던 때였습니다.

갑자기 개가 짖고 차가 들어오더니 어느새 문 앞에서 사람들이 웅성거렸습니다. 무슨 일인가 하여 놀라 나가 보니 어른과 아이를 합하여 약 15명이 들이닥친 것입니다. 안내하기도 전에 벌써 집안으로 들어온 사람들도 있었습니다. 나중에 도착한 분들에게까지 차를 한 잔씩 대접하는 데에도 시간이 꽤 걸렸습니다.

그리고 나서야 "이처럼 사람들이 온 집을 휩쓸고 있는데 우리 집 애는 어디에 있지?"라는 생각이 들었습니다. 손님들이 오시기 전까지 2층 복도에 있는 컴퓨터 앞에 앉아 있었는데 말입니다.

온 집이 부산한데 우리 아이가 보이지 않았습니다. 우리 아이 방에도 이미 낯선 아이들이 들락거리고 있었습니다. 본래 아이들은 새로운 곳에 가면 호기심으로 가득 차서 미처 말릴 사이도 없이 순식간에 이곳저곳 안 가 보는 곳이 없잖아요?

바지는 개켜진 그대로 놓여 있었습니다(그렇게 덥지도 않은데 왜 바지는 벗고 사는지 모르겠어요. 아마 전기세 절약을 위해?). **팬티 바람의 아이는** 어디론가 사라져 버리고 없었습니다. 갑자기 들이

닥친 사람들로 얼마나 당황했을지, 또 그 큰 덩치가 어디에 숨어 있을지 걱정이 되었습니다.

> – 우리가 이런 일 좀 당분간 안 보려고 안식월을 갖는 중이 아닌가? 아이들이 이런 식으로 손님들이 들이닥치는 것을 더 이상 참기 힘들다고 하지 않았는가? 물론 이런 일을 좋아할 만한 어른도 없을 것이다. 일할 때와 안식월이 뭐가 다른가?

지금도 그날을 생각하면 화가 납니다. 그날은 우리 아이가 라브리에서 10분 거리에 있는 "수리교회 지역아동센터"에서 초등학생들에게 자기가 지은 동화를 읽어 주러 가는 날이었습니다. 이야기를 재미있게 준비했는지, 자신도 약간 들떠 있었습니다. 그런데 지금은 모든 것이 엉망이 되었습니다. 온 집은 쑥대밭이 되었고 아동센터에 갈 시간이 되었으나 아이는 보이지 않았습니다.

인경은 그날따라, 손님들의 무례한 질문에 당혹스러움을 참아 내며 대답할 말을 찾느라 쩔쩔 매고 있었습니다. 아이가 아동센터에 갈 시간이 되어 갈수록 화가 더 났지만 겨우 가라앉히고 기도를 했습니다. 아이를 찾을 수 있도록 그리고 아이가 몹시 화가 나 있겠지만 기분을 가라앉히고 약속한 아동센터에 가도록 말입니다.

저는 아이의 바지를 들고 온 집을 뒤지기 시작했습니다. 아무데도 없었습니다. 그러다가 미처 '본채 3층 다락방'을 생각지 못했던 것을 깨닫고 손님들 사이를 가로질러 3층으로 올라갔습니다. 아뿔싸, 아이는 팬티만 입은 채 그 다락방에 한 시간 반 동안이나 갇혀 있었습니다. 그 시간이 아이에게는 얼마나 긴 시간이었을까요?

제가 갖다 준 바지를 입고, 아이는 손님들 한가운데를 지나 내려와 비록 화가 많이 났지만, 가방을 둘러매고 아동센터로 갈 준비를 했습니다. 남편은 손님들의 질문에 대답을 하느라 너무 바빠 손님과 같이 오신 한 선교사님께 아이를 좀 데려다 주도록 부탁했습니다. 그런데 그게 또 실수였습니다. 가는 길에, 그 선교사님과 우리 아이가 이런 말을 주고받았다더군요.

- 너는 집에만 있지 말고 단기선교를 좀 갔다 오는 게 어떠냐?
- 저는 이미 장기선교 현장에 있는데 단기선교가 필요할까요?

손님들은 애가 집에 돌아올 시간이 거의 다 되어서야 떠났습니다. 이런 날일수록 아이에게 맛있는 식사를 준비해 주어야 하는데 그럴 시간이 없었습니다. 저희 부부는 큰맘을 먹고 오랜만에 외식을 하기로 했습니다.

아이는 아동센터를 다녀왔는 데도 화가 아직도 안 풀렸는지 처음에는 "저녁을 먹지 않겠다."고 잘라 말하더군요. 그러나 아이를 겨우 달래 좋아하는 돈가스를 먹는 중에 마음이 풀어졌습니다.

그제야 "어떻게 다락방에 숨을 생각을 했느냐?"고 물으니,

"제가 라브리는 훤하잖아요."라며 씩 웃었습니다. 어릴 때부터 라브리에서 별 일을 다 겪고 사는 이 아이에게 얼마나 미안했는지 모릅니다(경옥, 2008년 12월 가족편지 중에서).

외상 후 스트레스 장애 극복법

잠을 못 이루는 날이 있습니다. 앞에처럼 갑자기 들어 닥친 손님들 때문에 하루가 엉망이 되었기 때문입니다. 때로는 손님들이 남겨 놓고 간 말이 생각이 나서 기분이 더럽고 토할 것 같기 때문입니다. 어른들의 지저분한 인생이야 그렇다 치더라도, 순진해 보이는 젊은 청년들의 앙증맞고 영악한 짓을 듣고 난 날이면 그 정신적 충격이 쉽게 가라앉지 않기 때문입니다.

이런 날, 간사들은 '외상 후 스트레스 장애(PTSD)'에 노출되기 쉽습니다. 문제가 많은 청년들이 다녀가고 나면 잠이 더 안 옵니다. 때로는 뱀처럼 '배배 꼬인 청년들'이 오면 피하고 싶거나 겁이 날 때가 있습니다. 만약 이런 장애를 오래 두면 병이 되겠지요? 그렇다고 한 방에 고칠 수 있는 약이 있으면 좋겠지만, 아직 그런 것이 있다는 소리를 듣지 못했습니다. 저희가 발견하기는, 이 세상에는 "약간씩", "조금씩" 도움이 되는 방법들만 있을 뿐입니다.

첫째, 상식적인 방법들이 많은 도움이 되었습니다. 아마 주머니 사정이 좋은 사람은 골프를 한 판 친다든지 해외여행이나 백화점 쇼핑을 하거나 맛있는 음식이라도 실컷 먹어 보면 다소 도움이 될 것입니다. 그러나 적은 월급에 그런 해소법을 찾는 것은 상상도 하지 못할 사치입니다. 그렇다고 친한 친구를 만나서 푸념이나 하며 남의 험담을 늘어놓는 것도 마음이 편하지 않았습니다.

수다, 뒷담화, 푸념, 험담은 그 성질상, 말할 때는 속이 시원할지 모르지만 반복할수록 혹은 몇 사람을 거치다 보면, 부풀려지거나 전혀 다른 이야기가 되거나 동료들이나 아끼는 사람들의 마음을 크게 해치기 쉽습니다. 때로는 푸념이나 험담을 하고 나면 오히려 스트레스가 더 쌓이게 됩니다.

그리고 시중에 유행하는 "100가지 스트레스 해소법" 중에서도 몇 가지 도움을 받았습니다. 그중에서 저희들에게 적용할 수 있었던 것은 단 몇 가지 밖에 없었는데, '잠시라도 책을 읽어라.' '눈을 감고 휴식을 취하라.' '청소를 하거나 목공을 하라.' '산책을 하라', '포도주를 한 잔 하라.' '섹스를 하라.' 등이었습니다.

물론 우리는 서로가 좋아하는 해소법을 도와주려고 노력했고 어느 정도 효과도 보았습니다. 그러나 그것도 극심한 정신적 외상을 입는 날이나 고도의 스트레스를 겪은 날에는 아무 소용이 없었습니다. 너무 피곤하고 화가 나 있었기 때문에, 저희 부부도 스트레스를 해소하기 보다는 분방, 별거, 이혼 등 생각해 보지 않은 것이 없었습니다. 그중에서 솔로몬의 비상 탈출구가 제일 도움이 되었습니다.

> 너는 가서 기쁨으로 네 음식물을 먹고 즐거운 마음으로 네 포도주를 마실지어다 이는 하나님이 네가 하는 일들을 벌써 기쁘게 받으셨음이니라 네 의복을 항상 희게 하며 네 머리에 향기름을 그치지 아니하도록 할지니라 네 헛된 평생의 모든 날 곧 하나님이 해 아래에서 네게 주신 모든 헛된 날에 네가 사랑하는 아내와 함께 즐겁게 살지어다 그것이 네가 평생에 해 아래에서 수고하고 얻은 네 몫이니라 네 손이 일을 얻는 대로 힘을 다하여 할지어다 네가 장차 들어갈 스올에는 일도 없고 계획도 없고 지식도 없고 지혜도 없음이니라(전도서 9:7-10).

둘째, 가족의 위로가 제일 좋습니다. 언제부터인가 저희 부부는 정신과 의사들을 만나기만 하면 외상 후 스트레스 장애를 극복할 수 있는 무슨 좋은 비결이 있는지를 꼭 물어봅니다. 삼척에서 정신과 클리닉을 운영하는 방계원 원장이 좋은 아이디어를 주셨습니다. 참고로 방계원 박사는 라브리에 오셔서 "중독", "자살", "동성애", "정신 건강과 영성", "스트레스를 극복하는 법" 등을 주제로 명 강의를 여러 번 해 주셨습니다. 그분이 들려준 조언은 가족과 오붓한 시간을 가지라는 것이었습니다.

"저는 하루 종일 환자들을 만나고 집에 돌아가면 저녁 먹기 전이나 후에 꼭 산책을 좀 합니다. 그게 불가능한 날은 저녁 먹은 후에 가족과 함께 오붓한 시간을 가집니다. 특히 주말에는 교회에 다녀온 후에 푹 쉽니다. 그렇게 하지 않으면 일주일간 환자들을 제대로 볼 수가 없으니까요. 제 경우에는 스트레스가 다 풀리기 전에 환자들을 만나면 '오진율'이 높아지는 것을 발견했습니다. 그리고 환자 상태가 경미한 사람은 하루에 5-7명을 만나도 큰 스트레스가 안되지만, 상태가 심각한 환자는 하루에 한 사람만 만나도 엄청난 스트레스가 됩니다. 간사님들도 많은 사람을 만나니까 자기 나름의 스트레스 해소법을 가지셔야 합니다(방계원, 정신과 의사)."

방 박사의 조언에 따라, 우리도 하루에 한 시간이라도 혹은 한 끼라도 가족들과 조용히 식사를 하며 여러 가지 이야기를 나누려고 노력을 했습니다. 우리도 그것이 최고의 비법이라는 것을 조금씩 깨달아 가고 있습니다. 머리 뚜껑이 열릴 것 같은 골치 아픈 문제가 생겨도, 자식들의 위로 한마디면, 거짓말같이 그 문제를 풀 수 있는 용기와 지혜가 생겼습니다. 정말이지 자식들은 부모들의 위기를 위해 하나님이 주신 특효약인 것 같습니다. 그러나 때로는 자식들마저도 도움이 안 될 때는 차선책이 필요했습니다.

셋째, 선물과 떡과 고기는 자살하려는 사람도 살립니다. "불의 사자"라는 소리를 들었던 엘리야도 장기간 바알 선지자들과 마녀 이세벨과 싸우고 난 후에는 탈진했습니다. 가벼운 탈진이라면 무기력하게 늘어져 있지만 심하면 자살 충동이 생깁니다. 영적 거인 엘리야도 "죽기를 원하여 이르되, 여호와여 넉넉하오니 지금 내 생명을 거두시옵소서."라고 말했기 때문입니다.

그때 하나님은 천사를 통해 "숯불에 구운 떡과 물병"을 엘리야에게 보냈습니다. 엘리야는 하나님의 특별 선물을 받고 "이에 일어나 먹고 마시고 그 음식물의 힘을 의지하여" 호렙산까지 올라가서 새로운 사명을 받았습니다. 엘리야는 그 전에도 까마귀를 통해 고기와 떡을 받아먹고 연명한 적이 있었습니다.

까마귀는 우리나라에서는 흉조(凶兆)라고 생각하지만, 서양이나 유대 나라에서는 그렇게 생각하지 않습니다. 본래 까마귀는 '나이가 들어 먹이 사냥을 못하는 어미와 아비를 먹여 살린다.'는 이유로 "효자 새" 혹은 '길조(吉鳥)'로 알려져 있습니다. 하나님은 바로 그런 까마귀들을 통해 엘리야도 먹여 살리셨고 라브리 간사들도 많이 살리셨습니다.

어떤 까마귀들이 있었느냐고 물으시면 할 말이 없습니다. 이름이 있는 까마귀도 있었지만 이름이 없는 까마귀들이 더 많았기 때문입니다. 주님만이 다 아십니다. 집에서 키운 칠면조를 성탄절 잔치를 위해 잡아 온 강형선 목사, 철마다 과일을 보내 준 마산재건교회 선교부 하진 장로, 아르헨티나 최고의 "Rutini(포도주)"를 인편에 보내 준 이승혁 형제.

여기에 나열한 선물 목록은, 우리가 "더 이상 못하겠습니다." "차라리 죽이세요."라고 소란을 피우니까 하나님이 보내신 '비상구급품' 목록으로 이해해 주시기 바랍니다. 얼마나 우리가 미성숙하고 자주 넘어졌는지 목록이 꽤나 많지요?

볼펜, 연필, 노트 등 문구류

음악 CD, 영화 DVD, 음반, 아이돌 가수 포스터

김, 미역, 통조림, 떡, 쌀

생선, 삼겹살, 돼지고기, 소고기, 치맥, 복날용 닭 20 마리

밀가루, 셀 수도 없이 많은 빵, 케이크

배, 복숭아, 사과, 수박, 키위 등 과일

각종 커피, 원두, 테라로사 커피

포도주, 아이스와인

과자, 아이스크림, 새우깡, 호두과자

비누, 수건, 치약, 칫솔

낫, 도끼, 망치, 톱, 커터기

새 옷, 헌 옷, 헌 커튼, 카펫

군인들이 쓰고 버린 장갑, 슬리퍼, 깔깔이

가구, 소파, 의자, 침대, 탁자, 그릇

나무, 꽃, 화분

선물 티켓, 쿠폰, 스타벅스 카드

간사 및 가족 외식 값

여행비용, 호텔 숙박비

헌금, 십일조, 축금, 위로금
컴퓨터, 노트북, 스마트 폰, 아이패드, 중고 앰프 세트
집, 땅, 트리하우스
프라이드, 갤로퍼, 세피아, 리오, 카렌스
세탁기, 식기 세척기, 냉장고, 에어컨
보일러, 히트펌프, 처마
책, 논문, 잡지, 신문, 카드, 편지
……

라브리 회계법상, 모든 선물은 매달 현금가로 계산하여 국제라브리 회계사로 수고하고 있는 짐 인그램(Jim Ingram)에게 보고 합니다. 몇 년 전에 정기연례회의에서 짐을 만났을 때, "한국 라브리는 쌀, 배추, 과일 등 먹을 것을 가장 많이 선물 받는 지부이다."라는 말을 해 준 적이 있는데, 나라마다 선물의 특징이 다른가 봅니다.

넷째, 자기 관리를 잘하는 것이 최고의 스트레스 예방법입니다. 몇 년만 일하고 말 생각이면, 자기 관리를 안 해도 됩니다. 힘들면 언제든지 그만 두면 되니까요. 그러나 장기 사역을 꿈꾸는 사람은 가급적 스트레스를 안 받도록 자기 관리에 철저해야 합니다. 물론 스트레스를 안 받고 살 수는 없기 때문에, 적게 받을 수 있는 길을 찾아야 합니다.

1. 기본기에 충실해야 합니다. 구제, 돈 관리, 동료 관계, 시간 관리, 성적 욕망과 유혹, 쇼핑 습관, 여가 보내기, 운동, 취미 생활, 친구 관계, 헌금 등 자기관리가 필요한 영역은 수도 없이 많지만, 가장 중요한 것은 규칙적인 기도, 성경 읽기와 묵상 그리고 노동입니다.

2. 위선을 떨지 말아야 합니다. 기도와 말씀묵상과 봉사를 많이 하되, 자랑하지도 말고 중독되지도 말아야 합니다. '영적 거인' 흉내를 내려고 하지도 말고, '목에 힘을 빼고 살면' 찾아오는 사람들도 편하고 본인도 스트레스를 덜 받습니다.

3. 절제 있는 삶을 살아야 합니다. 한 푼이라도 아껴 쓰고, 꼭 필요한 곳에 사용하는 법을 배워야 합니다. 사랑의 빚 외에는 빚을 지지 않도록 노력하고, 소비 절제를 잘 하지 못하면 카드를 잘라 버리는 것이 좋습니다. 돈을 귀하게 여기되, 사랑하거나 욕심을 내지 말아야 합니다.

4. '꼰대처럼 행세하지 않도록' 조심해야 합니다. 몇 년 전인가 자주 오는 한 청년으로부터 "저를 사랑하는 것은 알지만, 선생님처럼 훈계하는 말투를 쓰시면 만나고 나서 기분이 좋지 않아요."라는 말을 듣고는 깜짝 놀란 적이 있습니다.

5. 이름을 내거나 명예를 탐하지 말아야 합니다. '유명한 사람'이라는 말을 할 때나, '생각보다 별로'란 소리를 할 때도 흔들리지 말아야 합니다. 쉐퍼가 말한 것처럼, '비난할 때나 요란한 갈채를 보낼 때나' 미끄러지지 않도록 조심해야 합니다. 그가 남긴 시를 읽고 감상해 보세요.

주여, 미끄러운 곳에서
우리의 발을 붙드소서
(원작: 프란시스 쉐퍼[1951], 번역 성인경)

Lord, keep our feet in the slippery place

When friends are gone away.

When we stand alone in the dark and cold,

And all men answer, 'nay.'

Lord, keep our feet in the slippery place

When friends all crowd around.

When men as echoes with smiling face,

Give but an echo's sound.

주여, 미끄러운 곳에서 우리의 발을 붙드소서.

친구들이 떠나가 버릴 때.

우리가 어둡고 추운 곳에 외로이 서 있거나,

모든 이들이 '아니야.'라고 비난할 때.

주여, 미끄러운 곳에서 우리의 발을 붙드소서.

친구들이 모여들어 에워쌀 때

사람들이 미소 띤 얼굴로 요란한 갈채를 보내지만,

그것이 텅 빈 메아리에 불과할 때

6. 성적 유혹과 성희롱을 조심해야 합니다. 자신 있는 체 하다가 은연중에 7계명을 어기고 교회에 상처를 주고, 자기도 욕먹지 않도록 조심해야 합니다. 예수님의 경고를 늘 기억하는 것이 도움이 됩니다.

> 나는 너희에게 이르노니 음욕을 품고 여자를 보는 자마다 마음에 이미 간음하였느니라(마태복음 5:28).

7. 너무 친절하지 않도록 조심해야 합니다. 물론 우리는 '그 사람은 친절하지 않은 사람'이라는 소리를 듣지 않도록 노력해야 합니다. 그러다가 친절이 과해서 의심받거나 싸우지 않도록 조심해야 합니다.

오진율(誤診率)을 줄여라

다섯째, 스트레스를 줄이는 방법 중 하나는 오진율을 줄이는 것입니다. 의사들이 오진을 하면 최악의 경우에는 사람을 죽이는 수가 있지만, 청년 대학생들의 영혼을 맡은 간사들이 오진을 하면 최악의 경우에는 영혼을 죽이는 수가 있습니다. 그래서 청년 대학생들을 도울 수 있는 것은 큰 축복이지만 동시에 고통과 '스폭', 즉 스트레스 폭발입니다. 바로 오진(誤診) 때문입니다.

이 책에서 다 말하지 못한 것이 바로 그것입니다. "스트레스가 풀리지 않은 상태에서 환자를 만나면 오진율이 높아진다."는 방계원 박사의 말이 우리에게도 해당된 말이었기 때문입니다. 사실 이것은 하루 이틀이 된 문제가 아니라 라브리 시작 초기부터 있어 온 문제입니다. 경옥이 쓴 1993년 편지에도 그것이 보입니다.

> 어떤 대학원생은 개인지도로 풀리지 않은 문제를 안고 집으로 돌아간 적이 있었는데, 그는 장기간 우리의 기도 제목이었습니다. 라브리에 왔으나 고민을 해결하지 못하고 수심이 가득한 얼굴로 다시 돌아가는 대학생 청년들을 보는 것은 언제나 큰 고통입니다. 특히 그 대학원생과 같이 "다시 오겠습니다."는 말도 남기지 않고 기약 없는 이별을 하는 청년들을 보내는 것은 고통입니다(경옥, 1993년 1-3월 기도편지에서).

만약 찾아오는 사람들이 많고 오진율도 낮으면 제일 좋지만, 찾아오는 사람들은 적은데 오진율이 높으면 신뢰가 무너집니다. 문제는 신뢰 붕괴만 아니라 간사들이 자기 속에서 끊임없이 생기는 내성적 질문과 싸워야 하고, 부부 간사들은 의견충돌에 부부싸움까지 하기 쉽고, 동료들은 서로 눈치를 보거나 업무 능력과 방법에 대한 회의를 증폭시킬 수 있습니다.

최근 미국 메이요 클리닉(Mayo Clinic)의 제임스 내슨스 교수는 "1차 진단 결과 중, 완전 오진 21%, 부정확한 진단 67%, 정확한 진단 12%"라는 보고를 했습니다.* 우리나라에서도 평균 오진율이 15-20%가 되는 것으로 알려져 있습니다. 이렇게 의료 기술이 높은 나라에서조차 오진율이 높다 보니, '인공 지능(Artificial Intelligence)' 의사에게 물어보는 일도 종종 생깁니다. 오진율을 속히 낮추지 않으면, 앞으로 인공 지능 의사가 사람 의사를 대체하는 날이 올지도 모릅니다.

간사들도 인간인 이상, 내성적인 질문을 하지 않을 수 없습니다.

- 내가 준비된 사람인가?
- 옛날 같지 않은데?
- 언제까지 계속할 수 있을까?

그러나 불필요한 내성적 질문에 계속 시달리면 사람들을 만나는 것이 겁나고, 업무에 대한 보람이나 의욕이 현저하게 저하되기 쉽습니다. 그것이 바로 간사를 죽음에 이르게 하는 병

---

* 최병국, "1차 진단 받고 큰 병원 갔더니 진단 정확했다 12% 불과", (연합뉴스, 2017년 4월 16일). "제임스 내슨스 교수는 2009년부터 2년 동안 다른 병의원에서 진단받은 뒤 환자 스스로 또는 1차 진료 의사의 진료 의뢰서를 들고 메이요클리닉 일반내과에서 진료 받은 환자 296명의 진료 기록을 조사했는데, 그 결과 1차 진단이 이 병원에서 내려진 2차(최종) 진단과 완전히 다른 경우가 21%, 부분적 오류나 부정확한 점이 있어 병명을 '일부 수정 또는 다시 정의한' 사례가 66%나 됐다. 1차 진단이 그대로 인정된 경우는 12%에 불과했다."

인 스트레스입니다.

젊었을 때는 오진을 해도, "아직 수련 기간이니까 괜찮아.", "임상 경험이 부족해서 그래. 앞으로 임상을 더 많이 해 보면 나아질 거야."라는 소리를 들을 수 있지만, 나이가 들어도 자꾸 오진을 하면 동료들이나 손님들에게 신뢰도가 낮아지는 것은 둘째 치고, 자기 속에서 솟구치는 수치심과 자괴감을 이기기가 어려워집니다. 수치심과 자괴감은 죄책감과 다르게 다른 사람이나 기대하는 자신과의 비교에서 생기기 쉬우므로 건강하지 않은 마음 상태입니다.

오진율을 낮출 수 있는 '비결'이나 '왕도'는 없습니다. 최선의 방법이 있을 뿐입니다. 첫째는 간사 개개인이 사람들을 인격성과 탁월성을 존경하는 마음으로 조심스럽게 만나는 것이고, 둘째는 미국 최고 병원인 메이요 클리닉(Mayo Clinic)과 같이 다른 간사들과의 '협진 시스템'을 갖추는 것입니다. 메이요 클리닉은 병원 설립 초기부터 "이중 확인 시스템(double check system)"을 갖추고 있다고 합니다. 셋째는 성령과 말씀에 철저하게 의존하는 것입니다.

의사도 인간이고, 간사도 인간인지라, 아무리 신경을 써도 오진을 안 할 수는 없습니다. 그러나 오진율을 낮추는 것은 어느 정도 가능합니다. 그러기 위해서는 앞선 선배들로부터 지혜를 빌리고, 그 다음에는 동료들에게 조언을 구하는 것을 부끄럽게 여기지 말아야 하고, 셋째는 성령과 말씀의 능력을 의지해야 합니다. 개인적으로 프란시스 쉐퍼의 '현대인 분석'은 저희들의 실제적인 지침이 되었고, 예수님과 바울 사도의 지혜는 저희들의 사역 원칙이 되었습니다.

현대인은 다음과 같은 세 가지 자기 정체성에 대한 긴장점이 있다. 감정적 인격성의 확실성(emotional identity), 지식적인 통일성(intellectual identity), 도덕적 딜레마의 해결(moral identity). 이 세 가지 영적 요구와 필요는 모든 인간의 실존적인 필요이며 성경이 말하는 자기 정체성을 상실한 모든 인간의 요구이다.

첫째, 감정적 인격성의 확실성이 상실된 원인은 인간을 인간 이하로 비인간화시키는 현대 신학과 허무주의이다. 현대 신학은 인격을 환영으로 전락시켰고 허무주의는 인간을 무의미 속에 가두었다.

둘째, 지식적인 통일성이 깨진 이유는 진리관에 근본적인 변화가 도래했기 때문인데, 상대주의, 이성에서의 도피, 준거틀(reference point) 부재 등이 지식의 통일성을 파괴했다.

셋째, 도덕적 딜레마는 인간의 죄 문제이다. 현대 철학에서 도덕적 딜레마의 해결책으로 제시되고 있는 형이상학적, 심리적인 해결 방법은 인간의 딜레마(dilemma, 궁지)를 더 비참하게 만들 뿐이지 인간의 본질적인 문제는 창조주 하나님에 대한 죄이다.*

---

* Francis A. Schaeffer, 『기독교와 현대사상』(*The God Who Is There*), 143-

청년들은 겉으로는 애인을 찾고, 직장을 찾고, 휴식을 찾습니다. 그러나 속으로는 자신의 가슴 속에 숨겨 두었던 감정적, 지식적, 도덕적 문제에 대한 대답을 찾고 있습니다. 철학자들은 그것이 인간의 오래된 탐구 영역인 심리론, 인식론, 도덕론이라고 할 뿐입니다. 물론 형이상학은 그 모든 것의 배후에 깔린 문제입니다. 그렇다면 각 사람의 이런 전인격적 영적 갈등과 필요에 맞게 복음을 전하는 것은 당연합니다.

예수님이 가장 좋은 모범입니다. 그는 서기관들이나 바리새인들과 같은 지식인들을 만났을 때, 각각 그들의 질문에 맞는 신학적 대답과 토론을 하셨고, 병자들이나 가난한 사람들을 만났을 때는 먼저 병을 낫게 해 주시거나 필요를 채워주시거나 사랑하셨고, 죄인들이나 불의한 자들을 만났을 때는 회개를 촉구하셨습니다.

이 책에 소개된 청년들의 이야기는 모두 이 세 가지 문제와 치유에 속합니다. 감정적인 문제, 지성적인 문제, 도덕적인 문제와 치유가 그것입니다. 청년들의 문제를 도와 줄 때마다 마치 저희 부부의 문제를 보는 것 같아서 매우 가슴이 아팠으나, 청년들이 하나씩 치유되는 것을 보는 것은 저희 자식들의 변화 같아서 너무나 기뻤습니다. 그때마다 아래의 말씀을 붙잡았습니다.

내가 진실로 진실로 너희에게 이르노니 문을 통하여 양의 우리에 들어가지 아니하고 다른 데로 넘어가는 자는 절도며 강도요 문으로 들어가는 이는 양의 목자라 문지기는 그를 위하여 문을 열고 양은 그의 음성을 듣나니 그가 자기 양의 이름을 각각 불러 인도하여 내느니라 자기 양을 다 내놓은 후에 앞서 가면 양들이 그의 음성을 아는 고로 따라오되 타인의 음성은 알지 못하는 고로 타인을 따르지 아니하고 도리어 도망하느니라(요한복음 10:1-5).

내가 모든 사람에게서 자유로우나 스스로 모든 사람에게 종이 된 것은 더 많은 사람을 얻고자 함이라 유대인들에게 내가 유대인과 같이 된 것은 유대인들을 얻고자 함이요 율법 아래에 있는 자들에게는 내가 율법 아래에 있지 아니하나 율법 아래에 있는 자 같이 된 것은 율법 아래에 있는 자들을 얻고자 함이요 율법 없는 자에게는 내가 하나님께는 율법 없는 자가 아니요 도리어 그리스도의 율법 아래에 있는 자이나 율법 없는 자와 같이 된 것은 율법 없는 자들을 얻고자 함이라 약한 자들에게 내가 약한 자와 같이 된 것은 약한 자들을 얻고자 함이요 내가 여러 사람에게 여러 모습이 된 것은 아무쪼록 몇 사람이라도 구원하고자 함이니 내가 복음을 위하여 모든 것을 행함은 복음에 참여하고자 함이라(고린도전서 9:19-23)

21장 눈 내리는 산속에서

2016년 1월 중순, 매일 영하를 오르내리는 추운 겨울에 라브리에서 루이스의 『순전한 기독교』를 소리 내서 읽는 "산중 루이스 강독회"를 가졌습니다. 오전에는 주로 장작을 패거나 청소하거나 일을 했으며, 오후부터 저녁까지 책을 돌아가며 읽다가 질문이 생기면 서로 묻고 대답을 했습니다. 그리고 마지막 날에는 독후감을 한 편씩 써서 읽고 헤어졌습니다.

221년 전에 열린 산중 학술대회

우리가 루이스 강독회를 열기 221년 전에, 다산 정약용이 겨울 강학회를 열었습니다. 다산의 나이 34세 때에 있었던 일입니다. 1795년이면 다산이 정조 임금님의 적극적인 지원 속에-지금은 유네스코 지정 "세계 문화유산"으로 지정된-기중기를 개발한 덕분에(정약용의 나이 31세) 28개월 만에 '수원 화성 건축'을 마무리한지 얼마 되지도 않았지만, "사교(邪敎)를 따른다."는 정적들의 모함으로, 요즘으로 말하면 충남 청양군 화성면 용당리 공무원으로 밀려나 있을 때였습니다.*

마침 한가로운 시간을 가지게 된 다산은 '별들의 호수'라고 불린 성호(星湖) 이익(李瀷)의 증손자인 목재 이삼환(李森煥, 67세) 선생이 근방에 살고 있다는 것을 알고는, 책을 읽으며 토론하는 학술대회를 제안한 것입니다. 이익은 조선 영조 시대의 대표적인 실학자인데, '별들의 호수'라는 호를 갖게 된 것은, 그가 가르친 학생들 중에서 기라성 같은 학자들이 많이 나왔기 때문입니다.**

다산이 목재 선생에게 "모든 경비를 제가 부담하겠으니 강장(講長, 강의 인도자)을 맡아 달라."고 부탁했습니다. 일찍이 다산은 성호의 집에는 평생 연구한 책이 집에 가득하나 대부분이 탈고가 안된 상태로 있다는 이야기를 들은 바가 있었으나, 성호의 문하에서 직접 수학한 선비들은 모두 세상을 떠났거나 그 후학들은 다들 자기 할 일이 바쁘거나 학문이 얕아서 손댈 사람들이 없다는 것을 잘 알고 있었기 때문입니다.

목재는 반대할 이유가 없었습니다. 목재는 다산이 16세 쯤

---

* 정약용이 홍성 금정도로 가게 된 것도 정조의 배려란 말이 있습니다. 거기는 당대 최고위 정승인 번암 채제공의 고향인 구재리와 가깝기도 하고, 근방에 많이 사는 천주교인들에게 동화되지 않고 유학자답게 살지 않으면 안되었기 때문입니다. 정약용은 거기에서 역졸들을 불러 놓고 알아듣기 쉽게 유학의 중요성과 사학(邪學)의 문제에 대해 가르치기도 했고, 천주교인으로 소문난 이존창을 잡아들이기도 했습니다.

** 한정주, "18세기 조선 실학과 경제학의 거두", *Economy Chosun*, 2007년 6월 2일

서울에서 자기 할아버지의 제자들 밑에서 자기 할아버지의 유고(遺稿)를 읽으면서 비로소 학문에 뜻을 세웠다는 것을 잘 알고 있었고, 당대 최고 학자로 소문난 다산이 자기 할아버지의 문집을 정리할 겸 그를 추모하는, 요즘 말로 하면, '학술대회'를 열고 싶다고 하는데 얼씨구 좋았던 것입니다.

다산이 홍성, 대전, 온양 일대에 사는 이름 있는 집안의 30대 소장학자들에게 연락을 취하였더니, 젊은 학자 11명이 뜻을 보였습니다. 장소는 봉곡사, 요즘으로 말하면, 충남 아산시 송악면 유곡리 석암산에 있는 사찰이었습니다. 다산의 말에 의하면, "봉곡사는 온양의 서쪽에 있었는데, 산이 높은데다 첩첩이 쌓인 봉우리에 우거진 숲과 골짜기가 그윽하고 오묘해서 구경할 만했다."고 했습니다.

물론 다산은 근방에 있는 향교나 지역 유지들의 별장을 빌릴 수도 있었겠지만, 일부러 학술대회를 절에서 열므로, 자신의 목숨을 노리는 정적들에게 천주교 의혹을 떨쳐 버리려고 했는지 모릅니다. "봉곡사 강학회(鳳谷寺 講學會)"는 장소가 강조된 이름이고, "성호강학회"라고 하는 것은 학술대회 내용을 강조한 이름이고, "다산 강학회(茶山 講學會)"라고 하는 재정후원자와 기획자를 강조한 것입니다.*

장소보다 학술대회 내용이 더 중요합니다. 다산이 절간에서

---

* 봉곡사 강학회에 대한 더 자세한 이야기는 박석무의 "18세기의 멋있는 학술세미나", 홍승완의 "성호를 사숙한 다산", 이보세상, 익명의 "아산 봉곡사와 다산강학회"라는 글을 참고하시기 바랍니다.

유학을 공부한 것도, 자기에게 쏠려있는 천주교 의혹을 벗어버리기에 아주 좋았습니다. 강학회를 개최하던 해, 봄에는 윤유일(尹有一), 최인길, 지황 등이 천주교를 믿다가 순교했으며, 이승훈은 중국인 신부 주문모 입국 사건으로 충남 예산군에 유배된 상태였기 때문입니다.**

때는 11월 말이나 12월 초였습니다. '기후온난화'가 찾아오기 전이라, 초겨울 날씨치고는 제법 찬바람이 불었고, 높은 산에는 눈도 쌓였습니다. 개울에는 얼음도 얼었습니다. 옛날식으로 말하면, '동계산중학술대회'였고, 현대식으로 말하면, '겨울산속공부포럼'이었습니다. 지금 생각해도 매우 감동적이고 낭만적이고 생산적인 학술대회가 되지 않았을까 충분히 짐작하고도 남습니다. 하루 일정이 매우 특이하고 흥미롭습니다.

> 첫째, 매일 새벽에 일어나자마자 다 같이 개울물에 내려가서 얼음을 깨고 얼굴을 씻고는 양치질을 한다.
> 둘째, 아침나절에는 개인적으로 도산의 『퇴계집』을 읽고 사색

** 정약용은 매부 이승훈으로부터 천주교를 배운 것으로 알려져 있습니다. 이승훈은 1783년에서 '베드로'라는 영세명을 받고 중국에서 귀국하여, 1785년(정조 9년) 봄에 서울 명동에 있는 김범우(金範禹)의 집에 최초의 조선천주교회인 '명례방 공동체'를 세우고 미사를 드렸는데, 거기에 정약용 3형제도 참석한 적이 있다고 합니다. 1785년 봄에 가택수색을 당했을 때, 김범우는 2년 유배를 가고, 이승훈, 이벽, 정약용 등은 양반이라 풀려났습니다. 그리고 1791년에 조상제사를 거부했던 윤지충(尹持忠)과 권상연(權尙然)이 전주에서 순교하였고, 이승훈은 관직에서 박탈되었습니다. 이것을 신해박해라 합니다.

하며, 점심을 먹기 전에 각자 글을 쓴다(이때 쓴 글을 모은 것이 『도산사숙록(陶山私淑錄)』이란 책이다.).

셋째, 오후에는 성호의 유고인 『가례질서』(家禮疾書)를 교정하고 수정하는 작업을 한다(당시까지만 해도 『가례질서』는 초고 상태로 있었으며 탈고가 안된 상태였다고 한다. 그때 13명이 같이 읽고 공부하여 책의 목차를 세우고, 오자를 고치고, 범례를 만들어 제대로 된 책으로 완성한 것이다.).

넷째, 해가 지기 전에는 사찰 경내를 천천히 산책하거나 함께 산등성이로 올라가 산보하면서 주변을 구경한다(산등성이를 걷다보면 안개와 구름이 뒤엉킨 산이 매우 아름다웠다고 한다.).

다섯째, 저녁에는 편안하게 약주를 한잔하며 공자(公子)나 주자(周子)의 책을 읽고 서로 묻고 답한다(다산이 그때 공자나 주자의 책을 선택한 이유는 천주교에 대한 의혹을 씻기 위한 자기 방어 차원이 아니었을까 생각한다. 여기에서 나눈 문답을 나중에 별도로 책을 묶었는데, 그것이 『서암강학기(西巖講學記)』이다.).

더욱 신기한 것은, 겨우 열흘 동안의 학술대회였는데, 세 권의 책이 나온 것입니다.

『도산사숙록』(陶山私淑錄)

『가례질서』(家禮疾書)

『서암강학기』(西巖講學記)

 어떻게 열흘만에 이런 책들을 만들 수 있었을까요? '노트북'과 온갖 '검색 어플'이 깔린 첨단 장비를 끼고 다니는 요즘 학자들도 열흘만에 세 권의 자료집을 내기란 쉽지 않은데 말입니다. 물론 미리 논문을 써 와서 발표한 것을 모은다면 가능하겠지요.

 그러나 다산 강학회는 미리 써 온 논문을 발표한 것이 아니라 현장에서 공부하고 토론한 것을 책으로 묶었던 것이라 놀라운 것입니다. 이것이 가능했던 이유에 대한 가장 설득력이 있는 학설은 정출헌 교수가 말하는 "집체저술법(集體著述法)"입니다. 다산은 나중에 전남 강진 초당에서 『목민심서』 등을 집필할 때 사용하게 하는 자기만의 책 쓰는 법을 벌써 이때 실험해 보지 않았을까 하는 추측에서 나온 이론입니다. '집체저술법'이란 다음과 같은 방법으로 책을 집필하는 것입니다.

> (다산이) 유배지에서 그 많은 책을 쓸 수 있었던 것은 경전을 열람하고 역사서를 탐색하는 자가 서너 명, 부르는 대로 나는 듯이 받아쓰는 자 두세 명, 손을 바꿔가며 원고를 정서하는 자가 두세 명, 옆에서 줄을 치거나 교정 혹은 대조하거나 책을 매는 작업을 하는 자가 서너 명이었다. 다산이 유배지에서 남긴 방대한 저작은 이처럼 고도로 숙련된 전문 인력의 도움을 받아 이루어진 것이었다. 다산은 스승과 제자가 하나가 된 집

체저술(集體著述)의 조직을 갖추고 있었던 것이다. 우리는 그들을 '다산학단(茶山學團)'이라 부를 수 있다.*

만약 다산이 31살에 벌써 '수원 화성 건축'을 위한 설계도와 기중기를 개발한 과학자요 건축가이었고 그리고 나중에 초당에서 18년 동안 약 500권의 책을 쓸 정도로 전문 사상가와 저술가가 되었다면, 이미 봉곡사에서 자기 나름의 과학적인 저술 방법인 '집체저술법'을 사용 혹은 실험해 봤을 가능성도 있다고 생각합니다. 강학회의 특징은 크게 세 가지였다고 생각할 수 있습니다.

첫째, 13명의 학자들이 서로 역할을 나누었을 것입니다. 성호의 책을 미리 읽고 온 똑똑한 학자들은 질문하는 역할을 맡았을 것이고, 강장(講長)으로 초청된 목재와 모임을 주선한 다산은 주로 해설을 하거나 대답을 하는 사람들이었을 것이 분명합니다. 왜냐하면 다산이 전한 말이 있기 때문입니다.

- 밤이면 여러 벗들과 더불어 학문을 강(講)하며 도(道)를 논했다. 더러는 목재께서 질문하시면 여러 사람 중에서 답하고, 더러는 여러 사람 중에서 질문하면 목재께서 분석해서 답해 주셨다.

그리고 어떤 선비들은 목재와 다산의 대화를 받아 적는 사

---

* 정출헌, "다산의 집체저술법", 「부대신문」, 2014년 12월 1일.

람들도 있었을 것이고(요즘 같으면 오고 가는 대화를 노트북으로 열심히 타이핑을 하는 사람들도 있었을 것이라는 말이다), 나이가 어린 선비나 부잣집 도련님을 뫼시고 온 종들은 먹을 갈거나 붓을 씻거나 술시중을 드는 사람들도 있었을 것입니다.

둘째, 하루를 아침, 오후, 저녁으로 세 등분하여 시간을 사용한 것도 매우 흥미롭기 짝이 없습니다. 아침은 주로 개인시간으로 배정했는데 지금 생각해도 인간의 마음과 습관을 잘 배려한 것이라 생각합니다. 왜냐하면 아무리 친한 사람들이라 하더라도 밤늦게까지 이야기를 나눈 사람들과 아침부터 얼굴을 맞대고 공부하기보다는 아침에는 개인적으로 자유로운 시간을 보내도록 한 것입니다. 그러나 약간의 울타리를 쳐 주었습니다.

— 퇴계의 책을 묵상하라.

그게 전부였습니다. 그러나 그런 자유로운 사색의 결과물로 책이 나왔다니 조선 학자들의 학문 태도와 깊이가 얼마나 대단했는지 알 수 있습니다. 다산과 당시 젊은 유학자들은 요즘 우리가 흔히 말하는 '집단 지성' 혹은 '지식 경영'의 힘을 알았던 학자들이었을 것이라는 것은 두 말 할 필요가 없습니다.

그리고 오후와 저녁 시간에는 각기 다른 주제로 토론하므로 사고의 피로도 덜고 토론의 질도 높이는 효과를 가져 왔을 것으로 보입니다. 가장 집중적인 지적 에너지는 오후 시간에 보냈습니다. 저녁에는 술잔을 기울이며 선후배 사이의 긴장도 좀 풀고 편안한 마음으로 공자(孔子)를 논한 것으로 보입니다.

셋째, 학문적인 열정만큼이나 풍유를 즐길 줄 아는 학자들이 모였다는 것입니다. 추운 겨울에 열흘 동안이나 독서삼매에 빠질 정도로 학문에 대한 진지한 열정이 있는 학자들이었지만, 밤이면 술도 한 잔 마시고 서로 시를 지어 낭송하던 낭만까지 있던 학자들이었습니다.

> 비 내리는 옛 절에 밤은 깊은데
> 산 구름 첩첩하고 땅 또한 궁벽 하네.*
> 술잔 기울이며 열흘 동안 모여서
> 기름 부어가며 새벽까지 불 밝혔네.
> (목재 이삼환, 강학회 중에)

그들은 목재 이삼환의 시에서 볼 수 있는 것처럼, 비 내리는 저녁에는 술잔을 기울이며 등잔에 기름을 다시 채워 넣어가면서 새벽까지 이야기를 나눌 정도로 풍류와 의리를 알았던 사람들이었습니다. 진리는 공부한다고만 깨달아지는 것은 아닙니다. 때로는 선후배가 한 자리에서 웃고 이야기하는 동안,

---

* "궁벽(窮僻)"이란 말은 다니는 사람들이 많지 않아 '보기에 매우 후미지고 으슥한 데가 있다.'는 옛말입니다. 영어로 표현하면 'out-of-the-way(외딴 곳에)', 'remote(인가에서 떨어진)', 'secluded(격리된)', 'unfrequented(좀처럼 사람이 드나들지 않는)'이란 뜻이라고 합니다.

인생이 무엇인지 깨우치게 되는 경우가 많기 때문입니다.

루이스의 『순전한 기독교』 읽기

다산이 "봉곡사 강학회(鳳谷寺 講學會)"를 개최한 지 221년 후에, 우리는 설악산 기슭에서 "루이스 강독회"를 열었습니다. 강독회를 주최한 사람들은 라브리 간사들이며, 좌장으로 정인영 선생을 초청했습니다. 간사 및 라브리 가족을 제외하고도 16명이 참석했습니다.

> 일시 : 2015년 1월 11(월) 오후 3:30 15일(금) 오후 3:30
> 장소 : 설악산 기슭 라브리 공동체(양양군 서면 논화리 구룡령로 3025, 전화 033-673-0037)
> 좌장 : 정인영 선생(양주 효촌초등학교 교사). 정인영 선생은 "루이스 마니아", "한국의 루이스"란 소리를 듣는 사람입니다. 정 선생은 초등학교 교사인데 동두천에 '쾌걸가(快乞家)'라는 루이스 센터를 지었습니다. '쾌걸가'는 루이스가 상상 속에 창조한 '가난하지만 늘 기쁨이 충만한 가족', 혹은 '유쾌한 거지들의 집'이라는 뜻입니다.

아마 '쾌걸가'가 완공되면 보나마나 정 선생을 많이 닮을 것입니다. 왜냐고요? 헝클어진 머리카락에 단벌 바지 차림 그리고 콧수염까지 쓰다듬으며 짓궂게 웃는 정 선생의 모습은 깡통만 안 찼지 영락없이 그 집 이름에 딱 어울릴 것 같은 행세를 하고 다니기 때문입니다. 당대 최고의 영성과 지성을 겸비했으나 매우 겸손하고 허름한 옷을 걸치고 다녔던 루이스처럼, 정 선생도 강독회를 하는 내내 같은 바지를 입고 신사 숙녀들 앞에 나타났거든요. 아마 '쾌걸가'에는 좋은 세탁기가 하나 필요할지 모르겠습니다.

1. 목표 : 『순전한 기독교』를 이해하며 끝까지 읽는다.
2. 읽는 방법 : 큰 그림
- 순전한 기독교를 소리 내어 읽는다.
- 읽다가 이해가 되지 않거나 무릎을 칠 만한 문장을 만나면 멈추고 이야기한다.
- 처음부터 끝까지 소리 내어 읽는 것을 원칙으로 하나 상황에 따라 각자 읽어 올 수도 있다.
- 이 모임은 기본적으로 '기독교에 꾸준히 발을 담고 있으며 기독교 서적을 들추어 본 적은 있으나 철학이나 신학을 공부해 본 적이 없는 사람'을 위한 것이지만 이미 공부를 많이 했거나, 기독교인이 아닌 사람도 좋다. 하지만 전문용어를 많이 사용하지 않는 모임이다.
- 모임이 끝날 때는 소감문을 적어서 발표한다(분량은 자유).
- 읽기를 돕는 가이드북이 있지만 필요할 때만 사용한다.
- 식사 시간과 커피, 차 마시는 시간엔 읽을 때 나누지 못했

던 주제들에 대해 토론한다.
3. 준비물
- C. S. Lewis의 『순전한 기독교』, 홍성사 번역본 혹은 원서
- 좋은 질문
- 가이드북 살 돈(5000원 정도)+밥값
- 미리 한 번 이상 읽고 오시면 훨씬 도움이 됩니다.

루이스 강독회는 몇 가지 점에서 기억할 가치가 있습니다.

첫째, 한국에 루이스가 본격적으로 소개되기 시작한 것은 1990년대 후반이며 그 후 약 20년간 한국에서 루이스 르네상스가 일어났습니다. 그것이 가능했던 것은 홍성사 사장 정애주 사모의 집념과 판권 계약 등 편집 기자 정상윤 씨의 적극적인 추진력 덕분입니다. 번역가 양혜원 씨, 이종태 씨 등의 헌신적인 수고도 있었습니다.

루이스 르네상스는 홍성사의 출판기획자 정상윤 씨가 서울 라브리에 와서 루이스 전집 출판의 방향에 대해 이야기를 나눌 때만 해도 전혀 예상하지 못한 것이었습니다. 처음에는 몇 권만 기획했는데, 의외로 반응이 좋은 것을 보고 출판사에서 루이스 책을 더 많이 내기로 기획을 수정한 것으로 압니다. 정상윤씨는 그 전에 인경의 『나의 세계관 뒤집기』를 기획출판해 준 적이 있었습니다.

둘째, 『순전한 기독교』(*Mere Christianity*)는 루이스의 대표적인 책이었으나 내용이 어려워서 잘 읽히지 않고 있었습니다. 많

은 사람들이 책 내용을 이해하지는 못한 채 책장에 전시용으로 비치해 두고 있다는 소리가 들렸습니다.

홍성사에서도 판매량에 비해 이해도가 떨어진다는 사실을 알았는지, 『순전한 기독교 가이드북』을 만들기로 하고, "루이스 마니아"로 소문난 정인영 선생에게 원고를 부탁했습니다. 정 선생은 라브리에서 이미 이춘성 간사가 번역한 가이드북을 몇 년째 사용하고 있다는 것을 알고 있었고, 자기가 새로 편집한 가이드북을 라브리에 오는 학생 중에 원하는 사람이 있으면 한 번 시험해 보고 싶다는 의견을 내 놓았습니다.

셋째, 라브리 간사들이 루이스 강독회를 학기 중에 할 것이 아니라 학기 말에 별도로 진행하기로 결정했습니다. 정 선생을 좌장으로 모시고 2016년 1월 11-15일에 라브리에서 "『순전한 기독교』 읽기 모임"을 주선하기로 한 것입니다. 가을부터 라브리 기도편지에 알리고 기도를 부탁했습니다. 정인영 선생이 강독회 안내문을 초안했고, 인경이 세부 안내문을 작성했습니다.

넷째, 청년 10여 명, 초중고 교사 6명, 의사 부부 한 가족, 목사 3명 등 16명이 지원을 했고, 라브리 간사 등을 포함하여 총 23명이 4박 5일간 강독회에 참석을 했습니다. 그중에 라브리에서 공부하고 있던 러시아에서 온 줄리아, 필리핀에서 온 스테파니, 아르헨티아에서 온 훌리안도 포함되었습니다. 줄리아는 한글로 읽었으나, 다른 두 사람은 영어판을 읽었습니다.

다섯째, 좌장(座長) 정 선생은 『순전한 기독교』와 루이스의 다른 책들과의 관계성을 이해하도록 이끌었고, 라브리 기도 편지를 통해 청년들을 모은 인경은 철학적, 신학적 조언을 이끌었는데 루이스와 쉐퍼, 루이스와 기독교를 조율하는 역할을 맡았습니다. 청년들 중에는 루이스를 잘 모르는 사람들도 많았고, 루이스의 기독교 이해와 성경적 관점과의 차이를 잘 모르는 사람들도 많았습니다.

여섯째, 우리는 루이스를 읽고 난 후에 다산 강학회처럼 세 권의 책을 내기는커녕 한 권도 내지 못했습니다. 그러나 멋진 가이드북과 에세이들이 쏟아졌습니다. 그중에서 소명학교 최경산 선생은 "C. S 루이스를 라브리라는 공간에서 읽을 수 있었던 것은 큰 축복이었고 행복이었다."라는 편지를 보내오셨습니다.

저는 그 말을 '쉐퍼만 읊어 댈 줄로 알았던 라브리에서 루이스도 읽으니 더 좋더라.'는 말로 받아들이니 기분이 좋았습니다. 평소에 라브리에서 루이스를 읽는다고 하면, 마치 다산 정약용이 1795년 봉덕사에서 공자님의 책을 읽은 것처럼 이상하게 보는 사람들이 있었거든요. 지면 관계상 장윤석 선생(충북 영동 상촌초등학교 교사)의 글을 여기에 소개합니다.

루이스와 눈높이 맞추기(Eye-contact with C. S. Lewis)

장윤석

처음 루이스를 대할 때는 루이스의 글이 궤변처럼 생각되기도 했습니다. 루이스의 생각을 일그러진 복음주의라고도 생각했었습니다. 그렇지만 이런 생각에만 머문다면 도저히 배울 것이 없고 1주일간의 시간을 낭비하게 될 것 같아 두려운 마음도 들었습니다.

문득 클라스 루니아 박사가 떠올랐습니다. 네덜란드 자유대학을 졸업하고 신학 교수로 활동했던 그는 최고의 보수 신학자임에도 자유주의 신학자들에게서도 늘 배울 점을 찾고는 했습니다. 그것이 바로 대가의 여유가 아니었을까 생각합니다. 그런 점에서 루이스의 글에 대한 비판보다는 배울 점이 없을까를 먼저 생각하며 글을 시작하고 싶습니다. 그리고 여기서 배울 점은 글에 대한 내용 자체보다는 문제를 대하는 접근 방식(process)에 주목해서 보고 싶습니다.

루이스의 글에서 첫째로 배울 점은 그의 '눈높이를 맞추는 태도'입니다. 그동안 저는 저의 눈높이에서만 살아왔지 다른 사람들의 눈높이를 고려해 본 적이 없습니다. 그러다 보니 의사소통에 있어 문제가 생기는 상황이 종종 발생하기도 했습니다. 중요한 것은 내가 다른 사람을 어떻게 생각하는 것이 아닙니다. 다른 사람이 나를 어떻게 생각하느냐가 중요한 것입니다.

대부분의 경우 내가 다른 사람을 어떻게 생각하는지는 알고 있지만 다른 사람이 나를 어떻게 생각하는지는 알지를 못합니다. 그러다 보니 소통에 장애가 생기고 눈높이를 맞추지 못하게 됩니다. 루이스는 글을 쓰고 진행해나가는 모든 과정에서 눈높이를 맞추고자 노력했습니다. 그 점이 저를 되돌아보게 했습니다.

둘째는 사물을 대하는 사고방식입니다. 루이스의 사고방식은 평범한 것을 다르게 바라보는 것(making ordinary difference)이었습니다. 그러다 보니 색다른 통찰력들을 얻을 수 있었습니다. 아마도 이런 사고방식은 그의 판타지적 사고방식에서 기인한 것이 아닌가 하는 생각이 듭니다. 그는 우리가 일상생활에서도 놓치고 넘어가는 것들을 잘 잡아냈습니다.

기적을 설명하며 기적이란 본래 이루어지던 것이 빨리 진행되는 것이라는 루이스의 말이 기억이 납니다. 물론 이 말 자체에는 모순이 들어있을 수 있습니다. 그렇지만 삶 자체를 기적으로 바라보는 것은 참 잊기 쉬운 사고방식이라는 생각이 듭니다. 포도나무 한 그루를 바라보며 그 안에서 기적을 느낄 수 있다면 삶을 바라보는 많은 관점이 바뀌게 될 것입니다. 그러면서 우리의 삶은 더 풍성해지지 않을까 하는 생각이 듭니다.

셋째는 진정성입니다. 그동안 신앙생활을 하면서도 내 안에 진정으로 손을 들지 못한 부분이 없지는 않았나 반성이 되는 시간이었습니다. 루이스는 회심한 이후로 최선을 다해 노력하여 기독교를 변증하려고 애썼습니다. 그런 점이 저에게는 참 인상적이었습니다. 순전한 기독교 역시 첫 부분은 변증적 방식을 취하고 있으나 뒤로 갈수록 루이스의 진정성이 묻어나는 것을 느낄 수 있었습니다. 특히 교만을 서술한 부분에서 많은 공감을 했습니다. 어쩌면 이 악마적 교만이 모든 것을 망쳐

놓고 있는지도 모른다는 생각을 했습니다.

라브리에 오기 전에 나는 많은 것이 엉클어지고 뒤틀린 상태였습니다. 그 모든 것의 원인을 살펴보건대 그것은 '교만' 때문이 아니었을까 하는 생각이 듭니다. 사회적으로도 신앙적으로도 많이 무너진 모습을 바라보며 스스로에 대한 부끄러움을 가지고 라브리에 왔습니다. 그렇지만 루이스를 공부하며 하루하루 안정을 찾아가는 제 자신을 발견할 수 있었습니다.

그렇지만 여기에는 루이스뿐만 아니라 쉐퍼 선생님 역시 결정적인 역할을 해 주었습니다. 잊고 있었던 쉐퍼의 중요한 명제들이 이곳에 오면서 되살아나기 시작하는 것을 경험했습니다. 질문을 하면서 스스로도 교만 속에 쌓여 사람들에게 인정받고 싶은 생각이 있었습니다. 그렇지만 그런 태도로 질문을 하거나 이야기할 때 아무에게도 도움이 되지 못한다는 것을 느낄 수 있었습니다. 그것은 그저 나 자신을 알아 달라고 이야기하는 것에 불과하기 때문입니다. 그러다가 쉐퍼 선생님의 도움을 받기 시작했습니다.

정직한 질문에 대한 정직한 대답, 라브리의 모토입니다. 저는 이것이 참된 겸손이자 자신을 잊어버리는 방법이 아닌가 하는 생각이 듭니다. 삶의 매 순간에 정직한 질문을 갖게 된다면 마음속에 끊임없이 솟아오르는 교만을 없앨 수 있지 않을까 하는 생각이 들었습니다.

언젠가 저를 지도해 주신 교수님 한 분께서 학문하는 사람들의 마음에 필요한 것은 '정직'이라는 말씀을 하셨습니다. 마음이 호수의 수면같이 맑지 않으면 그 배운 것을 엉뚱한 곳에 쓰게 된다고 하면서 말입니다. 그때는 이 말이 무슨 말인지 잘 몰랐습니다. 그렇지만 쉐퍼 선생님의 말씀을 다시 되새겨 보면서 정직, 곧 정직한 질문을 갖고 살아가는 것이 얼마나 중요한지를 다시금 깨닫게 됩니다. 이것은 학문의 기초이기도 합니다.

넷째는 글을 쓰는 것입니다. 그동안 머리가 정말 복잡하다는 생각을 했습니다. 그런데 정인영 선생님이 첫 시간에 "글을 써야 정리가 된다."는 말씀을 하셨습니다. 이 말이 저에게는 머리를 치는 것과 같았습니다. 그동안은 복잡한 머리를 정리하기 위해 마인드맵을 주로 했었습니다. 그런데 글을 쓰는 것은 완전히 차원이 다른 일이었습니다. 나만의 논리를 만들어 가고 복잡한 머리를 정리할 수 있는 기반이 되었습니다.

살아가면서 풀리지 않는 난제들에 대해 고민할 때가 참 많았습니다. 철학적인 문제들만이 아닙니다. 예를 들면, 소개팅에 나가면 왜 자꾸 차일까? 그렇지만 이 문제에 대해 진지하게 글을 쓰면서 고민해 본 적은 없었던 것 같습니다. 고민은 많이 했습니다. 여러 가지 원인들도 찾아보았습니다. 그러나 그것이 결정적으로 '연결'되지는 않았습니다. 그러다 보니 문제에 대한 해결도 하지 못했던 것 같습니다.

글쓰기는 저의 생활 중에 또 다른 한 분야도 변화시킬 것이라고 생각합니다. 그 한 가지 분야는 '중장기 계획'입니다. 지난 여름부터 라브리에서 하고 싶었던 일이 중장기 계획을 세우는 것입니다. 여전히 교사가 되었지만 진로에 대한 고민을 하고 있습니다. 승진대열에 합류해야 하나 평교사로 살아가야 하나 교육부에 가고 싶기도 하고 대학 강단에 서 보고 싶은 생각도 있습니다.

여러 가지 고민들 속에 내가 원하는 것보다는 하나님께서 바라시는 것이 무엇인지 생각하며 고민해야 했습니다. 그러나 늘 '무엇이 되고 싶다(What to be).'만 생각을 했지 '어떻게 살아가야 할 것인가?(How to live)'에 대해서는 생각하지 못했습니다. 글쓰기의 습관이 부족했던 나에게 '어떻게 살아가야 할 것인가(How to live)'에 대한 부분을 진지하게 고민하게 해주리라 생각합니다. 눈높이를 맞추며 살고 싶습니다. 열을 이루려는 욕심보다는 하나를 바르게 알고 싶습니다. 그리고 이제 사랑하며 살고 싶습니다(장윤석, 2015).

기독교세계관학교

처음에 기독교 세계관 그룹스터디를 한 것이 점차 기독교세계관학교로 발전되었습니다. 그룹스터디는 1988년 엘리스가 다녀간 다음부터 매년 계속되고 있었습니다. 단지 "기독교세계관학교"라는 이름을 붙이지 않았을 뿐이지, '프란시스 쉐퍼 삼부작 공부' 등 책을 공부하거나 특정 주제를 정해서 기독교 세계관 공부를 매년 해왔습니다. 예를 들어, 양양으로 이사하기 전인 2001년 1월 5일-2월 16일에 있었던 기독교 세계관 공부 프로그램을 보면 다음과 같습니다.

> 기독교 세계관 중급과정
> 교재: 프란시스 쉐퍼의 삼부작/목요일 오후 1:00-4:30
> 인도: 성인경
>
> 기독교 세계관 기초과정
> 금요학당 강의/ 금요일 저녁 7:00-9:30
> 인도: 박진숙, 신재용, 이우재, 설동렬, 백성욱, 안종철
>
> 동양 종교와 문화 연구
> 교재: 안점식의 세계관과 영적 전쟁/토요일 오후 3:00-6:00
> 인도: 이우재, 신재용

양양 라브리의 첫 학기였던 2002년 1월에 "기독교 세계관 기초과정"이 개설되었고, 그것은 2003년까지 계속되었습니다. 그러다가 2004년 1월에 "라브리 기독교세계관학교"라고 이름 붙이고, 평소와는 다르게 더 많은 사람들에게 세계관 공부를 개방하게 되었습니다. 거기에는 몇 가지 이유가 있었습니다.

첫째, 방학이나 휴가를 이용하여 집중적으로 기독교 세계관를 공부하고 싶은 청년 대학생들이 많았습니다. 휴학생들이나 휴직자들은 연중 어느 때든지 라브리에 오면 기독교 세계관을

공부할 수 있었습니다. 그러나 방학 때가 아니면 오기 힘든 대학생들이나 휴가 때가 아니면 올 수 없는 직장인들이 문제였습니다. 그들 중에 상당수가 매년 "여름이나 겨울에 특별 코스가 없느냐?"는 문의를 해 왔는데, 그들의 요청을 프로그램화한 것이 기독교세계관학교의 시작입니다. 때로는 여름과 겨울에 두 번씩 개최하기도 했습니다.

둘째, 여러 교회와 청년 모임에서 세계관 강의를 해 달라는 요청이 있었습니다. 양양에 내려온 후에도 여러 교회와 선교단체 등에서 기독교 세계관 강의를 해 달라는 요청이 들어오면, 불가피한 사정이 없는 한 전국 어디든지 달려갔습니다. 그러나 거리상 혹은 시간관계상 모든 요청에 다 부응할 수가 없었습니다. 그래서 여름과 겨울에 특별 학교를 열어서 그들의 요청을 일부나마 받아들이는 것이 좋겠다고 생각했습니다.

셋째, 간사들이 깨달은 지혜와 자료를 전부 나누어 주자고 생각했습니다. 간사들이 다른 사람들보다 공부를 많이 했다고 생각했거나 현대적인 이슈에 모든 대답을 찾았다는 것 때문은 전혀 아니었습니다. 단지 "우리가 깨달은 것을 나누어 주는 것이 도리이며 의무다."라고 생각한 것입니다. 물론 처음에는 나누어 준다고 생각했다가 나중에는 생색을 내거나 더 많이 아는 것처럼 행동할 여지는 충분히 있었습니다.

넷째, 주 강사는 주로 라브리 간사들이 맡았습니다. 한번은 외부 강사가 와서 라브리의 신학적, 철학적 방향과 전혀 맞지 않은 강의를 하는 바람에 참석자들과 간사들이 매우 당황한 적이 있었습니다. 이런 문제를 예방하기 위해 가능하면 이미 내부적으로 검증된 간사들의 강의를 많이 개설하는 것을 원칙으로 했습니다. 물론 이런 강의를 통해 가장 도전을 받은 사람들은 간사들이었는데, 강의 후에 피드백을 받고 자신의 부족을 깨닫고 더 많은 연구를 하게 되었으니까요.

다섯째, 외부 손님들과 강사들의 지혜를 빌리기도 했습니다. 라브리 간사들만 강의를 하면 주제가 제한되거나 연구 범위에 한계가 있습니다. 그래서 해가 거듭될수록, 간사들의 나눔도 늘렸지만 외부 강사들의 공급도 늘렸습니다. 그리고 특별한 경우가 아니면 강사비, 숙박비 등을 고려하여 양양, 속초, 강릉, 삼척 등 라브리에서 가까운 데 사는 분들을 주로 초청했습니다. 지난 몇 년 동안 기독교세계관학교를 섬겨 주신 외부 강사들은 수십 명에 달합니다.*

---

* 강형선(양양여중교사), 김병년(다드림교회 목사), 김복기(의사), 김수연(양양한남초등학교 교사), 김원호(강릉 연세치과의원 원장) 김주동(강릉 예닮학교 교사), 김주희(부천예인교회 사모), 김지미(속초 영어 교사), 김한식(에스라성경대학원대학교 총장), 박보경(전 대구 두란노 대표), 방계원(삼척 방계원정신과의원 원장), 백민현(전 나다그룹 회장), 백성욱(공무원), 서배성(강릉 운양초등학교 교사), 손준원(헤리티지 HM 아시아 대표), 신동식(빛과소금교회 목사, 기독교윤리실천운동 실행위원), 심경미(바른교회아카데미 간사), 양승훈(밴쿠버 기독교세계관대학원 대표), 양혜원(번역가), 윤석민(양양 서면보건소 의사), 이상범(은향교회 목사), 이성규(양양중앙장로교회 목사), 이승혁(아르헨티나 새생명교회 목사), 이예리(아르헨티나 국방부 약사), 이현주(강릉 테라로사 실장), 장대익(서울대 교수), 장석근(고성오봉교회 목사), 전인석(양양중앙감리교회 목사), 정성규(부천예인교회 목사), 프랭크 스투트만(호주라브리 대표, 물리학자), 한

> 국경의 긴 터널을 빠져나오자 설국(雪國)이었다. 밤의 밑바닥
> 이 하얘졌다.

가와바타 야스나리에게 노벨문학상을 안겨 준 『설국』의 첫 문장입니다. 겨울에 미천골에 들어설 때마다 생각나는 구절입니다. 양양이 꼭꼭 숨겨 놓고 있는 나무와 눈과 물의 세상, 자연휴양림. 그 속에 살포시 앉아 있는 "불바라기 펜션"에서 가졌던 2012년 겨울 세계관학교는 정말 잊을 수가 없습니다.

"불바라기 펜션"은, 동막골과 같이 6·25 전쟁을 몰랐다는 미천골 안에 있는 펜션입니다. 라브리에서 차로 20분 거리에 있고, 주변에 편의 시설이 하나도 없는 것이 흠이고 자랑이지만, 분위기와 안락함만 따진다면 설악산에 있는 5성급 켄싱턴스타호텔 못지않게 좋은 곳입니다. 2012월 1월에 쓴 이춘성 간사의 기도편지부터 먼저 읽어 보겠습니다.

> 2012년 1월 10일부터 14일까지 기독교세계관학교가 있었습니다. 총인원 70명이 먹고 자면서 다양한 주제의 강의들을 듣고 토론하는 매우 유익한 시간이었습니다. 이번에는 라브리 근처에 있는 미천골 자연 휴양림 안에 있는 "불바라기"라는 펜션에서 모든 일정이 진행되었습니다. 저희가 받는 회비로 빌리기에는 어림없는 장소였지만 가치 있는 일을 위해 집을

성진(합동신학교 교수)

내어 주고 싶어 하는 사장님 부부의 특별한 배려로 가능했습니다. 이분들이 예수님을 알고 믿도록 기도해 주세요.

이번 세계관학교에는 영국, 미국, 헝가리, 일본, 거제도, 전주, 대구, 서울, 강원도 등 원근각지에서 참여했습니다. 또한 20대 초반에서 50대까지 연령대도 다양했습니다. 국적과 지역, 나이와 성별을 뛰어 넘어 소통하는 모임을 찾아보기 힘든 이때에 세계관학교는 그리스도 안에서 하나가 될 수 있다는 사실을 확인하는 자리였습니다. 계속 라브리의 기독교세계관학교가 한국 교회에 선한 영향력을 끼칠 수 있도록 기도 부탁드립니다(춘성, 2012년 1월 기도편지 중에서).

간사들이 세계관학교 준비를 점검하던 어느 날, 등록한 50여 명과 간사, 강사를 포함하면 70명이 넘을 것이라는 것을 발견하고는 깜짝 놀랐습니다. 라브리에서 15명을 재운다 하더라도, 나머지를 외부에서 통학시킨다는 것은 겨울 눈길에 사고 위험성도 높고, 세계관학교의 특성상 교육목표를 달성하기가 어려울 것 같다는 데에 의견을 모았습니다.

그것보다 숙식이 이만저만 불편하지 않을 것 같고, 강의도 매끄럽게 진행하기 힘들 것이라는 것이 불 보듯이 뻔했습니다. 그래서 가능하면 라브리에서 가까운 미천골에 좋은 장소를 찾으면 좋겠다고 생각하고, 먼저 우리가 평소에 잘 알고 지내던 "불바라기 펜션"의 김명석 사장에게 전화를 드렸습니다. 현재 형편을 설명드리고 좋은 해결 방안이 없는지 문의를 했습니다. 김명석 사장은 불바라기만 아니라 미천골에 있는 다른 펜션들의 사정을 누구보다 잘 알고 계시기 때문입니다.

간사 : 라브리의 형편이 이러저러한데, 미천골에 좋은 펜션이 없을까요?

김 사장 : 우리 집으로 오시죠.

간사 : 그게 가능합니까? 저는 "불바라기"에 약 70명이 먹고 자면서 강의를 들을 수 있는 세미나실이 있으리라고는 생각도 안 해 봤는데, 대단히 감사합니다.

김 사장 : 강의는 커피숍에서 하시고, 잠은 12개 방에 나누어서 주무시면 될 거에요. 각 방이 호텔보다 넓으니까 몇 명씩 끼어 자면 70명도 더 잘 수 있습니다.

간사 : 감사합니다만, 사용료로 얼마나 드리면 되겠습니까?

김 사장 : 우리가 평소에 받는 정상 가격을 말씀을 드리면, 여기에는 못 오실 텐데요. 회비를 얼마나 받으시는지 모르겠지만, 제반 경비를 다 빼시고 나머지만 주세요.

간사 : 저희 사정을 말씀드리겠습니다. 50명에게 등록비로 인당 4박 5일에 12만 원을 받을 예정입니다. 소정의 강사비와 자료집을 만드는데 1만 원을 쓴다면, 550만 원을 드릴 수 있겠습니다. 거기다가 잠은 자지 않지만 식사만 하는 간사, 강사, 손님 등 약 20여 명 오고 갈 텐데 그분들의 밥값으로 150만 원을 더 드린다면 전부 700만 원이 되겠군요.

김 사장 : 그 정도면 기름값과 전기세를 내고도 남겠는데요?

간사 : 밥은 공짜로 주시고 사장님은 손가락만 빠시겠어요?

김 사장 : 벼룩의 간을 빼 먹는 게 낫지, 가난한 라브리의 등골을 더 휘게 할

수는 없지 않습니까?

간사 : 대단히 감사합니다. 제 아내가 '타샤 사모님의 수고를 조금이라도 덜어 드리기 위해 아침으로 빵을 굽겠다.'고 전해 달래요. '빵을 매일 100개씩만 구우면 충분하겠느냐?'고 하는데요?

김 사장 : 70명이라면서요? 그거면 충분하죠. 요즘 청년들은 아침을 잘 안 먹으니까, 빵 하나하고 마실 것만 주면 충분할 겁니다. 청년들이 많이 오니까 모닝커피는 충분히 준비하겠습니다. 제 아내가 뜨끈뜨끈한 된장찌개를 매일 점심, 저녁에 끓여 드리겠답니다.

간사 : 타샤 사모님의 된장찌개 맛은 일품이지요. 쥐꼬리만큼 받아서, 한 상에 몇 만 원짜리 하는 된장찌개를 끓여 주고 나면, 올해는 카트만두 여행을 포기하셔야 되는 것 아니에요?

김 사장 : 올해 못 가면 내년에 가면 되죠.

그때까지만 해도, "불바라기"가 겨울 비수기 동안에는 찻집만 운영하고, 펜션을 운영하지 않는다는 것을 몰랐습니다. 이미 성탄절 직후에 보일러 물을 다 빼놓은 상태이고, 곧 조카에게 펜션을 맡기고 네팔이나 유럽 여행을 떠날 참이었습니다.

"불바라기" 사장님 덕분에, 4박 5일 동안 우리는 꿈같은 시간을 보냈습니다. 한 사람도 일찍 돌아가는 사람도 없었고, 자리를 이탈하거나, 강의에 불참하거나, 허투루 시간을 보내는 사람이 없었습니다. 예인교회 정성규 목사님 내외, 동서남북교회 신동식 목사님과 청년들도 다녀가셨습니다.

바쁜 중에도 보경 간사는 여러 명을 상담했고, 다른 간사들도 개인적으로 만날 필요가 있는 청년들은 별도로 만났습니다. 당시에 제일 재미있었던 프로그램 중에 하나는 눈 덮인 산길을 산책하는 것이었습니다. 헬퍼로 수고하던 헝가리 청년 바나바(Banabas)가 점심 먹은 후에는 매일 한 시간씩 미끄러운 길을 서로 손도 잡아 주고 당겨 주고 하면서 걸었습니다.

그리고 강의 후에는 방마다 모여 토론도 하고, 단체로 온 팀은 별도로 모이기도 하는 등 시간 가는 줄 몰랐습니다. 빵은 경옥과 의진이가 매일 100개씩 구워서 배달을 했습니다. 황성주 이사가 두유를 기증해 주셔서 커피 대신에 두유를 실컷 마셨습니다.

5일 동안 가장 많이 받은 질문 중에 하나는, "불바라기 사장님 부부가 기독교인들이냐?"라는 질문이었습니다. 대답은 언제나 "아니요."였습니다. 예수님을 믿는 대신에 미천골 신선이 되고 싶나 봐요. 몇 년 지난 후에, 두 분이 라브리에 차를 한 잔 마시러 와서는 깜짝 놀랄 소식을 하나 던져 주고 가셨습니다.

― 저희 부부는 불바라기를 팔고 더 깊은 숲 속으로 들어가려고 합니다. 지난번에 보니 청년들이 불바라기를 참 좋아하던데, 만약 라브리에서 인수하시겠다면 반값에 드리겠습니다. 6개월을 기다렸다가 부동산 시장에 내 놓겠습니다.

매일 먹고 살기도 힘든데, 20억 원이나 되는 펜션을 어떻게 살 수 있겠습니까? 김 사장 내외분은 약속대로 6개월을 기다렸다가, 어느 소프트웨어 회사에 "불바라기"를 넘기고, 하늘이 보다 가까운 미천골 정상에 "나무생각"이라는 작은 펜션을 다시 시작하셨습니다.

서울에서 모인 기독교세계관학교

2016년 1월에는 기독교 세계관학술동역회와 공동으로 "삶의 문턱에서 만나는 기독교세계관학교"라는 것을 서울에서 개최했습니다. 2001년에 양양으로 이사온 후로 15년 만에 처음으로 서울에서 갖는 대중 집회였고, 더구나 한국 교회의 신앙과 지성의 보루인 기독교 세계관학술동역회(손봉호 이사장)와 하는 연합 운동이었기 때문에 매우 기대가 컸습니다. 시도는 좋았지만, 걱정이 없었던 것은 아닙니다. 이충성 간사의 기도편지를 읽어 보겠습니다.

> 우선 기도 부탁을 드렸던 기독교세계관학교를 무사히 마쳤음을 알려드려야겠네요. 한때는 적은 등록 인원 때문에 걱정도 많이 했지만, 3일 동안 130-150여 명이라는 예상했던 인원보다 훨씬 더 많은 분들을 하나님께서 보내 주셨습니다. 저는 개인적으로 사람들이 너무 많이 찾아와서 당황하기도 했지만, '아, 역시 하나님은 쩨쩨하지 않으시네요! 이래서 아버지가 너무 좋습니다!'라고 혼자 낄낄거리며 기도드리기도 했습니다

(충성 간사, 2016년 2월 기도편지).

예상외로 많은 청년이 참석했습니다. 강의 반응도 좋았고 경제적 손실도 없어서, 3년간 공동 개최를 실험해 보기로 결정했습니다. 3년 후에는 기독교세계관학술동역회와 의논하여 서울에 기독교세계관학교를 상설화하든지 아니면 다시 양양에서 소규모로 운영하든지 결정을 해야 할 것 같습니다.

우선 첫 번째 학교에 대해서 기독교 신문 기자들이 호의적인 기사를 실어 준 것에 대해 매우 감사하게 생각합니다. 먼저 「뉴스파워」의 범영수 기자의 글입니다.

> 30일까지 진행되는 이번 기독교세계관학교는 예술, 과학, 경제, 인권 등 다방면에서 활약하는 기독인 전문가들을 초청, 청년세대들에게 올바른 기독교 세계관적 시야를 정립하는 데 도움을 줄 예정이다(뉴스파워 범영수 기자).*

「기독신보」 김병국 기자는 "바른 눈으로 세상 고민과 맞서다"는 제목의 기사에서 매우 통찰력이 넘치는 기사를 실어 주었습니다.

> 전체 강의가 거시적인 인생 문제를 다룬다면, 선택강의는 보

---

* 범영수, 「뉴스파워」, 2016년 1월 28일

다 생활에 밀접한 주제를 다룬다.…여러 강의의 면면을 살펴보면, 다양한 세대들이 삶의 현장에서 실질적으로 직면하는 문제들을 직시했고, 여기에 해답을 던져 주고자 하는 두 단체의 노력이 역력히 느껴진다.**

「국민일보」는 "양과 질을 둘 다 만족시킨 좋은 연합 운동이었다."고 보도했는데, 아마 두 단체가 연합한 것에 큰 의미를 두고 격려를 보내 주신 것이라고 생각합니다. 「주간 기독교」는 "이번 행사는 여러 가지 질문을 통해 스스로 삶과 생활 전반을 들여다보고 강의를 통해 해답을 찾고 삶에 적용하도록 돕는 시간이었다."고 보도했는데, 정직한 질문에 정직한 대답을 찾는 라브리의 의도를 잘 파악했다고 생각합니다. 기자들의 예리한 지적들이 돋보입니다. 그러나 주최한 입장에서 몇 가지를 더 추가할 것들이 있었습니다.

첫째, 두 단체에 속한 다섯 명의 청년 리더들의 용기가 없었으면 이루어질 수 없는 일이었습니다. 이번 학교는 기독교 세계관학술동역회의 신효영, 김고운, 홍정석 간사의 세련된 준비와 라브리의 이충성 간사와 성기진 박사의 너무나 순진하고 촌스러운 '거룩한 사고치기'가 낳은 멋진 열매였습니다. 같은 또래의 청년들이 이들의 수고와 용기를 알아보고는 커피도 대접하고 초코파이도 사 주는 것을 보고 얼마나 흐뭇했는지 모

** 김병국,「기독신보」2016년 1월 15일

릅니다.

그들은 두 단체 지도자의 의견을 존중하면서도, 오늘날 청년들에게 꼭 필요한 강의 주제와 강사 선정 등을 주도면밀하게 처리해 주었습니다. 이들은 마치 사울 왕의 체포 작전으로 사면초가(四面楚歌)에 빠져 있던 다윗에게 시원한 베들레헴 물을 맛보게 해 준 젊은 청년 장군들과 같았습니다. 그들은 기독교 세계관 운동의 청년 저변화(低邊化) 방안을 찾고 있던 기독교 지도자들의 고민을 일거에 해갈(解渴)해 준 것은 물론이고, 수많은 기독 청년들이 고민하는 문제에 대해 구체적인 대안을 내놓을 수 있는 기독교세계관학교를 제시했기 때문입니다.

둘째, 이론과 실제가 잘 조화를 이룬 집회였습니다. 두 단체가 모이다 보니 많은 강사들이 참여할 수 있었고 그만큼 강의도 다양한 주제를 다룰 수 있었습니다. 기독신문이 잘 지적했듯이 "전체 강의가 거시적인 인생 문제를 다룬다면, 선택강의는 보다 생활에 밀접한 주제"를 다루었습니다. 그러나 지나고 보니 거시적이면서도 미세적인 주제들을 썩 잘 다루지는 못했고 모든 강의가 다소 거칠었습니다.

그래서 어떤 분은 "마치 뷔페식당 같았다."고 욕을 했는데, 옳은 지적이라 생각합니다. 여러 가지 강의를 다양하게 맛볼 수 있어서 좋았으나 한 가지만 먹기에는 나머지가 궁금하고, 다 먹으면 소화불량이 걸릴 것 같아서 부담스러웠다는 것입니다. 즉 하나하나의 강의는 대체로 좋았으나 통합이 잘 이루어지지는 않았다는 말입니다. 그것은 강의 방향 설정을 맡은 저의 준비 부족이기도 하고, 강사들이 미리 머리를 맞대고 조율할 시간이 없었음을 시인합니다.

셋째, 청년 강사들의 아이디어를 듣고 토론할 수 있는 좋은 기회였습니다. 몇 분을 제외하고는 대부분이 신학을 전공하지 않은 분들이었고, 교수, 변호사, 사장도 있었지만 조선왕조실록 번역가, 서양미술학도, 선교단체 간사 등 거의가 청년들이었습니다. 그래서 그들의 강의들은 우선 강의 방법이나 태도도 세련되지 못했고, 많은 사람들 앞이라 떨기도 했고, 아이디어는 번뜩였지만 설익은 감이 있었습니다.

그러나 아이디어가 톡톡 튀고 때 묻지 않았고, 무엇보다 대학생 청년들과 소통이 잘 되었습니다. 청년들에게는 노련한 강사들의 지혜도 큰 도움이 되었지만, 때로는 자기보다 겨우 몇 살 밖에 더 먹지 않은 언니, 오빠들의 실험적인 강의에서 많은 도전이 되었습니다. 이번 세계관학교에서 들은 칭찬 중의 하나는 "자헌이 언니의 강의가 너무 좋았어." "혜진이 언니의 강의가 너무 신선했어."였다는 말이 있습니다.

넷째, 기독교 세계관에 대한 열망을 보았습니다. 범영수 기자가 「뉴스파워」에서 "예술, 과학, 경제, 인권 등 다방면에서 활약하는 기독인 전문가들을 초청, 청년 세대들에게 올바른 기독교 세계관적 시야를 정립하는 데 도움을 줄 예정이다."고 한 것은 과찬입니다. 기독교 세계관적 시야를 정립하기에는 너무나 시간이 부족했기 때문입니다. 그러나 청년들이 여러 가지 사안들에 대해 자기 나름의 성경적 관점을 세우는 데 작은 도움이 되려고 했던 것은 이번 학교의 목적 중의 하나였습니다.

그러나 아직도 하나님을 대항하거나 나라를 어지럽히는 시대정신(zeitgeist)이 버젓이 캠퍼스와 인터넷을 점령하고 있는 것을 그냥 두고 있는 상황이기 때문에, 청년들에게 '모든 학문을 그리스도에게 복종시키라.'고 말하기에는 갈 길이 멀다고 생각합니다. 대학생들도 급하지만, 격려차 방문하신 웨슬리 웬트워스 박사의 말처럼 "먼저 대학원생들부터 잘 지도해 보는 것이 어떠냐?"는 말씀을 귀담아 들어야 하리라 생각합니다.

다섯째, 한국 교회에 아직 희망이 있다는 것을 보았습니다. 엄동설한(嚴冬雪寒)에 개최한 학교치고는 많은 대학생, 청년, 교사들이 참석한 것이 사실입니다. 양양 산골에서 조용히 모일 때보다 약 4-5배나 많이 모였습니다. 목사, 사모, 전도사, 선교사 등도 10여 명 참석했습니다. 아무런 조직이나 큰 교회를 동원하지 않았는데도, 3일 동안 130-150여 명이 처음부터 끝까지 참석했습니다.

방학 중이라 대학생들이 참석한 것은 이해가 되었으나 전주시, 고양시 등에 있는 작은 교회에서 삼삼오오 올라와서 한 시간도 빠지지 않고 강의를 듣고 질문하는 모습이 매우 보기에 좋았습니다. 특히 강원도 산골 태백에서 오신 생명의강학교(예수원) 선생님들의 진리를 갈구하는 열정은 누구보다 뜨거웠습니다.

여섯째, 오랫동안 만나지 못했던 옛 친구들을 만날 수 있는 좋은 기회가 되었습니다. 동역회는 회원 조직이 있지만 라브리는 회원조직이 없기 때문에 이런 날이 아니면 만날 기회가 없습니다. 그래서 그런지 마치 "홈커밍데이"처럼, 오랜만에 만난 청년들이 서로 얼싸안는 모습이 보기에 좋았습니다.

대학생 아들을 데리고 온 중년 여성, 아들의 여친(여자 친구)까지 데리고 나타난 장로님, 손수 호두과자를 구워서 갖고 오신 권사님 등을 만나서 얼마나 반가웠는지 모릅니다. 모르긴 해도 농촌 총각들이 예수 잘 믿는 도시 처녀들 앞에서 폼을 잡으며 질문을 한 것도 좋았을 것이라 생각합니다. 특히 평소에 만나기 힘든 기독교학술동역회의 여러 교수님들과 작은 교회 청년들이 만날 수 있었던 것은 특별 선물이었습니다.

일곱째, 경제적으로도 손해 없이 잘 끝났습니다. "3일간 이렇게 좋은 강의를 들을 수 있도록 해 주고도 70,000원 밖에 받지 않다니 이래도 손해가 안 납니까?"라고 걱정을 해 준 분도 있었습니다. 주로 가난한 청년들이 오리라 생각하고 많이 받지 않았습니다.

그러나 100주년기념교회(이재철 목사)에서 무료로 별관을 빌려 주셔서 시설 사용료도 아꼈고, 특히 강사비도 차비 외에는 한 푼도 드리지 못했고, 숙박시설이나 식사비 등도 참가자 자부담으로 한 것도 큰 도움이 되었습니다. 미안해서 점심 두 끼만 대접을 했는데, 다음에는 그것도 아끼는 것이 좋겠다는 의견이 있었습니다. 무엇보다 준비와 진행을 맡았던 담당 간사들이 숙박비는 물론이고 커피 값도 아꼈습니다.

2017년 여름에는 라브리에서 청년 강사들을 격려하고 훈련하기 위해 "기독교세계관포럼"을 개최했습니다. 두 번의 주말을 이용하여 목, 금, 토 3일 동안 짧은 에세이를 발표하는 기회를 가진 것입니다. 김봉례, 김원호, 김재민, 성기진, 어남예, 조창희, 김주동, 성의진, 장윤석(성의진 대독) 등이 주옥같은 에세이를 발표했고, 신효영 국장, 김종원 박사, 성기진 박사가 논평도 하고 에세이도 발표했습니다. 그때 다녀간 한진수 씨의 포럼 참석 후기입니다.

> 일주일 전 몸이 너무 피곤해서 라브리에 갈 수 있을까 고민했다. 아내는 '당신이 그렇게 가고 싶은 곳인데 꼭 가야 한다.'고 하며 등을 떠밀었다. 피곤한 몸을 이끌고 여러 번 버스를 갈아타며 강릉, 양양을 거쳐 라브리에 도착했다. 라브리 기독교 세계관 포럼을 마음으로 준비하며 '아름다운 곳에서 아름다운 사람들과 아름다운 만남을 갖고 싶습니다.' 하며 하나님께 기도했다. 3일 후에 보니 모든 기도가 응답이 되어 기쁘고 유쾌하고 행복하다. 실제 학교에서, 교회에서, 직장에서 일어나는 현상 속에서 어떻게 살 것인가를 고민하는 소중한 이야기들을 들을 수 있어서 감사했다(한진수, 2017년 여름).

　　2017년 11월 말에는 첫눈이 뿌리는 가운데 라브리 최초의 스몰웨딩이 있었습니다. 그 주인공은 현석과 수빈이었습니다. 가까운 친지, 친구 40여 명에 라브리 가족 10여 명과 함께 최소한의 경비로 결혼식을 가진 것입니다. 솔로몬 왕과 술라미 왕비와 같은 품위 있는 커플에, 간사들이 정성껏 준비한 맛있는 음식 그리고 신부가 직접 만든 종이 꽃 장식 등의 가족적인 분위기가 너무나 좋았다고 합니다.

22장 청년들에게 정말 필요한 것: 아모르 데우스

(Amor Deus)

청년들이여, 이제는 어리광을 그만 부리고, 가슴 속에 깊이 묻어 두고 있는 비웃음, 불신, 실패감, 열등감, 자기보호(self-protection), 엘리트의식 등을 떨쳐버리는 것이 어떻겠습니까? 아래와 같이 간단하고도 비교적 손쉬운 길을 알려드릴 테니 솔로몬의 지혜를 따라, 냉소주의를 극복해 보기 바랍니다.*

---

* 우리가 라브리 성경 공부 시간에 전도서를 재미있게 공부할 수 있는 눈을 열어 준 분은 합동신학교의 현창학 교수입니다. 그는 『구약 지혜서 연구』(합신학신원 출판부)라는 책에서 말하기를, 전도서에서 찾을 수 있는 핵심적인 솔로몬의 그 지혜는 '순응(resignation)'이며, 그 '순응'은 전도서에서 회의주의(skepticism) · 불평(complaint) · 상담(counsel)이란 3단계를 거쳐 문제를 풀어 준다고 보았습니다. 그의 '순응' 논리에 감사하지만, 수많은 청년들과 이야기하다가 "순응(順應, adaptation)"이란 말이 '순순히 적응한다.'는 불교 세계관이 담긴 말이므로 혼돈 내지 오해를 받을 수 있다는 우려 섞인 말을 듣기도 했고, 단순히 순응하라고 하는 것보다는 좀 더 구체적인 실천 대안을 찾아달라는 말 때문에 "냉소주의 해법 5단계"를 생각하게 되었습니다.

현실을 있는 그대로 받아들이시기 바랍니다

여러분은 온 세상이 썩었고, 부패했고, 부조리하다는 것을 잘 압니다. 국가나 학교나 회사만 아니라 대부분의 교회도 그 조직 구성원들까지 속속들이 타락한 것이 사실이며 구제불능이라는 것을 잘 압니다. 물론 문제의식이 없는 청년들이야 세상이 어떻든 상관하지 않지만, 제 정신이 있는 청년들이라면 "이 세상은 헛되고, 부조리하고, 불합리하다."는 것을 알고 비웃지 않을 수 없을 것입니다. 그러나 현실로부터 도피하거나 체념해 버리는 것은 바보 같은 청년들이나 하는 짓입니다. 김민하 기자가 좌파 정치 운동을 하다가 지친 사람들에게 아주 적절한 조언을 했습니다.

> 냉소주의를 돌파하기 위해서는 냉소를 받아들이고 인정해야 한다. 왜냐하면 대중이 갖는 (정치적) 냉소주의는 하늘에서 뚝 떨어진 근거 없는 정치혐오로만 이루어진 것이 아니기 때문이다. 그것은 열등감, 실패, 분열 등 구조적인 원인과 결부되어 있기 때문이다.**

전도서에서 솔로몬은 현실이 "헛되다", "부조리하다", "X

** 김민하, 『냉소사회』, 현암사, 287.

같다"*는 것을 너무나 잘 알면서도 도피하거나 체념하거나 "네 운명을 사랑하라(Amore Fati)."라고 말하지 않았습니다. 이 세상이 "구부러졌거나 굽었다(전도서 1:15, 7:13)"라는 것을 잘 알면서도 "(네 힘으로는) 그것을 펼 수가 없고, 없는 것을 셀 수야 없지 않는가!(공동번역)"라고 말했는데, 그것은 솔로몬이 "구부러지고 굽은" 현실을 직시하는 동시에 그 현실을 있는 그대로 인정하라고 말합니다.

그러면 현실을 있는 그대로 인정하고 순응한다는 것은 자기 운명을 받아들이라는 말이거나 부조리를 덮어 두라는 말일까요? 아닙니다. 솔로몬이 말하고자 하는 핵심 메시지는 가슴 속에 있는 칼을 내려놓고, 가난한 지혜자가 가졌던 "무기보다 더 강한 지혜"를 가지라는 말입니다(전도서 9:18).

예수님도 피땀을 흘리며 기도하시다가 십자가에서 사형을 당하기 직전에, 인간성을 가진 하나님의 아들로서 최고 수위의 갈등과 위기 앞에서 "내 원대로 마시옵고 아버지의 원대로 되기를 원하나이다(누가복음 22:42)."라는 말씀으로 솔로몬과 같은 지혜를 보여 주셨습니다. 이 세상의 부조리와 악의 문제를 해결하기 위해 예수님이 찾은 지혜는 빌라도의 악한 재판을

---

* '헛되다'는 말은 히브리어로 헤벨(hebel)이란 말인데, '숨쉬다'고 할 때의 '숨(breath)'이나 '수증기(vapor)', '안개(mist)', '연기(smoke)'라는 단어에서 나왔다고 합니다. 이런 전통적인 관점에서는 '헤벨'을 '헛되다(vanity)', '무의미하다(meaningless)'고 번역했고 이 말을 근거로 솔로몬이 인생의 허무주의를 부르짖었다고 생각했습니다.

받아들이고 십자가를 지는 것이었지, 베드로처럼 '칼'을 준비했다가 싹 쓸어버리는 것이거나 혹은 천군천사들을 불러서 예수님을 잡으러 온 군사들을 물리치는 것이 아니었습니다.

분통이 터지고 허탈하고 쓴 웃음이 절로 나오는 세상이지만, 무조건 칼로 세상을 바꾸려고 하거나 비웃는 것으로 해결하려고 하면 안 됩니다. 미국 칼빈대학교의 존 스텍(John Stek)은 우리들의 힘으로는 고칠 수도 없는 이 비참하고 안타까운 현실을 받아들이고 하나님에게 순응한다는 것은 적어도 다음의 질문에 "예"라고 대답하는 것이라고 했습니다.** 그러나 한국 청년들을 위해 좀 더 구체적으로 질문하겠습니다.

> – 당신은 현재의 상태를 인정하겠는가? 당신은 현재의 자기 실력, 얼굴, 몸매, 업무, 건강, 부부관계, 자식, 동료, 재산 상태뿐만 아니라 몸담고 있는 교회와 목사, 직장의 상사, 부모와 자식, 자기 아내와 남편을 있는 그대로 받아들이겠는가?

당신이 다 고치려고 하지도 마세요

현실을 있는 그대로 인정하고 난 다음에 중요한 것은 "내가 모든 것을 고치겠다."는 생각을 버리는 것입니다. 혈기가 왕성

** 현창학, 『구약 지혜서 연구』 170-177

한 청년들이나 초보자들이나 신출내기들이 종종 빠지는 실수는 "이 조직은 다 썩었으니 내가 다 뒤집어 엎어버리고 내가 완전히 깨끗하게 고치겠다."라고 하는 "싹쓸이 혁명 정신"입니다. 만약 솔로몬이나 예수님이 그런 생각을 했다면 몇 번이라도 이 세상을 싹 쓸어버리거나 불질러 버렸겠지요?

솔로몬은 전도서 7장 13절에서 "하나님께서 행하시는 일을 보라 하나님께서 굽게 하신 것을 누가 능히 곧게 하겠느냐."라고 했는데, 이 말은 생각해 볼 것이 몇 가지가 있습니다. 여기에 "굽었다(crooked)."고 하는 것은 모든 '구부러진 것'을 말하는데, 인생의 고통이나 역경 또는 인간이 동의하기 힘든 환경이나 부조리한 모든 현상을 말하는 것입니다. 사실 굽은 것들은 어떻게 해서 그렇게 굽게 되었는지 그 원인을 모르는 경우가 많기 때문에, "하나님께서 그렇게 허락하셨다."고 말하시는 것이며, 그것은 다음과 같은 질문에 여러분의 대답을 촉구합니다.

- 만약 하나님께서 허락하신 것이라면 누가 감히 그것을 펼 수 있겠느냐?

여러분이 다 고치려고 해서는 안되는 이유는 두 가지입니다. 첫째는 청년 여러분의 능력으로는 고칠 수 없기 때문입니다. 솔로몬과 같이 힘 있는 왕도 자신의 능력의 한계를 알았는지 이렇게 이야기했습니다. "…(너는) 그 위에 더할 수도 없고 그것에서 덜할 수도 없나니…(전도서 3:14)."라는 말인데, 문자적으로는 '하나님이 하시는 일에 인간이 감히 더하거나 감하거나 할 수 없다.'는 말이라고 합니다. 즉 인간의 능력으로는 어떤 것도 펴거나 고치거나, 세거나, 더하거나 덜할 수가 없다는 것입니다.

둘째는 인간은 못하지만 하나님은 능히 고칠 수 있기 때문입니다. 전도서 3장 14절의 말씀은 이어서 다음과 같이 말합니다.

> …하나님이 이같이 행하심은 사람들이 그의 앞에서 경외하게 하려 하심인 줄을 내가 알았도다.

여기에 "하나님이 행하신다(everything God does)."는 특이한 표현은 하나님의 절대주권을 나타내는 말로서, '하나님은 다 하실 수 있다'는 뜻입니다. 인간이 뭘 고치거나 펴려고 한다는 것은 처음부터 불가능하지만, 하나님에게는 불가능이 없다는 것입니다.*

---

* 선지자 이사야도 메시아이신 그리스도 예수가 굽은 것을 곧게 하실 것이라고 예언을 했는데 솔로몬과 같은 맥락입니다.

내가 맹인들을 그들이 알지 못하는 길로 이끌며 그들이 알지 못하는 지름길로 인도하며 암흑이 그 앞에서 광명이 되게 하며 굽은 데를 곧게 할 것이라 내가 이 일을 행하여 그들을 버리지 아니하리니(이사야 42:16).

내가 공의로 그를 일으킨지라 그의 모든 길을 곧게 하리니 그가 나의 그러면 우리는 이런 질문을 던져 보아야 합니다. "만약 하나님이 이런 부조리를 허락하신 것이라면 내가 감히 그것을 다 고칠 수 있겠는가?" "그렇게 똑똑하고 능력 있던 솔로몬도 다 고치려고 하지 않았는 데 과연 내 힘으로 얼마나 고칠 수 있을 것인가?" 미국 칼빈대학교의 존 스택(John Stek) 교수는 다음과 같은 질문을 해 보라고 말했습니다.

> 당신은 지금 비현실적인 목표를 가지고 자신을 들들 볶고 있는 것은 없는가?(Don't you vex yourself with unrealistic goals?)

여러분은 지금 너무 허황된 목표를 세우고 매일 같이 자신을 볶음밥처럼 들들 볶고 있는 것은 없습니까?

당신의 현재 본분에 충실하시기 바랍니다

우리가 다 고칠 수 없다면 아무것도 하지 말까요? 아닙니다. 우리가 할 수 있는 것을 찾아서 그것을 하면 됩니다. 솔로몬이 "네 본분을 다하라."고 한 것이 바로 그것입니다. 전도서

성읍을 건축할 것이며 사로잡힌 내 백성을 값이나 갚음이 없이 놓으리라 만군의 여호와의 말이니라 하셨느니라(이사야 45:13).

12장 13-14절에서 "…이것이 모든 사람의 본분이니라 하나님은 모든 행위와 모든 은밀한 일을 선악 간에 심판하시리라."는 말씀이 그것입니다. 여기에 "이것이 본분이니라(for this is the whole duty of man, NIV)."라는 말은 "이것이 전부니라(for this is whole of man, ASV)."이라는 말이기도 합니다. 사실 자기가 할 일을 하는 것이 인간의 본분이며 인간이 할 수 있는 '전부'입니다. 솔로몬은 인간의 본분에는 크게 세 가지가 있다는 것을 우리들에게 가르쳐 줍니다.

모든 인간의 본분은 하나님을 경외하고 그의 명령들을 지키는 것입니다(전도서 12:13). 이 본분은 남녀노소, 빈부격차에 상관없습니다. 인간이라면 모두가 애써야 하는 본분인데, 그것은 하나님을 경외하고 그분의 말씀대로 사는 것입니다. 그러나 안타까운 것은 세상의 대부분의 인간들은 이 본분을 다하지 않고 등지고 살아가고 있습니다.

나이 많은 어른들의 본분입니다. 여기에 말하는 '어른'들은 넓게는 '턱에 수염이 나는 나이가 된 사람들'이며, 좁게는 '인생의 황혼을 살아가는 사람들'이라 할 수 있습니다. 어른들의 본분은 몸이 곧 흙으로 돌아간다는 것을 잊지 말아야 하며, 동시에 영혼은 하나님께 돌아간다는 것을 기억하는 것입니다(전도서 12:7). 만약 어른들 중에 자기가 곧 흙으로 돌아간다는 것을 잊어버리고 영원히 살 것처럼 행동하거나, 자기가 죽으면 모든 것이 끝날 것처럼 생각하고 영혼이 주님에게 돌아간다는 것을 잊어버린 사람들이 있다면 불쌍한 사람입니다.

청년들의 본분은 좀 복잡합니다. 전도서 11장 9절-12장 2절은 청년들의 본분은 5가지라고 가르쳐 줍니다. 첫째는 청년들의 특권은 청춘을 실컷 즐길 수 있고, 내일을 준비할 수도 있다는 것이며, 둘째는 그 결과에 대해서는 자기도 지불해야 하는 대가도 있지만 하나님이 심판하신다는 것이며, 셋째는 그러므로 너무 근심하지도 말고 죄를 짓지 않도록 노력해야 하며, 넷째는 내가 잘 나서 잘 됐다고 생각하지 말고 "창조주 하나님의 작품"이라는 것을 잊지 말고, 다섯째는 해가 지고 비가 오고 어려움이 닥치기 전에 자기 할 일을 잘 해야 한다는 것입니다. 그러면 이제 여러분 자신에게 물어보시기 바랍니다.

- 이 세상에서 가장 지혜로웠던 솔로몬 왕도 다 못 고치고, 한 가지 일에 집중했다면, 내가 할 수 있는 그 한 가지가 무엇일까?

대박보다는 소소한 일상을 마음껏 즐기세요

우리는 '한탕'과 '대박(jackpot)'을 노리는 시대에 살고 있습니다. '로또'가 바로 그것입니다. "'큰 건'을 한 탕 해서 뜨면 된다."는 생각을 갖기 쉽습니다. 특히 어렵고 힘들고 부패한 세상을 보면 볼수록 '한 방'에 모든 것을 해결할 수 있는 길을 찾기 쉽습니다. 일이 잘 안 풀리고 어려우면 화려한 탈출이나 깜짝 놀랄 만한 큰 사건이나 한탕을 기대하기 쉽습니다. 그러나 이런 사람들의 가장 큰 실수는 그 한 탕을 기다리다가 정말 소중한 것들을 다 놓친다는 것입니다. 가끔은 한탕을 잡으려다가 인생을 다 낭비하기도 합니다. 그래서 오늘 전도서는 대박보다는 소소한 작은 일상을 즐기라고 말합니다.

그러면 왜 솔로몬이 갑자기 작은 일상생활을 즐기라고 말할까요? "인생은 모든 것이 헛되다.", 혹은 "세상은 전부 부조리하다."고 말하다가, 갑자기 "사람에게는 먹는 것과 마시는 것, 자기가 하는 수고에서 스스로 보람을 느끼는 것, 이보다 더 좋은 것은 없다(전도서 2:24).", "나는 생을 즐기라고 권하고 싶다…(전도서 8:15, 표준새번역).", "맛있는 음식을 사 먹고, 포도주도 한 잔 하고, 옷도 깨끗하게 빨아 입고, 아내와 함께 즐겁게 살라(전도서 9:7-10)."는 말씀을 세 번이나 반복 하고 있는 이유가 무엇일까요? 아마 다음과 같은 심경을 경험한 적이 있는 사람들은 왜 솔로몬이 이런 말씀을 하는지 가슴에 와 닿을 것입니다.

- 더 이상은 참을 수 없다.
- 이러다가 뚜껑이 열리겠구나.
- 오늘 벌써 멘붕이 몇 번째야?

이처럼 전혀 탈출구가 보이지 않을 정도로, 고달프고 힘들고 지치고 한탄스러울 때는, 오늘 누릴 수 있는 조그마한 것만이라도 감사하며 즐거워하는 것이야말로, '죄짓지 않고 일탈해 볼 수 있는 방법' 혹은 '단 하나 밖에 없는 살 길'이기 때문입니다. 인생이 정말 엿(X) 같고, 세상도 정말 허무하고 부조리하다는 것을 뼈 속 깊이 절실하게 느끼는 순간에는, 하나님이 주신 지금 이 절박한 순간을 즐기는 길 밖에는 다른 해결책이 없기 때문입니다. 해외여행이나 '큰 이벤트'나 화려한 한 건을 꿈꾸는 것보다, 차라리 현재 살아가는 일상 속에서 작은 즐거움을 기뻐하는 것이 더 낫다는 말입니다.

아이들과 오순도순 모여 밥 한 그릇을 나누어 먹고 영화를 같이 보거나 같이 여행을 하거나 하는 이런 인생의 작은 즐거움을 찾는 것이야말로 '최고의 비상 탈출구'입니다. 거창하고 대단한 해법을 기대한 사람들에게는 다소 실망이 되겠지만 '작은 것을 즐거워하라.' 이것이 지독한 허무주의자들과 냉소주의자들을 위해 하나님이 주시는 비상 탈출구라는 것을 잊지 마시기 바랍니다. 냉소주의자 솔로몬이 깨달은 "무기보다 더 무서운 지혜"는 바로 다음과 같은 사소한 진리입니다. 만약 "내가 즐길 수 있는 소소한 즐거움이 어떤 것이 있을까?"라고 묻는다면, 솔로몬의 비밀 탈출구를 알려드리고 싶습니다.

> 너는 가서 기쁨으로 네 음식물을 먹고 즐거운 마음으로 네 포도주를 마실지어다 이는 하나님이 네가 하는 일들을 벌써 기쁘게 받으셨음이니라 네 의복을 항상 희게 하며 네 머리에 향 기름을 그치지 아니하도록 할지니라 네 헛된 평생의 모든 날 곧 하나님이 해 아래에서 네게 주신 모든 헛된 날에 네가 사랑하는 아내와 함께 즐겁게 살지어다 그것이 네가 평생에 해 아

래에서 수고하고 얻은 네 몫이니라 네 손이 일을 얻는 대로 힘을 다하여 할지어다 네가 장차 들어갈 스올에는 일도 없고 계획도 없고 지식도 없고 지혜도 없음이니라(전도서 9:7-10).

성격과 목표	핵심 개념	메시지
1단계 : 현실 수용(acceptable)	세상은 부조리하다.	구부러지고… 굽게 한 것을
2단계 : 적정 목표(proper goal)	내가 다 해결할 수는 없다.	누가 능히 곧게 하겠느냐?
3단계 : 본분 충실(faithful)	나만의 할 일이 있다.	이것이 본분이니라.
4단계 : 일상 향유(enjoyable)	대박보다 일상을 즐기자.	먹고 마시고 생을 즐기라.
5단계 : 지혜 체험(experience)	지혜의 능력을 체험하자.	무기보다 강한 지혜

지혜의 능력을 시험해 보고 체험해 보세요

유발 하라리(Yuval Noah Harari)가 그의 『호모 데우스』(*Homo Deus*)에서 잘 밝혔듯이, "미래의 역사에는 데이터(data)를 가진 사람들이 힘을 쓸 것"입니다. 그러나 아무리 데이터를 많이 가지고 있어도 그것이 지혜가 되지 않으면 아무것도 안 가진 사람보다 못할 것입니다. 왜냐하면 '데이터(data)'를 많이 가진 사람이라도 하더라도, 대부분은 그것 때문에 망할 것인데, 그 이유는 아마 로또에 당첨된 사람들이 망하는 이유와 거의 비슷할 것이라고 봅니다. 하나는 교만과 자만이고 다른 하나는 남용과 오용입니다. 그래서 솔로몬이 그의 책에서(전도서 9:17-19) "지혜"를 뭐라고 말했는지 아세요?

- 지혜는 어떤 힘보다 낫다.
- 지혜는 어떤 무기보다 강하다.
- 지혜는 다스리는 자의 호령보다 낫다.

만약 '지혜 없는 데이터'가 더 힘이 낫고 세다면 솔로몬이 거짓말을 한 것이거나 하나님의 말씀에 오류가 있는 것입니다. 데이터는 겸손과 믿음이 없이도 가질 수 있지만, 지혜는 겸손이 없이는 가질 수 없고 믿음이 없으면 가질 수 없는 것입니다. 솔로몬의 예를 들어보겠습니다. 그는 세상에서 누구보다 가장 스마트한 사람으로 알려져 있지만, 솔로몬 자신은 고백하기를, "내가 마음을 다하여 지혜를 알고자 하며 세상에서 행해지는 일을 보았는데 밤낮으로 자지 못하는 자도 있도다 또 내가 하나님의 모든 행사를 살펴 보니 해 아래에서 행해지는 일을 사람이 능히 알아낼 수 없도다 사람이 아무리 애써 알아보려고 할지라도 능히 알지 못하나니 비록 지혜자가 아노라 할지라도 능히 알아내지 못하리로다(전도서 8:16-17)."라고 했습니다.

우리말 성경에는 세 번이나 "능히 알 수 없다."라고 번역되었지만, 영어로는 "he will not find it out." 혹은 "he cannot find it out."이라고 번역되었습니다. 여기에 "능히"란 말은 히브리어로 '야콜(yaw-kole)'이란 말로 '가능성(be able)', '능력(have power, prevail)'이란 뜻인데, 인간은 '모든 것을 다 알 수 있는 가능성과 능력이 전혀 없다.'는 말입니다.*

즉 인간은, 제 아무리 '빅 데이터(Big Data)'가 있다 하더라도, 하나님의 인도와 그분의 말씀이 없이는 인식의 한계와 불완전성을 극복할 수 없다는 말입니다. 특히 예수님을 믿지 않고는 온전한 지혜를 배울 수 없습니다. 왜냐하면 예수님은 지혜의 총화이고 지혜 자체이기 때문입니다. 그리고 잠언과 전도서에서 솔로몬이 말한 "그 의인화된 지혜 숙녀(The Personified Lady Wisdom)"가 바로 예수님에게서 성취되었다고 보기 때문입니다.**

만약 그것이 사실이라면 예수님은 세상에서 가장 지혜로웠다고 하는 "솔로몬보다 더 큰 이(마태복음 12:42)"이고, 어떤 '빅 데이터'보다 더 큰 분입니다. 그분 자체가 지혜이기 때문입니다. 그러면 지혜 자체이신 예수님의 지혜를 어떻게 배우고 체험할 수 있을까요? 그것은 너무나 큰 주제이지만, 우선 다음 중 하나라도 가슴 속에 사무칠 때까지 전도서 말씀을 곱씹어

---

* 인간은 존재론적으로 모든 것을 다 알 수 없는 제한된(limitation) 존재이며, 거기다가 인식론적으로는 타락했기 때문에 불완전(imperfect)하다. 선교철학자 폴 히버트는 이를 근거로 "비판적 실재론", 즉 '인간은 아는 만큼만 실재를 안다.'고 주장한 바가 있다.

** 잠언에서 메시지의 내용이 그 메시지를 말하는 인격과 동일시되었듯이, 요한복음도 메시지를 내놓는 인격을 그 메시지의 내용과 동일시하여 제시한다. cf. 현창학, 『구약 지혜서 연구』, 196.

보고 실천해 보는 것은 어떨까요?

> 하나님이 없는 공부는 절망과 허무로 끝난다(1:7,8).
> 하나님이 없는 유명세는 결국 슬픔을 가져온다(1:16-18).
> 하나님이 없는 쾌락은 실망만 불러온다(2:1,2).
> 하나님이 없는 노동은 혐오와 분열을 불러일으킨다(2:17).
> 하나님이 없는 철학은 공허감을 불러온다(3:1-9).
> 하나님이 없는 영생은 불만족을 가져온다(3:11).
> 하나님이 없는 인생은 냉소와 좌절감을 부추긴다(4:2-3).
> 하나님이 없는 종교는 공포심을 가져다 줄 뿐이다(5:7).
> 하나님이 없는 부와 재산은 재난을 불러온다(5:12).
> 하나님이 없는 존재는 좌절과 부조리로 끝난다(6:12).
> 하나님이 없는 지식은 부분적이며 제한적이다(8:16-17).
> 하나님이 없는 지혜는 지독한 절망으로 치닫게 된다(11:1-8).

청년이여, 아직 당신은 "나는 돈밖에 모른다."고 솔직하게 말해도 좋습니다. "헬 조선"이라고 욕해도 좋습니다. "한국에는 딱히 비전이 없다."고 조소해도 좋습니다. 우수에 젖은 목소리로 "아모르 파티, 네 운명을 사랑하라."를 읊어도 좋습니다. '알파고'에 자극을 받아 "호모 데우스, 나는 신이다."라고 좀 까불어도 좋습니다.

솔로몬도 그렇게 이야기한 적이 있으니까요(전도서 11:9-12:2).

청년이여
네 어린 때를 즐거워하며
네 청년의 날들을 마음에 기뻐하여
마음에 원하는 길들과 네 눈이 보는 대로 행하라…
(전도서 11:9).

그러나
여러분이 걸어간 길과
자기 눈으로 본 것에 대해
계산할 날이 있다는 것을 잊지 마시기 바랍니다.
아마 그날에는 자기가 한 말과 행동에 대해,
어떤 변명이나 핑계도 통하지 않을지 모른다는 것만큼은 기억하는 것이 좋을 것입니다.

> …그러나 하나님이 이 모든 일로 말미암아 너를 심판하실 줄 알라 그런즉 근심이 네 마음에서 떠나게 하며 악이 네 몸에서 물러가게 하라 어릴 때와 검은 머리의 시절이 다 헛되니라(전도서 11:9-10).

수많은 청년들과
성경을 읽고 토론하고 가르치는 것을 좋아한 사람으로서,
 솔로몬이 전해 준 '전도서'에서 배운 지혜를 꼭 전해 드리고 싶군요.

현실을 있는 그대로 받아들이시기 바랍니다.
당신이 다 고치려고 하지도 마세요.
오직 당신의 현재 본분에 충실하시기 바랍니다.
대박보다는 소소한 일상을 마음껏 즐기세요.
지혜의 능력을 시험해 보고 체험해 보세요.

그리고
수많은 사람들에게 사랑의 빚을 진 사람으로서,
책과 학자들의 도움을 받은 사람으로서,
청년들의 멘토라는 영광을 누린 사람으로서,
저희가 배운 지혜를 하나 나누고 싶군요.

아모르 데우스(Amor Deus).
하나님을 사랑하세요.
이것이 저희가 나누고 싶은 지혜입니다.
이것이 저희의 부탁입니다.

> 너는 청년의 때에 너의 창조주를 기억하라 곧 곤고한 날이 이르기 전에, 나는 아무 낙이 없다고 할 해들이 가깝기 전에 해와 빛과 달과 별들이 어둡기 전에, 비 뒤에 구름이 다시 일어나기 전에 그리하라(전도서 12:1-2).